以竞争促增长

国际视角

［美］威廉·科瓦西奇（William Kovacic）
［英］林至人（Cyril Lin） 编著
［英］德里克·莫里斯（Derek Morris）

Accelerating China's Growth by Strengthening Competition

Some International Perspectives

中信出版集团 · 北京

图书在版编目（CIP）数据

以竞争促增长：国际视角 /（美）威廉·科瓦西奇，
（英）林至人，（英）德里克·莫里斯编著 . -- 北京：中
信出版社，2017.4
ISBN 978-7-5086-7080-5

I. ①以…　II. ①威…　②林…　③德…　III. ①市场竞
争－经济政策－研究－中国　IV. ① F123.9

中国版本图书馆 CIP 数据核字 (2016) 第 305082 号

以竞争促增长：国际视角

编　著者：[美]威廉·科瓦西奇　[英]林至人　[英]德里克·莫里斯
出版发行：中信出版集团股份有限公司
　　　　　（北京市朝阳区惠新东街甲 4 号富盛大厦 2 座　邮编　100029）
承　印　者：北京昊天国彩印刷有限公司

开　　本：787mm×1092mm　1/16　　　印　　张：26.5　字　　数：530 千字
版　　次：2017 年 4 月第 1 版　　　　　印　　次：2017 年 4 月第 1 次印刷
广告经营许可证：京朝工商广字第 8087 号
书　　号：ISBN 978-7-5086-7080-5
定　　价：88.00 元

目　录

第一篇　综合报告

执笔人：威廉·科瓦西奇　林至人　德里克·莫里斯

第二篇　背景论文

前　言

中共十八届三中全会（2013 年 11 月）决议提出，要使"市场在资源配置中起决定性作用"，要建设"统一开放、竞争有序的市场体系"。这是中国经济体制改革的一项重大突破。随后的十八届四中全会（2014 年 10 月）决议又提出了全面推进依法治国，这是中国致力于建设更具竞争性的市场经济的另一个关键步骤，因为强有力地坚持法治对于约束反竞争行为至关重要。

在十八届三中全会和四中全会决议的背景下，为了分析加强中国的市场竞争所面临的问题和挑战，并为解决这些问题和挑战提出切实可行的措施，北京凯恩克劳斯经济研究基金会开展了一项国际合作研究项目，即"以竞争促增长：国际视角"。本报告着重讨论加强中国国内商品和服务市场竞争所面临的关键议题。[①] 其中的一个主要结论是，加强竞争不但要求改善中国的竞争法律体系，也就是《反垄断法》及其执行程序，还需要通过改革来克服制约竞争的重大政策和体制障碍。因此本报告建议，应该拓展目前以《反垄断法》为主体的中国竞争政策体制，虽然有些障碍仅靠竞争法律体系是无法解决的。本报告充分考虑了中国社会主义市场经济的特征，在此基础上，介绍了国际经验能够为实现上述目标提供哪些有益的借鉴。

本主报告的第一部分评估了中国《反垄断法》、当前的执法实践、制度安排和法院作用有哪些优势，存在什么问题，并就如何扬长避短提出了建议。第二部分探讨了对市场竞争以及设计并有效实施竞争政策体制有重大影响的三个重要特征。这三个特征就是行政垄断、产业政策和国有企业。它们都给中国的市场竞争制造了比其他国家远为严重的问题。第三部分概述了主要政策建议，并将这些建议划分为两类：一类是现在就可以采取的行动，另一类是需要更长时间才能采取的行动。

本研究项目是一个国际合作项目，参与者都是在竞争法和竞争政策领域有直接经验的国内外学术带头人。国际专家包括美国联邦贸易委员会前主席和英国竞争委员会（现为英国竞争及市场管理局的一部分）前主席等。中国专家包括竞争法与经济学领域

---

① 本报告结论和建议的实证和分析基础是项目组成员开展的研究，其中包括特别委托给中方专家开展的关于中国竞争法律与市场竞争问题的研究。项目组成员的名单，以及他们为本项目准备的背景论文的清单，请参见本书末尾。

的顶尖学者和职业人士，其中一位来自国家反垄断委员会的学术顾问委员会，另一位是专职从事《反垄断法》业务的执业律师。

本研究项目在与多方开展的对话中获益良多，其中包括：《反垄断法》的三家执法机构——国家发展和改革委员会、商务部和国家工商总局；还有来自中国多所大学和研究机构的专家。三位中方高层顾问，即吴敬琏教授、彭森主席和陈清泰主任，给予了指导。此外，国际顾问林重庚博士（Edwin Lim）、迈克尔·斯宾塞教授（Michael Spence）和阿德里安·伍德教授（Adrian Wood）等人，与本项目的其他国际顾问一道给研究项目的设计和本报告的撰写提供了宝贵的建议。

本报告所包含的分析和建议均来自三位作者，并不一定代表项目组其他成员或顾问的意见。任何错误都由作者承担。

第一篇

综合报告

执笔人：威廉·科瓦西奇　林至人　德里克·莫里斯

1. 为什么要加强中国的市场竞争

以竞争性市场来配置资源，不仅是长期保持强劲和快速增长的所有国家的基本制度特征，也是"二战"之后能够避免中等收入陷阱、成功转向高收入阶段的若干经济体的基本制度特征。[①]过去250年来，全球各大经济体取得的所有主要发展成就几乎都来自市场竞争和自由贸易环境。世界各国开展的大量研究也非常清晰地显示，市场竞争有助于降低价格、增进效率、提高生产率和加速创新。

对于处在早期发展阶段的经济体来说，上述优势并不是特别重要。这些经济体可以通过资本积累、技术引进和农业劳动力的转移来推动增长。然而，对于像当前中国这样处于发展后期和更困难阶段的经济体而言，竞争的作用则更为关键，因为向高收入水平迈进主要依靠两个方面：一是提高资本、土地和劳动力的利用效率，二是迅速和广泛的创新。所以，要在未来几十年内保持足够快的增长速度以使中国跻身世界最发达国家的行列，就必须大力加强国内市场的竞争力度。

在经济增长的后期阶段，竞争的主要作用是让成功的企业逐步发现顾客的真实需求，找到能够最好地满足此类需求的新产品和新工艺。此外，竞争还可以平衡消费者与生产商的利益，提供平等的机会，减少腐败，保证生产效率和勤奋努力是获得经济成功的唯一途径，从而推进社会公平。公平和开放的竞争能促进经济和社会的公正，因为成败取决于（而且是显而易见地取决于）市场的力量，而不是特殊的待遇或权力的滥用。

[①] 参见增长与发展委员会的《2008年增长报告》（Growth Report of the Commission on Growth and Development, 2008）。另外四个共同特征是：通过国际贸易与投资参与世界经济；保持宏观经济稳定；实现高储蓄率和高投资率；稳定、可靠和能干的政府。这四个特征在中国十分突出，但目前在市场配置资源方面却有所不足。也可参见斯宾塞等人的论文（Lim and Spence, 2010），后者探讨了增长与发展委员会的报告对中国的启发意义。

竞争意味着买方拥有选择权，而卖方有激励改进产品。要让竞争发挥作用，就必须满足几个非常基本的条件：第一，如果供应商的数量太少，竞争的效率将大幅下降，甚至停止运转。第二，供应商的经营活动通常应当彼此保持独立。[①]第三，供应商的财务生存能力必须完全取决于它们在相关市场上的绩效。交叉补贴或其他外来援助会损害在竞争过程中处于核心地位的激励机制，破坏市场的优胜劣汰机制。第四，在监管环境方面，如企业注册、市场进入、客户获取、法律架构和监管规则等，竞争者必须处于平等的地位。否则，市场份额、增长速度和财务业绩就无法反映其竞争实力。在上述条件都得到满足的情况下，市场竞争有着巨大的潜在收益，而这些潜在收益也的确带来了人类历史上最伟大的经济发展成就。竞争带来的潜在收益可以归纳为如下五个方面：（1）效率、（2）消费者的经济福利、（3）创新、（4）竞争力以及（5）公平。本报告的附录1详细探讨了这几个方面，总结了市场竞争的基本概念，并为本报告的讨论提供了分析框架。

从短期来看，竞争可能看起来很浪费，因为存在重复生产，且不成功的企业会被淘汰。然而，随后效率的大幅提升将大大抵消这种成本而有余。从长期来看，各经济部门生产率的提高主要取决于新企业的进入和生产率较高的企业快速成长，以及生产率较低的企业逐步萎缩和关闭。甚至仅靠新企业进入市场的威胁就足以改变现有企业的激励，迫使它们开展创新和改善现状。因此，为了确保社会资源被用在总体生产率年年都会提高且不断变化的企业群体中，就必须通过市场竞争来淘汰低效率的企业。

因此，竞争也可能是一个动荡的过程，因为当失败的企业倒闭时，其成本会转嫁到其雇员身上。然而，那些无法在竞争中生存的企业会要求给予保护，对此必须加以拒绝。激烈的竞争是否公平和可接受，关键取决于受到冲击的人能否获得相关的社会保障，如收入补贴、再培训以及帮助他们转移到新的工作岗位等。另外还必须有效地执行安全和环境保护法规，以防止参与竞争的企业为削减成本而忽视此类问题。

在中国，自1978年启动市场改革以来所取得的巨大经济成就已经充分展现了竞争的好处。开放国际贸易和投资的政策使若干产业开始面对国际竞争，迫使国内生产商提高效率以赢得竞争。然而，至少同样重要的是，以前完全实行公有制的某些产业也逐渐对在竞争性市场环境中经营的国内民营企业开放了。将若干产品市场向国内的民

---

① 供应商之间就供应什么产品或提供什么报价而达成的任何串谋，都会破坏它们彼此之间的竞争。这种串谋具有极大的潜在危害，因此越来越多的国家和反垄断司法辖区（其中包括澳大利亚、加拿大、巴西、爱尔兰、墨西哥、南非、英国和美国）都将此类行为列入刑事犯罪。

营企业开放，引入竞争，使私人部门成为 GDP 快速增长的重要驱动力。因此，一个不容否认的结论是，中国能够在今天成为世界第二大经济体和第一大贸易国，绝对离不开竞争性的市场力量与活跃的私人经济部门的发展。

中共十四大（1992 年）决议宣布，改革的目标是建立"社会主义市场经济"，并提出市场应该在资源配置中起"基础性作用"。此后，竞争成为一个越来越重要的政策目标。中国已经采取多项措施来强化市场竞争，其中一个重大进步是 2008 年通过的《反垄断法》。不过，竞争的潜在好处（即所谓"竞争红利"）尚未充分发挥出来。尽管已经开展了广泛的市场化改革，许多市场和产业的竞争仍然受到限制和扭曲，甚至根本不存在。中国向现代市场体制转轨的过程仍在继续，国民经济中某些受到高度控制和监管的领域依然保留着过去中央计划体制的残余。在这些领域，投资资源由政府机构而非市场配置。虽然在产品市场上竞争已较为成熟，但在大多数要素市场上，竞争仍很不充分。土地依然实行公有制，通过行政手段来配置，只有在严格监管的土地使用权市场上，竞争才得以发挥很有限的作用。资本配置主要受国有金融机构的控制，资本市场的竞争仍然相当落后。虽然劳动力市场的竞争较为成熟，但仍然受到户籍制度和落后的国家社会保障体制（如养老金体制等）的制约。

当前的中国经济仍是二元经济体，整体上看，包含了两个子经济体。一个是受到严格监管的子经济体，其中市场进入受到限制，资源配置采取行政手段，国有垄断企业占据主等地位，因此竞争受到限制和扭曲，甚至根本就不存在。另一个是开放竞争的子经济体，其中基本开放的市场进入使企业可以自由竞争，有时竞争还十分激烈。中国当前的许多经济问题，如结构失衡、产能过剩和生产率低下等，主要集中在缺乏竞争的受监管子经济体中。这表明，中国的增长潜力依然有巨大的可挖掘空间，因为国民经济中受到严格监管的许多领域还没有充分实现竞争红利。

十八届三中全会的决议提出，要使"市场在资源配置中起决定性作用"，并且要建设"统一开放、竞争有序的市场体系"。中国改革政策的这一重大突破为强化竞争确立了更稳健的全新架构。十八届四中全会的决议提出要进一步加强依法治国。这是更有效地贯彻执行法律以约束反竞争行为的另一个重大举措。

在十八届三中全会和四中全会决议之后，中国的改革和发展进程已经站在重要的历史转折点。国家领导层已经认识到，要在未来几十年里实现向高收入经济体迈进并巩固中国在世界新秩序中的地位等战略目标，为此上述决议的落实至关重要。要建立更为平衡的新增长模式，提高资源利用效率，推动快速创新，以保持长期可持续增长和国际竞争力，加强竞争是必要条件。这些决议的落实需要时间，但越早完成就越有助于中国解决国内的某些结构性问题，正是这些问题导致中国在不利的国际经济环境下增长率进一步下滑（所谓"新常态"）。尽管目前尚不清楚在新常态下可实现的可持续增长率是多少，但加强竞争显然有利于提高中国经济的效率和增长率。

当前的挑战是，如何使十八届三中全会关于市场起决定性作用的决定和四中全会依法治国的决定具有可操作性并加以实施。这就要求特别注重竞争政策体制的设计和实施。竞争政策体制包括以下两个方面：第一个方面是进一步完善竞争政策的法律工具，即《反垄断法》及其执法实践。中国在竞争法体系的建设上取得了令人称道的成就，在可比时间段内的进步幅度超出了其他国家。然而与其他国家类似，中国的实践也表明需要在多个领域对这部法律进行审查和修订。本报告的第一部分评估了《反垄断法》及其执行的优缺点，并就其如何取长补短提出了建议。

第二个方面是，考虑采取进一步的措施强化竞争法以外的市场竞争。本报告的第二部分分析了中国的产品市场中由行政垄断导致的竞争问题，即产业政策的实施方式和国有企业缺乏竞争的问题。与其他国家相比，这方面的问题在中国尤其突出。如果不能克服这些体制和政策障碍，改进《反垄断法》及其执法程序所带来的好处将会大大削弱。这个部分讨论了哪些方法可以用来解决在中国产品市场中旧体制所遗留下来的冲突和矛盾。促进要素市场的竞争也很重要，但那是一个庞大而复杂的议题，不在本报告的范围之内。第三部分为主要的改革建议及其推进顺序提出了一个决策框架。

第一部分　加强中国的竞争政策体制

市场经济中的竞争很大程度上是自发产生的，逐利的企业总是试图进入其他企业的市场或赢得其客户，并以此抢夺其他企业的部分利润。然而，出于同样的原因，经济行为人也总是有强烈的欲望去抵抗竞争对他们的影响。因此，必须要有强大的法律和有效的执行来确保竞争的顺利开展。

因此，作为一种经济行为或过程的竞争而不是竞争者，需要强大且严格的保护，而这种保护只有中央政府能够提供。竞争法和竞争政策的主要目标是保护并确保市场竞争过程能有效发挥作用，而非保护特定的企业或竞争参与者本身。①这需要给市场竞争行为制定出非常清晰、有力和易懂的规则，并有强大的制度框架提供支持，使这些规则能够系统、一致和有效地在整个经济中得到贯彻执行。没有哪个发达的高收入经济体所取得的成就能离开这种法律和制度。

全世界超过 125 个国家或地区建立了竞争法和竞争政策体制。除 15 个国家或地区之外，其中大多数是在 1990 年之后建立的。没有任何两个国家或地区采纳完全相同的竞争法。然而，尽管存在文化、经济、历史、法律和政治环境等方面的诸多差异，依然可以从国际经验中得出两个普遍适用的启示：第一，建立有效的竞争法律体系需要相当长的时间，而且是一个逐步演进的过程。第二，成功的竞争政策体制需要定期更新，高水平的政策执行能力来自于实践经验的积累。对任何国家来说，建立有效的竞争政策体制都是一个充满挑战的长期任务。②

中国的竞争法律体系在相对较短的时间内取得了不同寻常的进步。2008 年制定的《反垄断法》认真参考了国际上的先进经验。③在《反垄断法》实施后不久，中国在执法中获得的经验与进步超过了制定类似法律的其他任何国家在可比时期内的成就。因此，相比之下，中国在执法的学习曲线上可谓进步神速。尽管有这些骄人的成绩，中国仍有大量工作要做。中国仍然有许多这样的情况：在政府行为和市场机制之间往往过于强调政府行为；有时对国有制、产业政策和地方发展等政策非常重视，将它们置于法治之上，尤其是置于《反垄断法》之上；行政权力常常会侵犯私人权利。此外，十八届三中全会和四中全会的决议表明，与《反垄断法》开始起草和实施时相比，官方对经济改革的方向与速度的认识已经有了重大变化。

世界上其他国家和地区的经验表明，对一个新建立的竞争法律体系和竞争政策体制来说，评估其进展并考虑对其进行微调的理想时机是在该体系建立后 5—10 年。中国的《反垄断法》和竞争政策体制已实施 8 年，此时对其进行重新研讨，是及时且必要的。现在的核心问题是：怎样通过进一步加强中国的竞争政策，来有效实现十八届三中全会和四中全会决议的目标。后面的几节试图回答这个问题。

---

① 保护市场竞争，可以使所有企业都能从公平竞争中受益，企业以及整个社会的利益都能得到保护。因此，处罚从事反竞争行为的企业，是为了维护经济活动中的竞争。

② 例如，美国是在 1890 年通过《谢尔曼法》开始制定反垄断法的，但又花费了约半个世纪（从 1890 年到 1940 年）才把竞争确立为经济组织的核心原则，并确立了反垄断执法在保证消费者市场运转中的核心地位。

③ 对于中国的《反垄断法》与美国、英国和欧盟的类似法律的比较研究，参见 Freeman and Cheng（2013）。

2. 竞争政策的国际经验

2.1 原则

虽然最优的竞争政策并不存在，但是，美国、英国和欧盟这三个最发达经济体的竞争政策体制所提供的国际经验表明，有一些深层的基本原则值得重视。下文就来讨论这个问题。

目标。数十年来，不同司法辖区中现行竞争政策的重要目标有：（ⅰ）打击滥用经济支配权（economic power）的行为；（ⅱ）保证企业有一个公平的竞争环境；（ⅲ）保护消费者福利；（ⅳ）提高生产效率；（ⅴ）维护竞争条件；（ⅵ）保证市场的有效运行；（ⅶ）促进统一市场内的自由贸易。在特定情况下，其中有些目标之间可能不时发生矛盾。例如，一方面允许大企业支配市场，以使它们实现潜在的规模经济；另一方面将市场结构维持在较低的集中度水平上，以保证活跃的竞争。这两个目标之间很容易发生冲突。然而，如果竞争政策有利于保证在一个大的地理区域内形成充分一体化的单一市场，就可以很容易地调和企业规模与企业数量之间的矛盾。[①] 如今，在大多数情况下，两者之间通常高度一致。

竞争法的清晰性和一贯性。竞争政策体制是演进的，并且依然在演进。一条关键的经验是：无论在何时，重要的是具备一套清晰的规则、一套指导这些规则如何适用法律原则、程序以及经济分析的清晰准则，并将这些规则一以贯之地应用于个案。这不但可以让法律更易执行，也可以让企业更易理解哪些行为是竞争主管部门允许的，哪些是禁止的。清晰和一贯性会引导企业遵守规则，就此而言，它会降低执法部门实施高成本干预的必要性，更有效地把充分竞争行为推广至整个市场。

健全的机构。在某些方面，美国、英国和欧盟的制度框架有非常明显的差异。然而，随着时间的推移，它们出现了某些共同特征。在这三个地区的竞争体制中，都设立了强大的集权机构来承担独立执行竞争法的责任。这三种体制最终都受制于独立的法院监督，只是程度不同。这往往表明，各国可以有不同类型的体制，执法机构与法院之间也可有不同的权力制衡，但至关重要的是对现行法律的独立执法。

正当程序和透明度。在美国、英国和欧盟，以不同方式形成的一个重要的程序特

[①] 这对中国发展竞争机制有明显的影响。

征是，立案与判案过程相分离。不过，这些大同小异的安排都旨在解决由同一个机构负责立案和判案所产生的固有的潜在偏倚。这三种体制的另一个重要特征是，竞争法的执行程序兼顾了程序透明和对商业敏感信息的保密。由此可以得出的结论是：第一，虽然可以通过不同方式实现正当程序，但是必须具备一套清晰、透明且易懂的适用于竞争政策的正当程序；第二，这其中必须包括起诉与判决的明确分离或充分有效的上诉机制，且最好两者兼备；第三，在所有竞争体制中，一个重要的组成部分是设计出可预见的、有效的补救和惩罚措施。

豁免。这三种体制中的任何一种，都根据具体的立法框架采取某种形式，来识别那些可能抑制竞争但在符合某些标准的情况下可继续实施的行为。这类行为最常见的是那些能够促进创新和技术进步的限制性措施（见下文第2.2小节），或者是不会抑制竞争的纵向协议中的相关行为。[①]这些豁免的一个重要特征是，它们是功能主义的，也就是说，它们看重的是限制性行为的目的和效果。在大多数情况下，这三种体制都避免用涉案企业的所有制或所在产业作为豁免依据。因此，非公司制企业和国有企业通常也受竞争法约束。也有极少数例外规定，主要针对国防和安全部门，而所有其他经济部门都适用竞争法。有些重要部门因其特殊性而拥有自己的监管机构，主要有金融、能源、供水、通信、交通和媒体。这种立场表明，这些经济体的政府极其重视竞争，并极力维护几乎所有市场的竞争，使之能充分发挥作用。

权威和公信力。美国、英国和欧盟的竞争体制的另外一个特征是，它们已经开始获得广泛认可、地位和公信力，因此不但具备了相关立法赋予它们的法律权力，也在全体民众中树立起更广泛的权威和公信力。因此，反竞争行为普遍得不到认可，许多公共利益团体和消费者协会，加上媒体的宣传报道和媒体运动，在整个经济体内形成了对反竞争行为的全方位监督。这反过来又以一种虽不正式却强有力的方式鼓励企业决策者遵守竞争法，部分原因是违法行为被发现的风险增大了，而更普遍的原因是企业及其管理者面临着要想成功就得保持良好声誉的压力。

2.2　竞争政策与创新

在越来越多的国家和地区，上述原则以及这些原则的实施已经相当成熟。然而，竞争政策与创新之间的相互作用仍有待改进。竞争政策对创新具有重大影响。这一点

---

① 这些豁免或是指明在个案中适用豁免所需要满足的条件，或者属于集体豁免，也就是说，如果企业采取的限制行为具备集体豁免规则中指定的特征，就可以适用豁免条款。

对中国来说特别重要，因为目前创新已成为中国进一步增长的决定性因素。正如美国第七巡回上诉法院大法官弗兰克·伊斯特布鲁克（1992）所说：

> 如果一项反垄断政策在今天使价格下降5%，却导致由创新带来的生产成本年均下降速度减缓1%，它就是一个灾难。从长远来看，一定速度的持续变化叠加起来，会冲抵动态损失。①

人们普遍承认，创新对经济福利的贡献远远大于静态分配效率。竞争政策如果剥夺了创新应得的回报，则弊大于利。另一方面，竞争也促进创新。这两项原则可以总结为一句话：对于具有创新投资动机的企业或个人来说，创新投资的预期收益必须超过不进行创新投资时的预期利润。从这个事实中可以得出两个推论：第一，创新者必须能够从成功的创新中获得超额利润；第二，不能允许市场参与者从垄断行为、共谋、反竞争性并购等策略中获得超额利润，因为这种行为能使它们在没有创新或者以其他方式战胜对手的情况下，获得利润。

然而，很难把这些简单的原则运用于实践。表面上看似排他性或共谋的行为实际上可能是合法的：因为它可以强化现有的竞争，增强企业为赢得竞争而创新的压力；或者保护创新者，防止其他企业阻碍创新者在未来获得创新收益。由于反垄断部门很容易犯错，因此在制定执法决策的过程中必须谨慎。除了可能对创新动机造成影响的竞争政策之外，其他政府政策，如产业政策和保护国有企业不受竞争影响的政策，也可能影响创新动机和创新能力。

竞争政策需要考虑影响创新的各种因素。其中一个因素涉及市场结构与创新的关系，即垄断究竟是鼓励还是阻碍创新。理论界对这一关系的看法互相矛盾，经验证据也不明确。不过，人们普遍承认，许多因素，其中包括保护创新的知识产权的性质，通过与市场结构发生交互作用，决定了创新激励达到社会最优水平的程度。例如，市场结构对产品创新和工艺创新的影响可能截然不同。还有一种广为接受的观点是，如果新产品有强大的专利保护，那么竞争性市场中的企业就会有更强的创新动力。

比市场结构更重要的是，要理解有力执行良好的竞争政策可以如何鼓励竞争，而糟糕的竞争政策又会如何阻碍创新。有力执行竞争法对创新很重要，但主管部门必须谨慎地判定哪些行为是执法的目标。在这方面，与创新相关的竞争政策一直关注四个问题：

---

① Tom（2016）有引用。

（1）占支配地位的企业，它可能促进或阻碍创新的行为。

（2）限制性交易协议，它们可能使企业以串谋（如商定固定价格）而非创新的方式来获取利润。

（3）某些并购行为，它们可能通过会削弱竞争者为保持领先地位而创新的激励，而不是通过整合创新所必需的互补性投入来促进创新。

（4）动用或滥用政府权力保护某个企业，使它不必通过在竞争市场中创新就能获得垄断利润，从而削弱创新的竞争压力。

最后一个问题，即滥用政府权力，是全球性的问题，但与中国尤其相关，因为中国政府在经济中的作用如此突出。它常常表现为两种常见行为：一种是腐败，即有权给企业施予某种利益的政府官员因受贿而直接滥用权力；另一种是保护主义，即政府部门采取行动使某些企业、某个行业或地区与竞争相隔离并因此而受益，却让社会大众承担成本。正如本报告后文（讨论行政垄断的第 7 节、讨论产业政策的第 8 节和讨论国有企业的第 9 节）所述，这个问题在中国和其他国家都有发生，包括美国和欧盟。滥用政府权力会带来一些有害影响，其中包括削弱政府的合法性。但对于创新来说，一个重要的不良影响是，如果某人或某个企业通过行贿或获取政治支持，可来保护现有业务并取得垄断地位进而获得大于创新投资的预期收益，他就会损害创新。

由于创新对经济增长的重要性，世界各国政府一直都非常积极地促进创新。在支持研发或其他不会破坏市场竞争机制的措施方面，政府能发挥重要作用。但有时候，政府行为会阻碍竞争和创新，这不是因为腐败或保护主义，而只是由于缺乏足够的信息，没有能力处理和分析这种信息，或者缺乏远见。政府旨在促进增长和创新的监管违背了初衷，损害竞争、创新以及社会利益，这样的例子不胜枚举。专栏 1 介绍了美国的一个著名案例。

虽然美国的反垄断部门没有权力直接阻止联邦政府扭曲竞争的行为，但它们在那次监管改革中发挥了重大作用，开展了大量"竞争倡导"工作，即向美国国会、监管机构以及联邦和地方政府机构倡导促进竞争的政策。有时候，它们还以第三者身份参加监管机构的诉讼。① 美国大部分联邦经济监管体系都在其"公共利益标准"中纳入了一个要求，即监管机构应考虑自身决策对竞争的影响。②

---

① 第三者通常有权对不利于自己的判决提出上诉。由于美国司法部是以美国政府的名义参与庭审的，所以会出现名称怪异的案件，如"美国政府诉联邦通信委员会"［652 F. 2d 72（D. C. Cir. 1980）］。见 Tom（2016）。

② 参见 *United States v. Radio Corporation of America*, 358 U. S. C. 334, 351（1959）［"在特定案件中，联邦通信委员会可能认定，只要有反垄断问题就会导致法定（公共利益）标准得不到满足"］。见 Tom（2016）。

专栏1　美国的监管对创新的影响

　　美国先前对特定行业广泛实施价格和市场准入方面的监管。这种监管一度覆盖了航空客运、航空货运、铁路运输、货车运输、天然气（生产、输送和分销）、电力（发电、输电和配电）、输油管道、电信、医院和其他众多市场。其结果是，在很多行业中，创新动机微弱，技术进步速度远慢于可预期的水平，直到这些市场放松监管，由竞争决定发展。其中许多监管被减弱或取消，特别是在20世纪70年代的那一轮监管改革期间，美国经济受益于放松监管。

　　许多研究评估了美国的监管成本。有一项研究估测，因放松监管而降低的空运费、货车运费和铁路运费约为每年350亿美元。另一项研究则认为，在1968—1985年，美国在天然气开采行业的监管成本超过了1600亿美元。具体来说，关于经济监管对创新造成的特殊影响的评估，尤其是令人信服的计量经济学研究极少。不过，有证据显示，与不受监管的加拿大铁路相比，美国对铁路的监管延迟了新技术的引进，阻碍了美国铁路的生产率增长；对医院的监管则减缓了CT扫描技术的传播速度。

资料来源：Tom（2016）

　　所以，从某种意义上来说，从中国《反垄断法》第三十二条到第三十七条所涉及的内容来看，美国反垄断机构所处的地位与中国反垄断机构差不多。正如中国的反垄断机构可以调查涉嫌滥用的行为，并根据《反垄断法》第五十一条向滥用行政管理权的行政机关的上级部门提出建议一样，美国的反垄断机构也可以主张自己的立场。不过在美国，反垄断机构还可以向法院上诉。因此，即便《反垄断法》中关于行政垄断没有明文规定，只要中国的反垄断机构具备相应的资源并能够上诉到法院，像美国反垄断机构获得法院的支持那样获得政府最高层面的支持，它们仍然能够发挥积极的作用。

　　此外，在解决竞争与创新相互作用所引发的诸多问题方面，一个国家的专利制度至关重要。专利制度已经成为一个高度专业化的领域，无法在本报告中做深入探讨（对专利、竞争和创新等方面的一些问题的总结，见附录2）。但是，对竞争主管部门和专利主管部门来说，至少有三个具体问题值得注意：第一，由于许多创新是对现有产品和工艺的逐步改进，通常很难界定创新的范围。第二，正因为如此，对其他企业来说，以一种并不侵犯或貌似不侵犯专利权的方式模仿一项创新常常并非难事。第三，有些专利可能并不是用来保护创新的，而是专门用来阻碍创新的，因为它可能威胁到现有产品及其收益。

另外，政府在推动专利法的过程中，还面临两个重要问题：第一个问题是应该提供多长的专利保护期限。已有的大量研究分析了最佳专利期限问题，答案很可能因行业而异。第二个问题是专利法的执行。就一个国家而言，可能存在很强的动机不惩罚侵犯外国专利的行为，但这会使人们对该国的法治产生怀疑，从而给竞争政策的执行、技术转让和国际贸易带来更广泛的不利影响。

中国要发展竞争体制，需要重新审视主管部门对创新活动的处理方法。由于许多问题取决于具体案件的事实，最可能取得进展的途径就是：借助判例法，并在此基础上形成指导意见，然后展开全面审查以确定最佳专利期限；严格执行专利保护，由竞争主管部门采取透明和统一的方法来处理涉及创新的竞争案件。

3. 《反垄断法》

从很多方面来说，中国的《反垄断法》都是一部高水准的法律，它处理了横向限制、纵向约束、并购以及滥用支配地位等竞争法的核心问题。但是，国际经验以及2008年以来的《反垄断法》执行情况表明，可以对许多方面进行修订，以使其更加完善和有效力。

3.1　目标的清晰度和准确性

《反垄断法》（第一条）的具体目标应当是清晰的、重点明确的。目前看来，这些目标非常广泛，在某种程度上还存在潜在的冲突。它们包括反垄断、公平竞争、效率、消费者福利、社会利益和市场的健康发展。《反垄断法》没有阐明目标的层次；当这些目标在具体案件中相互冲突时，《反垄断法》也没有提供对这些目标进行权衡取舍的方法。这就给执法和司法机关留出了过大的自由裁量空间，造成了不确定性，并因此削弱了立法的规范作用（即向企业表明它们可以做什么和不可以做什么）。竞争目标与非竞争目标的混杂还造成了近乎不可承受的行政负担，因为执法官员在评估企业行为和选择救济措施（例如在并购案件中）时，很难判定相互冲突的各种目标孰轻孰重。

试看以下各例。《反垄断法》第一条提到了促进"社会主义市场经济"的健康发展，但这个概念很模糊，并可能导致批准多种反竞争行为。实际上，只要设定促进和维持自由市场竞争这一简单目标就足够了，然后，从防止对竞争产生不利影响的角度来设计具体规则。同样，在第二十七条中，并购需要考虑的某些因素开放性很大而且过于笼统（如"国民经济发展"和"其他因素"）。第二十八条允许涉案企业引用"符合社会公共利益的需要"这一规定作为抗辩理由，这种提法很模糊，并有可能严重削弱《反垄断法》促进全面市场竞争的效力。这些含糊的表述为当事方把很多活动排除在竞争之外提供了随意武断的理由。

其他许多司法辖区也有过目标多元化的问题，但总体来看，其他国家有一种很强的趋势，就是随着时间推移调整竞争法的重心，从而把主要目标回归到促进和维持充分的市场竞争上来。作为这种趋势的一部分，只有在少数非常特殊的条件下，才可以追求非竞争目标（如国家安全）。总之，应该澄清《反垄断法》的目标框架，明确其重点目标，使其符合国际最佳实践。

3.2 制度的管辖范围

根据中国和国际两方面的经验，可以帮助我们确定当前需要对中国《反垄断法》的管辖范围推行哪些方面的改革。一个可以采取的关键措施是，明确把所有行业和所有市场纳入竞争政策的管辖范围。这个措施应该涵盖自然垄断行业，因为即使在这样的行业，可能也有一些要素会参与竞争，另一些虽然不参与市场中的竞争，但可能会参与获取市场的竞争（比如，旨在赢得一定期限的自然垄断网络经营权的竞争，而不是某个市场中的日常竞争）；其他领域可以使用最佳实践。

另一个需要澄清的重要问题是，要更加清楚地规定，任何类型的企业，包括全部国有企业在内，一律适用竞争政策体制。这最终需要对《反垄断法》第七条进行改革。该条目前表明，所有市场和包括国有企业在内的所有企业事实上都受《反垄断法》的管辖，但在表述上有某些潜在的歧义。该条规定，在关系国民经济命脉和国家安全领域的国有行业中，允许垄断，并由国家保护其活动、对其实施控制并监管其价格和活动。这似乎可以解释为国家控制优先于《反垄断法》。然而，如果把第七条的规定理解为这类国有企业的垄断是可以接受的但不能滥用，那么这就和其他企业没有任何区别了——无论所有制形式如何。若是如此，就不清楚第七条力图要确认国有企业的哪些独特之处，它似乎是在暗示国有企业在某些方面享受特殊待遇。如果这种模糊性导致国有企业管理者或执法部门认为《反垄断法》在这类国有行业中的适用效力较弱，那么适时澄清这一点是非常重要的。

应当大幅缩小目前给予国有企业在行业和市场进入方面的全方位保护，这相当于默许国有企业在相关行业中的垄断经营。2015 年 9 月 13 日的《中共中央、国务院关于深化国有企业改革的指导意见》（下称《指导意见》），区分了非营利性的"公共服务"类（公益类）国有企业和营利性的商业类国有企业。根据该文件，后一类国有企业不应当继续垄断经营，而应当全面参与竞争。2015 年 5 月 8 日国务院在关于促进制造业和创新的 28 号文件《中国制造 2025》中阐述了为什么必须"进一步破除各种形式的垄断"。因此，应当对《反垄断法》第七条进行修订，使之符合这些文件和近期的其他官方政策。

还应当强化第五十一条，以禁止行政垄断，并使适用的救济措施符合《反垄断法》的其他规定，也就是说要通过执法机构的裁决，而不是简单地把问题交给违法机关的上级部门处理。澄清广义的产业政策与竞争政策的界限也是有益的。在这方面，世界上很多司法辖区都采取了如下做法：明文规定除少数明确规定的情形外，竞争政策的法律效力优先于立法形式的产业政策或其他产业政策文件。中国应当考虑制定类似的规定。本报告第 8 节（产业政策）将详细讨论这个问题。

中国还可以通过修正《反垄断法》，采用"协调效应原则"，也就是说，在寡头结构和进入壁垒引起价格趋同（price parallelism）的情况下，即使没有共谋（甚至是接触），也允许竞争主管部门进行干预，但不允许罚款①。所有重要的竞争制度都描述了"协调效应原则"，以及它们最可能出现的情况。还应当进一步改进和澄清市场的定义，尤其是在某种产品的全国市场呈现出区域分割的特点时，要保证市场的定义可以适用于地区性市场。

3.3　实质性规定

合法性标准。《反垄断法》必须明确阐明，合法性标准所适用的是"本身违法"原则还是"合理规则"。前者识别某些本身违法的行为，因此从概念上来说，调查只是考查了事实，也就是当事方是否实施了法律禁止的行为。而后者允许执法机构对某些

---

①　在这种情况下可能出现协调效应，即虽然少数企业之间相互进行正当的竞争，但无法预测其他企业对自己的价格或产量变化有何反应。举例来说，大家都知道一个企业的降价会引起其他企业相应的降价，那么这将使降价变得无法盈利。同样，一个企业可能预见到价格上涨，如果不跟风就不能盈利，但实际上它会被其他企业跟风，因为所有企业都知道这将导致相应的价格上涨而不是价格下跌。这种协调现象可能发生在一个没有任何实际共谋或企业之间没有任何接触的市场中。因此，这不是一个卡特尔协定问题，而是直接产生于集中的市场结构。然而，其结果（更高的价格和超额收益）可能是完全相同的。

行为的成本和收益进行合理分析，以便为裁决提供依据。这两个标准都十分重要。在判断具体行为适用哪个标准时（是直接定罪还是进行较为详尽的合理分析），《反垄断法》的执法机构和法院的做法有很大差异。对这些方法在《反垄断法》体制中的适用加以明确说明是有益的。例如，国家发改委可以发布指导准则，说明在哪些情况下可以适用本身违法原则，宣告相关竞争供应商的协调行为是非法的。

市场调查。市场调查起源于英国，它允许反垄断部门调查某个市场因素是否妨碍、限制或扭曲了竞争，一旦这个因素导致"对竞争的不良影响"（AEC）时，就要予以纠正。这种调查可以针对并无滥用支配地位或卡特尔行为但市场竞争仍然乏力的案件。市场调查机制的目标和范围与本报告第二部分提出的市场影响的审查程序差不多，后者旨在考察行政垄断、某些产业政策因素以及国有企业对市场竞争的不良影响。然而，竞争主管部门采用这种明确的市场调查机制还使他们拥有了消除或抑制这些影响的权力。

抗辩事由。在竞争法中，有一种常见的冲突：一方面要维持市场结构的竞争性，另一方面要让企业从规模经济中获得效率最大化。[①] 对此，国际经验表明，应当明确阐述关于效率抗辩的规定，企业不得以竞争会妨碍规模经济的实现并导致生产过剩和不可持续的损失为由，来提出免责主张。例如，《反垄断法》第十五条第五款似乎允许企业为了缓解经济状况异常困难所导致的销量严重下滑或生产过剩，而适用豁免竞争法，尽管这些状况在很多时候可能是由竞争不足引起的。[②] 在经济危机期间，《反垄断法》似乎支持卡特尔。无论其初衷多好，这种措施都可能被用来长期阻碍市场竞争的自然运行，除非对它的适用期限制定某种非常严格的指导准则。

此外，以效率为由的抗辩可以受益于清晰明确《反垄断法》，无论这是通过法律还是通过指导意见实现的。例如，《反垄断法》第五条允许并购，只要它们是公平的，是旨在扩大经营规模和提高市场竞争力的。这些理由可能很容易导致有损于《反垄断法》效力的宽泛解释。在适当条件下引入集体豁免规则也是有益的做法，因为这会给企业以更大的确定性，并减少执法部门和法院的负担。不过，豁免的依据应当是功能，而不是所有制（即国有）或行业。

3.4　定义

对中国《反垄断法》执行情况的调查显示，在办案或提供指导的过程中，出现了

---

① 在中国这样庞大的国民经济体中或国际市场上，这种冲突明显减弱。
② 这种说法特别适合中国的煤炭和钢铁等行业目前的产能过剩状况，因为对市场进入的限制抑制了竞争。

若干定义方面存在问题的领域。可以通过审查和更精确的定义来完善概念，其中包括：

（1）横向协议的定义。

（2）纵向协议的定义。

（3）相关市场的定义。

（4）滥用支配地位的含义。

（5）适用禁止滥用支配地位的规定时，构成"正当理由"的行为。

（6）合资的含义。

（7）明确行业协会的地位，尤其是它们能否被视为《反垄断法》规定的"经营主体"，并受《反垄断法》的管辖，以便在它们推动共谋行为时受到起诉。

4. 机构设置

本节分析了中国为竞争政策体制和《反垄断法》的执行而设置的机构架构，重点关注三个执法部门并存的三元式机构设置的功效、该执法体制的主要政策协调机制（反垄断委员会），以及私人诉讼权。

4.1 三个执法部门

中国的三个执法部门已经在执行《反垄断法》方面积累了相当丰富的经验。从竞争执法制度建立后头十年的发展速度和程度来看，全世界超过 125 个拥有竞争法的司法辖区都没有取得过比中国更振奋人心的开局。

商务部。商务部在执行《反垄断法》方面取得了广泛经验。这源于《反垄断法》的强制性并购申报制度的倒逼。该制度要求企业提前向商务部申报某些交易，并规定了对申报交易的审查期限。它为商务部提供了广泛的执法经验。自从 2008 年 8 月以来，它审查了 1000 多个并购项目。商务部曾开展过一次提供指导并与外界探讨其执法计划和未来打算的大型活动。从它首次做出并购案件裁决（禁止可口可乐收购汇源）到现在，可以发现一种趋势：它对干预决策的解释日趋完整和全面。商务部对自身工作的披露范围越来越大（在一定程度上，国家发改委和工商总局也是如此），这是中国《反垄断法》体制发展中取得的一项重大成就，从更一般意义上说，也是公共管理制度发展取得的重大成就。

国家发改委。国家发改委的反垄断机构查处过许多涉及横向和纵向价格限制行为的重大案件和滥用支配地位的举报。它的执法工作亮点包括（1）卡特尔案：查处了关于某个国际卡特尔限定触屏液晶显示器价格的诉讼，调查了国内各种产品和服务市场上的共谋机制；（2）纵向限制案：涉及汽车行业的分销行为，包括最近就奔驰公司限制零部件供应的行为施以5200万美元罚款的案件；（3）维持转售价格案：涉及中国两家主要白酒生产商；（4）滥用支配地位案：涉及中国两个主要电信服务供应商。

2015年初，高通公司涉嫌滥用支配地位一案尘埃落定，它被责令停止违法行为并支付9.75亿美元的罚款。高通案的裁决不但从救济措施的角度来看意义重大，从程序特征上来看也是如此。国家发改委在此案中首次发布了关于裁决理由的详尽说明。虽然在很多方面还不够完善（例如，确定罚款数额的依据），但高通案的声明仍然是国家发改委在程序方面的一个突破，反映了它有良好的意愿披露更多关于其实施干预措施的经济和法律依据。这是重要的一步，应当再接再厉，更充分地披露裁决信息，并在执法意图和分析方法上更多地借助其他指导形式。

国家工商总局。在2008年《反垄断法》生效以前，国家工商总局就一直在执行1993年的《反不正当竞争法》，目前仍然承担这项职责。国家工商总局的首个《反垄断法》执法案件是2009年对江苏连云港水泥卡特尔采取的行动。到2015年底，国家工商总局已经对涉及众多制造行业、公用事业（如电信）和服务业（如保险和二手车销售）的非价格性垄断协议、滥用市场支配地位和行政垄断至少启动了58项调查（已经结案23项）。最近的重要里程碑包括对微软和利乐公司展开的大规模调查。自2008年以来，国家工商总局工作的最显著重心之一，就是制定关于知识产权适用《反垄断法》的新指导草案（2015年公布）。该指导草案的制定遵循了国际公认的惯例，即发布了公开征求意见稿并与相关各方进行了对话。征求意见稿得到了国内外观察人士的广泛回应。

4.2　多部门执法的问题

2008年以来的经验已经证明，在中国存在三个不同的执法部门并不是什么致命的问题。然而，这种安排虽然反映了中国的传统行政惯例，却导致了权力的分散和不确定性，也没有体现国际最佳实践。

政策制定权的分割严重影响了有效的竞争政策体制的建立，并使法律和政策的协调发展复杂化。国际经验表明，把两个具有交叉权力的竞争执法部门置于同一个政策领域的做法，会制造潜在的矛盾。执法部门之间对管辖权的争夺会消耗宝贵的执法资源，延迟案件的处理，削弱对竞争制度的威慑力。世界上若干司法辖区在开始建立竞争制度时也曾设置了多个执法部门，但近年来都将执法权统一到一个部门，以此来避免冲突。

执法部门之间发生破坏性争斗的可能性在《反垄断法》中体现得很明显。最突出的问题肇始于国家发改委与国家工商总局之间的关系，前者负责与价格有关的非并购事务，后者负责监管与价格无关的行为。① 国家工商总局与国家发改委共享《反垄断法》中非并购条款的执法权。然而，一个企业的反竞争行为，例如维持转售价格和为自身产品设定独家经营区域的行为，并不能被明确地归类为涉及价格或不涉及价格的行为。这样的案件是应该归国家发改委管呢，还是应该归国家工商总局管呢？抑或是两家一起管呢？② 兼有价格和非价格因素的案件不但是国家发改委与国家工商总局之间产生冲突和协调负担的一个来源，也是导致企业在试图辨别哪个部门有权审查特定商业行为时无所适从的一个原因。

中国知识产权工作指导准则的制定也暴露了《反垄断法》制度中的管辖权三元分配机制所导致的矛盾。根据 2015 年度的工作计划，反垄断委员会（AMC）负责制定关于滥用知识产权行为的指导准则，三个执法部门则根据职权划分拟定各自的指导准则草案。国家工商总局已经公布了自己的指导准则草案。③ 然而，国家发改委拟定的知识产权执法指导准则据称适用于中国的整个反垄断体系，从而构建了一个将会适用于三个执法部门的统一框架。问题是，国家发改委将如何看待国家工商总局的指导准则，是承认它有约束力，有说服力和参考性，还是只不过为其草案做出的一份贡献？国家工商总局和国家发改委的指导准则草案有多大程度的一致性？矛盾之处将如何处理？

此外，商务部拥有独家的并购监控权，这项权力经常涉及有关知识产权许可或使用的救济措施问题。商务部会如何看待国家工商总局的指导准则草案的分析理念呢？为了保证清晰度和政策的一致性，该指导准则最好至少有国家发改委和商务部的签字，如果有三个部门的签字就更好了。这是对维持现行三部门分权机制是否明智的诸多质

----

① 这是一种固有的模糊的政策任务分工，因为许多乃至大多数商业行为最终都会影响企业的定价。据此，国家发改委可能主张自己的权限应当涵盖名义上由工商总局管辖的非价格安排（例如，搭售协议或独家交易合同）。当代全球的竞争法执法经验表明，共谋或排他行为的情节常常并不只是某个企业实施了某种简单的行为。相反，在很多情况下，一个企业会采取多种手段相结合的策略，其中有些与价格有关，有些则是"非价格"的。

② 这些问题以及有关国家发改委与国家工商总局之间执法任务分配的其他问题已经发生了，在《反垄断法》的执行过程中还会发生。

③ 根据国家工商总局的说法，它的指导准则草案是在广泛研究国际经验、咨询外国竞争主管部门与中国行政及司法部门的意见以及在中国进行实地研究的基础上拟定的，包括对拥有巨大知识产权资产的企业进行访谈和调研。

疑因素之一。

我们可以理解支配着现行职责划分的明显的理论特点，以及三个执法部门之间的任务分配方式所依托的中国固有的制度传统。但是，这种三元执法制度的实施在实践中会引起很多难题。现行的权力分配方式导致了适格决策主体（例如对于同时涉及价格和非价格行为的案件）的不确定性，并可能导致《反垄断法》适用的不一致性。三个执法部门确实试图通过磋商和协调减少可能发生的冲突。无论如何，对现行框架进行合理调整，将提高它对当事人的确定性和可预测性，降低不公平对待的可能性，保护宝贵的执法资源，同时增强制度的权威性和竞争政策的力量与效力。

国家发改委和国家工商总局似乎已经达成了共识：在价格行为与非价格行为并存的案件中，启动调查的部门可以对单独看来应由另一个部门管辖的行为行使附带管辖权。然而，要进一步明确涉及价格和非价格行为的案件的处理权限，国家发改委和国家工商总局应当发布一个描述它们如何分配具体案件的协议，并就这类混合型案件由哪个部门处理的问题给予当事方进一步的指导。一个更圆满的办法是把同时具有价格和非价格因素的案件统一交由一个机构负责。

其他一些可能扭曲《反垄断法》实施的机构间矛盾包括若干涉及商务部的案件，其中商务部通过接受涉及重大行为救济措施的任务，解决了自己对一些具体并购案件的关切。人们观察到，由于商务部愿意接受具有长远意义的行为救济措施，所以它能够对本可能由国家发改委监管的行为行使管辖权，例如可能发生的滥用支配地位的行为。在这种情况下，与并购行为相关的救济措施使商务部能够控制并审查被《反垄断法》视为具有支配地位的企业可能实施的排他性行为。即使不存在这种可能的扭曲，也不能断定并购控制与竞争法中的非并购内容毫无关联。卡特尔审查与并购控制中的协调效应理论的评估有相同的分析要点。[①] 分管卡特尔（国家发改委）和并购事务（商务部）的部门可以通过机构间的合作来共享相关信息，采用共同的分析角度，但是如果把相关信息的整合工作交给一个部门来执行，可能会完成得更及时、更全面。

对任何一个司法辖区来说，多部门执法的架构不但会提高国内的协调成本，还会增加对外交往的协调成本。当中国的反垄断制度与国际上其他竞争法制度发生互动时，就会出现这种困扰。设置三个执法部门使中国必须花费更大的力气向一个个外国执法部门或大型国际组织解释和阐述自己的反垄断观点。

---

① Kovacic 等人（2009）探讨了这些关系。

4.3 大型多职能部门内的小型执法机构

《反垄断法》的执行机构——商务部、国家发改委和国家工商总局下属的反垄断机构，都是设在业已具备多项其他职能的庞大官僚机构内部的小单位。各反垄断机构的竞争政策职能与其所属大机构中已有的其他职能并存，而这其中的一些职能可能与促进竞争的经济政策相矛盾。国家发改委具有广泛的产业政策职能（包括价格控制），商务部负责发展国内外贸易和国际经济合作，国家工商总局的职责包括工商企业的注册和管理，以此来促进并监管创业活动。把《反垄断法》职责交给负有多种重大产业、贸易、监管和行政政策任务的部门，会分散它们的精力，并极有可能导致非竞争标准影响《反垄断法》问题的处理。[①]

在许多情况下以及从长期来看，不能确保大部门内设的小单位能够有效地履行《反垄断法》赋予的职责。在行使权力起诉滥用行政垄断权的行为或更广泛地动用《反垄断法》约束国有企业方面，尤其如此。令人存疑的是：一个大政府部门的部长、一个省长或市长，抑或是一个大型国有企业的董事长，是否会觉得自己有义务遵守商务部、国家发改委或国家工商总局内设的一个小小的反垄断局局长的命令。

这些部门中竞争和非竞争职能的混杂削弱了竞争政策的地位和权威。多职能授权并不是中国特有的。全球很多司法辖区的竞争法执法部门都具有竞争法之外的权限，如反不正当竞争和不正当商业行为。[②] 但是，地位独立、职能单一的竞争主管机构的优势在于能够清楚地界定自己的目标，避免不同目标和工作重点的混淆。要真正有效落实《反垄断法》的实质性规定，无论是现行的执法体制还是根据本报告建议的思路改进后的执法体制，都需要把执法职能整合到一个由部级或类似级别的新机构中。这种调整将提高执法部门的地位，有助于保证《反垄断法》的执行措施和政策导向得到其他政府部门、国有企业和国际机构的尊重。

4.4 竞争主管机构的自主权

国际经验中有一条通行的原则，即竞争主管机构应当是"独立"的。独立的定义多种多样，但其核心理念是，竞争主管机构行使受理或处理案件的权力应当独立于政

---

① 国家发改委的《反垄断法》执法机构还负责执行《价格法》，国家发改委的有些调查没有明确说明调查依据（是《价格法》还是《反垄断法》）。国家工商总局的《反垄断法》执法机构还负责执行反不正当竞争法。为执行反不正当竞争法而设立的机制给这个机构塑造了一种与竞争法的适用大相径庭甚至针锋相对的文化和视角。

② 参见 Hyman and Kovacic（2014）。

府的政治派别和其他部门。此外，还有一个普遍的共识，即竞争主管机构的政策选择应当对政治过程负责，例如，按要求披露其裁决的理由，表明它们遵守了相关的法律；说明工作重点和执法指导准则；不时与政府官员面谈自己的执法计划。人们普遍认识到，竞争执法机构必须与政治过程建立某种联系，才能在其他政府部门面前有效履行竞争倡导者的职能。

中国对于上文定义的充分"独立"的监管部门这一概念没有经验。目前，中国反垄断机构在实施执法权方面拥有必要的自主性至少面临两重约束：第一，正如上文所说，商务部、国家发改委和国家工商总局的反垄断局都是集多种政策职能于一身的大型综合部门中的小单位；在其所属部门内部，它们都与地位稳固但经济利益和政策观点有时会与竞争法相冲突和排斥的司局并存。

第二，中国的反垄断局还面临着与其他政府部门在政策观点和经济利益上的冲突，例如监管特定产业或具体国有企业的部门，或者省市级政府的行政部门。《反垄断法》的执行机构确实会与其他政府部门协商，听取涉案各方的意见，这也是正确和必要的做法。但是国际经验表明，这种局面存在固有的危险，因此必须保证竞争主管机构的运作高度独立于其他政府行政部门。正如下文第 4.6 小节所建议的，应当建立一个新的基本独立的单一竞争主管机构，以克服上述这些问题和其他问题。

4.5　反垄断委员会

中国的反垄断委员会是根据《反垄断法》设立的，旨在为中国的竞争政策体制提供一个统摄全局的政策制定和协调机制。到目前为止，它最显著的贡献是起草了各种政策文件，包括针对《反垄断法》中的相关市场界定而制定的指导准则。但是，反垄断委员会及其专家咨询组的目标、运作过程和职能都很不透明。反垄断委员会对有关其运作的程序、对具体案件的选定和处理工作的贡献，以及它自身在推动《反垄断法》和中国竞争政策体制进一步发展中的角色定位（这一点更重要），披露的信息较少。迄今为止，它并没有发布有关市场结构和市场竞争情况的研究报告，对于以哪些政策来落实十八届三中全会加强市场竞争的决定，也没有相应的研究报告。我们并不清楚反垄断委员会能够在多大程度上统合三个隶属执法部门。

要实现十八届三中全会提出的使市场在资源配置中起决定性作用和建立统一开放、竞争有序的市场体系这一目标，就需要建立一个像发达市场经济体那样的高级别、有权威且相对独立的竞争主管机构。在中国，竞争政策体制起步不久，许多重要经济领域中的竞争仍然比较薄弱或尚付阙如，建立这样一个机构，对于进一步完善竞争政策，评估现有竞争法制度并提出合理的改革建议，继续强化指导准则和程序，以及有力地执行《反垄断法》，都至关重要。这个机构需要被授予明确的职责、职能和职权，由一位高级官员来领导，并配备一个资源充足且全职的常设专家队。反垄断委员会目前的配置不符合这些要求，并阻碍了一个强大、目标明确且独立的竞争主管机构的形成。具体来说，反垄断委员会的成员包括来自 13 个（更）强势政府部门的代表，他们各有其自身的特殊利益，从而使反垄断委员会不可能成为一个有效且相对独立的竞争主管机构。

4.6　设立高级别的单一竞争主管机构

从短期来看，加强三个执法机构之间的政策协调有利于《反垄断法》的执行，特别是有助于协调国家发改委与国家工商总局之间的关系。要建立一个正式机制以互通立案信息，并确定如何分配跨越价格与非价格行为界限的案件或兼有价格和非价格行为的案件，就应当出台阐明具体案件如何在两者之间分配的指导原则。这将为企业辨别应该找哪个机构讨论与《反垄断法》执行有关的问题提供有益指导。

然而，在不推进结构性改革的情况下，中国竞争政策体制的现行制度结构不太可能贯彻国家经济战略目标及十八届三中全会和四中全会关于加强竞争的决议。现行结构能够并且已经在一定程度上发挥了作用，但是《反垄断法》的经验表明，现行机构的架构存在明显缺陷。因此，应当适时把三个执法机构整合为一个单一机构。我们建议中国政府，作为深化《反垄断法》改革举措的一部分，开始采取措施把现有的三个反垄断局统合成一个单一机构，这也与其他许多司法辖区将反垄断职能移交到一个自主的高级别独立机构的历史潮流相吻合。

国际经验有力地表明，三个执法机构的融合至少有两个明显的好处。一是通过将执法职能从具有多种职能和多元化政策的综合部门（商务部、国家发改委和国家工商总局）中转移出来，可以使反垄断职能更加统一和透明。二是可以把政策责任统一起来，以克服在判定执法机构的管辖边界时出现不确定因素，同时避免为协调不同机构的行动所带来的成本。

把中国的执法机构整合成一个单一的高级别机构的建议，是本报告的作者之一提出来的，也是基于他对美国竞争政策体制为维持两部门执法所付出成本的直接经验和认识。[①] 美国的经验表明，一个司法辖区设置多重执法机构引起的问题拖得越久，就越

---

① Kovacic（2012）讨论了美国联邦双重执法机制的成本问题。

难实现必要的改革。根据本报告中提出的思路制定重组措施，将使中国的制度符合全球竞争法发展的潮流（见专栏2）。令人鼓舞的是，在经历了细致磋商、设计并吸收了两个有50年历史的机构的现有优势之后，英国最近将两个反垄断执法机构进行合并，事实表明它的这一经验是成功的。

专栏2　设立单一竞争主管部门的全球趋势

过去10年间，有好几个司法辖区（包括巴西、法国、葡萄牙、西班牙和英国）把两个或更多的竞争政策机构合并为一个公共机构。在这方面，巴西在竞争政策方面的经验提供了一个有益的研究对象。巴西政府认识到三家执法机构并存给竞争法执行带来了巨大的协调成本，于是把三家机构合并成一个机构。虽然这些改革刚刚过去不到两年，但这已提高了巴西竞争政策的效率和一致性。除了这些精简措施以外，全球还有多个司法辖区（包括墨西哥）实施了扩大竞争主管机构自主权、增强其有效执法能力的改革。若干较新的制度（包括墨西哥和摩洛哥）将竞争执法职能从大部门的内设单位中转移出来，并把反垄断职能交给单一的独立机构。

并不是所有司法辖区都采取了上文提到的合理化和一体化措施。美国仍沿袭两个政府机构（司法部反托拉斯局和联邦贸易委员会）分担执法责任的做法。本报告的作者之一（威廉·科瓦西奇）已经在美国的反垄断执法系统工作了35年，并仔细研究过它的运作方式。

中国建立一个统一的高级别竞争主管部门将涉及以下四个主要因素：

（1）把三个执法机构中从事竞争业务的人员整合到新设的独立机构中。

（2）大幅扩充用于执行《反垄断法》的人力和其他资源。

（3）设立一个高级别委员会来监督新的竞争主管机构，由具有最高政治权威和声誉的人担任委员会主席。

（4）让新设立的机构直接并且只向国务院（或者中国决策者确定的其他高级别部门）负责。

新设机构将是一个权力很大、相对独立和拥有适当资源的机构，受到立法、指导意见和信息披露机制以及法院监督的适当制衡，每年向国务院或全国人民代表大会汇报其全面、有效、严格执行《反垄断法》的情况。在做出查处和解决案件的决定时，新设机构将独立行动，但要受法院的上诉程序或司法审查程序的约束。这意味着它对任何具体案件的裁决不向国务院负责。

在新设机构投入运行并负责所有竞争问题的同时，国家发改委可以保留执行《价格法》的职责，只负责价格监管，而且基本上或完全只针对自然垄断行业或网络行业。国家工商总局的竞争机构可以扩大它在其他方面的活动，以加强它作为消费者保护机构的作用。通过上述两项措施可以构建一个更加符合普遍国际经验的综合监管结构。

然而，这也可能是一个良好的契机，可以通过做强或设立独立国家机构来监管能源、水利、通信和交通部门，使自然垄断行业和网络行业的监管体制安排符合国际最佳实践。这些独立的监管机构将负责监管价格、制定绩效标准，以及监督投资计划。这些监管职能应当完全脱离并独立于有责任促进相关产业和经营者（例如国有企业）发展的政府部门。由于这种体制的目的是复制市场竞争的结果，因此企业对监管机构裁决的上诉自然可以提交到新设的高级别单一竞争主管机构，并最终诉诸法院。

这里建议的重组措施将使中国拥有一个强大而又独立的竞争主管机构，有利于表明政府将坚定不移地贯彻十八届三中全会的决议：使市场在资源配置中起决定性作用，建立统一开放、竞争有序的市场体系。这也有助于改革政府与市场的关系，并为竞争政策提供更强大的政治和体制基础。新的安排将使中国拥有一个目标明确的、负责任的行政机构，它可以最大限度地排除其他行政干预，自主执法。

上文阐述的改革方案至少有三个重要意义。第一，新的竞争主管机构需要大幅扩充资源、资金和人员。其他国家的证据表明，强大的竞争主管机构产生的社会收益远远大于执法成本。一套设计严密的竞争体制会为公共福利带来丰厚的回报。

第二，随着竞争主管机构的资源增加，培训的基础设施也需要大幅增加，为此可以利用中国政府、高校和研究机构中的专家以及有益的国外经验。国际经验表明，同样重要的是为竞争主管机构的官员建立清晰的职业发展路线，这不仅是指新设机构内部的官员，也包括从中国公共行政系统的其他部门招录的官员，以使他们能在竞争主管机构任职一定时间后到其他部门担任更高职务。

第三，与其他国家一样，要建立一个强大而又相对独立的竞争主管机构，就需要大幅修订涵盖实质性和程序性问题的指导准则，同时建立一个透明的案件信息披露制度。必须限制竞争主管机构不当行使自由裁量权，为它的行动和裁决提供确定性和可预测性，为法院的监督提供适当平台，增强《反垄断法》的规范力量。

4.7 改革《反垄断法》和机构设置的步骤

正如上文第 3 节所说，2008 年以来的《反垄断法》执法经验表明，2008 年《反垄断法》的条文有很多内容可能需要澄清和调整。本节指出了中国竞争政策体制在机构设置结构方面的弱点。要采纳本报告中关于强化《反垄断法》条文和改革机构设置的建议，就需要修订《反垄断法》。这就引出了一个问题：在《反垄断法》执行了一段时期后，应该在什么时间修订该法律。修订可能会引起某些混乱甚至动荡。

一个更好的也是本报告推荐的选项是，建立一个专家机构来研究在若干年内［大约在"十三五"规划（2016—2020 年）的框架内］需要进行的改革。研究和咨询工作由高级咨询机构负责，其任务是根据中国迄今为止的执法经验以及最近的国际发展动态来审查《反垄断法》的条文和机构设置。该咨询机构可审议本报告中提出的建议以及它自己提出的其他方案。此项研究的重点将包括《反垄断法》的目标和适用范围，关键执行条款的设计，以及建立相对独立的高级别单一竞争主管机构。研究得出的建议可以提交到全国人民代表大会审议并形成立法。

5. 执行程序和执行能力

有很多措施可以改进现行《反垄断法》的程序和执行该法律的能力，这些措施在得到中国法律专家的肯定后，就可以付诸实施，而不需要对《反垄断法》进行修订。一个有益的做法是，尽可能立即颁布新版或修订版的行政管理规定和指导性文件，采取改进措施。这些规定或文件应该与程序和实际操作相关，并有利于明确《反垄断法》下一步的适用重点。

5.1 程序

良好的程序是有效的竞争政策体制的基本要素，它包含三个方面：（1）质量管控，即严格地检定证据，以保证对观察到的行为做出准确判断，并对违法行为选择适当的纠正措施；（2）合法性，它来源于执法程序能够让当事方和普通大众认为执法机构的方法和实质性结论是合理的；（3）把给企业经营者带来的延误和其他成本最小化。国际经验表明，正如下文所述，竞争执法机构的几个实践特征往往会促进这些目标的实现。

执法机构人员的专业水平。良好程序的一个重要基础是高超的专业水平，它来自高强度的课堂训练、在执法机构工作过程中接受的补充训练，以及通过办理和裁决案件积累的经验。自 2008 年 8 月以来，中国的《反垄断法》执法机构的专业水平大幅提高。这一趋势应当继续并加强。①

透明度。良好程序的第二个必要基础是合理的信息披露或透明度。更全面的信息披露可以强化内部决策流程，更有效地让外部受众接受和理解，从而加速执法机构的进步。合理的信息披露还能够激发对执法机构工作表现的有益讨论，帮助执法机构找到其分析方法和程序中可能需要改进的地方。所以，更广泛的信息披露作为当事方获得更佳指导的途径和良好治理的标志，符合新设的竞争主管机构的利益。中国在制定执法指导准则的过程中，遵循了发布文件草案和征求外部各方意见这一国际通行的惯例。推广商务部、国家发改委和国家工商总局的现有举措，对执法意图和分析方法提供指导，将有助于改善中国《反垄断法》的实施。②

实质性协商。良好程序的第三个要素是给执法机构的调查对象提供机会来讨论执法机构关于损害主张的理据、打算适用的证据，以及打算采取的执法措施。国际上通行的惯例认为，这个程序包括允许企业的代表及外部顾问（如律师事务所和经济咨询机构）约见执法机构。严格的证据检定使执法机构更有可能得出合法且合乎经济逻辑的结论，并使人们更加确信《反垄断法》制度得到了客观、公平、合理的适用。

在中国，时不时有人抱怨当事企业及其顾问受到了不公正对待。这些抱怨主要针对一种比较明显的情况：企业迫于压力承认自己违法，而没有机会挑战执法机构关于损害主张的理据或者执法机构为认定违法行为而搜集的证据。对于企业是否能够委派外部顾问约见《反垄断法》执法机构的问题，也存有争议。有些企业曾举报《反垄断法》执法机构人员有恐吓行为，将企业挑战执法机构的观点和证据的举动定性为不服从、对抗和藐视执法的行为。这里需要注意的是，执法机构的资源限制可能会对程序产生重大的影响。③

----

① 这需要采取若干步骤，其中包括：（1）加大对讲授竞争法和经济学课程的高校院系的智力基础设施投资；（2）推广中国专家和外国顾问开展的现有培训项目，为《反垄断法》执法人员提供继续教育课程，特别是技能培训练习以及为办案人员提供执行任务时的案件处理经验的模拟培训（例如对产业专家进行访谈）；（3）在执法机构制订内部培训计划——主要是内部竞争法培训——借以提炼并与资历尚浅的人员分享执法机构积累的经验。

② 提高透明度的措施可以包括发布补充性的正式指导准则（如国家工商总局关于竞争法和知识产权的指导准则）、公开发言、出席会议以及公布有关《反垄断法》内容和用途的"常见问题"。

③ 国际经验表明，严重的资源限制可能给执法机构造成很大压力，迫使它们必须快速解决每个案件，以处理下一个待办案件。当企业对损害主张的理据提出异议或挑战证据时，执法机构就会不耐烦。

中国的反垄断机构正在对它们与企业及其顾问互动的程序做出重要改进。2014年底，中国承诺将遵守国际广泛认可的关于程序公平的原则，包括为企业保留合理机会以阐述它们的观点，委派外部顾问接洽反垄断执法机构。由于当前面临的资源限制（详见下文），履行这项承诺将困难重重。应当继续大力促进这些积极的趋势，它们将提高反垄断机构公平合理地实施法律的声望。

司法审查。良好程序的第四个基础是对执法机构行为的司法审查。这种救济机制为防止执法机构出现严重错误、促使执法机构保持高水平的内部质量管控提供了重要保障。并购审查也许是一个亟待提高执法机构决策速度的领域。过度的拖延会给常规交易增添不确定性，如果并购涉及在多个司法辖区活动的企业，就难以完成。商务部已经采取了重要措施，对那些明显没有竞争危害的交易推行简化的并购审查程序。

以上所述是良好程序的四个基础，而支撑这四个基础的，是不断探索过去的经验以改善未来绩效的决心。在竞争法的很多领域，执法本质上都具有实验的性质，因为竞争执法机构为了解决具体的竞争问题要试验很多方法。在救济方法的选择中，一个重要的组成部分是开发出可用于评估救济措施是否发挥预期作用的方法。①

5.2　指导与信息披露

中国负责执行《反垄断法》的各主要机构（三个执法机构、反垄断委员会和最高人民法院）发布的指导准则提供了对《反垄断法》的基本解释，并阐述了该如何执行这项法律。② 迄今为止发布的指导准则对《反垄断法》的执行提供了宝贵的清晰度和可预测性。在制定这些文件的过程中，中国的执法机构通常都发布草案文本，并征求外部观察人士的意见，其中包括国际范围内的竞争执法机构和非政府机构的意见。这个新形成的惯例遵守了其他司法辖区的最佳实践，也使竞争政策制度的运行对受影响的各方来说清晰透明。有效的信息公开和积极的外部沟通可以降低当事企业的不确定性，并激励执法机构与外部专家就法律内容展开良性互动。我们认为，有必要根据本报告中建议的措施对现行指导准则进行审查。

值得称道的是，中国的反垄断机构通过指导性文件和执法裁决说明，在制定规范促进更全面的信息披露方面取得了令人瞩目的进展。推广指导性文件和其他信息披露方式，将在四个方面强化《反垄断法》体制。第一，指导性文件可以在如何选择案件

---

① 关于这种评估的重要性，见 Kovacic（2006）。

② 最重要的例子是国家工商总局最近公布的关于知识产权适用《反垄断法》的指导准则草案。

和审理案件方面为三个执法机构的办案人员提供重要指导。第二，有效的信息披露可以为企业提供有价值的信息，从而提高执法程序的可预测性，并帮助企业建立有效的合规制度。第三，制定和披露执法惯例的活动可以对三个执法机构的决策过程形成必要的约束。

第四个好处值得单独强调一下：更充分的信息披露有助于人们更加认同反垄断机构的合法性。因为它把执法机构的分析论证交给公众审查和讨论，从而促使执法机构对自己的行为更加负责。在全球许多司法辖区，这种做法都带来了一个重要的意外收获，即提高了执法机构排除外界有害干扰并进行自主决策的能力。

中国应当采取进一步的措施，继续致力于提供指导并披露执法机构的分析方法和裁决内容。定期审查、持续不断地更新指导文件并公开传播这些文件，包括通过发表讲话和其他公开声明等方法，是一种有益的做法。在更新现有的指导文件时，不但要考虑中国快速增长的执法经验和对某些关键的代表性案件的系统评价，也要考虑飞速发展的国际经验。在中国，深化指导工作可能带来的好处尤其体现在明确和澄清《反垄断法》同《价格法》和《反不正当竞争法》之间的管辖权界限。

在其他方面，更全面地细化现有的执法指导准则或发布新的指导文件，将有利于反映与以下几方面有关的司法裁决和执法实践：

（1）界定相关市场的方法。

（2）使竞争主管机构有理由干预的关于损害主张的理据〔例如单边效应（unilateral effects）和协调效应〕。

（3）作为并购审查门槛的营业额的测算方法。

（4）一个企业在全国的营业额的测算方法。

（5）竞争案件中会计年度的确定。

（6）"控制"的概念和关联企业之间"控制关系"的概念。

如果中国的法律专家认为不必修订《反垄断法》，那么上述大多数措施都是目前可以采取的。

5.3　案件的处理

执法机构在案件处理方面有一定程度的自由裁量权是不可避免的，实际上还有利于执法机构根据具体案件的案情调整办案方法。但是，仍然有一些程序方面的因素需要加以约束，以确保所有案件都可统一使用有充分互动的程序，从而在可预期的合理时限内，实现适度的协商。这包括：

（1）公布包括以下内容的程序：文件编制、必要的磋商、信息披露、听证行为、法律特权、指导性时间表以及可允许的最长时限。

（2）制定并公布筛选方法，以判定哪些案件需要初步调查并确定是否需要进行全面调查的标准。对那些被认定为不太值得全面调查的案件，整合出一套简化程序。

（3）确定"安全港"规则，以便为认定可免于调查的行为提供清晰的指南；制定用于核查安全港规则是否适用的程序。

（4）为在审案件的替代性承诺（UIL）的范围和适用性提供指导。

5.4 救济措施

竞争制度的公信力和影响力取决于为纠正垄断行为和制止未来违法行为而采取的措施。竞争执法机构在选择救济措施时面临一些问题，有的问题商务部已经在各种并购案件中提及。一是行为救济措施进行监督的行政负担可能会严重影响竞争执法机构的资源。商务部监督并购当事方的行为承诺，这一任务给原本就人手不足的相关部门带来了巨大压力。商务部通过将监督任务外包给经其批准的、由并购当事方支付费用的第三方监督托管人，一定程度上缓解了这个问题。但即便使用了监督托管人，商务部仍然需要一些精力来确保托管人正确执行政府机构的意图。

第二个问题涉及所有救济措施的有效性：一个竞争执法机构怎么知道一项救济措施能实现其预定目标呢？在竞争法的很多领域，救济措施的选择本身就有试验的成分，因为一个执法机构要不断试用各种方法来解决特定竞争问题。从理论上说，设计救济措施的一个重要环节就是对已经选择的某项救济措施是否发挥预想作用作例行评估。另外，严重的资源限制也使这种事后评估超出了中国执法机构的能力范围。

《反垄断法》只为处理救济措施这个重要问题提供了一个非常宽泛的框架。根据国际实践和中国迄今为止的经验，现在急需研究这方面的问题，其中包括：

（1）明确行为或结构救济措施在什么时候比罚款或监禁更合适。后者通常只适用于卡特尔和违反承诺行为，但也可以适用于滥用支配地位的案件，具体取决于法律制度的性质。在最严重的案件中，罚金的威慑或救济能力不足，因为它们最终只由企业的股东支付，而对于国有企业来说，则由纳税人埋单。这就是为什么卡特尔行为在美国和英国面临着入狱风险的原因。在《反垄断法》框架下，监禁还不是目前可行的处罚手段，但是，中国未来有可能愿意考虑在刑法框架下对极端严重的反竞争行为的实际行为人处以监禁。

（2）行为救济措施和结构救济措施的比较分析。中国的体制非常青睐前者，若干其他国家的体制也是如此。但是，近来越来越多的证据表明后者更为有效和适当。另外，前者往往还需要执法机构或其代表动用大量资源对行为承诺进行监督。

（3）分析替代性承诺的有效性。

（4）对行政垄断案件中使用的救济措施进行改革。

（5）发布在确定处罚措施时需要遵循的指导准则。

5.5　宽大制度

对于向执法机构提供信息的当事方，中国已经形成了一套给予不同程度豁免的宽大制度。有人认为，这方面的规则模糊不清，也未必能得到不同执法机构的统一适用。因此，根据国内外迄今为止的经验，对这些规则进行审查、细化和统一，是很有益的做法。不过，在这个领域中保留某种程度的自由裁量权还是有用的，因为一定程度的不确定性实际上会给企业主动配合调查创造强烈的激励。

5.6　歧视

有时候人们认为，在国有企业与民营企业之间，在国外企业与国内企业之间，《反垄断法》的适用存在着有意或无意的歧视。各种研究对这个问题给出的结论不一，具体取决于案件类型、当事执法机构以及衡量标准是裁决结果还是救济措施。对保证竞争政策体制的公信力来说，重要的是在这些方面完全没有歧视，而且也本该如此。因此，适当的做法是启动更全面和明确的分析，它可以及时知会执法机构是否有必要调整自己的做法。

5.7　充足的资源

无论是从任务的繁重程度还是从国际经验的角度来衡量，分配给三个执法部门的资源严重不足。这不但威胁到这些机构未来的发展，而且更一般地还会威胁到中国竞争政策体制的持续发展。

商务部已经采取了创新举措来减轻人员短缺造成的影响，其中包括采用简易审查程序，以便让那些不对竞争构成明显威胁的并购项目过关；把某些分析任务外包，有时候请外部顾问提供补充意见以帮助商务部撰写旨在披露裁决理由的声明。利用外部专家虽然大有好处，但它不能替代商务部的需要，即造就足够的内部专家、建立一支规模适当的内部团队，以便在该机构内部积累更多的专业知识，为案件提供更快速、有效的咨询。根据商务部迄今为止的经验和国际经验，并购审查处室的人员必须至少翻番，从现有的 30 人增加到 60 人以上，才能够有效运转。

国家发改委和国家工商总局的反垄断局也受到人员严重不足的困扰。虽然国家发改委和国家工商总局能够调动遍布全国的下级单位中成千上万名员工来执行调查任务，但它们只建立了较小规模的团队来执行评估证据、阐述损害主张理据、评估当事企业提出的抗辩理由以及制定救济措施等重要任务。国家发改委的核心分析团队目前大约有 20 人，对于如此艰巨的竞争法任务而言，这样的人员配备真是少得惊人。国家发改委也会外包一些分析任务。正如上文所说，即便是资源充足的执法机构征求外部专家的意见也是有好处的，但是，中国执法机构在执行关键的分析任务时，对外部顾问的依赖程度过高，应当通过扩大执法机构的人员编制来纠正这种状况。

资源充足对于反垄断机构至关重要，因为对于竞争执法机构的成功来说，最重要的因素莫过于人力资本的质量。

人员不足至少会给竞争法制度造成五方面的扭曲。第一，对于需要细致的证据搜集和分析的案件来说，开展深入调查成了难题。第二，这会给竞争执法机构造成巨大压力，迫使其追求快捷省事的处理方法。在某些案件中，执法机构可能迫使当事方在办案的早期阶段就做出让步，而不开展更细致的证据搜集和分析。第三，对于执法机构决定详细调查的案件，资源不足往往会延长办案周期，特别是在一个执法机构同时进行两项或更多复杂的调查时，而这种情况在中国的三个执法机构中经常发生。第四，资源薄弱使执法机构不具备必要的手段来监督企业是否履行了反垄断机构在裁决（以和解或其他方式）中判定给企业的义务。企业作出的承诺可信度如何，很大程度上取决于企业经营者对竞争主管机构是否会监督其履行情况所做出的预判。第五，资源不足会妨碍执法机构进行案件查办和诉讼以外的重要工作，例如编制指导准则或其他政策文件，这些文件旨在向企业说明执法机构的工作重点和适用法律的意图。资源薄弱的竞争执法机构在利用非执法手段改进竞争制度的绩效方面，往往投入过少的精力。

增强执法机构还需要辅助机构来培养人才、积累知识，因此除了增加竞争执法机构的人力资本之外，增强这些辅助机构的能力也很重要。在每个拥有成功的竞争政策体制的国家，都可以看到强大的智力基础设施，其表现形式为高等院校、研究中心和智库等，这些机构负责培养竞争政策专家，开展有助于竞争政策制定的研究。中国应当支持高校竞争法专业课程和产业组织学等相关经济学科目的发展。政府还应该鼓励学术界与政府官员加强互动，以保证反垄断官员能够从学术研究中获益，同时也帮助学术界了解哪些课题的研究将为《反垄断法》决策者的决策提供更多的知识储备。

5.8 短期改革

从短期来看，可以马上采取两项措施来加强《反垄断法》的执行。一是逐步扩充资源，以解决三个执法机构人员严重短缺的问题，虽然更大幅度的资源扩充，特别是人力资源的扩充，最好是在新的高级别单一竞争主管机构成立后进行。

二是加大三个执法机构对自身执法意图和分析方法的披露力度。实现这一目的的举措包括：

（1）发布更多的正式指导准则（例如国家工商总局最近发布的完整的关于知识产权执法的最终版指导准则）。

（2）执法机构官员发表公开讲话并出席会议。

（3）执法机构官员发表关于《反垄断法》问题的文章和论文，或进行其他方式的《反垄断法》问题指导。

所有这些举措都建立在反垄断机构为指导《反垄断法》执行而采取的现有措施之上。

6. 法院的作用

运用《反垄断法》充分保护市场竞争的一个基本要求是，积极贯彻十八届四中全会做出的推进依法治国的决定。运行良好的法院是实现这个目标不可或缺的条件。法院必须摆脱一切外界影响独立行事，而且也本该如此。这不但是确保提交给法院的具体案件的完整性所必需的，也是借助上诉和司法审查机制保证整个竞争政策体制的完整性所必需的。

6.1 司法制度

中国竞争政策体制的发展一直与司法制度的重大改善，特别是最高人民法院内部知识产权法庭的发展，携手并进。该法庭还在两个方面发挥了关键作用：一是私人诉讼权演进，二是为解决政府机构提起的诉讼案件提供平台。在许多国家，司法裁决为竞争法提供了有价值的解释，并提高了司法辖区内部的竞争政策分析的质量。实际上，长期以来，法院与执法机构、学术界和企业界一直都有对话。

中国司法制度的发展方兴未艾，可以采取进一步措施延续这种势头。其中一项措施是保证法官的选任、培训、薪酬、晋升以及办案活动都不受外界影响。归根结底，这是一个法律和治理文化的问题，但可以通过系统的监督、分析和宣传来强化这些文化规范。竞争法的发展应当包括这样的规则：任何官员、政府机构或企业（无论公有还是民营）违反竞争主管机构或法院制定的公开、透明和正式的程序，试图影响案件起诉或已起诉案件的结果，就应受到惩罚。

有些上诉案件可以为司法部门审查行政机关的决策提供重要途径，因此第二项措施是要为这些上诉案件提供便利。国际经验表明，有效的司法审查是提高行政机关决策质量和竞争制度合法性的重要手段。中国竞争法律体制未来发展的一个重大问题是司法审查机制能否被用来监督三个公共反垄断机构所做的决策。从理论上说，司法审查手段可以用来挑战执法机构的行为。但在实践中，中国似乎还没有发生过当事方利用现行司法监督机制挑战执法机构的行为。

有几项措施将有助于增进司法程序对行政程序的有效制约。其中之一是，中国的法院需要制定规程来规范上诉申请，改善上诉权利。现行的体制结构可能非常不利于就执法机构的裁决向法院提起上诉，因为执法机构是一个庞大政府组织（即国家发改委、商务部和国家工商总局）的一部分，企业最终可能需要获得这些组织的好感。不过，在本报告建议的相对独立的高级别单一竞争主管机构的新架构下，应该可以减轻乃至彻底根除这个问题。

一旦法院可以审查并推翻反垄断执法机构的裁决，那将是中国《反垄断法》体制发展的一个重要里程碑。本报告的两位作者（他们曾担任美国和英国竞争主管机构的领导人）的直接经验和他们对国际经验的研究表明，司法审查的潜在威胁和上诉审查的现实威胁使竞争执法机构有强大的动力提升实质性分析的质量并履行法定的程序要求。换言之，有效的司法审查是反垄断法律体制质量管控的基本要素，也是其合法性的重要源泉。

6.2 充足的资源

与竞争主管机构一样，法院也必须有充足的资源、在专门的法律领域受过充分培训的律师和法官，能够通过专家证人和其他顾问获得专业知识。这些资源必须充足，不但要能够处理直接提交到法院的私人诉讼，还要胜任上诉案件和司法审查、对行为救济措施的全面监督，以及对整个制度发展状况的信息披露。

6.3　上诉与司法审查

执法机构的裁决是否应当接受上诉或接受司法审查，国际经验对此并没有给出十分明确的指导。前者涉及案件的事实、程序以及法律论证细节的重新审理，后者只关注执法机构（或下级法院）的裁决在法律适用方面的准确性、重大程序问题以及合理性或其他问题。

一般来说，国际上其他法律体制认为，只有在做出裁决的机构与最初的立案机构为同一主体时，才适于正式上诉。司法审查则被用于立案机构与裁决机构为不同主体的情形，因为这种程序具有两阶段性，且裁判主体独立于立案主体。这种做法有正当的理由，但也并非唯一可行的做法。迄今为止，中国的《反垄断法》领域实际上还没有发生过这两种情况。中国应当着手制定这方面的规则，以应对新的机构设置催生的这类行为。

6.4　民事案件的规则和规定

起初，在《反垄断法》条款与法院的民事诉讼程序之间存在一大片灰色地带。这个空白在很大程度上已经被最高人民法院颁布的规则（共16条）所填补。不过，研究以下建议，还是有好处的：

（1）对不同类型的案件，明确举证责任范围以及由哪一方承担举证责任。具体来说，目前尚未明确的是，在根据执法案件提起的诉讼中，如果当事人想援用执法机构认定的事实，其举证责任是什么。重新认定这些事实似乎是浪费和不必要的，但法院对据以认定这些事实的不同程序可能并不满意。

（2）对于执法机构或法院的裁决，应当明确其法定时效何时终止。

（3）明确对受损害方给予民事赔偿的赔付标准。

（4）研究私人诉讼的发展趋势。值得注意的是，在中国，私人起诉的案件极少胜诉。这可能是由于值得诉讼的案件太少，但也可能反映了法院的适用标准太苛刻，举证责任过重，或者程序有这样那样的问题，导致当事人难以把诉讼进行到底。有鉴于此，有益的做法是对以往的案件做一次独立研究，以搞清导致胜诉率如此低的原因，并考虑这是否说明有必要推行改革。

（5）研究受害人的赔偿问题。迄今为止，还没有发生过在执法机构成功查处卡特尔之后，受损害方就自身所受的损害寻求赔偿的后续诉讼。这看起来很奇怪，调查一下原因是有好处的。

6.5　私人诉讼

《反垄断法》在设计上有一个重要而积极的特点，就是创设了私人诉讼权。国际上其他竞争法律体制的经验表明，建立私人执法机制有两个重要意义。一是它剥夺了公权力机构作为唯一有权决定执法案件内容和次序的把关人的资格。私人诉权使私人当事方（单个企业或消费者）得以对公共执法机构出于各种原因而放弃起诉的案件提起诉讼，对于那些公共执法机构可能倾向于延迟起诉的案件，私人诉讼还可以加快起诉进程。第二，私人诉权可以强有力地推动不受政府执法机构控制的学理探讨和政策执行。这些因素对执法机构和法院双方都形成了制约，为根据执法裁决提起后续诉讼创造了条件，更重要的是提供了一种上诉机制。它们还有利于更快地建立健康的竞争政策体制。

十八届四中全会提出了关于推进依法治国的决定，而私人诉权是依法治国的一个关键要素。在短短几年间，私人诉权已经在中国《反垄断法》的执行中发挥了重要作用。私人案件已经催生了针对滥用支配地位和维持转售价格行为的重要司法判决。最高人民法院已经就促进私人案件中的证据开示和提交发布了指导准则。中国应该进一步完善法律制度和司法制度，以此来继续促进和支持私人诉权。

但是，关于是否存在最佳的案件分配方法，不同法律程序的流程、裁决或救济措施是否一致，以及如何处理执法机构在私人向法院起诉某一涉嫌违法行为的同时也对该行为采取行动的情况，都存在疑问。目前还没有关于如何处理这类情况的规则，为了保证案件处理的一致性和高效率，纠正这种局面非常重要。媒体报道过的奇虎—腾讯案和强生案的判决说明，中国法院能够使有关竞争法的讨论更有质量。知识产权法庭的法官参与了一系列与竞争法有关的司法教育项目，他们在处理竞争法纠纷方面的工作证明了他们在这一领域已经相当成熟。

第二部分　市场竞争面临的政策和体制障碍

虽然《反垄断法》及其执行的制度安排还有相当大的改进余地，但仅此仍不足以把市场竞争力度提高到实现中国战略目标所需的水平。这是因为中国的市场竞争还面临着其他一些可以说是更为严重的体制和政策障碍，即便是最理想的竞争法律体系也不能克服这些障碍，必须同时推进其他各项改革来解决。

在市场体系较为成熟的现代市场经济体中，市场竞争的条件是通过竞争法律和政策来确立和维护的。然而，当前加强中国的市场竞争是一个性质完全不同的任务，因为在国民经济的广泛领域中，竞争性市场十分薄弱或根本不存在，而这又是政策和体制设计有意限制市场进入以及在某些产业允许国有企业垄断的结果。造成这些市场进入壁垒的原因是行政垄断、产业政策的实施方式以及对国有企业经营行为的特许。尽管这种现象一定程度上存在于所有的现代经济体中，但与其他国家相比，它们在中国的普遍性以及给竞争造成的影响都特别突出。

专栏3　市场进入对竞争至关重要

在这里有必要强调，理论和实证研究均表明，对市场竞争来说，市场进入条件的重要性远远超过市场集中度或潜在支配地位。一个在市场份额方面占垄断地位的企业，在没有自由进入障碍的情况下，会面临新竞争对手的明显威胁，因此不得不提高经营效率和推动创新，否则就可能会被淘汰。但是，如果不允许或严格限制新企业的进入，一个极为分散的市场也仍然可能会缺乏竞争。因此，世界上其他各国的竞争监管机构都尤其关注企业阻碍新对手进入市场的行为。所以，政府许可的控制或限制市场进入的措施，例如，允许占市场支配地位的现有企业收购那些成功的新进入企业，这种做法是影响中国从市场竞争中获益的最严重的制约因素之一。

许多产业都存在大量的市场进入壁垒使中国经济形成了由两个子系统构成的二元模式。一个是竞争性的子经济体，其中市场进入基本开放，竞争力量发挥作用；另一个是受管制的非竞争子经济体，其中市场进入受到严格限制，垄断企业占据支配地位，竞争乏力或者无效。受管制的子经济体包括干预型产业政策所覆盖的产业，其中由国有企业占据垄断或支配地位。[①] 它还包括通过地方政府设置行政垄断而与市场竞争相隔绝的产业，以及中央政府机构设置的部门垄断。本报告下面的章节表明，受管制的非竞争子经济体有两个重要特征。第一，它在国民经济中占很大比重，其资源配置是由官僚机构而非市场竞争决定。第二，在竞争最

---

① 参见本报告第8节有关中国产业政策的讨论。

为薄弱乃至缺失的那些产业，行政垄断、产业政策和高度的公有制水平有很强的相关关系。

虽然《反垄断法》和现行的竞争政策体制可以在中国的竞争性子经济体中得到有效执行，而且事实上也日益如此，但它们目前对受管制的子经济体的影响却极为有限。为实现十八届三中全会决议中的市场竞争目标，不仅要强化本报告第一部分所讨论的《反垄断法》和竞争政策体制，还应当采取配套措施来解决受管制的子经济体中制约市场竞争的重大政策和制度障碍。

7. 以竞争政策来约束行政垄断

中国已经充分认识到行政垄断是一个严重的问题。地方政府或其他政府机构利用行政垄断来消除或限制市场竞争，不惜损害其他市场参与者的利益以照顾其庇护企业，这是一种滥用行政权力的行为。和其他国家一样，中国的行政垄断从本质上来说是关于政府（国家）与市场之间关系的经济治理问题。正如十八届三中全会决议所述，这个问题需要在市场发展进程中通过改革来解决。十八届四中全会有关推进依法治国的决议为解决这个问题提供了有力的潜在支撑，因为要有效地执行约束行政垄断的法律规定，就需要反思国家的行政、立法和司法部门的相对作用。在行政部门可以授权或从事反竞争活动，而立法部门和司法部门缺乏独立性或授权来阻止这种行为的情况下，推进依法治国的决议尤为重要。

7.1 行政垄断的经济成本

从资源配置效率、福利损失、成本—价格扭曲、收入不平等以及寻租和其他腐败行为方面来说，行政垄断会导致极大的经济成本。在许多情况下，行政垄断的影响比传统的企业支配或垄断地位要严重得多，因为在后一种情况下，除自然垄断的情况外，几乎总存在某些竞争力量，它们一般迟早会摧毁原有控制者的经济地位。然而在行政垄断中却不存在类似的机制。行政垄断对市场竞争的负面影响广泛存在，其中包括以下几种。

第一，行政垄断制约了追求生产效率最大化的常规市场竞争压力的作用，导致生产率下降，生产规模低于最优水平，以及较高的价格和技术落后。它一般还压制创新，因为它制约或禁止更有效率和更有市场敏感度的潜在企业进入市场，从而使受保护企业更不积极地寻求新机会并以不断降低的价格引进新产品和新程序。

第二，地方政府的行政垄断造成了地区内或省内的垄断企业，后者妨碍产品和服务、原材料、资本品以及技术的自由流动。这使各省市无法充分实现自由贸易，也无法根据其比较优势进行专业化生产并获得由此带来的静态收益和动态收益。

第三，行政垄断导致全国市场碎片化和地方保护主义。世界上许多规模较小的经济体面临难以避免的矛盾：它们一方面要建立足够大的企业以实现规模经济，另一方面又需要维持足够多的企业数量以保证激烈竞争，不能让任何一家厂商获得市场支配地位。中国则比较幸运，其庞大的国内市场通常能解决这种矛盾，既能实现最优的规模经济，又能保证激烈的市场竞争。然而市场的地方割据会破坏这种优势，导致非竞争的市场结构和低于最优水平的生产规模。在中国，可以明显地看到某个产业中省级企业的重复建设，从而导致每家企业的生产规模都低于最优水平以及产能过剩和大量的浪费。竞争性的市场力量是不会允许这种现象持续存在的。

第四，一旦产业绩效变得高度依赖政府的干预而非企业本身由市场驱动的商业行为，争取歧视性的优惠政策就会有潜在的高额回报，因而相关各方就有强烈的激励这样做。广泛的行政权力滥用往往会直接导致腐败行为，例如非法的寻租和政治庇护等，因为政府机构与企业都会追求行政垄断的利益最大化。这不仅会导致经济资源的浪费，还会进一步削弱市场发挥决定性作用的能力和法治原则。

7.2　中国的行政垄断

许多市场经济国家都存在不同形式和不同程度的行政垄断。然而，这种现象在中国更为普遍，因为现有的行政和经济管理体制赋予中央政府和地方政府广泛的权力，后者经常被用于直接干预甚至参与政府所辖地区和领域的经济活动。在党政官员提拔中，把GDP增长率作为重要的业绩指标，这做法促使地方政府利用和滥用行政权力来最大限度地促进当地的经济活动。中央和地方现有的财政收入划分体制，对此也有进一步的影响。它鼓励地方政府扩大税基，尤其是归属地方政府的税基，因而导致它们经常采取歧视性的做法促进本地的企业和经济活动，而不惜损害外来企业的利益。

中国广泛存在行政垄断的根源是国家经济治理体制中的委托—代理问题，其中中央政府是委托人，地方政府是代理人。由于信息不对称，作为委托人的中央政府难以有效监督和控制权力强大的代理人，地方政府在保护本地经济利益方面享有广泛的自由裁量权。这种保护措施通过地方行政监管法规（虽然从严格意义上来说并非法律，但实际上发挥着法律的作用）任意实施，因为中国的治理体制允许各级政府的行政部门制定和实施此类法规，而无须获得中央政府的明确批准或全国人大的立法。因此，它们很难仅靠法律体系，特别是竞争法律体系来解决。它们往往缺乏透明度，使企业很难搞清进入某个省市的某个产业会面临什么样的实际地方监管，从而为腐败和政治恩庇提供了大量机会。

地方政府往往借助地方产业政策来制造行政垄断，这些政策的范围大大超出了中央政府的产业政策。正如本报告第 8 节所论述的，全国产业政策的特征是目标范围广泛，面向大量广义的（定义宽松的）产业类别，在政策实施中采用干预措施，如限制市场进入、限制或扭曲竞争等。

实现行政垄断的手段包括地方政府滥用投资审批体制来限制当地的市场进入和竞争。这种投资体制原本是中央政府为调节全国的投资水平和产业结构而建立的。其中包括审批制度，这是最为严格的制度，适用于所有使用政府或国有企业资金的投资；核准制度，适用于国家发改委（及其地方机构）投资审批体制所覆盖的特定产业的投资；企业备案制度，针对超过特定规模限度的投资，一般用来控制省市和全国性的投资。后两种制度适用于各种所有制企业的投资。尽管上述审批制度是以中央政府的审批制度和投资规范为基础的，但地方政府可以也确实重新定义和扩展了这些规范，以保护当地的利益。

地方政府制造行政垄断的手段还包括，复制中央政府在资源（特别是资金、土地和公用事业服务）使用上的优惠、歧视性办法及补贴，以扶持地方国有企业或者受优待的地方民营企业和外资企业。此外，它们还借助各种法外或非法手段来压制竞争，专栏 4 对此进行了总结。

专栏 4　中国制造行政垄断的手段

歧视性的非关税壁垒和定价。与本地企业的产品和服务相比，地方政府在给非本地企业的产品和服务发放销售许可时，采用更高的或额外的技术、质量、卫生、安全或其他标准。通过经常和反复地就此类标准进行复检和复审，来提高非本地产品和企业的市场进入成本及交易成本。这些标准使地方政府能够随意且不公正地提高许可费和注册费，再加上对非本地企业的产品和服务的歧视性定价，削弱了它们的竞争力。

禁止销售某些非本地企业的产品和服务。限制本地企业销售非本地企业提供的某类产品和服务。有时将某些市场划定为垄断市场，有时要求在本地销售前获得本地特许权或本地许可证，以此来限制非本地企业。对违规者的处罚措施包括高额罚款、没收财物和吊销工商执照。某些地方政府在高速公路、火车站、港口和机场等地设置检查站，以阻止非本地产品进入本地市场。有时会直接扣留并没收产品。

偏袒本地企业的政府采购和强制交易。通过行政命令，要求政府部门、机构和国有企业积极采购本地企业的产品和服务，如省市重点工程项目所需要的物资和设备、当地制造业企业所需要的原材料、当地医院所需的药品和医疗设备、汽车、食品、家用电器以及保险服务等。另外，还强迫其他消费者从指定供应商那里购买产品和服务，而非自由地通过开放竞争的市场。政府还允许受优待企业自主决定强制性的收费标准，而无须披露收费的依据。

强制性的企业并购和卡特尔串谋行为。地方政府强迫外地企业与本地合作伙伴建立企业集团。地方政府还通过两种手段来削弱市场竞争：一是迫使本地受优待的企业（往往是国有企业）收购或者合并，二是要求本地企业加入强制性的重组、采购、生产计划、销售和定价协议。

干预法律执行和司法判决。某些地方政府强迫当地的检察和司法机构保护本地的经济利益。它们往往干预和阻碍对当地企业的反竞争行为和经济犯罪行为进行调查或诉讼，而鼓励针对非本地企业的立案和诉讼。如果没有地方政府有关部门的明确授权，法律、海关和税务部门难以行使其某些法定职责，包括进驻和调查本地企业以及外资企业等。为保护本地经济利益，销售劣质或有害产品、大规模走私及逃税等行为也受到庇护。根据各种媒体报道，为此而利用和滥用法律执行权力的情况有时甚至达到了使用暴力的程度。

资料来源：刘小玄（2016）；Wu and Liu（2012）

行政垄断给中国的市场准入、贸易和资源流动造成了非常严重和普遍的国内壁垒，甚至远远超过了国际贸易壁垒。其中的许多壁垒都是世界贸易组织协议和双边贸易协定禁止采用的。因此，就许多产品和服务而言，某个省市的中国生产商进入外国市场比进入国内其他省市的市场更容易。除了对竞争和全国市场一体化造成的不利影响之外，中国的行政垄断还削弱了法治及国民经济的管理和稳定。例如，以地方产业政策为目的的行政垄断往往伴随着大量使用地方政府融资工具和影子银行业务来筹集没有纳入国家证券和银行监管部门监管的预算外投资资金。这种做法导致地方政府和企业债务的大量积累，从而加大了系统性金融风险，给宏观经济稳定造成威胁。

行政垄断给中国造成的最严重的经济后果就是地方保护主义导致的资源错配和地方垄断。全国市场的碎片化或分割妨碍了中国充分发挥庞大国内市场所能带来的规模经济和专业化分工优势。国务院发展研究中心2003年的一项研究显示，地方保护主义在全国经济中广泛存在。如果以100分代表绝对或完全的保护，那么所有省份（包括具有省级地位的自治区和直辖市）的平均分达到了59.8，也就是说，全国经济中普遍存在严重的保护主义。

山东大学2006年开展的另一项研究也表明，全国经济中存在严重的行政垄断，与国务院发展研究中心的上述研究结论类似。[1]这些研究和其他研究还发现，地方保护主义和行政垄断与国有企业在当地产值中所占份额之间高度相关。这表明，地方保护主义和行政垄断很大程度上是通过国有企业垄断来实现的。中国的地方垄断和保护主义导致若干产业在各省市大量重复建设，在诸如汽车和水泥等产业涌现了大量的地方生产商。[2]例如，2008年中国拥有368家汽车企业，遍布28个省市（包括直辖市北京、天津和上海）。在23个省市的汽车产业产值中，国有企业的产值超过了50%。

虽然有关中国行政垄断的关切主要集中在地方政府层面的区域垄断或地方垄断上，但关键是要认识到，行政垄断也包括由中央政府部门制造的全国性行业垄断。它们来自国家发改委的价格和投资审批权，国资委在战略产业和其他受管制产业为保持国有企业的垄断或支配地位而设置的市场准入限制。[3] 当政府部门利用歧视性规定给特定企业设置特殊条件，以及当企业经营受到政府机构的指导或密切监督时，也会出现行业垄断。这种规定不但明显地出现在受管制的行业，也明显地出现在像食品、饮料和房地产这样的非管制行业。

---

① 关于国务院发展研究中心和山东大学的研究，参见刘小玄（2016）。

② 人们普遍认为，中国的地方保护主义在20世纪80—90年代明显增强（Young，2000），但也有些研究认为（Naughton，2003；Bai，2004；Fan and Wei，2006），省市专业化水平的提高表明市场分割程度在那之后有所下降。然而，专业化水平的提高未必反映了各省市的比较优势。在中国，它可能是地方政府实施产业政策的结果，而不一定是市场进入壁垒降低、市场资源配置以及市场决定的选址决策的结果。这方面的报道很多，尤其是关于民营企业的，表明地方保护主义在若干产业依然很严重，如制药、电机、电子和运输设备等产业（Gilroy，2004）。还可参见Wu and Liu（2012）。

③ 如本报告第8节所论述，部门垄断仍普遍存在于产业政策所覆盖的受管制产业。

7.3　约束行政垄断所面临的挑战

国务院早就发布了禁止行政垄断的命令，甚至早在通过《反垄断法》授权竞争监管机构采取行动之前。中国的《反垄断法》第五十一条明确规定，垄断执法机构可以向有关上级机关提出依法处理的建议。然而，迄今为止，针对行政垄断采取的行动很少。[①]行政垄断方面的执法不力似乎与如下几个原因有关。[②]

第一，在《反垄断法》中，纠正行政垄断的授权力度不够。执法机构无权通过专项决定或一般监管规定对此类反竞争行为采取直接行动。它们只能把事件和纠正建议报告给相关的上级机关（行政机关或政府机关），只有后者才有权要求违法者采取纠正措施并施加处罚。然而，上级机关可以自主决定是否对报告的案件采取行动。[③]它也没有义务公布其最终的处理决定。

第二，与世界上其他国家一样，中国许多具体的竞争案件都是通过那些认为自身利益受到其他企业反竞争行为损害的企业提出的抗议或法律诉讼启动的。但是，在中国发起反行政垄断的行动有很高的风险。这种行为导致与政府机构的直接对抗，而后者往往掌握着与企业经营有关的广泛的法定权力，很可能严重威胁企业的未来发展前景。因此，我们可以理解向竞争管理机构起诉行政垄断的主要自然群体在中国为什么实际上相当沉默。

第三，在某些案件中，受益于行政垄断的大型国有企业的高级管理人员、对这些行为负责的政府官员以及对这些官员问责的政府部门，其职位、权力和影响力要高于反垄断执法机构的高级官员。

中国行政垄断的普遍程度和制约这种垄断的难度，根本上源自其经济治理体制。在这种体制中，行政机构在经济活动中发挥着直接和广泛的作用，远远超出了它们在其他现代市场经济体中的行政和监管作用。它们在经济活动中有权干预和参与的范围、方式及作用，似乎没有严格和全面的界定，导致存在广泛的可被利用的灰色地带。例如，一

[①]　在其中一个案例中，湖北省给予当地注册的客运公司 50% 的公路费优惠，而外地的客运公司则不能享受同等优惠。国家发改委对此采取了纠正措施（2014 年 9 月）。在另一个案例中，广东省河源市政府给予新时空导航科技有限公司在卫星定位汽车行驶监控平台上的垄断权，迫使其他导航运营商付费将数据上传到垄断平台上，广东省工商局对此采取了纠正措施。

[②]　关于是否应该用《反垄断法》来制约行政垄断的讨论，参见 Wu and Liu（2012）。

[③]　参见《反垄断法》的第五章第六条（即总第三十七条），关于"行政机关不得滥用行政权力，制定含有排除、限制竞争内容的规定"。

方面，《反垄断法》第八条规定"行政机关和法律、法规授权的具有管理公共事务职能的组织不得滥用行政权力，排除、限制竞争"。但另一方面，国家发改委和国资委又有权对大量产业用限制市场进入的办法来限制甚至消除市场竞争。加上地方政府对市场的干预，结果混淆了政府机构作为商业活动监管者的角色和国有企业及民营企业作为市场参与者的角色，从而直接妨碍了完全和公平的市场竞争。

如上文所述，反行政垄断的执法问题根本上源自中国的治理体制，其中某些隶属于政府主管部门并参与行政垄断的政府机构，掌握了过大的权限，可以发布本应属于国家立法部门职责的各种类型的通知、监管和命令（Wu and Liu，2012）。地方政府可以影响地方法官的任命、提拔和生活待遇，因此对地方法律制度有强大的影响力，导致地方行政机构更容易滥用行政和主管权力，而很少或根本没有司法审查与制衡的风险。因此，在整个国家的治理体制中，行政主管部门的权力大于立法部门和司法部门，给制定和执行健全的竞争法律和政策体系带来了广泛的挑战。

要有效解决中国的行政垄断难题，必须采取两个根本的措施。首先，从长期来看，正如十八届三中全会决议所述，必须改革政府与市场的关系。其次，从短期和中期来看，根据十八届四中全会决议推进依法治国的精神，应该强化禁止和处理行政垄断的法律基础。这包括细化和强化《反垄断法》中关于反行政垄断的规定。下文的第7.4节将介绍这方面的国际经验，第7.5节就解决中国的行政垄断问题提出了一些具体建议。

7.4　约束行政垄断的国际经验

国际上约束行政垄断的经验虽然有不同的政治背景，但仍然表明可以通过法律工具、制度安排和判例，最终大幅减少此类权力的滥用，以服从竞争优先的原则，服务于更广泛的经济利益和国家利益。美国和欧盟采取了有效措施来约束各州（国）及其政府机构的各种限制、扭曲或消除竞争的行为，这些行为在本质上与中国的行政垄断有相似之处。尽管从原则上说，美国（一个联邦制国家）和欧盟（若干主权国家的联合体）都没有中国（一个统一的国家）那么大的权力。

美国政府在经济中的所有权、控制和干预程度较小，因此与欧盟等其他发达经济体相比，用来制约非腐败性质的政府权力滥用的工具并不是很丰富。[①]不过美国的经验

---

① 所谓"非腐败性质的政府权力滥用"，是指遵守了规范的政府程序（不涉及贿赂、敲诈或类似的犯罪行为），却以牺牲民众的整体利益为代价给少数人牟利的行为。美国对官员腐败制定了非常强硬的刑法规定。

仍然表明，即使在私有制和竞争市场占据主导地位的经济体中，滥用政府权力以服务于私人或地方利益的诱惑依然很强大。因此，美国在各州保留较大自主权的联邦制政府架构所施加的各种约束下，又制定了若干控制这种倾向的工具。

其中一个机制被写入了美国宪法，它授权国会"监管美国与外国、各州之间以及与印第安部落之间的贸易活动"。① 根据所谓的"休眠贸易条款"（Dormant Commerce Clause），美国最高法院将这条宪法规定解释为，各州旨在监管州际贸易的法律和行动如果偏袒本州的企业，就将被视为无效。正如该领域的一个最高法院典型判例中的判词所说："反歧视规则的核心思想是，禁止以本地经济保护主义为目标的州或城市法规……"②

第二个工具是反垄断法律，但这种工具的适用范围受到联邦主义的所谓"政府行为原则"（state action doctrine）的约束。在美国，根据该原则，由主权独立的州政府或州以下政府机构或私人组织，根据明确规定的州政策而采取的反竞争行为（私人组织的行为应受到州政府的积极监督）不受反垄断法律的约束。③然而，政府行为原则对经济的影响也遭到了尖锐的批评，批评者中包括一个负责反垄断执法的美国政府机构。联邦贸易委员会的政府行动任务组（State Action Task Force）在2003年9月的一份工作人员报告中就提到：

> 政府行为原则没有考虑州际溢出效应造成的效率损失和对政治程序的破坏。这种溢出效应也被称为"负外部效应"，是某个州实施反竞争的监管制度给其他州的公民带来的成本。最高法院在制定政府行为原则时很大程度上忽略了这种成本，这至今依然是个严重的问题。④

与上述观点相呼应的是，联邦层面的反垄断机构（尤其是联邦贸易委员会）积极鼓励法院对政府行为原则的适用范围给出狭窄的解释，并于近期在最高法院打赢了两场官司，限制了该原则的影响。⑤

---

① 美国《宪法》第1条，第8节，第3款。

② 参见 *C & A Carbone, Inc., v Town Of Clarkstown*, 511 U. S. 383, 390（1994），转引自 Tom（2016）。

③ 政府行为原则最早是在1943年的 Parker 诉 Brown 案中确立的，在后来的司法判决中得到进一步澄清。它裁定国会不得试图禁止拥有主权的州采取或指示反竞争行为。后来在1975年 Goldfarb 诉 Virginia State Bar 案的判例中确认，州以下政府机构的反竞争行为如果没有遵照州政府的指示，依然受到反垄断法律的约束。

④ 参见 Office of Policy Planning, Federal Trade Commission（2003）。有关的讨论参见 Tom（2016）。

⑤ 这两个判例分别是：*FTC v Phoebe Putney Health Sys. Inc.*, 133 S. Ct. 1003（2013）；以及 *North Carolina State Board of Dental Examiners v FTC*, No. 13 - 534（Feb. 25, 2015）。http：//www. supremecourt. gov/opinions/14pdf/13 -534_ 19m2. pdf，转引自 Tom（2016）。

美国的第三个工具是倡导竞争。反垄断机构积极鼓励联邦、州和市镇层级的其他政府机构采取促进而非妨碍竞争的行动。

美国是在政府行为原则的实际应用中来定义州政府决策所导致的反竞争措施是否与反垄断法律存在冲突，而欧盟采取的是完全相反的办法。欧盟的目标是限制或取消各成员国扭曲或限制竞争的权力。①在欧盟，各成员国对扭曲或限制竞争的行为施加约束极为重要，因为在欧盟成立之初，国有制和政府补贴在许多成员国广泛存在。为实现建立统一市场这一首要目标和确保该市场内的公平竞争，欧盟建立了法律机制以防止成员国的反竞争行为，其中包括像中国那样的行政垄断。

在欧洲统一市场发展的早期阶段，欧洲委员会就认识到欧洲经济委员会（European Economic Commission，EEC，如今的欧盟）的各成员国可能会继续给自己的企业提供政府补贴，并可能会借助法律、监管或纯粹的行政命令等国家权力手段给自己的企业提供好处或保护，因而损害其他成员国企业的利益。为防止此类现象而采取行动，成为欧洲经济委员会当时的重要职责之一，今天也依然如此。②欧盟为消除此类现象设计和颁布了特定的法规条款（参见专栏5）。它们的目的是不仅要防止各成员国政府干预整个欧洲统一市场内部的自由贸易，还要鼓励它们拒绝本国企业要求的特惠扶持，因为这可能破坏整个欧盟范围的内部贸易或竞争。

除了极少数情况之外，欧盟实施的政策都采取了很强硬的立场，拒绝任何可能会扭曲竞争和内部贸易的扶持或补贴，取消行政措施，尤其是实际发挥非关税壁垒作用的行政措施。还需要补充的重要一点是，欧盟一直要求并保护资本在统一市场中自由流动的权利。

自20世纪80年代以来，世界各国日益认识到，必须处理政府补贴、行政垄断或类似的问题。关税与贸易总协定（GATT）及后来的世界贸易组织（WTO）也提出了类似的问题：某个经济体中导致反竞争实践的政府行为可能阻碍国际自由贸易（Fox and Healey，2013）。到90年代，中东欧和苏联地区的转轨经济体继承了大量垄断产业和国有企业，主管机构和地方政府在这些企业中往往拥有经济权益。为确保市场改革的成功，许多这些

① 关于政府补贴性质的描述以及欧洲委员会改变这种现象的授权，可参见该委员会的网站：http://ec.europa.eu/competition/state_aid/overview/index_en.html。

② 起初，这些行动的主要目标还不是促进市场的充分竞争，而是促进并确保欧洲统一市场的存在。因此，这是欧洲委员会消除成员国之间关税壁垒的早期工作的直接补充，重点关注当时正在出现的所谓非关税壁垒。后来，促进并保持充分竞争成为这一行动背后同样重要的推动力，当然确保整个欧洲市场的统一和自由一直是欧盟的一个主要目标。参见Corradi（2015）。

国家的竞争法律和政策制定了防止特定类型政府补贴和行为的条款，这些补贴和行为可能导致反竞争的后果，与民营企业的类似行为具有同样的危害性。

专栏5 欧盟竞争法律体系中关于政府补贴和政府行为的规定

除了主要处理私人企业反竞争行为的竞争法律之外，欧盟还制定了另外两个法律机制来明确防止成员国政府的反竞争行为。一个机制是制定一套监管规范来限制"政府援助"或成员国提供的援助，以及通过使用或转移国家资源来提供的援助。成员国政府将这些援助提供给私人企业或公有企业，以及成员国地区发展政策中的重点地区，从而限制和扭曲市场竞争。这套政府援助监管规定的目标是对建立和维护统一市场提供支持，促进市场中的公平竞争。

欧盟的政府援助监管规定主要针对融资形式的政府援助和更普遍的政府资源转移。然而，欧盟监管规定中对政府援助的定义和类型划分或许并未覆盖会对竞争带来不利影响的所有类型的政府活动，例如并不涉及财政资源转移的政府援助或扶持等。因此，欧盟又建立了第二个机制，即政府行为原则，它覆盖了不在政府援助监管规定范围内的所有反竞争措施与活动。在欧盟，政府援助监管规定和政府行为原则是竞争法律体系的一个组成部分。

出于对市场竞争、限制破坏竞争的政府援助和其他政府行为的重视，欧盟在欧洲委员会的竞争总理事会（Competition Directorate - General）下设立了若干专职理事会，以审查与政府援助有关的案件。除了竞争总理事会下属的并购理事会和反垄断理事会之外，还有一个专门针对政府援助的理事会，并配有若干下属理事会来处理基础设施与地方政策、融资获取、研究开发与环境、财政援助，以及执行和监督等领域的政府援助和政府行为。在竞争总理事会内部，有专业化的部门来审查五个下属理事会的政府援助，分别针对能源和环境、信息和通信、金融服务、基础工业、制造业和农业、运输邮政及其他服务业等领域的产业政策。这个组织结构以及覆盖广泛经济活动的政府援助监管规定和政府行为原则，反映了欧盟高度重视防止成员国采取限制和扭曲统一市场竞争的行为。

为促进市场竞争和提高经济效率，经合组织与若干国家的竞争监管机构倡导在竞争政策中纳入防止政府监管框架中出现不必要的反竞争措施条款。经合组织的竞争委员会开发了一个识别政府反竞争监管措施的工具箱，"国际竞争网络"（International Competition Network，ICN）最近也启动了一个项目，旨在为竞争监管机构开发各种方法，以评估监管法规的反竞争内容（Fox and Healey，2013）。在若干国家，竞争监管机构有权审查乃至否决带有反竞争性质的法案。①

虽然其他市场经济体的行政垄断在规模上与中国远不可比，但在经济方面，确实有直接的相似性和相关性，因为中国的统一市场和市场竞争都被国家和地方政府机构的某些行为所削弱。值得注意的是，对欧盟来说，虽然其成员国是拥有独立立法权的主权国家，但这并未阻碍欧盟采取适当的有效行动来防止行政垄断。迄今为止，这种做法在中国却未能发生，虽然各省市并没有独立主权。这首先是因为此类问题的解决必须依靠中央层面的行动，其次是因为欧盟的成员国尽管是主权国家，却都服从法治的约束，同意根据法律把部分权力让渡给中央（欧盟委员会），并遵守中央权力机构制定的决策。

7.5 通过改革来约束中国的行政垄断

早在《反垄断法》通过之前，中国就制定了若干反对行政垄断的法规，其中许多内容后来被纳入《反垄断法》。自《反垄断法》通过后，国家工商总局和国家发改委发布了若干防止行政垄断的补充监管规定。②近来，《国务院关于促进市场公平竞争维护市场正常秩序的若干意见》（国发〔2014〕20号文件，下文简称"第20号文"）的第四条至八条，规定了与此问题相关的较为全面的政策范围以及应该纠正或取消的行为。就中国目前针对行政垄断的各项法律规定而言，当前的一个挑战是如何通过《反垄断法》执法机构做出的纠正决定，或者通过民间执行以及通过加强实施方法和制度框架，使从事反竞争行为的行政机构受到法律追究。

然而，仅靠《反垄断法》或竞争法律体制不足以解决中国面临的广泛而又复杂的

---

① 可参考案件 Consorzio Industrie Fiammiferi 诉 Authorità Garante della Concorrenza e del Mercato，Case C – 198/01 ECR I – 8055（ECJ 2003）。（在该案件中，意大利的竞争监管机构在收到一家德国手表制造商的申诉后，宣布一项有利于本国手表制造商、限制进口的意大利法律无效。）（KPPU 可能通过若干不同的机制参与为建议的法律提供咨询工作），另可参考经合组织 Reviews of Regulatory Reform：INDONESIA，§ 1.1（2012），http：//www.oecd.org/indonesia/ chap%203%20 – %20competition%20law%20and%20policy.pdf，均转引自 Tom（2016）。

② 这些规定包括国家工商行政管理总局令《工商行政管理机关制止滥用行政权力排除、限制竞争行为程序规定》（2009 年第 41 号令，自 2009 年 7 月 1 日起施行），目的是处理国家工商行政管理局各地方机构的实施程序；国家发改委 2011 年第 7 号令（自 2011 年 2 月 1 日起实施）有关垄断价格和定价的反行政垄断措施（《反价格垄断规定》和《反价格垄断行政执法程序规定》）。

行政垄断问题，还需要更广泛的竞争政策来解决导致行政垄断的政策和体制因素。因此，应该由足够高层级的机构开展一项研究，以全面分析行政垄断的各种根源和做法，并制定出一整套连贯、严格且更有效力的解决方案。这项研究应特别关注以下五个议题和措施。

第一，应该认真考虑根据中国的国情采取政府行为原则，像美国和欧盟那样法律上允许或不允许中央政府和地方政府采取反竞争行为的条件。中国的政府干预范围已经十分广泛，不但源自行政垄断，也源自干预式的产业政策和普遍存在的国有制（本报告后两节将对此展开讨论）。因此，中国的政府行为原则应主要致力于控制会扭曲或限制竞争的政府行为的范围和类别。这意味着，美国的方式，即在例外情况下该允许政府采取破坏竞争的行动，对中国来说不太相关或适用。中国应该借鉴欧盟的原则，防止政府不必要地约束竞争。

无论是在美国还是在欧盟，政府行为原则都不是简单的既成文件，而是一种学说或理论原则，一般规定政府的行为不得限制或扭曲竞争，除非符合法院判定的特殊情况。在涉及政府行为引起反竞争行为的诉讼中会引用这种原则。因此，该原则的适用范围及实质含义是通过判例法发展起来的。虽然中国也出现了几项针对国有企业（如在电信行业）和地方政府（涉及行政垄断）反竞争行为的司法诉讼，但此类案件的数量还远远不足以作为政府行为原则的判例基础。因此，中国的政府行为原则可以首先根据十八届三中全会决议关于发挥市场在资源配置中的决定性作用和建立竞争有序的市场体系这一精神，以指导意见的形式建立起来。在操作层面上，政府行为原则首先可以根据国务院第 20 号文和其他禁止行政垄断的规定，禁止导致行政垄断的政府行为。此后再通过判例的积累，确立政府行为原则的适用范围和实质含义。随着市场和国有企业改革的逐步推进，政府行为原则的适用范围还可进一步扩展到覆盖限制或扭曲竞争的其他政府行为。这样一个原则是改革国家和市场之间的关系、实施十八届三中全会和四中全会决议的一个具体而又实际的重要步骤。

第二，如果国务院第 20 号文的各项指令能得到充分执行，就会取得重大进步。该文涵盖了那些破坏市场竞争和全国市场但目前仍属合法的行为。至关重要的一点是，将这些指令变成法律或者有约束力的全国性法规，使之能得到执行。当然这远非一蹴而就的工作，部分原因在于权力滥用现象不但十分普遍，而且可以采取各种不太透明或隐蔽的形式。欧盟的经验表明，需要一整套规则来约束此类行为，但其实施很大程度上建立在具体个案的基础上（下文将展开详细探讨）。

另外一个问题是，许多行政权力滥用现象本身就是非法的，因此国务院第 20 号文重点强调了确保法律得到充分执行的问题。如果像上文所建议的那样，把更多的这种滥用行为明确纳入法律的约束范围，使国务院第 20 号文更加明确、更有直接操作性和更具法律执行力，那将具有更重要的意义。执行这项工作需要制度化的组织机构。如前文的专栏 5 所述，欧盟在欧洲委员会的竞争总理事会中设立了若干专门理事会来评估政府行为和政府援助的相关案例，包括那些等同于行政垄断的案例。

第三，从制度上来说，至少有两种办法可以有效约束行政垄断目标。办法之一是如上文所建议的那样，由现有的高级别机构或新设立的机构开展一项研究，以评估、清理并减少目前被利用或滥用来制造行政垄断的政策和监管规定。该研究的作用还包括提出有关以下问题的建议：消除各种法律、政策和监管规定之间的不一致性以减少或取消行政权力，增强对权力滥用现象的约束；加强执法的法律基础和制度能力。① 理想的做法是结合上文建议的制定政府行为原则来发挥这些措施的作用。

办法之二是，可以与第一个办法相结合，在《反垄断法》的现有基础上进行完善。有两种方法实现这个目的：一是通过讨论并修订《反垄断法》第五十一条，授予竞争监管机构对行政垄断的执法权。二是采取一种更为先进的做法，即在中国的竞争法律中引入目前仅为英国所采纳的所谓"市场调查机制"，就像本报告第 3.3 节中所建议的那样。根据这个机制及其法律规定，如果竞争监管机构在任何地点与任何时间有充分的理由认为市场中的任何参与方存在"限制、扭曲或阻碍竞争"的行为，都可以开展调查。这种调查要求监管机构判定是否真的存在"对竞争的负面影响"。如果存在，监管机构就可以强制采取任何必要措施以消除这种负面影响。除市场进入壁垒、滥用市场支配地位等较常见的现象之外，援引"任何"这个词使监管机构可以调查限制、扭曲或阻碍竞争的各种问题，如信息问题、客户惯性（customer inertia）或监管问题。这种办法，如果与中国国情相结合，可以给中国的竞争监管机构提供更大的法律空间去解决行政垄断滥用现象，并为其提供更合适的视角，即确保充分有效的市场竞争。需要注意的是，上述两种办法并非相互排斥，而是可以同时使用的，前者可以给后者提供必要的支持。

第四，不管这个问题如何处理，显而易见的是竞争执法机构必须（在政治、法律体系和整体经济治理架构中）有足够高的地位，才能调查重要的政府机构并对其采取措施。这方面可以借鉴欧盟和美国的做法，竞争执法机构有权直接上诉至法院，或者

---

① 国务院法律事务办公室目前负责监督各项监管的质量，但目前似乎没有哪个正式机构明确承担消除行政权力滥用的职责。

像美国那样授权竞争执法机构直接把相关案件起诉到法院。无论哪种情况，都需要像欧盟的实践那样逐步建立判例法，最终能够在关于哪些政府行为或干预可以被视为行政权力滥用方面，为其他政府机构提供指导意见。如前文所述，这些判例的积累将给中国制定政府行为原则的实质内容打下基础。

第五，要让个案处理的方法产生影响，必须使竞争监管机构确认的权力滥用案件受到明确的实质性处罚，不但包括制止权力滥用，还要对那些在确凿无疑的恶劣案件中涉嫌腐败和违反刑法的相关官员处以罚金或者监禁。在全世界约 130 个制定了竞争法律的国家和地区中，有 35 个目前采用了以刑事责任来追究违反竞争法律条款的行为。因此，中国的执法机构可以将此类案件向司法部门提起诉讼。这种处罚与大多数现代市场经济体对卡特尔行为的处理是一致的，它将发出一种信号，表明滥用行政权力有着与卡特尔行为一样会破坏市场竞争。此外，惩罚的潜在力度可以强化法治和法院在政策执行中的关键作用。出于同样的原因，法院的地位也需要提到最高层级，以免受地方利益的约束。

配套改革，特别是与产业政策、国有企业的所有制结构和公司治理有关的改革，可以削弱政府机构利用和滥用行政权力的动机，显著提高上述改革建议的效果（正如本报告下面两节所讨论的）。与地方财政、官员激励和地区政策制定有关的其他配套改革，也同样会带来显著的变化。

8. 促进产业政策与竞争政策的协调

经验表明，"积极的竞争政策才是最佳形式的产业政策"这一经典格言是完全正确的。

——德国垄断事务委员会（Monopolkommission，2004，第 580 页）

产业政策是一个极为宽泛的概念，包含各类目标和实施方法，它通过不同渠道影响市场竞争。[①]因此，所有市场经济体在设计产业政策，使之不会制约竞争而是促进竞争的政策时，都会面临挑战。产业政策通常可以分为两大类：干预主义的纵向政策，其目的是以规避或压制市场的政府干预来扶持或促进特定产业、地区和企业的发展；横向政策，目的是扶持研究开发和创新等选定的经济活动，但对具体产业、地区或企

---

① 关于产业政策的合理目标和有效性，以及何时是合理的和应该如何实施，世界各国存在广泛争议。

业没有歧视及选择性，也并不试图压制市场竞争。在纵向政策中，对中国来说还有很重要的产业和所有制的区分。各国政府可能希望促进特定产业在本国的发展，尤其是较为先进的产业，但在若干这类产业中，它们可能还希望通过限制投资或市场进入来促进本国企业而非外资企业的发展。

在许多发达经济体，特别是美国、英国和其他欧洲国家，产业政策实际上被视为竞争政策的组成和隶属部分，只有在不破坏市场竞争的前提下才允许实施。中国如果要成功落实十八届三中全会关于市场改革的决议，很重要的一点就是协调产业政策与竞争政策，使产业政策更符合竞争政策的各项要求。

8.1 产业政策的经济学原理

经济学理论和实证研究发现，在某些情形下，即使充分的市场竞争也无法实现最优产出，此时政策干预就有可能是合理的，是有可能产生经济效益的。然而，市场失灵只是政策干预的必要而非充分条件，只有在政策干预的行政成本和其他成本（包括广义的"政府失灵"）不超过潜在收益的情况下才应该实施。[1]竞争市场失灵的主要案例包括：新兴产业、在非经济方面有显著重要性的战略产业（如国防安全和某些公共品），对产业重组的短期扶持，对国内产业构成威胁的不公平国际贸易，以及所谓的外部效应，即大量成本或收益不是由做出市场决策的企业或个人承担或享有。[2]地区发展政策与前述的产业政策有所不同，但在实践中又经常与它们交叉并存。然而，以"全国家所有制"为特点的产业政策在理论上不太有说服力，虽然人们普遍认为这在实践中很重要：其核心观点是通过当地的实际经验可以获得先进的技术和技能。

要让产业政策与有效运转的竞争性市场经济并存，就必须满足三个条件。第一，产业政策应该限于市场失灵的领域。政策目标不应该是在竞争性市场力量能有效发挥作用的领域超越或取代市场。追求其他目标的产业政策通常基于值得商榷的观点，例如政府比市场或企业更善于判断哪些产品、服务或企业能取得成功。这种观点经常用来打压市场，给垄断企业提供有利条件以获得寻租机会和超额利润，从而形成受保护

---

① 这方面的一个例子是约翰·斯图亚特·穆勒（John Stuart Mill）和巴斯塔布尔（C. F. Bastable）对新兴产业扶持的检验方法。穆勒在1849年出版的《政治经济学原理》中提到，某个产业是否应受到保护，要看它在没有保护时最终能否在国际竞争中生存下去。1891年，巴斯塔布尔提出了更为严格的检验方法，要求未来收益的现值应达到或超过保护措施的成本现值。对穆勒—巴斯塔布尔的检验方法的介绍，可参见 Corden（1997）和 Kemp（1960）。

② 虽然这主要是指研究开发收益（特别是上述的新兴产业和高技术产业）和环境成本，但如果能清晰地界定产权，其中某些问题也可以由市场机制解决。

的地方经济势力和利益集团。

第二，必须尽可能地以非歧视的方式实施产业政策，也就是说，在追求合理的政策目标时，不能区别对待政策所适用的企业。例如，如果政策目标是扶持某个具有重要潜在价值的新产品的早期开发，那么政策的实施机制应该是扶持该产业中所有可能获得成功的企业，比如，所有企业都可以获得一般性研发补贴或税收优惠，而不是对特定企业或企业集团提供扶持，后者会扭曲或压制所有生产者之间的竞争。不过，研发支持不应该扩展为生产补贴，因为这可能会导致产能过剩。

第三，理想地说，产业政策应该是中央制定的政策，虽然在实施中可以委托给地方。这是因为地方政府几乎不可能判断出全国范围内是否存在市场失灵以及失灵的严重程度，而且为了确保全国市场的竞争不受破坏，产业政策的实施也应该是全国性的。如果全国市场中不存在有效竞争，那么允许各地追求自己的产业政策就必然带来负面影响，较强的地区就会为促进本地发展而损害较弱地区的利益，从而加剧地区发展的失衡。对于像中国这样的大国来说，如果需要把政策实施在某种程度上委托给地方政府，那就应该注意以下四点：（1）地方政策不得偏离中央政策；（2）全国性产业政策要有更严格、更明确的目标与范围；（3）只允许采取非歧视性的实施办法；（4）分散化的政策实施要服从于有效的全国竞争政策体制和法治的要求。

8.2 产业政策的国际经验

国际经验的一个关键启示是，当某个经济体发展出相对完善的产业体系后，经济增长将越来越多地依靠附加值更高和技术更为先进的产业，在这些产业中创新（产品和工艺）和国际竞争力是决定因素。因此，必须用另一种产业政策（即横向产业政策）来取代压制市场力量和由政府直接干预的纵向产业政策。横向产业政策有助于建立并维持必要的市场条件，使企业能对国内和国际的动态竞争环境做出有效反应。对中国这样正在寻求避免中等收入陷阱以实现向高收入经济体转型的国家而言，上述启示颇有意义。"二战"后曾广泛采用干预主义纵向产业政策的国家，大多数从 20 世纪 70 年代和 80 年代开始将其替换成非歧视性的、不会限制或压制市场竞争的政策。国际经验还表明，干预主义政策往往会导致治理问题，如腐败、产生强势的既得利益集团，后者通常会竭力通过反竞争行为维护自身的（经济和政治）地位，从而阻碍资源的有效配置和创新。

欧洲。从 20 世纪 40 年代后期到 70 年代早期，许多欧洲国家采用了干预主义的纵向政策，希望借此在短期内实现经济重建，在长期内赶上美国的技术和组织创新。这些政策包括对目标产业的干预，采用的方式有补贴、公共采购优惠、限制市场进入以及鼓励并购。它们通常还在网络和自然垄断产业，以及汽车、钢铁和煤矿等战略产业广泛实行国有制。这些国家还常常借助政策来创建大型企业和有国际竞争力的全国"冠军企业"，其理论基础是把生产规模视为国际竞争力的关键，并相信政府官员能成功地发现或选拔出优胜者。①

在英国，大多数此类目标产业都在几十年内因缺乏效率和国际竞争力而基本消失了。只有少数几家全国冠军企业建立起来，但可能除了石化企业外，都不算成功，不过，在其他领域出现了某些特别成功的私有企业，如在制药和民用工程领域。煤矿开采、造船、大规模汽车生产以及英国本土的计算机产业几乎完全消失。受政策扶持的产业，生产率依然显著低于国外同行，国家发展规划几乎在公布之前就已远远脱离实际情况。经济增长持续低迷，国有企业的整体经营业绩变得极其糟糕，最终迫使英国政府在20世纪70年代后期和80年代采取了大规模私有化的激进策略。这个原因，再加上纵向产业政策的终止、国家竞争政策的显著强化，终于给英国的这些产业带来了强大的竞争压力。

法国在空中客车项目中成功地开展了国际合作，但在开发高速铁路、廉价核电、高效电信和电力等产业的成就并不显著，它们在国际上的表现都远远不及起初的设想，主要原因是这些项目过于依赖国内市场上的优惠待遇，缺乏国际竞争力。

意大利最初在钢铁和石化等产业取得了成功，但这些政策的效果最终恶化。在意大利企业中选拔优胜者的政策日益演变为给失败者提供扶持和保障，部分原因是为了保证就业，也是为了发展落后的南部地区。像意大利工业公司（IRI）这样的国有控股公司就曾经是产业政策的实施核心，后来日益变成缺乏效率的亏损国有企业躲避市场竞争的安全港。

大多数欧洲经济体在20世纪50年代到70年代中期都取得了快速经济增长，其主要原因并非产业政策，而是由于融入开放的世界贸易秩序。除少数情况外，欧洲各国实施的干预主义纵向产业政策普遍遭遇失败。失败的原因主要是政策制定者总是高估市场失灵的风险和成本，而低估政府失灵带来的风险和成本。给大型国有企业的优惠扭曲了技术、资金和其他资源的配置，促进大量中小企业发展的需要往往得不到重视，而后者在德国等成功的制造业经济体中处于核心地位。当政府部门和其他机构为受保

① 产业政策还具有"防御"特征，如在萧条产业的复兴方面。诸如纺织和造船业这样的萧条产业输给了亚洲和世界上其他地区的低工资经济体。几乎所有此类产业政策都失败了。

护产业或企业的利益履行其监管职能，而不是从国家或公众利益出发时，"监管俘获"现象变得十分突出。①对这些企业具有控制权的政府官员和政治家可以通过贿赂捞取租金。

认识到干预主义产业政策的缺点之后，随着布雷顿森林体系瓦解和石油冲击的来临，欧洲在 20 世纪 70 年代重新设计了产业政策。这导致经济增长放缓或停滞，而在继续实施强有力的干预主义纵向产业政策的国家，则发生了严重的宏观经济和结构失衡。这里值得注意的是，这种情况与中国目前的情况相似，其中增长率的下降同样是因为干预主义产业政策恶化了全球经济环境和（供给侧）结构。

20 世纪 80 年代以后，西欧各国越来越多地采取了私有化和放松监管的办法，把政策重点更多地放在有完善的经济学原理支持并在实践中可行的少数几个目标上。它们越来越多地采纳了基于市场竞争的、旨在改善商业和创新环境的横向政策。欧盟为了创建一个统一的大市场，要求成员国限制政府援助和扭曲竞争的政府行为，这一做法也推动了上述政策转向。

给人启发的是，德国这个最成功的欧洲经济体从未依赖过干预主义纵向产业政策：

> 如果产业政策的含义是政府积极推动本国产业结构的形成并试图控制其长期的现代化方向，那就不能说德国存在这样的政策。（Abormeit, 1990）

德国政府对产业的干预程度是最低的，干预属于例外而非普遍现象。德国经济奇迹依靠的是广泛的横向产业政策，其主要目的是培养熟练劳动力，在竞争和开放的经济环境中鼓励创新与出口。德国模式的成功可以归功于聚焦四个轴心的政策：对劳动力市场的监管、建立统一的职业培训体系、建设基础科学和产业研究基础设施，以及以银行为主的对产业融资的公共扶持。德国的银行体系与产业界有密切的联系，其重点是给产业界，特别是中小企业，提供"有耐心"的长期贷款。②

日本和韩国。在东亚，日本从 20 世纪 50 年代到 80 年代的产业政策最初被许多人视为产业政策的成功楷模。这些政策用于推动高附加值产业，在这些产业中运营的基本上是私有企业，政策并不涉及大规模的国有化。然而，有许多研究试图分析日本的

---

① 在 20 世纪 80 年代，意大利基督教民主党根据政治利益需要任命官员出任邮电部及其下属机构的职位，这些人对于改革意大利混乱的电信监管体系毫不关心。在国际透明组织的腐败指数排名上，意大利目前在经合组织的 34 个成员中垫底。

② 有关产业政策的国际经验，参见 Owen（2012）和 Chang 等人（2013）。有关德国产业政策的介绍，可参见 Vitols（1997）。

干预主义产业政策的具体影响，结果都发现没有积极效果，某些研究甚至发现总体影响是负面的。[①]日本政府力图促进和保护的制造业并未形成国际竞争力，而未受到促进和保护的产业反而表现得很成功。由于国内保护主义、限制外国直接投资、缺少学生和职业人士的国际流动等内向型趋势的影响，日本的竞争力开始受挫。1990 年爆发的股市崩溃及此后"失去的十年"，迫使日本对产业政策进行了深刻的调整，使其更少关注产业层面，而更多地分权给地方政府。自 2000 年以来实施的横向产业政策所关注的重点是创新，包括设立"地方综合集群"（通过合作和竞争关系联系起来的地方产业网络和设在同一处的大学及研究中心）来促进和推广创新。

韩国在 20 世纪 70 年代奉行了积极的干预主义产业政策，政府试图挑选优胜者，将优惠政策定位于钢铁、有色金属、造船、通用机械、化工、电子等产业。这反映出政府企图无视或超越市场对该国比较优势的判断。具体深入的研究表明，此类政策大部分并不成功。虽然其中有些产业非常成功，但它们的成功都是在韩国以指导性计划为背景下最终采取了重大的出口导向政策之后，这些政策包括出口导向型的免税、加速折旧、优先获得信贷以及廉价贷款。到 80 年代，市场竞争，尤其是国际市场的竞争力，再次成为企业业绩的主要决定因素。在高储蓄率和投资率的背景下，韩国经济大获成功。此外，与日本类似，韩国的大多数生产商都在私营部门，相互之间存在竞争。从长期来看，韩国的政策旨在促进而不是压制市场的运转。

研究表明，尽管日本、韩国、中国台湾地区和新加坡的产业政策具有不同的特点，但从它们的经验中得出的普遍教益是：那些在政府扶持下取得成功的产业，都经历了业绩长期很成问题的阶段，产业政策一般也是作为出口导向政策的组成部分而取得成功的，政策重点是促使企业面对的是国际市场竞争，而不是着重于发展将企业与外来竞争相隔绝的进口替代。

产业政策、竞争和创新。有些国家过去采用干预主义纵向产业政策，目的往往是为了挑选符合其标准的产业，以此来促进创新。这些产业包括它们所认为的有创新能力、值得进行大规模投资且能够推动经济增长的高技术产业。然而，在每一个成功的政府干预案例的背后，都有数十个乃至数百个失败的干预案例，其中大量的财政支出都没有收获任何成果。失败的主要原因是与政府权力滥用相关的因素：例如监管俘获

---

① 大部分补贴用于农业，而政府对工业和技术研发的补贴金额不及私人企业研发投入的 5%。政府真正发挥帮助作用的领域是给私人企业研发投入提供税收减免、低息贷款和税收优惠，这些机制都不会干扰竞争或者压制市场信号（Pohl，2015）。

（无论是源于腐败还是保护主义）、所需要的信息和分析过于复杂，后者甚至往往连能力最强的政府也力所不及。许多国家鼓励高技术企业发展，但往往演变成一场灾难，不但造成了数以亿计美元的损失，而且由于允许低效的大企业收购新企业或者不让新企业与受政策保护的大企业开展公平竞争，实际上还阻碍了创新。这种失败的部分原因是官员们判断产业、市场和技术趋势的能力不足，部分原因是在选拔本国的优秀企业时受到了政治压力，还有部分原因是政治上的强势人物从政府扶持和补贴中获得了大部分好处。

政府为了追赶热门产业而把资源导入这些产业时，很容易落入一个相当常见的陷阱。美国有过这方面的典型案例。有研究发现，美国的 50 个州里有 49 个曾启动过旨在促进生物技术产业的重大项目，希望在本州创建产业集群。但实际上，只有少数几个州拥有支持成功实现产业集群的科研资源和辅助性基础设施（例如，精通生物技术专利法和融资事务的律师），因此浪费了大量资金。政府在努力促进创新的过程中，很可能会把国家的产业基础划分为各种类型，如高技术产业与低技术产业、朝阳产业与夕阳产业、成长型产业与成熟产业、制造业与服务业、劳动或资本密集型以及知识密集型产业。但这套思路其实经不起仔细推敲。大多数产业目前已经是或将成为高技术或者知识密集型产业，某一个国家的成熟产业在另一个企业活力较强的国家，可能是成长产业。

国际经验表明，政府应多把政策重心放在提供一个良好的环境上，其中任何产业和任何企业只要具有创新能力和较高的生产率，就能够繁荣壮大，不应该通过行政管理来挑选优胜者和失败者。能促进产业成功的条件包括适当的竞争政策，因为它能给创新提供正确的激励（参见本报告第 2.2 节对竞争政策与创新之间关系的讨论）。其他条件包括政府通过各类活动来增强创新的激励和能力，如（1）有利于提高合同效率[①]的可靠且可信赖的法律体制和良好的投资环境；（2）教育、提高环境质量以及基础设施投资，这些领域的外部效应使私人参与者不可能单独进行足够的投资，因为收益会被整个国家分享。一般来说，有力的竞争政策、可靠和可信赖的法律体制、教育、基础设施以及环境质量等方面的措施，虽然难度较大和富有挑战性，但相对于传统的纵向产业政策来说，其实更容易也更可能获得成功，应该成为横向产业政策的基本要素。

国际经验还表明，在如何运用产业政策来推动创新方面，政府应该采取特别谨慎的做法。对于一个创新型经济体来说，广义的产业政策，也就是政府支持经济增长的

[①]　关于完善而可靠的合同法对于创业成功的影响的讨论，参见 Lerner（2009），第 5 章。

独特活动，如高效的法律体系、教育以及基础设施等，对创新型经济是极为重要的。传统的产业政策可以狭义地理解为直接投资或选择主要产业，这样的做法在有限和独特的情况下，也可以发挥作用，比如集体行动或其他市场失灵使得私人部门难以在没有政府参与的情况下做出正确的投资。然而，与更经常遇到的政府错误地进行干预相比，这种情况极为罕见。一般来说，良好的竞争政策才是更为稳妥的通向现代化的创新型经济之路。

8.3　中国的产业政策

中国的产业政策目标众多，范围也极其不同，其中包括促进出口、引进先进技术，促进政府牵头的各类基础设施、战略性和高技术产业的发展，以及通过控制过剩产能和重复建设来实现产业结构的合理化等。令人遗憾的是，此类政策往往事与愿违，其直接后果是产能过剩与重复建设。虽然有许多国家也制定了数量众多且具有多重目标的产业政策，但中国产业政策的独特之处是对市场竞争造成了尤其巨大的负面影响。这可以归咎于如下几个因素。

第一，自 1978 年启动市场改革以来，中国的产业政策很大程度上受到日本和韩国的纵向产业政策的所谓成功经验的影响，虽然更近期的深入研究对它们的实际成功提出了质疑。实际上，中国所采取和坚持的政策比日本和韩国的政策具有更多的干预主义色彩，对市场进入的控制更为严格，确实远远超过了其他任何现代市场经济体。

中国的产业政策涉及大量政府扶持与其他类型的政府行为。其中包括：通过优惠地位获取资金和其他资源的定向投资，通过关税和非关税壁垒隔离外国企业的竞争，创建能更好地参与全球市场竞争的国有冠军企业和大型企业集团或企业联合体（往往是通过政府的强制并购），发展产业集群来实现聚集经济效应，对技术进口实施监管来促进技术转移和进口替代，以及强迫跨国企业与国有企业成立合资公司以此作为实现技术转让的主要工具。许多这些措施都有意无意地保护了现有企业的运行，通常是国有企业的运行，使其免受新进入企业的威胁。因此，上文已经提到的但此处仍值得重申的重要一点是，从分析的角度和经验的角度来说，市场进入条件对市场竞争的重要性远甚于市场的集中度或潜在的支配度。此类保护措施庇护了现有企业的利益，而没有考虑它们的效率和创新能力。

第二，几乎在所有实施产业政策的产业，中国都大力采用了干预主义纵向政策以实现多重政策目标。这似乎成了"一刀切"式的干预方法，被应用于几乎所有存在重要发展目标的产业，几乎没有或很少有任何区别对待，也不考虑市场竞争和民营企业是否能够或是否应当在该行业发展中发挥更有效的作用。这种情况在政府意图实施干预政策的目标产业更为明显，即广义上被视为国民经济命脉的部门和产业，其中不仅包括网络产业和自然垄断产业，还包括大量被划分为"战略性"、"支柱型"和在现代市场经济中具有竞争力的"新兴技术"产业。过去曾经的自然垄断产业，如电信和电力产业，由于技术进步而不再具有明显的自然垄断特征。国际经验表明，即使这些产业也有很多竞争因素，而竞争极大地改进了这些产业的绩效。

由于各种政策原因，这样的分类也许是有益的，但似乎没有任何明确而又严格的经济理由说明为什么所有这些产业的发展，除了国防工业或明显存在市场失灵的产业之外，都需要干预性产业政策和市场竞争保护。这是一种过时的做法，继承了以前中央计划经济体制的传统，是和基于市场配置资源、效率、创新和国际竞争力的增长模式相矛盾的。

第三，中国的产业政策高度依赖国有企业作为主要的政策执行者。这种政策也继承了中央计划经济体制的传统，在中国的适用范围远远超过了其他现代市场经济体过去和现在的水平。因此，产业政策的目标产业几乎完全是占据垄断地位的国有企业。李荣融（国资委前主任）在2007年的一份报告中说，中国计划打造50家具有全球竞争力的国有冠军企业。这表明，官方认为重要产业的发展方向和速度以及中国经济的国际竞争力，可以通过国有制和压制竞争性的市场力量来实现。然而，没有任何一个现代市场经济体在后期发展阶段通过这样的政策成功提升了国际竞争力、保持了稳健的长期增长，最后转变为高收入经济体。

下文第9节将更详细地讨论国有企业的问题。但此处有必要强调的是，如果以政府决定市场进入、定价、优先获得要素投入的方式以及通过指定的国有企业，来实施产业政策，那就是一种歧视性的做法，与十八届三中全会决议中关于深化体制改革的内容相冲突。如果依然主要依靠限制竞争和国有企业来实施产业政策，那么产业政策和国有企业之间这种密不可分的联系将使国有企业不可能面对更激烈的竞争。换言之，如果不改革国有企业就不可能改革产业政策。

8.4 中国的产业政策对竞争的限制程度

中国实施纵向产业政策的后果之一是制造了一个庞大的、非竞争性的、受管制的子经济体。构成这个子经济体的各个产业由政策操控、其市场进入受到限制、其竞争性市场力量受到压制和扭曲，垄断型国有企业在其中占据支配地位。①中国受管制的子

---

① 中国的经济学研究文献中普遍区分了非竞争性的受管制部门和竞争性部门。

经济体包广泛的各种受管制产业，在官方文件中被描述为类别不一的自然垄断产业、战略产业、基础设施产业或支柱产业以及新兴技术产业。这个子经济体中所包含的具体产业并没有一个明确的官方目录，官方文件中提到的这类具体产业也随时间而变化。这些分类是笼统的，有时存在重叠。例如，基础设施产业包括了某些自然垄断产业和支柱产业，某些新兴技术产业有时也被称为支柱产业。

这种模糊性在《反垄断法》第七条中表现得很明显，它提到在"关系国民经济命脉和国家安全"的行业，明确允许国有企业占据垄断或控制地位。在《反垄断法》或其他官方文件中，这些产业并没有明确的事前定义。这表明，这种分类更多的是行政而不是经济学概念，看起来，如果某个产业被确定为产业政策的对象，而且是由国有企业垄断的，那么它就会被自动地在事后被归入国民经济命脉产业。受产业政策约束和限制市场进入的产业在分类上的笼统性和宽松性，使得地方政府可以把市场进入壁垒扩大到在宽松的分类中位于标准产业分类（SIC）的其他三位数和四位数产业。

我们可以利用由国家发改委和国资委政策控制市场进入的产业目录，来估算中国受管制子经济体的构成、规模和范围。国家发改委通过投资审批体制控制了若干产业的市场进入门槛。这种控制体制还可以通过限制厂商的数量来帮助控制若干关键产业的价格，如自然垄断产业和由国有垄断企业占支配地位的其他产业。国务院《关于投资体制改革的决定》（2004）罗列了由国家发改委以投资审批体制的形式控制市场进入的 19 个产业。除农林水利中的少数产业之外，这些产业主要位于网络产业、自然垄断产业、采掘业以及战略性制造业和交通运输业。国家发改委还控制了市场进入不受其投资审批体制约束的某些产业的价格，这种控制仍然会影响资源配置和市场进入。

受管制产业还包括国资委（2006）列出的 15 个指定的战略产业或支柱产业。它们是保留给中央国有企业的，以便它们在市场进入受到严格限制的地方占据完全的垄断或支配地位。由政府占绝对控制地位的 7 个战略产业是：国防、电力、石油、电信、煤炭、航空和航运。由国有企业占据主导或控制地位的 8 个产业是：机械、电子、信息技术、汽车、钢铁、有色金属、化学和建筑业。然而，根据中国工业统计中使用的标准产业分类法的两位数编码，并把其他一些国有垄断企业也纳入进来之后，例如盐业和烟草业，在国资委的广义类别中，实际上有 10 个受管制的产业和 9 个支柱产业。考虑到国家发改委和国资委的目录有重合，总计有至少 19 个大类的受管制产业适用干预主义的纵向产业政策和市场进入限制。此外，根据"十二五"规划以及其他的政府规划和政策，还有 7 类产业被划分为新兴技术产业，也在不同程度上受到产业政策的约束。①

需要注意的是，尽管受到限制和扭曲，在受管制产业中依然可以存在一定程度的市场竞争，即使在煤炭等战略产业中也是如此。虽然一般认为国有企业在这些产业中名义上占绝对主导地位，但在有限的范围内仍然存在民营企业。在汽车、电子和信息技术等支柱产业中，民营企业的存在更为明显。在这些产业，民营企业与国有企业之间以及国有企业与国有企业之间都存在一定程度的竞争。在某些战略产业中，市场进入的限制程度会随时间而变化。这方面的例子包括信息产业和高端装备产业（都被归类为新兴技术产业）以及纺织业（有时被视为支柱产业）。随着市场进入门槛被逐步放松，民营企业占据了相当大的市场份额，竞争可能会非常激烈。不过，在市场进入、投资和生产规模以及价格控制方面的行政监管，限制和扭曲了这些产业内的竞争。

根据标准产业分类法的两位数编码，在构成中国第二产业的 39 个制造业类别中，大多数（22 个类别）属于市场进入受到不同程度限制的产业。这意味着，只有剩下的 17 个非管制或者说竞争性的制造业，允许自由的市场进入。然而，在这些竞争性的制造业中，根据标准产业分类法的三位数和四位数编码，又有若干子类别依然受到不同程度的市场进入限制。

中国的非竞争性受管制子经济体的规模在过去 20 年中实际上有所扩大，其资源配置主要通过官僚机构的行政决策而非竞争性市场。据估计，在第二产业或制造业中，标准产业分类二位数编码中的 19 个主要受管制产业所生产的附加值占 GDP 的总份额不断提高，从 1997 年的 22.2% 提高到 2013 年的 40.6%（见表 1）。在第二产业内，受管制产业在全部制造业产值中所占的份额从 1997 年的 64.1% 提高到 2013 年的 68.8%。换言之，超过 2/3 的制造业产值来自市场进入完全或部分受管制的产业。如果把第三产业或者服务业中的受管制产业也考虑进来［其中包括房地产业、交通运输业、邮政和金融服务业，但不包括某些缺乏数据的产业，如电信业（国有企业垄断）、勘探业和科研业］，那么受管制子经济体在 GDP 中所占的比重从 1997 年的 36.7% 提高到了 2013 年的 58.5%。②这些数字表明，中国基于市场配置资源和参与市场竞争的经济活动的规模在整个经济中所占的份额实际上缩小了。此外，以上数据低估了非竞争性受管制子经济体的规模，因为

---

①　国务院 2006 年发布的《国家中长期科学和技术发展规划纲要（2006—2020 年）》列举了 11 类优先发展的关键产业。这推动了战略新兴产业政策的出台，涉及 7 个产业中的 37 个具体的目标和受管制的产业。然而，其中的某些产业没有明确的定义和具体的 SIC（标准产业分类法）产业分类编码。因此，某些此类产业的市场进入限制很模糊。

②　这部分表明，国资委 2006 年公布的目录覆盖了越来越多的产业，以及在 2008 年经济刺激计划启动后产业政策的范围与国有企业的作用得到了扩张。

它们没有考虑受地方行政垄断所设置的市场进入限制影响的经济活动。

因此，不足为奇的是，经合组织针对许多国家开展的经济监管程度的国际比较研究发现，中国的产品市场监管程度最高，高出各国平均水平 50%；行政监管程度位居第二（仅次于印度），高出各国平均水平 70%；国内经济的监管程度位居第二（仅次于印度尼西亚），高出各国平均水平 40%（Koske et al, 2015）。经合组织的研究还通过实证数据表明，较高的监管程度对经济增长具有可量化的显著的下行影响。这意味着中国如果降低监管力度就可以实现更高的经济增长率，或者说，如果降低监管力度，就可以在减少要素投入的同时更有效率地实现原有的增长率。在中国进入"新常态"的增长模式时，这个发现具有特别重要的意义：要实现比当前较低增长率更高的、稳健的和可持续的增长率，减少监管和增强市场竞争可能是决定性因素。

中国在产业政策方面的经验显示，以前为了促进特定产业的发展，过多地强调了绕开市场力量的政府干预。有大量证据表明，20 世纪 90 年代以来采取的重大产业政策，特别是在 2008—2009 年全球金融危机之后的刺激计划中采取的产业政策，一般未能实现其目标，反而促进了地方政府以及中央和地方政府扶持企业的债务出现快速增长。[①]

表 1　中国受管制的第二和第三产业在 GDP 和部门产值中的比重（1997—2013 年）（单位:%）

	1997	2006	2008	2013
A. 占 GDP 的比重				
受管制的制造业	22.15	33.47	37.81	40.55
受管制的服务业	14.55	15.03	15.71	17.90
受管制的制造业和服务业合计	36.70	48.50	53.52	58.45
B. 占部门产值的比重				
第二产业中受管制的产业	64.05	70.29	69.58	68.84
第三产业中受管制的产业	39.55	34.62	35.00	35.89

注：

1. 以上数据是根据标准产业分类法两位数编码的统计测算得出。制造业包括 19 个受管制的制造产业。A 包括 13 个受管制的服务业（1 个在房地产业，8 个在交通运输和邮政服务业，4 个在金融服务业），B 包括 12 个受管制的服务业，由于缺乏数据的原因，不包括电信业（一个受管制的垄断产业）和受管制的勘探业以及科研产业。

2. 自 2008 年以来没有公布产业增加值的数据，2008 年和 2013 年的产值数据是用以前各年的增加值/销售收入比例乘以这些年的销售收入计算得出的。

资料来源：Liu (2016)，表 A.1 和表 A.2

[①]　产业政策未能实现其促进技术进步和国际竞争力这一初始目标的例子有平板电视屏幕技术、太阳能电池板、汽车和造船等。

表2　经合组织的产品市场监管指数（中国和可比国家，1998—2013 年）

	1998	2003	2008	2013
法国	2.38	1.77	1.52	1.47
德国	2.23	1.80	1.41	1.29
日本	2.11	1.37	1.43	1.41
韩国	2.56	1.95	1.94	1.88
英国	1.32	1.10	1.21	1.08
美国	1.50	1.30	1.11	—
巴西	—	—	2.54	2.54
中国	—	—	3.17	2.86
印度	—	—	3.40	3.10
俄罗斯	—	—	2.69	2.22
南非	—	—	2.65	2.21

注：产品市场监管指数（Product Market Regulation，PMR）的评分从 0（对竞争限制最少）到 6（对竞争限制最严）。

资料来源：Koske et al.（2015），第 29 页

目前大多数（如果不是全部的话）产能严重过剩的产业以及大多数无偿债能力的僵尸型国有企业，都居于产业政策定位的受管制产业中。这给人带来了过度竞争的错误印象，但其实只有在非市场干预的情况下产能过剩才会出现并持续存在，这些干预包括纵向产业政策、通过行政垄断提供保护、给国有企业提供超越民营企业或外资企业的优惠待遇。如果没有这些干预，市场通常能够自我纠正，因为无法获得资金支持的失败企业将退出市场，生产将更多地集中到最善于满足客户需求来盈利的成功企业。此外，中国大多数技术先进的成功产业，例如在电信设备、移动电话和电子商务行业的企业，都是在国内外市场竞争中成长起来的。除了低效的资源配置所造成的巨大经济损失之外，这种过时的产业政策还导致破坏法治、社会稳定和高效治理的寻租与腐败。

8.5　实现产业政策与竞争政策相协调的措施

十八届三中全会决议之后，中国采取了若干重要行动来解决部门垄断问题和减少市场进入壁垒，包括以限制投资的负面产业目录清单来取代允许投资的正面产业目录清单，大幅减少对企业注册和私人投资于部分产业的行政审批要求。

然而，考虑到中国产业政策的规模、重要性和复杂性及其对竞争的广泛影响，我

们建议由最高级别政府开展一项专题研究，以决定如何重新平衡和协调产业政策同竞争政策的关系。该研究的主要目的应该是，为产业政策的重新设计提供建议，以落实十八届三中全会决议的要求，即建设更具竞争性的市场以实现高效的资源配置，提高生产率和促进创新。该研究应该成为整体顶层设计的一部分，或旨在加强国民经济竞争力的顶层设计的一部分。因此，这项研究最好与其他旨在约束行政垄断（前文已讨论过）和让国有企业充分参与市场竞争（将在本报告下节中论述）的研究共同进行。由此，该研究可以为旨在重新界定政府和市场之间关系的经济治理改革做出贡献。

该研究应该分析有什么方法可以减轻或消除纵向产业政策造成的负面影响；并就更多地转向利用横向产业政策提出建议，提出有利于促进竞争、生产率和创新的实施办法。①如果要使产业政策不阻碍市场竞争，批准产业政策的一个关键标准就应该是任何特定的产业政策对市场竞争的影响，以及竞争性市场力量在其实施过程中的作用和贡献。因此，只有在干预带来的经济效益显著超出其资源配置方面的低效率和对竞争的负面影响时，产业政策的实施才具有合理性。该研究应该考虑一些使产业政策从属且服务于竞争政策的原则，就像在发达的市场经济体中那样。

如果要实现产业政策与竞争政策的协调，使它们互为支持，那么我们所建议的研究应该考虑若干关键的措施，其中包括如下几条：

实施产业政策的经济标准。该研究应该以 2015 年启动的动议为基础，该动议旨在建立"公平竞争审查机制"以确定阻碍竞争的产业政策领域。这一动议现在已经正式启动，并于 2016 年 6 月 14 日颁布了《国务院关于在市场体系建设中建立公平竞争审查制度的意见》。根据国务院的文件，公平竞争审查制度旨在确保相关政府行为符合公平竞争的要求，任何限制竞争的政府行为或政策，除了某些例外，都将被禁止。本报告的附录 3 概括了公平竞争审查制度的目标和议题。然而，更为重要的是，它还应该审查广泛的受管制产业，以确定什么地方存在明显的市场失灵或支持政府干预的其他合理的经济依据。虽然为不同目的把各种产业归类为国民经济命脉型、战略型、支柱型或新兴技术型的做法可能是有益的，但它并不构成充分的经济依据说明应该采取选择性的直接政府干预和市场进入限制措施。

只有对那些存在市场失灵的产业，如某些自然垄断和网络产业，政府才应该继续

---

① 例如，近期有一项研究利用中国大中型企业的综合数据库发现（Aghion et al, 2015），1998—2007 年间，某些控制适当的、有利于促进市场竞争的产业政策促进了生产率增长。这表明中国的横向产业政策在竞争较激烈而不是较弱的经济部门取得了最好的实施效果。

采取选择性的干预政策，事前还必须明确考虑政府行动的潜在成本，以此确定对市场竞争影响最小的政策工具。对其他所有适用产业政策的产业，一般应实行横向产业政策，采取不会限制和扭曲竞争的非选择性、非歧视性的政策工具。总体来说，产业政策一般应该服从如下指导原则：有效的政策实施工具应该能促进竞争或者至少能避免或尽量减小对市场竞争的潜在负面影响。①

负责开展这项研究的机构应该在充分考虑国家发改委、商务部、国资委、各产业部委和地方政府的意见之后，独立做出决策。这些决策还应该与制定中国政府行为原则（如本报告第 7 节就如何制约行政垄断提出的建议）结合起来，或考虑这个背景。该原则的目的是为限制或扭曲竞争的政府干预行为提供指导，以说明这种行为在何时、何处可能是合理的或不合理的。

缩小受管制产业的范围。应该逐步减少受到直接干预的受管制产业的数量，更集中且有选择地把干预定位于有充分的经济理由进行干预的产业。应该逐步取消其他所有受管制产业的市场进入限制，让竞争力量发挥作用。产业进入限制应该服从"零基预算"这样的规则，也就是说，应该取消所有限制，只有那些可以在市场竞争体制内有明确理由存在的限制，才允许继续存在。

默认的政策立场应当是，没有任何产业应该受到市场进入限制，举证或论证责任应该由希望设立限制的相关方承担，而其他所有产业都应该服从强化后的竞争政策体制的禁止规则，包括修订后的《反垄断法》。这将表明中国延续了目前转向负面清单的做法，逐步减少受管制产业的数量。可以根据前文所建议的政府行为原则来制定有关产业进入的标准。

非歧视性的产业政策工具。除了完全例外且符合政府行为原则的情况外，产业政策实施的模式和工具都应该采取非歧视的形式，也就是说，不自动优待一个或多个企业，或者扭曲竞争市场的运行。同时，也需要反思把国有企业作为产业政策执行者的做法，并逐步在大多数产业减少这种做法。本报告建议的高级别研究可以为符合这些条件因而可施行的政策工具提供清晰的指导，这些政策工具可包括以通过税收激励和研发扶持为主要方式制订的指导性计划，提供短期和有限期重组融资的条件。如上所述，应该根据对市场竞争的影响来评估所有准备实施的产业政策，应该使所有的扶持

---

① 欧盟在竞争总理事会内部设立具体产业处，来处理特定产业的竞争事务，这一做法给它带来了好处。这些专门的产业处是永久性的，其目标是逐步改进竞争政策的执行效果。这里建议的考察产业政策对竞争影响的中国高级别机构可以是临时性的，但其职能最终可以移交给一个强化并统一后的竞争监管机构的一个永久性部门。

措施透明并有截止期限，还要定期评估它们的效果。

在自然垄断产业中发挥市场竞争力量的作用。本报告所建议的研究应该确定怎样把更多的竞争引入自然垄断产业和网络型产业。国际经验表明，这些产业可以参与竞争并从中受益。应该强化现有自然垄断产业的监管机构，使它们明确地独立于经营者、政府的产业部委和协会，以及其他利益团体。这些机构可以对全国人大或者国务院负责，拥有明确的监管目标，并通过法律确定它们的独立性。

内资和外资。允许外国企业进入某些产业的标准可以和中国的民营企业有所不同。中国已经放手让国内企业同进口产品开展竞争，允许外国企业参与面向国内市场或者出口市场的合资企业。不过从原则上来说，依然有很大空间让外资企业参与更广泛的产业领域。其他国家对外国投资也存在限制，但是越来越多地局限于明显涉及国家安全的领域。有人担心外资企业导致的本地竞争可能延迟中国企业的技术学习速度，但这也可能会提高学习速度。对外国投资的研究显示，国内企业能否获得知识外溢，或者是否会受到竞争的损害，抑或二者均不发生，随产业、国家、投资类型和竞争政策体制的不同而变化。因此，对外国投资提案进行个案评估有其合理性，但应该始于这样的假定，即无论是对中国的企业还是对相关产品的国内购买方来说，加强竞争都是有好处的。

创新与竞争。由于研发投入、创新活动以及随后的产品和工艺开发将日益成为中国经济增长的关键决定因素，专利政策的重要性也将变得更为突出，其中包括最佳专利期限、专利特许权、专利组合和专利权执行等问题（本报告的附录 2 将对此展开深入讨论）。正如本报告第 2.2 节所述，它之所以很重要，是因为专利政策关系到竞争与创新之间的相互作用，因为今天的创新是由未来占据垄断地位的动机所推动的。因而，中国需要结合产业政策和竞争政策来评估其专利政策的设计。由于这个议题的专业性，它本身可能需要独立的评估。因此，竞争监管机构可以实施适当的法规，但需要有建立在国家产业政策和科技政策基础上的指导意见，以确定需要坚持的相关利益取舍。无论是否涉及专利，竞争监管机构都需要制定清晰的指导意见，来明确如何评估以"促进创新"为由给涉嫌违反《反垄断法》的行为辩护。

产业政策和竞争政策。应该考虑扩大竞争监管机构的权限，使之能够判断是否要禁止那些不符合上述要求或者由于对市场竞争的影响太大而无法证明干预具有合理性的各种产业支持，必要时，给出禁止的理由。

要在较长时期内实现中国产业政策的现代化，上述行动仅仅是起步而已。此外，还应该把它们与有着密切联系的其他行动相结合，尤其是上文讨论过的消除行政垄断和国有企业改革（下文将讨论）的行动。这两者在许多方面都是产业政策不可分割的组成部分。

9. 将国有企业更充分地纳入竞争政策

中国社会主义市场经济的一个显著特征是大量国有企业分布在广泛的产业部门中。然而，国际经验表明，过于庞大的国有经济部门是与经济效率、创新、国际竞争力以及维持向高收入经济成功转型所必需的稳健增长率相矛盾的。所以，如果不解决国有企业部门的竞争问题和该部门对国民经济的竞争所造成的影响，中国将很难实现其经济战略目标，特别是十八届三中全会决议中关于加强市场竞争的目标。由于国有企业的庞大数量及其在经济中的重要地位，或许可以认为，中国需要把更多精力放在制定国有企业而不是民营企业的竞争政策上。

在经济学理论中，企业绩效和效率的决定因素是市场竞争而不是所有制本身。因此，竞争是国有企业绩效的决定因素，就像它也是民营企业绩效的决定因素一样。不过企业有效经营和竞争的能力取决于公司治理，也就是如何行使其所有权和控制权。国际经验显示，在实践中很难为国有企业设计出一种控制和治理结构，以使其免受政治因素的干扰，减轻监管俘获、腐败和反竞争行为的危险，并促使它们有效经营和创新。

尽管"二战"之后有过很多巧妙的尝试，但世界上还没有哪个国家能够长期地成功克服国有部门的效率问题。这就是为什么今天没有哪个现代市场经济体，尤其是高收入经济体，拥有一个庞大的国有经济部门。在西欧国家，随着不回避市场竞争力量的横向产业政策取代了干预主义的纵向产业政策，之前庞大的国有企业部门显著缩小了。虽然，在极少数情况下国有企业能够高效运营，但这是因为它们都在竞争性市场环境中运营。一个最广为人知的案例就是新加坡的政府关联公司。除了以职业董事会（以竞争性方法从国际经理人市场公开招聘而来）为特点的公司治理和明确的商业目标之外，这些公司，如新加坡航空公司，一般都在高度竞争的市场环境中运营。

鉴于国有企业过去在中国经济发展中的特殊贡献，以及它们目前仍然肩负的重要功能，怎样更有效地把国有企业纳入竞争政策的执行，使其更充分地服从市场竞争力量的约束，中国将面临挑战，下文将对此进行分析。

9.1　中国的国有企业和市场竞争

中国的国有企业从几个方面对市场配置资源的作用和竞争市场的运行产生了负面影响。首先，《反垄断法》允许国有企业在类型广泛的受管制产业中进行垄断经营，因此不受市场竞争法规的约束。其次，它们享受了优惠的资源供给。由于这些资源是通过官僚机构配置而非通过市场竞争获得的，因此挤出了市场配置的资源。再次，它们在很多产业占据支配地位，并在制造业产值和 GDP 中占有很大比重。这些特点造成的后果是，国民经济中的很大一部分缺乏有效竞争，其范围远远超过任何现代经济体或高收入经济体。此外，以上特征制造了巨大的腐败机会。

据估计，中国的国有经济部门 2007 年占 GDP 的比重大约为 40%（或大约占非农业 GDP 的 45%）。[①]相比之下，高收入工业化经济体 1984 年的这一比重的平均值为 8.5%，2000 年下降到不足 5%。世界银行估计，40 个发展中国家的加权平均值为 GDP 的 10.7%。此后，中国非国有经济部门的产值增速超过了国有企业部门，使国有经济占 GDP 的比重有所下降，但其绝对数值以及相对于所有现代市场经济体而言，依然很高。近年来，第二产业和第三产业的国有资产在逐步增加，从 2008 年的 63 万亿元增长到 2014 年的 103 万亿元（16.3 万亿美元）。[②]据报道，国资委下属的、在战略和支柱产业中占支配地位的 106 家非金融中央国有企业的资产，在 2013 年底已经达到约 35 万亿元（5.6 万亿美元），其中包括 4.4 万亿元（6910 亿美元）的海外资产（Leutert，2016）。

中国《反垄断法》的一项重要成就是在其第七条中纳入了国有企业受该法律制约的规定。但与此同时，《反垄断法》又规定允许国有企业在关系国民经济命脉和其他限制市场进入的优先产业从事垄断经营。许多国有企业在市场进入壁垒的保护下与市场竞争隔绝，并享有政府扶持。正如前文第 8 节（关于产业政策的分析）中所述，国有企业占垄断或支配地位的受管制产业在中国的 GDP 中，特别是在制造业产值中，占非常高的比重。因此，在广泛的国民经济领域中，基本不存在市场化的资源配置和竞争性的市场力量。

---

① 很难准确测算国有经济部门在中国 GDP 中所占的比重，因为在准确定义国有制或控制权的范围时存在各种方法问题。

② 国有企业的定义是国家持有 100% 或大部分股份的企业，不包括国家持有少数股权，但某些时候股权规模较大甚至达到了控股权规模的企业。因此，如果国有资产的总规模包括国家在混合所有制企业中的股份，那它就大于国有企业的资产规模。

国有企业构成了中国受管制子经济体的核心。在行政垄断程度较高的省市，国有企业往往在当地产值中占较高份额。那些针对受管制的自然垄断行业、基础设施和战略性制造产业的产业政策，主要由国资委控制的国有企业来执行，这些国有企业在资本密集型和技术密集型产业占垄断和支配地位。有一项研究（Baston，2014）估计，2008年，中国17个受管制产业的国有资产占全部国有工业资产份额的62%，到2011年下降到51%。另一项研究显示（Zhang，2014），2010年，它们占制造业总资产的38%，同时制造业的国有资产大约有81%集中在10个受管制产业中，总共占全部国有工业产出的83%。①

最近的一项更详细的研究（Liu，2016）估计，国有企业在15个主要受管制产业的全部资产中所占的份额在2013年达到35.6%。在其中的8个产业（煤炭、石油、烟草、钢铁、汽车、电力、燃气和水务），国有企业所占总资产的份额超过了50%，从有色金属的51.4%，到烟草制品的99.0%。同年，国有企业的产值和营业收入在5个受管制产业中所占份额超过了50%（煤炭、石油、烟草、电力和水务）；同时，在烟草、电力、原油和天然气开采、石油冶炼以及煤炭采掘等产业，国有企业的营业收入所占份额分别达到99.2%、93.1%、87.7%、68.7%和58.8%。在另外4个受管制产业（钢铁、有色金属、汽车和燃气）中，国有企业的产值和营业收入所占份额超过了30%（Liu，2016）。

作为干预主义的纵向产业政策的执行者，大多数国有企业享有优惠待遇和资源（尤其是资本和土地）的优先获取权，而不用在市场中通过竞争去获取。这不但挤出了通过竞争配置的资源，而且还由于缺乏市场竞争的约束，削弱了国有企业提高效率和创新的内在动力。国资委下属的大型央企集团一直可以依赖内部储备的庞大资金池，这些资金来自垄断租金和很少向政府分红的政策。这一特点使它们有更强的能力获取不通过市场竞争配置的、也不根据竞争性市场的需要来使用的金融资源。

尽管国有企业享受了各种优惠待遇和其他有利条件，但是把国有企业与竞争性市场的约束相隔绝可能与它们糟糕的经营业绩之间存在相关性。大约40%的国有企业处于亏损状态，非金融国有企业的平均回报率不足民营企业的一半。②国有企业在推出产

---

① 这10个产业中的5个产业（电力、钢铁、运输设备、煤炭和石油开采）就占全部国有工业资产总量的64%和全部国有工业产出的63%（Zhang，2014）。

② 约有40%的国有企业处于亏损状态（Tidrick，2013）。非金融国有企业的资产回报率从2007年的5%大幅下降到2011年的3.25%（Baston，2014）。其他指标，如利润与GDP之比、销售利润率、股本回报率和全要素生产率等，2008年以来也都显示出类似的下降趋势。这种下降趋势在国有工业企业中表现得尤其突出，其资产回报率从2007年的6.7%降至2012年的4.9%，而同期非国有工业企业的资产回报率从9.5%提升到了13.2%（Lardy，2014）。

品和工艺创新方面也普遍严重缺乏效率。尽管国有企业在资本和技术密集型产业的资产和产值中占相当大的份额，但在中国的高技术产品出口中，仅占不足 20% 的份额。事实表明，与市场竞争的隔绝程度越高，国有企业的经营业绩越差。国资委下属的中央国企享有最优惠的待遇和最大程度的市场隔绝，因而它们的经营业绩也最差。它们 2013 年的资产回报率下降到仅有 3.7%，远远低于非国有企业，也低于它们自己的资本成本。它们的利润在 2013 年的 GDP 中所占的份额不足 2007 年水平的 1/3（Lardy，2014）。①国有企业经营业绩的下滑趋势，在国有工业企业中尤为明显，主要不是由经济周期因素导致，而是长期的特点，源于体制、结构和治理方面的缺陷。

在市场进入、投资等方面广泛的监管审批行政体制对巩固国有企业的支配地位起到了支撑作用。它的一个负面影响是，经济成功往往更多地依赖相关政府机构的优惠待遇，而不是有效的市场竞争。这就为寻租和腐败提供了强大的动力与巨大的机会。这种政府扶持和腐败行为反过来增加了可能用于腐败的资金回报，从而形成恶性循环。这扭曲了竞争市场的公平特征，不是奖励效率最高或成果最多的企业，而是奖励掌握了在市场中行使干预权力的人。

经常被忽略的重要一点是，国有企业对整个国民经济的资源配置效率和市场竞争具有显著的间接负面影响，远远超出它们占垄断地位的受管制产业本身。国有企业在对国民经济的其他部分来说十分重要的战略产业中所占的垄断和独断地位，以及它们在制定产业、技术和其他标准方面拥有监管权力的事实，使它们可以用歧视性的方法对上下游产业的供应商和客户行使市场支配权，结果往往有利于自己的下属企业、关联企业等。这不仅损害资源配置效率和市场竞争，还给政治庇护与腐败创造了更多的机会。

国有企业不但构成了受管制的非竞争性子经济体的核心，还在不受管制的竞争性子经济体中广泛存在，并享有巨大的市场权力。2011 年，受管制的战略性产业的国有资产估计占全部国有资产的 51%（Baston，2014）。这意味着其余 49% 的国有资产位于非战略性的竞争产业，其中有超过 9 万家国有企业。它们要么是地方国有企业，要么是 106 家中央企业集团的下属企业。这些资产和企业中有很大一部分位于国防产业、政府与社会服务业以及金融业和服务业，但也有一些位于竞争性产业，如零售业、餐饮业、旅游业和物流业。许多授权控制战略产业和成为国家冠军企业的大型中央国有

---

① 正如 Lardy（2014）所指出的那样，如果没有国家发改委用行政手段决定价格的能源、电信和烟草等国有垄断企业的超高回报率，国有企业的整体业绩还会糟糕得多。

企业，以综合性大型企业集团的方式运营，在大量竞争性产业中开办了附属企业。虽然这些附属企业可能位于市场竞争十分激烈的产业，但它们可以利用其母公司所享有的优惠待遇和好处获取不公平的优势。作为国有企业或者大型国有企业的附属企业这个事实本身，就足以给它们带来相当大的市场和政治影响力。

政府直接拥有的资产及其在产值中所占份额的统计数据，不能充分反映政府在中国经济中的实际作用和影响力。这是因为政府还强有力地控制着混合所有制企业，后者的所有权不是完全由政府或者私有企业所拥有，而是由政府、私人或法人（企业）共同拥有。①混合所有制企业是中国工业企业中最重要的一个类别，在 2010 年占全部国内工业企业数量的 22%、工业资产的 42%、工业增加值的 40%。因此，它们的资产和产值都超过了民营工业企业，后者在工业资产和附加值中所占的比重分别为 21.5% 和 32.4%（Meyer and Wu，2014）。虽然政府在混合所有制企业只拥有少数股份甚至完全不拥有股份，但依然可以通过以下两种方式对它们行使最终控制权：（1）间接控股，即通过多数股权控制那些在混合所有制企业占控股地位的法人实体；（2）保留政府控股地位的协议，例如，由政府或政府控制的法人实体持有黄金（决定性投票权）股份。②

9.2 把国有企业更充分纳入竞争政策

从理论上说，国有企业可以承受与民营企业在市场中所承受的完全相同的竞争压力，但实践表明这很难做到。如果国有制并不导致优势或劣势，即一种被称为"竞争中立"的条件，那么就可以在效率和对市场信号的反应方面实现完全相同的竞争红利效应。要满足竞争中立的条件，国有企业就必须做到：（1）不享有歧视性的政府补贴或税收优惠；（2）不享有任何优惠待遇（如在土地、资本资产或资金等资源的获取方面）；（3）在新企业的市场进入以及任何形式的监管执行方面，不享有任何保护；（4）在无法盈利时可以进行破产清算。中国的国有企业目前很少能满足上述条件。

---

① 根据企业注册信息，中国大约 90% 的国内工业企业可以归为三个类型：国有企业、混合所有制企业和民营企业。混合所有制企业又包含两个类别："其他"有限责任公司，其所有制既不是 100% 的国有，也不是 100% 的民营；以及非 100% 民营股份有限公司。其法人所有制几乎总是由不同的国内机构混合组成，其中包括民营企业、国有企业，以及投资基金和证券公司等非银行金融机构。参见 Meyer and Wu（2014）。

② 有研究指出（Meyer and Wu，2014），在许多混合所有制企业中，控制权未必是由直接所有权或控股比例决定的。该研究发现，政府对企业的控制权远远超过国有股的直接持股比例。2004 年，政府掌握了 15.3% 的混合所有制企业的控制权，而只在 7.7% 的混合所有制企业中占有多数股权。到 2008 年，以上两个指标分别为 11% 和 4.2%。换言之，政府只在不到一半的混合所有制企业里拥有多数股权。

长期以来，国有企业改革一直是中国面临的主要政策议题之一，十八届三中全会决议也反映出其持续的重要性。然而，值得注意的是，尽管三中全会决议要求市场在资源配置中发挥决定性作用以及建立统一开放、竞争有序的市场体系，但 2015 年《中共中央、国务院关于深化国有企业改革的指导意见》（以下简称《指导意见》）却没有阐述如何让国有企业更多地参与市场竞争的问题。应该开展一项专题研究，以制定一个将国有企业更充分地纳入竞争政策、通过市场竞争力量的约束提高其经营效率的改革框架。这一改革框架应该解决以下三个关键问题：

国有制的作用和目标。中国目前的国有企业基本上是从过去的计划经济体制延续下来的，应该根据十八届三中全会决议的要求，明确和更新它们的作用和目标，以实现中国向高收入经济体转型的战略目标。《指导意见》是朝这个方向迈进的关键一步，它区分了公益类国有企业和商业类国有企业。然而，根据本报告关于重新设计产业政策和评估产业政策的市场影响这一建议，拟议的研究应该确定在哪些产业实行国有制和政府干预是合理的，例如存在市场失灵的产业、国防产业，以及某些公共品和公共服务产业等。除这些产业之外，所有商业性国有企业（仍然保留某种程度的国有制）都应该完全参与市场竞争，并对多样化的混合所有制形式开放，尤其是通过取消市场进入壁垒。这样，中国的非竞争性受管制子经济体的规模和范围就可以缩小，而竞争性子经济体就可以扩大。这种措施可以给十八届三中全会决议提出的一般性原则增加一个具体而又现实的维度，即应该让国有企业主要从事某些特定的经济活动，并允许非国有企业在几乎所有的部门参与竞争。

所有制结构与公司治理。第二个问题是，经济学理论和国际经验表明，有必要明确区分资本的公共所有制与政府在企业经营并使企业与市场竞争相隔离方面的干预。这需要实现国有企业资产持有的多元化来改进其所有制结构和公司治理，即由国家持股公司、资产和投资管理公司、养老金基金和保险公司等分散持有其资产，并最好在多元化股权中包括私人机构股东。这样做不但可以改善公司治理、提高透明度和增强问责制，而且可以通过以股东价值最大化为共同商业目标的所有制和控制权的多元化，帮助企业以高效率和盈利的方式运营。在这方面，三中全会关于建立"国有资本投资运营公司"的决议可以说是朝约束国有制带来的政府干预迈出的重要一步。但这样做的关键取决于国有资本投资运营公司在实践中将如何组建，特别是由谁来做股东以及能够在多大程度上有效地分散和行使所有权与控制权。

要改革国有企业的所有制结构和公司治理，就必须确保它们像正常的商业企业和营利性的现代企业那样开展经营活动。正如《指导意见》所述，这要求包括企业集团和控股公司在内的所有营利性国有商业企业转变成由职业化的董事会领导的现代股份制公司。公司化改造后的国有商业企业的股份所有权结构应该发挥如下作用：（1）激励企业追求长期利润最大化；（2）保证行使公共所有权的机构独立于负责监管市场和产业的政府机构；（3）确保决策的问责制和透明度。此外，非营利性的公共服务类国有企业的公司化改造和公司治理的改善也很必要，这可以改善它们的效率、透明度和问责制，并防止腐败。

尤为重要的是目前国资委下属的 106 家非金融中央企业的所有制结构和公司治理的改革。这些央企基本上都是大型企业集团，主要由行政化和非公司制的控股公司控制，形成了一个由不透明的所有制结构和交叉持股并由全资或参股附属企业构成的庞大网络。这些网络通常包含 100—200 家附属公司，其平均数量从 2003 年的 82 家增加到 2010 年的 191 家（Leutert，2016）。由于许多附属企业位于非管制的竞争性产业，其母公司（在受管制产业中）所拥有的特权或垄断地位可以给这些附属企业带来很大的市场支配力和其他不公平的好处，因而损害潜在竞争性产业中的其他企业的利益。

此外，中国采取了以企业并购重组来改革国有企业的办法，这将造成规模更大的国有企业或企业集团，使它们有更大的市场支配力和更大的能力从事反竞争行为。[①]因此，企业并购和重组流程应接受竞争监管机构的审查。关键在于，应明确地将这些大型国有企业置于《反垄断法》的管辖之下，并给予竞争监管机构更多的授权和资源，以调查和处理可能存在的反竞争行为。

让国有企业参与竞争。第三个问题是确保改革后的国有企业承受市场竞争的压力。分散所有权、设立国有资本投资运营公司以及社会资本合作模式等措施，如果能有效发挥作用，就可以增强改革后的国有企业追求利润最大化的动力。但是，如果不能迫使国有企业投入竞争性的市场环境，这样做就会加强它们以滥用权力或其他反竞争行为来追求利润最大化的动机，例如以提价或滥用市场支配地位来追求垄断租金。因此，要减轻这种风险，关键要在国有企业运营的市场中引入更多的竞争。[②]

可以在上述国有企业改革的政策框架之内，根据竞争政策领域中最成功的国际经验，采取若干具体的国有企业改革措施。它们可以包括如下三个领域的改革。

---

① 一个明显的例子是，中国近期对铁路运输设备及船运垄断企业进行了合并，以组建规模更大的垄断型冠军企业；另一个例子是在钢铁、煤矿等产能过剩产业正在进行的涉及企业并购的供给侧改革。

② 当大型央企掌握监管权力，或足以影响自身所在的监管环境时，这种危险尤其突出。

第一个领域的改革旨在使国有企业的结构和经营合理化，以便它们能够有效地参与竞争。

（1）应该缩减大型国有企业的跨行业持股范围，以防止在某个产业享有的特权或支配地位赋予这些企业在其他潜在的竞争性产业拥有市场支配地位。

（2）在国有企业的不同产业经营活动中引入完全独立的财务核算，并在这些账户中记录按市价评估的所有资产的价值，从而做到精确评估国有企业的盈利能力。

（3）将社会保障和福利义务与国有企业脱钩。国有企业的这些职能既不当地损害了它们的竞争力，又需要补贴来弥补这些不利因素，但这些补贴也许足以，也许不足以弥补国有企业的这些劣势。

（4）采取措施消除国有企业现有的全部亏损。如果这样做既不能提高效率，也不能增强对市场压力的反应能力，亏损企业就应该被并购、出售或关闭。

第二个领域的改革是确保市场决定资源配置的过程不受干扰。

（1）停止面向国有企业（乃至所有类型企业）的全部政府补贴，除非是改革后的产业政策和国有企业政策所明确认可的部分。

（2）减少乃至最终取消政府行政机构给国有企业的指令，以及对国有企业资金或投资计划的控制。应该在（多元化的和混合所有制的）股东们批准之后，由商业性国有企业的职业董事会根据市场情况做出这些战略性决策和经营决策。

（3）逐步减少政府利用其权力阻碍新的市场进入以防止削弱国有企业市场地位的做法。只有在极特殊的情况下才可行使这种权力，而且应当以非歧视性的方法实施，并应该让竞争监管机构对这种权力使用的影响进行评估。

（4）取消所有非市场利率决定的优惠贷款或其他形式的资助以及资源（如土地）的供应。

第三类改革的目的是确保国有企业受到竞争性市场的充分约束。

（1）制定实质性的最低分红政策的指导意见，以避免大多数乃至全部利润都自动用于再投资，而这些再投资或许并不是最有利可图的资金（即公共资本）用途。该指导意见能够为国有企业董事会在得到股东批准之后决定的具体分红政策提供指导。

（2）对《反垄断法》第七条进行修订，以取消目前在市场进入限制方面给国有企业保留的地毯式保护。根据国际上关于竞争法律和政策的先进经验，"集体豁免权"不应该以所有制或产业为标准，而仅应该以"功能"为标准。

（3）采用国际通行做法，即国有企业就像任何所有制的企业一样，如果在一个相关市场上拥有较大的份额（例如达到25%或更多，或者根据赫芬达尔指数超过了

1200），而且又有与竞争相关的其他问题，就可以触发竞争监管机构的调查，以分析该企业是否占据了市场支配地位，如果确实如此，它是否正在滥用市场权力。

考虑到上述各项原则的国有企业改革方案，将有望大幅提高企业效率，解决结构和供给侧失衡问题，从而加速中国向高收入经济体的转型。

第三部分　改革框架和次序安排

10. 加强市场竞争的改革框架

本报告建议的改革目标是，根据十八届三中全会关于建设竞争性市场经济的决议和十八届四中全会关于推进依法治国的决议，加强市场竞争。这些改革是实现中国战略性经济目标以及成功和快速地向高收入经济体转型所必需的。

建立更完善的竞争政策体制。中国目前的竞争政策体制主要局限在《反垄断法》及其执行领域。然而，加强市场竞争需要更广泛和更完善的竞争政策理念和实施方法，以应对中国所面临的挑战。新的竞争政策体制应该包括以下两方面的改革。

第一方面的改革是深化竞争法律体系的建设：方法是改进《反垄断法》及其执行规则和程序，包括加强法院的作用和法律执行的力度。然而，这方面的改革对加强中国的市场竞争只是必要条件而非充分条件，因为仅靠竞争法律体系无法有效解决制约竞争的政策和体制障碍。因此，还需要进行更有力的第二方面的改革，以解决旧体制遗留下来的矛盾和冲突。第二方面改革的目标应该是化解以下两方的矛盾，即以竞争政策为一方，以限制或扭曲竞争的行政垄断、产业政策以及国有企业为另一方。

改革的"顶层设计"。上述两方面的改革是密切相关的，在很多方面是不可分割的。无论《反垄断法》怎样改进，它可以在多大程度上有效地应用于竞争最为薄弱或欠缺的主要国民经济领域，取决于同时进行的旨在克服竞争障碍的改革，这些障碍来自行政垄断、产业政策和国有企业。

行政垄断、产业政策和国有企业的反竞争因素都是密切相关的，甚至往往难以区分；它们一般都源于共同的政策和体制因素。例如，如前文所讨论的，把国有企业作为纵向产业政策的执行者，意味着不可能让国有企业承受较大的竞争压力，除非重新设计产业政策。反过来说，不改革国有企业就不可能改革产业政策。因此，这两个领域的改革以及其中的具体措施，最好应该由单一的高级别机构来监督，其任务就是在全面统一的单一顶层设计的决策框架内加强市场竞争。

提升竞争政策的地位。 鉴于竞争政策对实现中国经济战略目标的重要性，以及十八届三中全会决议对市场竞争的重视程度，有必要提高竞争政策在中国经济政策议程中的地位。这既需要更完善和更广泛的竞争政策新理念，还需要一个拥有足够资源和最高级别的单一市场竞争监管机构（并有能力）根据国家利益来制定和执行新的竞争政策。

改革后的更广泛的竞争政策应该成为中国经济规划和政策制定的核心内容，竞争政策的目标应纳入五年规划和年度经济规划。应该明确考虑国民经济其他领域的改革和发展政策——如产业政策、金融部门改革、国有企业改革、科技发展等——对竞争的影响。2015 年的《指导意见》中没有涉及竞争问题。然而，令人鼓舞的是，国务院发布了旨在让中国制造业具有创新能力和国际竞争力并步入世界先进行列的《中国制造 2025》行动纲要，其中强调了市场竞争的重要性和采取以下行动的必要性，即"进一步破除各种形式的行业垄断"，"深化市场准入制度改革"，"全面清理和废止不利于全国统一市场建设的政策措施"，利用"市场化手段引导企业进行结构调整和转型升级"，以及"严厉惩处市场垄断和不正当竞争行为"。

11. 改革的顺序

从细节层面来看，上述两个方面的改革基本可以分别开展，但鉴于它们相互之间的联系，最好如前文所述，采用相互一致和协调的方法，在顶层设计的框架内考虑它们之间的相互联系。

在上述两个方面的改革中，具体需要做些什么和什么是最好的方法，应该由中国的专家和决策者在进一步研究和咨询之后做出决定。然而，从本报告作者的角度来看，未来的改革行动大致可以分为三类，并如下述方法依次开展。

11.1　第一类行动：优先行动

第一类行动包括可以尽快采取的行动，无须广泛的思考，也无须立法或制度上的改革。它们包括旨在改进《反垄断法》的执行程序和执法能力的大多数措施，以及通过增强法院的作用、强化现有法规的执行效果以制约行政垄断，来推进《反垄断法》执行中的法治建设。至于哪些是无须立法改革就能采取的措施，需要根据中国法律专家的判断来确定。我们分别在本报告第 5 节、第 6 节和第 7 节中详细讨论了这些措施，这里总结如下。

改进《反垄断法》的执行程序和执法能力。中国已经在执行程序和执法能力的关键领域取得了显著进步。在这些领域中，可以推行更多的改革，其中包括：（1）提供更多和更清晰的指导意见以及更完善的披露，这对将竞争监管机构的工作方法和决定置于公众监督之下，以此来加强对它们的约束、增加公众对它们的合法性和执法能力的信心来说，都至关重要；（2）改进案件的处理，保证处理程序的充分沟通和连贯一致，包括开展实质性咨询；（3）明确在何种情况下采取何种纠正措施（如行为式或结构式）对特定案例来说最为适用，对纠正反竞争行为和预防未来的违法行为来说最为有效；（4）对于向竞争监管机构提供信息的人，提供统一和明确的宽大处理或责任免除规则；（5）确保法律的执行在国有企业和民营企业之间、在本国企业和外国企业之间不存在歧视。在高级别的单一竞争监管机构成立之前，现行监管机构还应投入更多时间协调彼此的行动。

进一步发挥法院的作用。中国司法体制应该在已经取得的巨大成就上继续进步，例如推动私人的诉讼权利，为处理政府机构提起的案件提供法庭，尤其是最高法院中负责知识产权案件的法庭。可以在下述领域采取进一步的措施。

法院的独立性、上诉和司法审查。第一个措施是确保法官的招聘、培训、薪酬、职业发展和案件审理都不受外界干扰。第二个措施提供充分的上诉权，以对行政机构的决定进行审查，如对现有竞争监管机构（或如本报告建议的单一竞争监管机构）的决定进行司法审查。可以进一步改进司法程序的措施还包括，发展有关上诉适用条件的法学理论，并鼓励符合该理论要求的上述权利。法院的资源配备也需要增强。

民事案件的法规和条款。最高法院制定的规则（含16条）已经在很大程度上弥补了《反垄断法》条款与法院民事案件处理程序之间的大量灰色地带。但是，仍然应该研究和澄清若干问题，其中包括：（1）举证责任和哪一方应负有举证责任；（2）限制条款的有效期；（3）受害方的民事责任赔偿（如损害）标准。这一研究和澄清工作最好由独立专家完成，同时还应该研究私人诉讼的发展趋势和受害方的实际补偿结果。

私人诉讼。中国《反垄断法》的一个积极的重要特征是，为私人的法院诉讼提供了空间。然而，迄今为止的实践提出了不少疑问，如案件是否能实现最佳配置，不同程序之间是否存在一致性（在程序、判决或救济等方面），以及怎样处理执法机构与私人诉讼同时启动的局面。目前还没有处理此类情况的规定，因此应该制定此类规定。

制约行政垄断。可以通过更积极和更严格地执行关于行政垄断的现有法律规定，取得更大的进步。具体来说，应该使以下文件内容可操作化，即《国务院关于促进市场公平竞争维护市场正常秩序的若干意见》中的第四条至第八条，它们为这个问题以及必须纠正或消除的反竞争行为提供了相当全面的政策覆盖。为了采取制约行政垄断的其他更强有力的可能行动，如扩展《反垄断法》第五十一条的规定以授予竞争监管机构直接执法权而不是向违法机构的主管部门转交，就需要修订《反垄断法》以及将行政机构监管条款合理化。

增加资源投入。必须大力增加《反垄断法》执法机构的预算和人力资源。最好是在本报告建议的高级别的单一竞争监管机构成立时采取行动，但可以尽快开始前期行动，即增加现有三个执法机构的资源。增加执法机构以及法院的资源投入应该包括扩大执法机构和法院官员的培训基础设施，以提高他们的专业技能和职业水平，为良好的程序打下基础。

11.2 第二类行动：进一步的研究和试点

第二类行动包括应该尽快开展的多项高级别研究，目的是为今后几年，最好是在"十三五"规划（2016—2020年）期内，设计需要采取的行动措施。不过，可以尽快作为试点实施这些研究提出的某些改革建议，之后再对可以在全国实施的行政监管规定、政策和法律进行修订。中国的改革实践已多次证明这种方法是有效的。

建议开展四个研究项目。一是考虑修订《反垄断法》，其中包括将三家执法机构合并成单一的高级别竞争监管机构。另外三个研究项目是，为克服行政垄断、产业政策和国有企业给竞争造成的政策和体制障碍提供政策建议。虽然这四个研究项目都可以单独开展，但由于它们之间高度关联，最好是在顶层设计的框架内由一家高级别机构联合进行。

对这四个研究项目都有重要意义的一个关键措施是，建立中国的政府行为原则，以判断何时何地可以对限制或扭曲市场竞争的政府干预行为采取行动。

有关《反垄断法》修订的研究。应该考虑的主要修订包括以下方面。

提高立法目标的清晰度和准确性。目前《反垄断法》的目标框架过于宽泛，面对相互冲突的目标也没有优先次序和权衡利弊的解决方法。应该提高这个框架的清晰度，并明确设定更重要的目标。

司法范围。应该扩大《反垄断法》的司法范围，以使所有产业和市场都明确地服从竞争法律的管辖。这应该包括能够从竞争中获益的自然垄断产业以及其他以占领市场而不是以参与市场之内的竞争（也就是说为取得特许经营权而展开的竞争而不是在市场内的竞争）为目的实体。应该对《反垄断法》第七条进行修订，以减少或取消目前给国有企业保留的市场和产业中的大量进入限制，并使所有类型的企业，包括尚未公司化的实体，都纳入《反垄断法》的管辖之下。也应该对第五十一条进行修订，以赋予执法机构直接的权力来决定对行政垄断案件中的违法方采取纠正行动。

在《反垄断法》中，应该明确界定产业政策与竞争政策的界限。这项研究应考虑在何时何种情况下让竞争政策在法律上优先于对竞争有不利影响的产业政策立法或其他措施是可取的。《反垄断法》的修订还应该包括"协调效应理论"，也就是说，即使不存在串谋（或甚至协议），当寡头结构和产业准入壁垒导致价格相同（price parallelism）时，竞争监管机构也可以进行干预，但不能罚款。这将有助于解决目前在界定和发现串谋协议时遇到的难题。

实质性规定。应该阐明《反垄断法》的合法性标准，无论是根据"自身违法原则"还是"合理原则"。可以通过起源于英国的市场调查制度改进《反垄断法》。应该明确制定有效的抗辩规定并排除广泛的特许，例如以竞争会阻碍规模经济、导致生产过剩和价格被压低为由的特许。还应该通过法规或指导意见来澄清效率和适用时效抗辩的其他方面。《反垄断法》第十五条第五款似乎允许经济困难时期的卡特尔行为，但这可能被滥用，从而导致在更长时期妨碍市场竞争的正常运转，除非对其适用时效做出非常严格的规定。应该澄清市场的定义，尤其是在某些产品的全国市场显示出地方分割的情况下，能适用于地方情况。

对某些概念的定义以及执法机构的指导意见。应该澄清在案件处理和执法机构的指导意见中出现的某些定义问题。有必要更明确地界定《反垄断法》中涉及的各种概念。现有的指导意见和新的指导意见应该反映司法判决和执法机构在不同领域的实践成果。本报告第3.4节列出了需要澄清的具体定义，以及新的或改进后的指导意见可以纳入的事项。

成立一个单一的高级别竞争监管机构。为克服现有三个执法机构责任分工所导致的诸多问题，这项研究应认真考虑将三个执法机构的责任和工作合并到一个独立的、单一职能的高级别新机构中。这将极大地提高中国《反垄断法》执行的一致性、能力、质量和地位，并使其符合独立的专职竞争监管机构的国际潮流。虽然新机构无须向国务院报告具体案件的决策，但应服从立法机构的正当检查和制衡，服从法院的监督，并每年向国务院报告其充分、有效和严格执行《反垄断法》的情况。在我们建议的新机构中，国家发改委可以保留执行价格法规的责任，国家工商总局的执法机构可以成为中国的消费者权益保护机构。

有关利用竞争政策制约行政垄断的研究。鉴于中国目前已经拥有针对行政垄断的大量法律规定，这项研究应该提出更有效的措施，通过实施《反垄断法》执行机构的纠正措施或通过私人诉讼，以及通过加强制度框架和实施方法，使从事反竞争行为的行政机构受到法律的追究。关键的措施包括下述几点。

加强针对行政垄断的立法和监管规定。应该修订《反垄断法》第五十一条，以授予竞争监管机构直接的执行权力来决定对涉及行政垄断的违法方采取纠正措施，并使国务院第20号文中第四条到第八条的内容可操作化。此外，还应该把国务院第20号文中规定的破坏市场竞争和全国市场但目前并不违法的行为，转变为违法行为，并通过法律或法规加以禁止，从而使它们可执行。这项研究还应该审查并梳理与行政垄断有关的各项现行法律、政策和监管规定。它应该就消除其中的矛盾、拓展旨在消除行政权力滥用的法律和监管规定提出建议。这可以包括对竞争监管机构认定为严重的权力滥用案件施以严厉处罚，对参与最恶劣的权力滥用案件的官员施以监禁。这样就可以使此类处罚与大多数国家对卡特尔行为的处罚接轨，并表明行政权力的滥用对竞争造成的破坏性影响与卡特尔是一样的，应该受到法治的约束。

采纳市场调查制度。中国的竞争法律体制应考虑采纳英国的"市场调查"机制。后者赋予竞争监管机构有权在市场的任何领域出现"对竞争的负面影响"时进行调查和处理。这项制度，在结合中国的国情之后，可以为竞争监管机构解决行政垄断滥用问题提供更大的法律空间和更合理的视角，即确保充分和有效的市场竞争。

采用政府行为原则。应该认真考虑根据中国的具体情况采用"政府行为原则"。正如在美国和欧盟那样，该原则可以判断国家或地方政府机构可以或不可以在何时以何种方法合法地采取限制或扭曲市场竞争的行为。参照欧盟控制和取消成员国政府限制或扭曲竞争的做法，中国的政府行为原则一开始可以包括禁止导致行政垄断的政府行为，然后通过判例法的积累以及随着市场改革和国有企业改革的推进，将这一原则扩大到产业政策以及与国有企业相关的限制或扭曲竞争的其他政府行为。

有关协调产业政策与竞争政策的研究。拟议的研究应该理顺产业政策和竞争政策之间的关系，以便减少并最终消除这两类政策之间的矛盾。该研究应当探讨不会限制或扭曲市场竞争的政策，能够促进竞争、提高生产率和推动创新的政策以及非歧视性的政策执行办法。为实现此目的而应该采取的措施，如本报告第8.4节所讨论的，包括以下几点。

产业政策干预的经济标准。应该确定现有产业政策中限制和扭曲竞争的那些特征。应该为有选择的干预主义产业政策制定更严格的经济标准，并把这种政策限制在有明显市场失灵的产业，如自然垄断行业或网络型产业。这项研究应该提出横向产业政策和非歧视性的实施方法，它们不会限制或扭曲竞争并适用于政策覆盖的所有产业。

缩小受管制产业的范围，让更多的产业参与竞争。应该缩小干预主义产业政策的实施范围，削减负面清单所覆盖的产业数量，以此来逐步取消大多数受管制产业的市场进入限制。应该在市场进入限制方面采取类似"零基预算"的准则，即除了那些能给出明确理由保留限制的情况之外，禁止所有此类限制。

非歧视性的产业政策工具。除极个别情况以及符合新建立的中国政府行为原则所要求的情形之外，政策执行的方式和工具应采用非歧视的形式，也就是说，不会自动偏袒某家企业或某些企业抑或扭曲竞争性市场的运行。在目前受产业政策监管但具有潜在竞争的所有产业中，国有企业发挥着唯一的产业政策执行者的作用，应该逐步缩小国有企业的这一作用。

自然垄断产业中的市场竞争力量。国际经验已经证明自然垄断产业和网络型产业可以参与竞争并从竞争中受益，拟议的研究应确定怎样给自然垄断产业和网络型产业引入更多的竞争。应该加强这些产业的监管机构的能力，并使它们独立运作。

本国企业和外国企业。在某些特定产业，可以对外国企业采取不同于国内民营企业的准入标准。对外国投资项目进行逐一评估的做法也许是合理的，但一开始就应该认定更多的竞争会给国民经济带来好处。

创新和竞争。中国需要结合产业政策和竞争政策来评估专利政策的设计。由于这个议题的专业性，或许有必要开展一项单独的研究。竞争监管机构可以执行规定，但需要根据产业政策制定的指导意见来确定有关方面的权衡取舍，如在涉嫌违反《反垄断法》时提出"促进竞争"的抗辩理由等。

产业政策与竞争政策。应该考虑扩大竞争监管机构的权限，使之能够判断是否要禁止那些不符合上述要求或者由于对市场竞争的影响太大无法证明干预具有合理性的各种产业支持，必要时，给出禁止的理由。还应该考虑产业政策从属于竞争政策的原则，正如在最发达的市场经济体所做的那样。

更充分地把国有企业纳入竞争政策的研究。拟议的研究旨在推动改革，让国有企业更充分地服从市场竞争和竞争政策体制的约束。改革的框架应包含如下三个部分。

国有企业的作用和目标。应该根据公益类和商业类的划分，结合上文建议的对产业政策的重新设计，同时根据国有制的经济合理性、十八届三中全会决议精神，以及由消费、资源配置效率和创新驱动的平衡增长模式的要求，重新思考并界定国有企业的作用和目标。应该只允许国有企业在明显存在市场失灵的产业和某些公共产品及国防产业，占据垄断或市场支配地位。其他所有国有企业，无论国有制程度大小，都应该服从竞争性市场力量的约束。

所有制结构和公司治理。应该明确区分资本的公共所有制与政府对企业经营的干预，包括保护它们不受市场竞争的压力。应该实施2015年《指导意见》中提出的所有权和公司治理方面的改革。此外，公共服务业的国有企业也需要进行公司化改造，改善公司治理，以提高它们的效率、透明度和问责制。成立国有资本投资运营公司，如十八届三中全会决议中提到的，可以限制政府对商业性国有企业的干预，但前提是国有资本投资运营公司的组建符合规范。应该重组国资委管辖的大型中央企业集团，以避免拥有垄断或特权地位的母公司将大量市场支配权和其他不公正的特权转移给在竞争性（或潜在竞争性）产业中运营的附属企业。

让国有企业受制于竞争。所有权分散化、成立国有资本投资运营公司、社会合作所有制以及改善公司治理等措施，如果能发挥效力，将赋予改革后的国有企业更强大的动力去追求利润最大化。因此，有必要采取措施来保证国有企业参与市场竞争，防止它们借助反竞争行为去追求利润最大化。

在这种环境下，可以制定三个具体的国有企业改革措施。它们具有以下目的：（1）使国有企业的结构和经营合理化，以提高它们的竞争力；（2）在由市场决定的国有企业资源配置过程中，确保不存在政府干预；（3）确保国有企业参与充分的市场竞争。

11.3 第三类行动：立法行动

第三类行动是在更长时期内采取的行动，需要由全国人大和其他相关机构在充分讨论和咨询后，批准上述四项研究所提出的立法、政策和体制改革措施。其主要内容包括：修订《反垄断法》并将现有的三家执法机构合并成单一的高级别竞争监管机构；改革法律和监管规定，以使竞争政策能更有效地制约行政垄断；重新设计产业政策，使之与竞争政策更加协调；实施将国有企业更充分地纳入竞争政策的改革。另外，如要采取政府行为原则，还需要立法行动或高级别的政策制定。

本报告建议的、旨在加强市场竞争的改革方案内容广泛，富有挑战性。这些改革建议的合理性、范围和性质是以实现十八届三中全会和四中全会决议中提出的原则和目标，以及中国快速而又成功地转型为高收入经济体的战略目标为基础的，也旨在推动这些原则和目标的实现。虽然这些改革建议吸收了国际经验和最佳实践，尤其是那些具有高效竞争法律和政策体系的发达经济体的经验和最佳实践，但还是根据中国社会主义市场经济的特点量身定制的。

如果能得到采纳和有效实施，这些改革有望取得两个主要成果。第一，受管制的非竞争性子经济体的规模和范围将缩小，相应的，竞争性子经济体的规模和范围将扩大；第二，一个更完善的竞争法律和竞争政策体系，这个体系能在整个国民经济中得到更有效的执行，而且不根据所有制和产业类型采取歧视性措施。这些改革将充分实现对确保稳健和可持续的长期增长至关重要的经济效率、创新和国际竞争力的"竞争红利"，帮助中国更有效地利用其仍然十分巨大的潜能。它们还将有益于促进社会公平、减少腐败机会、确保中国在全球经济关系中的"市场经济地位"。

参考文献

Abormeit, H. (1990), "Government – industry relations in West Germany", in M. Chick (ed), *Governments, Industries and Markets*, Edward Elgar; cited in Owen (2012).

Aghion, P., J. Cai, M. Dewatripont, L. Du, A. Harrison and P. Legros (2015), "Industrial Policy and Competition", *American Economic Journal*: *Macroeconomics*, 7 (4). http://dx.doi.org/10.1257/mac.20120103.

Bai, C., Y. Du, Z. Tao and S. Y. Tong (2004), "Local protectionism and regional specialisation: Evidence from China's industries", *Journal of International Economics*, 63: 2.

Baston, A. (2014), "How to fix China's state sector?" Gravekal Dragonomics China Research, (3 March). Originally published in Paulson Policy Memorandum, Paulson Policy Institute, University of Chicago.

Chang, H. J, A. Andreoni and K. L. Kuan (2013), "International policy experiences and the lessons for the UK", a review prepared for the UK Government's Foresight Future of Manufacturing Project.

Commission on Growth and Development (2008), *The Growth Report: Strategies for Sustained Growth and Inclusive Development*, The World Bank. Washington D. C.

Corden, W. M. (1997), *Trade Policy and Economic Welfare*, 2nd edition, Clarendon Press.

Easterbrook, F. H. (1992), "Ignorance and Antitrust", in T. M. Jorde and D. J. Teece (eds), *Antitrust, Innovation, And Competitiveness*, 119, 122 – 23. Cited in Tom (2016).

Fan, C. S. and X. Wei (2006), "The law of one price: Evidence from the transitional economy of China." *The Review of Economics and Statistics*, 88: 4.

Fox, E. M. and D. Healey (2013). "When the state harms competition – the role for competition law". Law and Economics Research Paper Series 13 – 11, NYU Centre for Law, Economics and Organization.

Freeman, P., and T. Cheng (2013), "Competition and Internal Trade Policy in China: Experience and Lessons from the European Union, The United Kingdom and the United States of America", unpublished paper prepared for the Beijing Cairncross Economic Research Foundation.

Gilroy, G. J. (2004), "The myth behind China's miracle", *Foreign Affairs*, 83: 4.

Hyman, D. A., and W. E. Kovacic (2014), "Why Who Does What Matters: Governmental Design and Agency Performance", 82 *George Washington University Law Review*, 1446.

Kemp, M. C. (1960), "The Mill – Bastable infantry industry dogma", in *Journal of Political Economy*, 68.

Koske, I. et al. (2015), "The 2013 update of the OECD's database on product market regulation: Policy insights for OECD and non – OECD countries", OECD Economics Department Working Papers, No. 1200, OECD Publishing. http://dx. doi. org/10. 1787/5js3f5.

Kovacic, W. E. (2006), "Using Ex Post Evaluation to Improve the Performance of Competition Policy Authorities", 31 *Journal of Corporate Law*, 503.

Kovacic, W. E. (2012), "Antitrust in High-Tech Industries: Improving the Federal Antitrust Joint Venture", 19 *George Mason Law Review*, 1097.

Kovacic, W. E., R. C. Marshall, L. M. Marx and S. P. Schulenberg (2009), "Quantitative Analysis of Coordinated Effects", 76 *Antitrust Law Journal*, 397.

Lardy, N. (2014), Markets over Mao, *Peterson Institute for International Economics*. Washington D. C.

Lerner, J. (2009), *Boulevard of Broken Dreams*, Princeton University Press. Cited in Tom (2016).

Leutert, W. (2016), "Challenges ahead in China's reform of state – owned enterprises", *Asia Policy*, No. 21 (January), 83 – 99. National Bureau of Asian Research. Seattle, Washington.

Lim, E., and M. Spence (2011), *Medium and Long Term Development and Transformation of the Chinese Economy: an International Perspective*, Cairncross Economic Research Foundation, Beijing: China CITIC Press.

Liu, X. (2016), "Chinese style monopoly: Industries, localities and SOEs". Unpublished paper prepared for the Beijing Cairncross Economic Research Foundation.

Meyer, M. W. and C. Wu (2014), "Making ownership matter: Prospects for China's mixed ownership economy", Paulson Policy Memorandum (September), The Paulson Institute, University of Chicago.

Monopolkommission (2004), Hauptgutachten 2002/2003 – Wettbewerbpolitik im Schatten "Nationaler Champions", Nomos – Verlag, Baden – Baden, Germany, (p. 580). Cited in A. Riess and T. Valila (2006), "Industrial Policy: a tale of innovators, champions and B52s", in An Industrial Policy for Europe? Context and Concepts, EIB Papers, Vol. 11, No. 1.

Naughton, B. (2003), "How much can regional integration do to unify China's market?" in N. Hope, D.

Yang, and M. Li（eds.）, *How Far Across the River? Chinese Policy Reform at the Millenium.* Stanford University Press.

NDRC（2011）, Circular No. 7, 2011（enacted on 1st February 2011）, "On Monopoly Pricing".

OECD（various years）, Product Market Regulation Database, http：//www. oecd. org/economy/growth/indicatorsofproductmarketregulationhomepage. htm#indicators. Office of Policy Planning, Federal Trade Commission（2003）, Report of the State Action Task Force at 40（September）, https：//www. ftc. gov/sites/default/files/documents/reports /report – state – action – task – force – recommendations – clarify – and – reaffirm – original – purposes – state – action/stateactionreport_ 0. pdf. Cited in Tom（2016）.

Owen, G.（2012）, "Industrial policy in Europe since the second world war: What has been learnt?" ECIPE Occasional Paper, 1.

Pohl, G.（2014）, "Product market regulation in China in international perspective". Unpublished paper prepared for the Beijing Cairncross Economic Research Foundation.

SAIC（2011）, "Provisions on Procedure of stopping Abusing Administrative Power Acts of Eliminating or Restricting Competition",（Circular No. 41, 2009; enacted on 1st July 2011）.

State Council（24 August, 2015）, "Guiding Opinions of the CPC Central Committee and the State Council on Deepening the Reform of State – owned Enterprises". www. gov. cn accessed 2015 – 09 – 13.

State Council（8 May, 2015）, "Made in China 2025"（No. 28）.

State Council（2014）, "Opinion of the State Council on Promoting Market Competition and Maintaining the Normal Market Order"（No. 20）.

State Council（2004）, "Decision on Reform of the Investment System".

Tidrick, G.（2013）, "China's state – owned enterprises in international perspective", unpublished paper prepared for the Beijing Cairncross Economic Research Foundation.

Vitolis, S.（1997）, "German industrial policy: An overview." *Industry and Innovation*, 4:1.

Tom, W.（2016）, "Innovation and competition policy", unpublished paper prepared for the Beijing Cairncross Economic Research Foundation.

Tom, W. and J. Newberg（1997）, "Antitrust and Intellectual Property: From Separate Spheres to Unified Field", 66 *Antitrust Law Journal*, 167.

U. S. Department of Justice & Federal Trade Commission（1995）, "Antitrust Guidelines for the Licensing of Intellectual Property"（April 6）, available at https：//www. ftc. gov/sites/default/files/attachments/competition – policy – guidance/0558. pdf.

Wu, C. and Z. Liu（2012）, "A tiger without teeth? Regulation of administrative monopoly under China's Anti – Monopoly Law", *Review of Industrial Organisation*, published online 28 March.

Young, A.（2000）, "The razor's edge: Distortions and incremental reform in the People's Republic of

China". *The Quarterly Journal of Economics*, 115: 4.

Zhang, Z. (2014), "The role of state – owned enterprises in economic development: Practice in China". Unpublished presentation to the OECD Workshop on State – Owned Enterprises in the Development Process, Paris.

附　录

附录1　现代经济中的竞争

附录1总结了一些概念和分析框架，后者是本报告的作者据以提出评估和建议的基础。

1. 竞争的过程和好处

任何一个经济体倘若不能为其生产的绝大多数产品和服务建立并保持竞争性市场，就难以达到高收入水平。竞争有益于经济的观点最早源于18世纪后期，现已在理论和经验上得到充分的证实。首先，竞争意味着购买方拥有选择权；其次，供应方拥有以某种方式改善其供给的激励。竞争过程的顺利运转需要满足若干基本条件。

第一，如果供应商数量太少，竞争过程的效率就会大大降低甚至停止运转。第二，供应商的经营显然必须保持相互独立。[①]第三，供应商的财务生存能力必须完全取决于它们在竞争性市场中的运营绩效。交叉补贴或其他类型的外部支持，会削弱在竞争过程中发挥核心作用的激励机制，破坏有效竞争者与市场生存之间的重要联系。第四，竞争者必须在平等的监管环境中经营，例如，在有关注册、市场进入、客户获取、法律框架和监管规则等方面都应该是平等的。若非如此，企业的市场份额、增长速度和财务业绩所反映的就不仅仅是它们的竞争实力。

在上述条件下，市场竞争将带来巨大的潜在好处。实践表明，在经济历史上，市场竞争带来了前所未有的巨大收益。可以将这些潜在收益分四点归纳如下：

竞争力和效率。在充分有效的市场竞争条件下，只有那些能够以最低成本满足客户需求的企业才能够生存。实现最高效率、最低价格和快速创新有两个明显的好处：第一，经济体可以实现资源（土地、资本和劳动力等）使用的最高效率；第二，它可以提高国际竞争力，尤其是在拥有比较优势的生产领域。

消费者的经济福利。竞争不但能满足消费者的不同偏好，还能尽可能地提供最低

---

① 任何形式的串谋，即卖方就供应何种商品以及按何种价格供应商品而达成的协议，都会削弱它们之间的竞争。这种行为的破坏潜力巨大，因此世界上大多数反垄断法规都将此类行为列为犯罪。

价格。那些力图获取超过最低必要利润以资助股权融资和新投资的企业，有可能逐步被更有竞争力的企业所淘汰。

创新。无论一个企业在满足当前需求方面的效率多高，如果它不能在通过创新来发现客户的未来需求方面匹敌或超过其竞争对手，就依然有可能被逐步淘汰。随着时间的推移，竞争的"动态"收益一般将远远超过更"静态"最低成本和最低价格带来的直接收益。

公平。有效市场竞争的一个不那么引人注目却同样重要的好处是，它促进消费者与生产商之间的利益平衡。在消费者以最低价格获得所需产品和服务的同时，生产商逐步获得足以维持它们生存的最低财务回报。双方都没有被剥夺，也不能剥夺对方。因此，竞争是建立公平社会过程中的重要组成部分。

经济史为这些好处提供了大量的证据。另外，世界上许多经济体中有关竞争影响的大量研究也非常清楚地表明，竞争能够降低价格、增进效率、提高生产率、加速创新和新产品的推广。

这里，有必要强调上述竞争过程中存在的一个重要却往往被忽视的特征，即竞争与现代经济中的信息需求具有不可分割的联系，这个特征对当前的中国来说尤为重要。竞争使客户可以选择最能满足自己需求的产品和服务。这需要企业不断开展旨在确定客户偏好的研发活动，寻找能够最有效地满足客户需求的方法；从长远来看，更重要的是要预测未来的需求，发现并制造出能够最好地满足这种需求的产品和工艺。简而言之，市场竞争最重要的特征之一就是为生产商满足客户的当前和未来需求揭示必要的信息。一个经济体并无其他有效手段可以替代市场竞争的这个功能，尤其是那些处于或接近全球前沿的经济体。政府官员或政治家不能用行政手段来替代市场的信息揭示功能。竞争过程本身使企业有强大的激励开展信息搜集活动，这不仅是由于潜在的高额回报，还由于信息收集的失败会使企业快速丧失竞争力。

这种信息揭示过程以及随之开展的生产活动，会带来更广泛的好处，即经济体各部分的协调和统一。市场决定的价格汇总了大量信息，如关于成本、效率以及需求模式变化的信息，这反过来使成千上万的客户能够在购买中做出理性选择。这不但使他们能以最低价格满足自己的需求，还能够使整个经济体消耗最低的资源成本。这种体制可以提供所谓"看不见的手"，因为它可以产生中央控制者希望看到的那种经济效益最大化的结果。这种结果产生的根源不是中央计划，而是竞争市场中无数买家和卖家的分散决策。

这意味着，随着缺乏竞争力的产品和企业退出市场，以及更有创新力和竞争力的供应商进入市场并获取市场份额，竞争市场往往会呈现出一定程度的动荡。如果行为人有完美的预见力，这种动荡是可以避免的。然而，现代经济的复杂性意味着完美的预见力并不存在，政府企图通过产业政策等手段"智取"市场的做法，往往导致更严重的资源浪费。实际上，由于市场竞争的内在激励机制和使资源损失最小化带来的回报，这种"动荡"过程一般能以最低的资源消耗实现经济增长。

2. 竞争市场失灵的情况

竞争性市场不能解决所有问题，它本身也有不足之处。充分竞争市场的固有问题通常被归为市场失灵。

第一类问题涉及外部性，也就是说，由于决策者不为决策后果负责，所以很可能在做决策时忽略其后果。外部性的影响可能是正的，也可能是负的。人们最熟悉的两个外部性就是污染和拥堵。解决这些问题需要旨在对冲外部性的政策。[①]这种政策应该尽可能满足三个基本要求。首先，政策措施应该直接定位于外部性问题。这反映了经济学的一个基本原理，即定位明确的直接政策比间接的政策干预更有效，副作用更少。其次，在可能的情况下，最好使用价格机制（例如税收或可交易的许可证）而非禁止措施，因为这样做就有可能在减少外部性带来的收益与个人或企业需要承受的成本之间做出最佳的利弊权衡。第三，也是在目前情况下最重要的是，政策干预应该尽可能地不影响竞争市场机制。正外部性的重要例子包括教育和研发。这两种活动给整个经济带来的收益一般超过了给受教育者或研发人员带来的收益。这说明为它们提供补贴以实现其最优水平是合理的。

第二类问题出现在某种非经济因素是重要或首要的考虑因素时，比如盈利不是主要目标的时候。最常见的例子包括国防、国家安全和某些公共物品。然而，即使是在这些领域，尽可能地利用市场竞争机制使这类重要服务的供应效率最大化也很重要。公共事业就包括在这类因素之内，在许多情况下它们还包括需要统一的一体化网络的自然垄断行业。但是，证据有力地表明，在这类例子中引入竞争仍可以大幅度提高资源的利用效率。

第三类问题与信息不对称有关。目前人们已经普遍认识到，当买卖双方拥有的信

---

①　负外部性的其他常见例子包括可再生和不可再生资源的过度使用、商业决策对健康和安全产生的后果，以及市场力量的自由运行造成的收入不平等。

息存在较大差异时，不受限制的市场竞争往往导致不是最优的结果。虽然在很多情况下都可以找到解决这种问题的方法，但在若干重要的市场中，尤其是金融市场，这个问题依然很棘手，经常导致对客户利益的剥夺。①由于信息不对称的严重影响，为此而专门设计的消费者保护法律目前也只取得了部分成效。

综上所述得出的结论是：（1）完全、充分和自由的市场竞争是促进经济效率、消费者福利和经济增长的重要驱动力；（2）在某些情况下这种市场不能产生最优的结果，需要政府干预，但干预的方法应该遵循某些重要的原则；（3）规划机制应该尽可能提供稳定的政策环境，但不应干预市场驱动的资源配置决策本身。

附录2　专利、创新与竞争政策

本报告强调，为创新提供正确激励的关键条件是，创新的盈利可能性超过不创新，而且在给定相关风险的情况，这种可能性一般必须显著较高。理论上说，满足这个条件的最简单的办法是建立专利制度，它可以给新产品或新工艺的开发者提供相当长年限的法律保护。因此，所有发达经济体目前都建立了知识产权制度，以利用政府的权力在特定的条件和有限的期限内防止剽窃行为。

然而，经常遇到的一个困惑之源是，知识产权法律的目标与竞争政策的目标之间存在明显冲突。从表面上看，人们可能认为竞争政策是为了打破垄断，而知识产权法律（特别是专利法）则赋予垄断权力以奖励发明家。大多数既有知识产权法律又有竞争法律的国家和地区都存在这种困惑。它在美国实际上存在了数十年的时间。②

在美国和大多数发达国家，目前的观点是，知识产权法律与竞争法律的目标之间并不存在固有的冲突（Tom, 2016）。在美国，这种观点体现在两个联邦竞争政策执行机构发布的一系列法律指导意见中。③ 美国执法机构目前依然秉持的一个原则如下所述：

---

① 这方面的理论研究最早主要是针对二手车市场的。在这个市场中，卖家知道汽车的真实情况，而潜在的买家却不清楚。在竞争性的市场中，买家愿意给出的市场价格反映了一定使用年限的汽车的平均质量，但在这个价格水平上，只有汽车状况更差的卖家愿意出售汽车，从而导致市场上二手车的平均质量、平均价格等循环下降，直至整个市场崩溃。在现实中，专业化的检测、经纪商的信誉和其他类似的机制可以解决此类问题。

② 可参见 Tom and Newberg（1997）。

③ 参见 U. S. Department of Justice & Federal Trade Commission（1995）。

知识产权法律与反垄断法律有着促进创新和增进消费者福利的共同目标。知识产权法律通过建立可以强制执行的产权，为新的适用产品、更高效的工艺以及原创作品的创造者提供了创新、推广和商业化的激励。离开知识产权制度的保护，模仿者会更迅速地利用发明人和投资人的成果而不给予补偿。迅速的模仿会降低创新的商业价值，侵蚀投资的动力，最终损害消费者的利益。反垄断法律通过禁止某些在现有的或新的消费者服务方式方面可能损害竞争的行为，来促进创新和维护消费者利益。[①]

在实践中，专利制度的有效运转面临若干深层次的问题。

第一，开发出与前人相比全新而又独特的产品和工艺的情况是极为罕见的。大多数专利更多地涉及对现有产品和工艺的增量式改进，因此，往往很难做到：（1）准确定义符合专利保护的创新；（2）准确判断专利受到侵害的时间。解决上述问题所能依据的一般性原则极为有限，因此通常采取个案处理的办法，但这要求专利法律的执行者对有关技术细节及其他特征有很深刻的认识。这也是它在更广泛的竞争法律和知识产权法律中成为一个相当专业化领域的主要原因。

第二，竞争对手常常可以找到非常相似却不会导致专利侵权的办法，给消费者提供有相同功能的产品和服务、给生产商或服务供应商提供相同功能的工艺。因此，在无数案例中，企业选择了完全保密的方法，而不是申请专利然后使创新的特点公之于众。然而，这些机密有时也可能通过"逆向工程"来破解，然后进行复制，所谓逆向工程是指根据创新成果来追溯创新的源头。此外，商业机密也会给商业间谍、贿赂或其他形式的腐败提供强大的激励。

第三，在很多情况下，申请专利的主要目的不是保护创新以获得创新带来的垄断利润，而更多是为了阻止竞争对手损害专利申请者现有的盈利能力。任何企业如果在现有的产品、工艺或技术上投入了大量沉没成本，又面临某个可能动摇其地位的创新的威胁，就会有强烈的激励为阻止竞争对手利用这一创新而申请专利，然后将专利束之高阁。因此，有些国家会授权政府取消在若干年内没有得到利用的专利，或者按照对专利持有人和被授权者较为公平的条件强制进行专利授权。另外一些国家则认为，专利政策带来的静态竞争收益远远低于它可能带来的成本，这一成本表现为阻碍老牌公司尝试那些可能不比现有技术优越但有可能会损害现有技术利润的新研究。总的来

---

① 参见 U. S. Department of Justice & Federal Trade Commission（1995）。

说，对这个问题的争论尚无明确的答案。

第四，一个关键的问题是，应该允许专利给持有者提供多长时间的保护。在这方面已经有大量理论文献，但面临的难题是，专利的最佳期限涉及以下两方面的利弊权衡：一方面是为持有者提供足够的利润以激励创新，另一方面是以正常的成本价格广泛应用所带来的较长期的社会收益。这种权衡因不同的创新而不同，因此，普遍适用的专利期限不可避免地反映了各产业之间的妥协，往往是在15—20年之间。然而，为具体产业设置专利期限也有操作余地，例如制药、工程或消费品产业就有不同的专利期限。

最后，专利侵权未受惩罚的现象普遍存在，尤其在某些国家，人们都知道它们要么不公开处罚侵权行为，要么不起诉这种行为，因为利用海外专利可以带来巨大的经济利益。目前尚无明确的证据显示，这种做法压抑了小型经济体中的创新，这或许是因为专利持有人能在较大的经济体中获得专利收益，或者是因为有大量的秘诀受到保密措施的保护，一家公司即使不会因专利侵权而受罚，也有动力和专利持有人创建合资公司，从而使专利持有人依旧可以获得其创新所带来的某些收益。但无论如何，仍然有理由假定，在专利领域妥善实施法治，从长远来看将提高而不是降低一国的创新活动水平，而随着一国在世界经济中的地位得到提高，执法的缺失可能会对创新造成更严重的影响。

总之，由于快速创新是高速经济增长和实现高收入水平的先决条件，因此对任何希望实现快速创新的国家来说，有效的专利法制度至关重要。这反过来要求在最优专利期限、专业化的法律从业人员和有效执法方面制定具体的政策。专利制度的设计必须反映两个一般性原则：短期垄断利润和长期竞争性定价之间的权衡取舍，以及专利法的最佳适用期往往又取决于不同的情况。

如果能做到这些，专利法律有望成为一国产业政策有效实施的重要元素。

附录3　公平竞争审查制度的剖面

2016年6月14日的《国务院关于在市场体系建设中建立公平竞争审查制度的意见》（国发〔2016〕34号），公平竞争审查制度从理想转为现实。该《意见》提出：

> 建立公平竞争审查制度，要按照加快建设统一开放、竞争有序市场体系的要

求，确保政府相关行为符合公平竞争要求和相关法律法规，维护公平竞争秩序，保障各类市场主体平等使用生产要素、公平参与市场竞争、同等受到法律保护，激发市场活力，提高资源配置效率，推动大众创业、万众创新，促进实现创新驱动发展和经济持续健康发展。

发改委主管官员解读该制度要点指出，"以自我审查为主，同时也强调外部监督；清理存量政策要分类处理，与产业政策并不矛盾；四种例外留出实施空间，防止滥用例外情形有监督机制"。① 有学者则指出，该《意见》与《反垄断法》是配套衔接的，其宗旨与《反垄断法》一致，具有后续法律支撑。②

《意见》明确审查对象为：行政机关和法律、法规授权的具有管理公共事务职能的组织制定市场准入、产业发展、招商引资、招标投标、政府采购、经营行为规范、资质标准等涉及市场主体经济活动的规章、规范性文件和其他政策措施，应当进行公平竞争审查。审查的方式是以自我审查为主，在条件成熟时组织开展第三方评估。政策制定机关在政策制定过程中，要严格对照审查标准进行自我审查，听取利害关系人的意见，或者向社会公开征求意见。经审查认为不具有排除、限制竞争效果的，可以实施；具有排除、限制竞争效果的，应当不予出台，或调整至符合相关要求后出台。未进行自我审查的，不得提交审议。没有进行公平竞争审查的，不得出台。此外，该《意见》要求政策制定机关要逐年评估相关政策措施的实施效果；实施期限到期或未达到预期效果的政策措施，应当及时停止执行或者进行调整。

以列举的方式，公平竞争审查制度的标准被分为四个大类和例外情形。在此基础上，规定了兜底条款：没有法律、法规依据，各地区、各部门不得制定减损市场主体合法权益或者增加其义务的政策措施；不得违反《反垄断法》，制定含有排除、限制竞争内容的政策措施。此外，政策制定机关应当说明相关政策措施对实现政策目的不可或缺，且不会严重排除和限制市场竞争，并明确实施期限。

该规定已经具备了公平竞争审查的基础构架，还需要通过实施细则的制定和在实施中总结经验开展后续修订来进行制度优化。当前，主要存在的问题是：其侧重点在于对通过政策法律施加竞争限制的规制，对通过政策法律赋予竞争优势的问题审查标

---

① "国家发改委解读公平竞争审查制度"（《人民日报》2016年7月8日10版），资料来源，人民网 http：//gx. m. people. cn/n4/2016/0708/c1509 – 7179891. html，最后访问日期2016年7月18日。

② "有力维护公平竞争 充分释放市场活力"（《中国改革报》2016年7月6日），资料来源，中国改革报网站 http：//www. crd. net. cn/2016 – 07/06/content_ 20846216. htm，最后访问时间2016年7月18日。

准尚未充分予以细化；对于例外情形的列举中，由于诸多概念本身较为抽象，显然为后续适用留下了较大的自由裁量空间。有学者进一步指出，该《意见》的落实还要进一步细化相关标准，明确审查程序，强化问责制度，落实法律责任，最终要走上法治化道路。①

---

① "有力维护公平竞争 充分释放市场活力"（《中国改革报》2016 年 7 月 6 日），资料来源，中国改革报网站 http：//www. crd. net. cn/2016－07/06/content_ 20846216. htm，最后访问时间 2016 年 7 月 18 日。

第二篇

背景论文

欧洲国家援助法发展历程

马尔科·克英迪奥·科拉迪

引　言

本文主要讨论欧洲国家援助法的发展历程。[①]这就需要考虑到下列时间跨度的情况，即从创立欧洲煤钢共同体[②]到近期欧洲国家援助法现代化。一方面，在这一时间跨度里，欧洲各机构寻求达成的目标发生了较大的变化。另一方面，在欧洲各项政策发展历程中，至少有一个主题会反复出现。这就是权力日益集中的政权努力将自身政策强加给成员国（以及成员国内部的地区）所代表的独立自主的地方权力。

欧盟最初只是一个旨在制约欧洲超级大国（主要是指法国和德国）的战后政策项目。欧洲煤钢共同体通过打造煤钢资源共同市场，汇集六个创始成员国在煤钢行业的经济利益[③]。遵循让·莫内的理念，这些国家在经济战略行业的前途命运逐渐地融为一体。[④] 人们希望通过和平方式解决国际争端，而不是采取好战的政治立场。事实上，由于各方经济利益息息相关，如果爆发战争，战争结束时，会对任何潜在进攻方的经济制度产生惊人的多米诺骨牌效应。引人关注的是，作为首个欧洲项目，欧洲煤钢共同

---

①　本文采用"欧洲国家援助法"一词，作为涵盖欧洲法律整个历史的统称。当涉及在欧洲各机构发展历程的特定阶段通过的法令时，我们可能会采用机构当时通过这一法令时使用的术语。现按时间先后顺序列出术语变化情况：（1）欧洲经济共同体，1958 年生效的创始条约《罗马条约》使用了这一术语；（2）欧洲共同体，1993 年生效的《马斯特里赫特条约》使用了这一术语；（3）欧盟，2009 年生效的《里斯本条约》使用了这一术语。两项地位相等的条约包含了欧盟现行规范框架，这是《里斯本条约》的结果。它们分别是《欧盟条约》和《欧盟运行条约》。《欧盟条约》包括1993 年《马斯特里赫特条约》的修订版本。《欧盟运行条约》包括《罗马条约》自生效以后经过多次修订后的版本。

②　《欧洲煤钢共同体条约》，巴黎，1951 年 4 月 18 日。

③　六个创始成员国分别为比利时、法国、德意志联邦共和国、意大利、卢森堡和荷兰。

④　让·莫内是法国的政治经济学家和外交官。他被人们视为欧洲共同体项目的总设计师。

体是围绕煤炭和钢铁资源发展起来的，而战争经常象征性地牵扯到这两种资源。正如我们将看到的，欧洲各机构开始采取强有力的自由主义经济方针，在煤钢行业实施国家援助政策。由于这一经济方针，它们的市场一体化政策变得快速和有效。

很快，欧洲政策开始致力于实现比欧洲煤钢共同体目标更为宏大的经济目标，提出有关欧洲经济共同体①（以及欧洲原子能共同体②）的理念。不过，这一政治维度在欧洲政策制定工作，特别是欧洲国家援助政策制定工作中占据着特殊的地位。鉴于欧洲煤钢共同体的政治本质，有必要同时从两个角度来研究它的发展历程。一方面，我们有必要考虑到技术层面。这些技术层面源自通过立法和行政诉讼做出的经济选择。另一方面，我们应牢记欧洲各机构一直以来不得不克服国家和地区利益集团的民族传统、地方主义和保护主义所带来的无休止障碍，来寻找前进之路。从技术层面而言，针对欧洲各机构和成员国之间关系的研究被称之为"纵向分析法"。

此外，还有一系列重要的关系值得认真研究，即欧洲各机构之间的关系，其中包括委员会、理事会和欧洲法院。这一研究方法通常被称之为"横向分析法"。③ 横向分析法凸显了权力集中的欧盟与主权成员国所代表的地方主义之间的斗争。事实上，无论在现在还是过去，欧洲各机构在达成一体化目标方面所付出的努力程度不尽相同。一方面，委员会和欧洲法院一直是欧洲利益最有力的维护者。④ 另一方面，理事会一直

---

① 《欧洲经济共同体条约》，罗马，1957 年 3 月 25 日。

② 《欧洲原子能共同体条约》，罗马，1957 年 3 月 25 日。

③ 在今天，欧盟的政治和机构框架由数个机构构成，其中最为重要的机构为欧洲理事会、欧盟理事会（部长理事会或"理事会"）、欧洲议会、欧盟委员会、欧洲各级法院（欧洲法院和综合法院）、欧洲中央银行和欧洲审计协会。不过参与欧洲国家援助法律制度工作的主要机构为委员会、部长理事会（我们按照法律文献的做法将它简称为"理事会"）、欧洲法院和综合法院。综合法院成立于 1988 年［之前被称为初审法院，现在还被称为"特别法院"（the tribunal)］。委员会有时被描述为代表欧盟的行政权力机构，不过这并不准确，因为欧盟权力分配并不明确。委员会成员非常独立，他们代表着欧洲的利益。因此在任命委员会成员时会考虑他们为欧洲做出的贡献，而不是为了推进成员国利益。委员会承担多个职能，其中包括执行欧洲法律和专门负责竞争法事务。竞争法适用性问题属于竞争总司负责的事务。理事会是欧洲的立法机构。当前它与欧洲议会分享立法权。理事会成员并非固定不变。他们是各成员国的部长，且职责取决于立法活动所涉及的事务。欧洲联盟法院（简称为欧洲法院）是欧盟的主要司法机构。它承担数项司法职能，其中包括解释欧洲各项条约。本文所援引的大部分判决结果涉及对各条约有关国家援助法律问题的解读。

④ 依据《罗马条约》第 155 条，"为了确保共同市场的正常运行和发展，委员会应：确保本条约的规定和各机构采取的措施得到实施；如果条约明确规定或者委员会认为有必要，就本条约所涉及的事务提出建议或发表看法；有决策权，并且依据本条款所规定的方式，参与制定理事会和议会（欧洲议会）采取的措施；行使理事会授予的权力，落实理事会制定的规则"。《罗马条约》第 164 条规定"欧洲法院应确保在解释和运用本条约时遵守本法律"。

以来（现在与欧洲议会携手合作）为欧洲共同体和后来的欧盟的成员国利益发声。①

最初，纵向和横向层面的斗争涉及一个重要目标，即创建共同市场（后来被非正式称之为"单一市场"；在《里斯本条约》生效后，被称为"内部市场"）。② 欧洲各机构尽其所能来实现这一目标。共同市场创建工作至少是通过两类行动完成的，即私营层面的行动，此类行动旨在消除企业所造成的贸易壁垒；以及公共层面的行动，此类行动旨在消除成员国所设置的贸易壁垒。欧洲立法者意识到，如果成员国能够通过立法，在私营层面设置贸易壁垒，那么仅在私营层面采取行动是不够的。

一方面，在私营层面，在解释《罗马条约》第85和86条等竞争法律规则时，主要是为了实现有关共同市场的目标。③ 因此，为了实现市场一体化，经济竞争基本原则经常沦为牺牲品。④ 另一方面，在公共层面，打击保护主义的斗争通过自由贸易法和国家援助法展开。事实上，从"比较研究"的角度而言，国家援助法由于和自由贸易法非常相似，因此从一开始就被视为竞争法的一个例外分支。事实上来自公共层面的政治挑战最为棘手。在创建共同市场时，必须消除多个贸易壁垒，这不仅仅包括关税壁垒，还有所谓的非关税壁垒，其中包括直接补贴和其他更为复杂的间接补贴。旨在消除贸易壁垒的行动不可避免地与成员国主权产生冲突。

由于数个政策层面相互作用、各种贸易壁垒颇为复杂，以及国家援助法律的技术性很强，因此需要开展深入的分析。因此，为了了解欧洲国家援助法在塑造欧洲产业政策方面所发挥的作用，本文结构如下。

第一部分将介绍一些基本概念，即有关国家援助的定义（用于界定我们研究的领域），以及国家援助法实际适用过程中采用的基本概念。此外，它还将重点关注国家援助政策发展历程的前20—30年。这几十年为之后的发展奠定了基础。

第二部分将讨论国家援助法新出现的一些问题。因此我们将更多地按照主题，而不是年代顺序进行分析。更具体地讲，它将涉及下列议题：日益复杂的国家援助法，欧洲理事会在影响国家援助政策方面所发挥的日益凸显的作用；地区援助法的持续重

---

① 《罗马条约》第145条规定"为确保实现本条约所列举的目标，理事会应依据本条约的规定：确保各成员国的总体经济政策协调一致；有权做出决定"。

② 涉及欧洲市场的用语的演变情况反映了在大幅减少贸易壁垒方面所取得的成果。

③ 原《欧洲经济共同体条约》第85条处理涉及反竞争协议的问题。该条款后来重新编号为《欧洲共同体条约》第81条，现在编号为《欧盟运行条约》第101条。原《欧洲经济共同体条约》第86条涉及滥用支配地位的问题。该条款后来重新编号为《欧洲共同体条约》第82条，现在编号为第102条。

④ 参阅 Joined Cases 56/64 and 58/64 ｛S19｝ Consten and Grundig v Commission ｛S26｝［1966］ECR 299。

要性；涉及公共股本持有问题的政策；当前金融和经济危机带来的挑战；国家补贴的外部维度（这体现在《关税及贸易总协定》和世贸组织规定，以及它与欧盟法律之间的关系之上）；国家行为论和结束语。

第一部分　欧盟国家援助法的基础

一、有关国家援助的定义以及当前分析的范畴

通过界定国家援助的概念，我们能够确定研究的经济、政策和法律领域。

在最初版本中，《罗马条约》第 92（1）条①适用于"成员国提供的或通过无论何种形式的国家资源给予的任何援助"。② 不过，显然即使在《罗马条约》生效之前，国家援助的定义不仅限于补贴。事实上，《欧洲煤钢共同体条约》第 4（c）条③已提到了"国家提供的任何形式的补贴或补助，以及国家征收的任何形式的特别费用"。自从首批欧洲煤钢共同体案件以来，欧洲法院对国家援助定义的解释一直都比较宽泛。事实上，在所谓的倒班矿工奖金案中，欧洲法院明确表示，"援助的概念比补贴的概念要宽泛，因为援助不仅包括补贴等正效益，还包括干预措施。各种形式的干预减少了通常被计入企业预算的费用。此类费用从严格意义来讲不算是补贴，但性质类似且有着相同的效果"。④倒班矿工奖金案属于欧洲法院裁定的首批欧洲煤钢共同体案件。

依据这一判决结果发展而来的法律规则，当前分析不仅涵盖补贴等最为直接的国家援助的案件，还涉及经济学家通常描述为非关税壁垒的其他类别的援助。本文利用依据欧洲国家援助法所评估的其他非关税壁垒案例。此类案例包括直接金融措施（例如资本投资和注入⑤、免息贷款⑥、低息贷款⑦）、免税⑧和以优惠价格提供商品或服

---

① 《欧洲经济共同体条约》，罗马，1957 年 3 月 25 日。

② 这一规定现在被包括在《欧盟运行条约》第 107 条中。

③ 《欧洲煤钢共同体条约》，巴黎，1951 年 4 月 18 日。

④ Case C – 30/59 *De Gezamenlijke Steenkolenmijnen in Limburg v ECSC High Authority* [1961] ECR 1.

⑤ Case C – 323/82 *Intermills v Commission* [1984] ECR 3809.

⑥ Case T – 214/95 *Vlaamse Gewest v Commission* [1998] ECR II – 717.

⑦ Cases C – 15/98 and C – 105/99 *Italian Republic and Sardegna Lines v Commission* [2000] ECR I – 8855.

⑧ Case C – 200/97 *Ecotrade srl v AFS* [1998] ECR I – 7907.

务①等。因此，从法律的角度而言，可以说国家援助是"非典型性"的，即无须将它归入特定某一类的法律类别中。由于这一特征，欧洲法院有权将新型国家干预措施定义为"国家援助"。

除了上文提到的两类国家援助（即补贴和其他非关税壁垒），我们还将简要地提到第三类规则。此类规则无法按照惯例被归类到国家援助法之中，但与我们分析对象有着功能性联系。欧洲法律学说将此类规则归类到所谓的"国家行为论"之中。当特定成员国的法律或法规设定或支持违反竞争法律规则的行为，"国家行为论"对此类规则进行放宽。

鉴于国家行为论基于判例法，国家援助法依赖于现在已被纳入《欧盟运行条约》的数项条款。因此，在分析欧洲国家援助法和政策发展历程之前，有必要扼要地介绍下最为重要的国家援助成文法规定。

二、欧洲国家援助法架构

当前，《欧盟运行条约》第107条至109条囊括了核心的国家援助成文法规定。②此类条款构成国家援助法的基础，因此下文将一字不漏地援引它们最初版本的内容。

第107条（原《欧洲共同体条约》第87条；原《罗马条约》第92条）1. 除非两部条约另有规定，否则，由某一成员国提供的或通过无论何种形式的国家资源给予的任何援助，凡是通过给予某些企业或商品的生产以优惠，从而扭曲或威胁竞争，只要影响到成员国之间的贸易，均与内部市场不符。

下列情况不与内部市场抵触：

（a）具有社会性质的、给予消费者个人的援助，但此等援助的给予不得存在与有关产品的原产地相关的任何歧视；

（b）用于弥补自然灾害或特殊事件造成的损失的援助；

（c）给予受德国分裂影响的德国某些地区的经济援助，此等援助对于补偿由

---

① Case C – 40/75 *Produits Bertrand v Commission* [1976] ECR 1.

② 此类条款分别对应于《欧洲共同体条约》第87条至89条（即在1993年《马斯特里赫特条约》后，《欧洲经济共同体条约》采用的新名称），它在编号系统中排在2009年《里斯本条约》之前。这些条款分别与《罗马条约》编号系统第92至94条款（也就是《欧洲经济共同体条约》）相对应。

分裂造成的经济损失来说是必要的。在《里斯本条约》生效 5 年后，经委员会提议，理事会可能通过一项决定废除本项。

下列情况可视为不与内部市场抵触：

（1）旨在推动生活水平异常低下或失业严重的地区，以及第 349 条所提及地区的经济发展，鉴于其结构、经济和社会情况而给予的援助；

（2）旨在推动具有共同欧洲利益的重要项目的实施，或旨在补救某一成员国经济的严重动荡而提供的援助；

（3）旨在促进某些活动或某些经济区域的发展，但此等援助对贸易条件的不利影响不得导致违反共同利益；

（4）旨在推动文化和遗产保护的援助，但此等援助对欧盟内的贸易条件和竞争产生的不利影响不得导致违反共同利益；

（5）理事会经委员会提议通过的决定而确定的其他类型的援助。

第 108 条（原《欧洲共同体条约》第 88 条；原《罗马条约》第 93 条）1. 委员会应与成员国合作，对这些国家现有的所有援助制度进行不断审查，并向成员国提出内部市场不断发展或运行所要求的适当措施。

2. 在通知有关方提交意见后，如委员会在考虑第 107 条后，认为某一成员国给予的或通过国家资源形式给予的援助与内部市场不符，或此等援助被滥用，委员会应通过一项决定，要求有关国家在委员会规定的期限内取消或改变此等援助。

如有成员国未在规定期限内遵守该决定，委员会或任何其他利益相关的成员国可经减损适用第 258 条和第 259 条，直接将此事项提交欧洲联盟法院。

应某一成员国请求，理事会可在特殊情况证明其具有合理性的情况下，一致通过一项决定，减损适用第 107 或第 109 条规定的条例，认定该国正在给予的或打算给予的援助与内部市场相符。如委员会已就相关援助启动本条款第一分段规定的程序，则有关成员国向理事会提交请求的事实具有中止此类程序的效力，直至理事会表明其态度。

但是，如理事会在上述请求提出后 3 个月内未表明态度，委员会应采取行动。

3. 成员国应将任何给予或改变援助的计划通报委员会，并给予委员会充分的时间使之能够提出意见。如委员会在考虑第 107 条后认为此等计划与内部市场不符，则应立即启动本条第 2 款规定的程序。在依据该程序做出最终决定前，有关成员国不得将拟议中的措施付诸实施。

4. 委员会可就理事会依据第 109 条已经决定可以不适用本条第 3 款规定之程序的国家援助范畴通过条例。

第 109 条（原《欧洲共同体条约》第 89 条；原《罗马条约》第 94 条）——经委员会提议，并在咨询欧洲议会后，理事会可通过任何适当的条例，以适用第 107 条和第 108 条，特别是确定第 108 条第 3 款适用的条件，以及免予适用第 108 条第 3 款所规定程序的援助范畴。

正如涉及反竞争协议和滥用支配地位的规定一样，此类规定极其简单。这一机制允许欧洲立法者能够调整条约所包含的一般性条款，以适应实践中不断变化的形势。显然，考虑到《欧盟运行条约》和《欧盟条约》提供的法律框架，应对《欧盟运行条约》第 107 条至 109 条进行系统的解读。

正如其他欧洲法律一样，除了《欧盟运行条约》第 107 条至 109 条以外，我们还有必要考虑相关的欧洲判例法。委员会通过指令、指导方针以及"通信"或"立场文件"等非正式文书，搜集、分类或偶尔影响此类判例法。

除了上述来源之外，近代出现所谓的"次要渊源"，即理事会采取的干预措施（即理事会条例或指令）。此类措施变得日益重要。

当前适用于国家援助的规则非常复杂，专业性非常强。不管如何，这能够提供一些基本的理念，介绍实质性评估国家援助时采取的主要法律方式。

一项国家措施或规定应满足下列条件方能成为国家援助：

（1）国家或通过国家资源进行的干预；

（2）选择力，即能够识别该项措施的受益方（例如公司），或特定类别的受益对象（即位于特定地区的企业）；

（3）已经扭曲或可能扭曲竞争；

（4）干预措施影响成员国之间的贸易 。

正如在分析过程中所看到的，为了扩大国家援助法的适用范围，对上述四个条件的解释变得非常宽泛。

成员国必须向委员会通报满足上述四个条件的国家措施，并且经委员会批准之后才能予以实施。不过目前有三类措施可豁免于强制通报的规定。第一类是集体豁免规定所适用的措施；第二类是低额豁免规定所适用的措施（即定量"小额"援助）；最后一类是须事先获得委员会批准的援助。

一旦收到有关援助的通报，委员会有权批准这一措施，或者开展深入调查，且最终有可能做出禁止实施这一措施的决定。

当前，委员会有权并且通常采取行动，索回不合法的援助。不过正如我们将看到的，迄今为止情况并非一直如此。

三、欧洲国家援助法的起源，以及起草和实施无先例的规定时面临的挑战

在研究欧洲竞争法发展历程时，应考虑欧洲之外地区的反垄断制度的历史，特别是美国反垄断制度。事实上，欧洲竞争法律起草人对美国反垄断制度非常了解。因此，可以通过平行或对照研究美国反垄断制度，来了解欧洲最初的政策选择。尽管如此，在研究欧洲国家援助法时，不能采取此类分析方法。这是因为欧洲国家援助法是欧盟所特有的现象。事实上，在起草和正式通过欧洲条约时，欧洲政策制定者没有法律先例可以参考。[①] 已有的规则只有 1947 年《关税与贸易总协定》有关补贴与反补贴措施的规定。此类规则虽然与欧洲国家援助法相关，但（无论在内容还是范畴之上）比不上欧洲国家援助法。《关税与贸易总协定》第 16 条包括一条松散的规定，要求缔约方在提供和维持补贴时应通知其他缔约方，且如若此类补贴严重侵害到其他国家的利益，则应与其他缔约方进行"磋商"。[②]

由于这一欧洲法律分支缺少任何对等的规范标准，欧洲各机构做了大量的理论工作。欧洲各机构不得不制定和试用一套全新的规则。此外，它们还建立一个机构框架，确保它们打造的这一新制度能够在该框架下运作。出于上文提到的理由，与竞争法其他领域相比，这一法律分支发展非常缓慢。尽管存在上述阻力，由于欧洲各机构能够修改和重新解释为数不多的国家援助规则，来反映政策变化情况，它们取得了显著的成果。国家援助规则以条约为基础，且基本未发生变化。此外，正如我们将看到的，尽管事态持续变化带来了种种挑战，欧洲各机构，特别是欧洲法院和委员会基于明确的经济自由主义立场，坚持自己的议程。

对于欧洲竞争法的其他领域，欧洲国家援助法在初始阶段着眼于建立和整合一个共同市场。因此，尽管一开始就提出了促进竞争的目标，但这一目标在后来才成为主

---

① 从社会经济角度而言，一个原因是美国和欧洲的制度产生于不同的历史年代。在制定欧洲竞争法之时，一些欧洲成员国已经建立了福利制度。因此国家提供援助的举动极具意义。

② 有些规定甚至早于《关税与贸易总协定》的"反补贴"规则，例如 1902 年《布鲁塞尔食糖公约》中的规定。不过与欧洲国家援助规则相比，此类规定无论在范畴还是内容上都更公平。

要目标。在法律文献中，最为极端的观点认为，相比竞争法而言，国家援助法和自由贸易法共享的"染色体"自然要更多。这可能是因为国家援助规则的本质在于通过下列方式消除市场融合过程中面临的障碍，即全面反映通过自由贸易规则（此类规则也针对国家干预的各种层面）开展的行动，并且在一定程度上对此类行动提供支撑。尽管如此，有研究指出国家援助规则发挥着更为积极的作用。它们不仅消除国家干预，还会考虑到哪种形式的国家干预最为有效，能够推动市场融合。换言之，国家援助法在某种程度上倾向于针对国家干预措施设定指导方针，而不是像自由贸易法一样，完全倾向于废除国家规则。这方面的理论争论仍在继续，并且引发涉及一般理论和宪法律例的问题。这些问题极为棘手，有待解决。

事实上，无论是过去还是现在，在处理欧洲国家援助法问题时，都应开展极具创新的工作，并采取非常谨慎的做法。鉴于国家援助所蕴含的政治意义，以及成员国主权可能受到令人不快的限制，因此有理由保持谨慎的态度。换言之，其他竞争法律规则主要是针对私营经济行为方，而国家援助规则直接影响成员国工业政策选择。此外，欧洲各条约在过去和现在都缺乏一般或"宪法"原则，这导致欧洲无法在国家援助问题，特别是豁免问题上（例如基于社会政策目标允许存在例外情况的可能性）做出连贯一致的选择。

由于国家援助法问题在欧洲层面缺乏宪法明确性，并且国家层面还存在显著的政治异质性，人们对于国家在经济中应发挥什么作用持对立的观点，即国家应坚持自由市场理念，还是干涉主义立场。此类政治分歧不仅涉及原则问题，它还是社会和经济层面存在的担忧之情所造成的结果。人们感到担心，认为各地区不平等问题非常严重。事实上，所有欧盟成员国都存在经济欠发达地区，且这些地区失业率非常高。这些地区在利用国家援助问题上面临的政治和社会压力水平理所当然要高于其他地区。

《罗马条约》专门制定涉及地区援助的规定，确保国家援助政策和旨在推动经济发展的国内政策保持一致。事实上，第92条第3段第（1）和（3）小节规定：

符合下列条件的援助可被视为与共同市场相一致：（1）旨在推动生活水平异常低下或失业严重的地区的经济发展。

（3）旨在促进某些活动或某些经济区域的发展，但此等援助对贸易条件的不利影响不得导致违反共同利益。

各成员国的经济和政治背景大不相同，且本身内部经常出现分化。这导致地区援助规则实施工作面临不少困难。另外一方面，在经济层面，差异和分化导致一个问题，即某个成员国的贫困地区相对整个欧洲而言相当富有。这不可避免地引发成员国之间的冲突。事实上，这带来一个问题，即在执行第92条时，是否有必要在国家或欧洲层面评估特定地区的经济发展水平。在另一方面，一个政治分化的例子是数个成员国的一些地区处在共产党和社会主义党的强有力领导之下，例如意大利一些经济最为发达的地区。这就要求在国家层面做出政治妥协。因此，欧洲政策制定者发现自己身处两难境地，一方面需要促进经济自由主义，另一方面又要不会公开与当时被认为可能对立的经济和政治理念相抵触。

为了避免可能的冲突，欧洲各机构采取务实的做法。由于缺少强有力的原则声明，它们仅仅将目标设定为循序渐进地推动成员国经济一体化。这一务实的做法在地区政策中体现得淋漓尽致。地区政策常常直接影响就业水平。事实上，地区援助主要用于解决经济萧条地区的失业问题。在这一领域，委员会试图在所谓的中央（工业化）和外围层面进行干预时，遭到来自法国和意大利的阻力。事实上，法国和意大利关注本国经济萧条地区受到的差别待遇。不过，委员会灵活应对，采取循序渐进的做法。它首先重点关注不存在争议的领域（在理事会于1971年10月20日通过有关区域援助通用制度的决议之后）①，然后将工作拓展到其他领域（1973年②和1975年③的委员会原则）。

在落实这些原则时，委员会展示出多面性的态度，在必要时采取严格的干预主义（例如委员会在1971—1972年期间驳回了比利时有关区域分类的提议），同时也愿意做出妥协，特别是当牵扯到新加入的成员国时。英国地区就业奖案就是委员会愿意进行妥协的一个案例。英国地区就业奖违反了国家援助规则，但委员会在数年里容忍了这一做法。不过有必要指出，尽管委员会和欧洲法院对重要地区采取温和、谨慎的态度，但主要的政策方针从一开始非常直截了当。欧洲法院在欧洲煤钢共同体期间做出的首批判决结果尤为清楚地反映了欧洲各机构致力达成的政策议程。事实上，从首批案件开始，欧洲法院在解释欧洲国家援助规则时，都遵循自由主义的观点，不愿就存在冲突的政策观点做出让步。例如，在 Hauts Fourneaux 案中，欧洲法院驳回了有关在检视国家援助合法性时考虑社会目标的可能性。④

---

① OJEC n. C111 of 4 November 1971.

② COM（73）–1110 of 27 June 1973.

③ COM（75）–77 of 26 February 1975.

④ Cases C–27/58, 28/58 and 29/58 *Hauts Fourneuax de Givors and others / ECSC High Authority* [1960] ECR 241.

在 Hauts Fourneaux 案中，欧洲法院指出：

> 虽然（委员会）有争议的决定可能会导致就业率暂时下跌，或者一些企业倒闭，但是不能因为这一事实，就认定这些决定不合法，违反了第 2 条和第 3 条。[①] 因此我们可以指出，恰恰相反，此类措施很有必要，能够确保共同市场实现既定目标，因为长期依赖于巨额补贴才能存活的企业倒闭了，这才能够增强共同市场抵御危机的能力。[②]

有人可能会指出，欧洲法院从一开始就支持委员会制定明确的政策路线。不过，鉴于政治在国家援助法上发挥着核心作用，一个复杂的次级法律规定制度大有必要，这能够为委员会提供明确的指导方针。事实上，成员国不可能同意赋予委员会全权处理政治事宜的权利。这一不断发展的法律框架主要取决于"软规则"。软规则来源于欧洲法院和委员会之间的互动，而此类互动主要存在于通知和指导方针之中。由于判例法在国家援助法早期发展历程中发挥着关键的作用，欧洲法院起到支持委员会和维护条约的作用。

在前 35 年里，一项主要的政策路线是理事会的参与非常有限。而《罗马条约》第 94 条明确承认了理事会的作用，特别是在豁免事务上的作用。[③] 委员会会尽力阻止成员

---

① 欧洲法院提到《欧洲煤钢共同体条约》第 2 条和 3 条所包括的通则。这两项条款数次提到就业条件和工人保护问题。

《欧洲煤钢共同体条约》第 2 条指出："欧洲煤钢共同体的使命是在配合各成员国的一般经济下，根据第 4 条所规定的条件，由于共同市场的建立，对于各成员国中经济的扩张、就业的发展和生活水平的提高，有所贡献。共同体必须做到逐步建立条件，通过这些条件确保在生产率最高的水平上，对于生产进行最合理的分配，同时仍维持就业的连续性并且避免在各成员国的经济中掀起根本性的和持续性的扰乱。"

《欧洲煤钢共同体条约》第 3 条指出："共同体各机构应在各自的职权范围内并且为共同的利益：

（1）在估计第三国的需要下，督促共同市场的正常供应；

（2）保证共同市场的一切消费者置于同样条件的基础上，对于生产资源的获取，具有均等的机会；

（3）督促制定最低价格，务使此项价格维持在这样的条件下；同一企业的别种交易中或者在另一时期内的全部价格不致引起连带的增长，同时仍准许作必要的折旧并且设法使投资有获取利润的正常可能性；

（4）督促维持企业发展和改进生产潜力的条件以及鼓励合理开发自然资源的政策，同时避免不加考虑地使此项自然资源趋于涸竭；

（5）促进劳工的生活条件和劳动条件的改善，务使劳工在所属每一工业中取得同等的进展；

（6）促进国际贸易的发展并且注意对外市场所开价格，务须尊重公平的界限；

（7）对于竞争的工业由于它所进行的或有利于自己的不正当行动，拒不给予一切保护的条件下，促进生产的正常扩展和革新以及质量的提高。

② 同上，第 257 页第二段。

③ 理事会有权通过涉及国家援助规则适用问题以及豁免问题的规定。欲了解相关条款的文本内容，参议第一部分第二节。

国在一般性国家援助政策问题上挑衅理事会（最近的一个案例是意大利 1990 年试图就第 94 条启动磋商）。事实上，如果成员国参与政策讨论，来决定主要的国家援助政策路线，这可能会引发政治分歧，从而严重威胁到国家援助法的发展。这导致的一个后果是，在早年间没有程序条例和集体豁免条例。这些条例在国家援助法发展的后期阶段才出现。

从实体法的角度而言，欧洲法院受理的案件数量非常有限。实际上，直到 1968 年，委员会仅做出一例否定性决定。[①] 事实上，直到 1968 年，欧洲各机构的主要目标是实现关税单一化。根据《欧洲共同体条约》（当时被称之为《欧洲经济共同体条约》）（上文援引的案件均是依据《欧洲煤钢共同体》条约判决的）处理的第一个重要案件是委员会诉法国案。[②] 这一案件涉及法国政府通过优惠再贴现率向法国出口商提供优惠条件。法国银行为涉及出口至共同体其他国家的产品的短期或长期信贷提供优惠再贴现率。此类优惠再贴现率是专门针对法国的出口产品，旨在帮助此类产品在出口至其他成员国时能够与这些国家的产品进行竞争。

从下列几个角度而言，这一案件值得关注。首先，它涉及优惠贷款，即属于非关税贸易壁垒，而不是补贴。这确定了在《欧洲经济共同体条约》之下此类援助的关联性。此外，委员会的决定引发了法国政府的强烈反弹。法国政府提出数个理由，要求豁免于国家援助规则。欧洲法院明确驳回这些理由，包括基于成员国在货币政策上拥有专属权限的宪法理由[③]，以及有关法国当时面临新一轮货币危机的实用性理由。[④]

在委员会诉法国案之后的十年中，欧洲法院在国家援助政策问题上，多次成功地界定哪些属于干预措施。在这些案件中，欧洲法院明确坚持自由主义立场，反对基于政策"目标"或"意图"解读国家援助政策的做法，并且只关注案件的客观环境。以意大利纺织案为例，欧洲法院展现出自由主义的立场。在此案中，欧洲法院驳回了意大利有关援助旨在实现社会目标的理由。[⑤]

我们还可以认为欧洲法院制定非常务实的政策路线，来实现市场一体化。正如上

---

① 64/651/CEE of 28/10/1964。参阅委员会 1969 年至 1994 年的档案文件，网址为 http：//ec. europa. eu/competition/state_ aid/register/state_ aid_ negative_ decisions_ 1969－1994_ en. pdf。20 世纪 80 年代案件判决的数量大幅增加。

② Cases C－6 and 11/69 Commission v France ［1969］ ECR 523。注意：这是一个欧洲经济共同体和欧洲煤钢共同体联合案件。事实上，第 C－6 号案件是在欧洲经济共同体时期裁定的，而第 C－11 号案件是在欧洲煤钢共同体时期裁定的。

③ 同上，第 10ff 段。

④ 同上，第 25ff 段。

⑤ Case C－173/73 *Italy v Commission* ［1974］ ECR 709。参考第 13 段，了解采用客观研究方法的必要性。

文所提到的，自从欧洲竞争法制定工作开始以来，竞争法规则发挥着双重作用，即推进竞争，和消除成员国之间的贸易壁垒，以此实现建立共同市场的目标。这一情况也出现在所谓的"国家间条款"上。这一条款适用于反竞争协议、滥用支配地位和国家援助问题。这一条款规定欧洲竞争法将仅适用于下列情况，即"只要影响到成员国之间的贸易"。在执行第 1/2003 号规定之前（要求将涉及协议和滥用支配地位问题的欧洲规则适用于国家竞争机构和国家法院），对于涉及反竞争协议和滥用支配地位问题的规则，国家间条款发挥着双重职能，即裁定法律是否适用于特定案件，以及哪个主管部门负责执行这一法律（即在成员国间贸易不受影响时，哪个国家部门负责这一工作）。相比之下，由于成员国没有国家援助规则，这一条款仅履行第一个职能，即涉及欧洲国家援助规则的职能。由于欧洲法院倾向于宽泛地解读"国家间条款"，它可以针对吸引其政策关注的大部分案件行使管辖权。此外，对于国家援助，人们普遍认为很难证明特定国家援助不会对国家间贸易产生潜在或实际的影响。正如佐审官雅各布（Jacob）在 GEMO 案中所指出的，只有涉及"实质性本地市场"上"相对少量"援助的案件可以证明这一点。①

在 Iannelli 诉 Meroni 案中，欧洲法院不得不应对《欧盟运行条约》第 34 条（商品自由流通）和 107 条（国家援助）同时适用的问题。② 在此案中，意大利进口壁纸出售商将政府针对从其他成员国进口的产品征收的税款转嫁给最终购买者。这些税款为意大利一家公共机构提供经费。这一机构的主要职能是基本上通过补贴的方式，为意大利纸浆和纸张生产商提供资金。此外，这一征税措施具有歧视性（即对本国和外国产品征收不同的税款）。当前，正如委员会在正式报告中指出的，从事实的角度来讲，这一案件相当复杂。事实上，除了援助因素之外，还存在基于国籍的歧视问题，这就涉及《欧盟运行条约》第 34 条的适用问题。③ 欧洲法院抓住机会，利用这一事实复杂的案件，来强调多个重要的法律和政策观点。

首先，欧洲法院指出，非法补贴所影响的私人无法在国家法院上质疑这一援助是否与欧洲法律相一致。此外，委员会指出，作为国家援助的主管部门，委员会发挥着关键作用，进而排除了私人使用救济制度的可能性。尽管遭到批评，但委员会立场几乎保持不变，直到最近。相比之下，欧洲法院指出：

---

① Case C – 126/01 *GEMO*［2003］ECR I – 13769, para 145 of the Opinion.

② C – 74/76 *Iannelli & Volpi v Meroni*［1977］ECR 557.

③ 同上，报告第 562 页，委员会意见第 1（b）点。

"条约第30条（即自由贸易法）具有直接效力，并且为共同体法所适用的所有法人提供国家法院必须保护的权利。[①]

这一声明包括两个明确对立观点：一方面私人可以直接针对违反自由贸易法的行为提出异议；另一方面，委员会受委托全面负责国家援助法问题。

欧洲法院接着指出，一般而言不得依据自由贸易规则审视国家援助法所适用的援助。不过可以依据自由贸易法审视援助的下列方面，即对于达成援助目标而言没有必要，即可以"被分割"的部分（所谓的可分割原则）。[②] 依据法院的解释（不过这与法院后来依据自由贸易规则评估诸多国家援助案件的做法相矛盾），这一陈述旨在"运用程序保护权力分配，确保依据93条相关规定持续评估援助工作"。[③]换言之，乍一看，它似乎旨在推进国家援助规则适用性。一些作者指出，理论上，促进和维护国家援助法独立于自由贸易法，这发挥了另外一个功能，即允许针对援助采取更为灵活的政策立场。有人会辩解说这一援助旨在扶持国家工业，特别是地方工业（即使这一援助并不完全与自由贸易法相符）。其他评论员指出，欧洲法院为确定国家援助法和自由贸易法管辖范围而设计的标准极其模糊，因此难以实施。换言之，由于它独特的事实基础，Iannelli 诉 Meroni 案存在可分割性的问题。不过，评论家表示，不应将可分割性上升到普遍原则的高度，它不适用于未来的案件。此类批评意见非常及时。事实上，欧洲法院最后在解读政策优先事项时，抑制了明显"支持国家援助"的态度。事实上，从实践角度而言，这一"事实上的"判决结果确定了欧洲法院的下列偏好，即运用自由贸易法来检视自由贸易壁垒。这一情况持续了十年。事实上，欧洲法院经常试图寻找不错的理由，尽可能多地分割援助的组成部分，以此确保自由贸易法能够适用于国家干预问题。[④] 一方面，这一策略发挥着重要的作用，为私人提供更大的正当性，来挑战制造贸易壁垒的诸多国家规则。这显然产生正面影响，提高了私人参与诉讼程序的可能性。另一方面，依据欧洲法院的意图，实施最为严厉的自由贸易规则，能够更为直接和快速推动市场一体化。正如我们将看到的，随后的判例法引入了不同的解释方式，采用联合运用自由贸易和国家援助规则的做法。一些作者认为，鉴于国家援助规定中的减损规则的适用性，上述做法可以允许更为灵活地评估旨在缩小欧盟经济、社会和

---

① 同上，第17段第（a）点。

② C-74/76 *Iannelli & Volpi v Meroni*［1977］ECR 557，第17段，重点关注第（c）点。

③ 同上，第12段。

④ 参考 Case 18/84，Commission v France［1985］ECR 1339。

地区差异的援助。尽管如此，只有在全面开展市场一体化工作时，欧洲法院才有可能接受这一更为灵活的做法。在此之前，欧洲法院显然更偏向于自由贸易规则。

国际法——正如我们所提到的，为国家援助政策制定明确的指导方针时，需要欧洲各机构在创立和巩固这一制度期间付出巨大的努力。此外，应避免此类工作受到外部的干预。在国际水果公司（International Fruit）案①中，欧洲法院明确指出，尽管共同体（即现在的欧盟）不是《关税与贸易总协定》缔约方，但它有义务（在公共层面）遵守《关税与贸易总协定》的规定，也就是说欧盟是事实上的缔约方。② 不过，它还明确指出，国际法条文（例如《关税与贸易总协定》）可能会导致共同体法律无效（即私人可在法院上援引这些规定），不过前提是它们能够满足下列两个条件：首先，国际法条款必须对共同体有约束力；其次，此类条款必须"能够赋予共同体公民可在法院上行使的权利".③ 欧洲法院表示，考虑到《关税与贸易总协定》条文的政治本质和灵活性，且它未赋予私人任何个人权利，它仅满足第一个条件。这一判决结果为欧洲法院坚持不承认《关税与贸易总协定》（和后来的世贸组织）条文具备任何直接效力铺平了道路。尽管一些学者表达批评意见，呼吁欧洲法院承认国际法对内部贸易事务产生更有力的影响，但欧洲法院直到现在仍坚持自己的立场。欧洲法院坚持的立场非常重要，因为它允许国家援助法的发展不受来自欧盟以外地区的影响。

在了解这些历史背景之后，我们可以看到委员会和欧洲法院携手合作，为欧盟国家援助法奠定了基础。这样一来，它们成功出台了打击地方主义的政策。尽管通过委员会早期的决定和欧洲法院的判决结果，我们可以清楚地了解它们在国家援助事务上的总体政策路线，但在这一期间，欧盟所有贸易和竞争规则的主旨是实现市场统一的目标。国家援助法在后面的历史阶段进一步取得进展。第二部分将对此进行讨论。

第二部分　欧洲国家援助法新出现的问题

一、引言

20 世纪 70 年代的石油危机对欧洲经济产生强有力的影响。在这种情况下，国民经

---

① Joined Cases C‑21/72 & C‑24/74, Int'l Fruit Company NV v Produktschap voorGroenten en Fruit［1972］ECR I‑1219.

② 同上，第12ff段。

③ 同上，第8段。

济战略部门大规模破产的威胁尤为高。为了遏制这一风险，国家援助水平在 70 年代末成倍增加。不过在当时，鉴于各国处于非常时期，委员会基本没有调查国家援助问题。一旦经济危机在一定程度上得以克服，委员会出手干预，以此维护其国家援助政策的信誉。委员会在成功控制局面的过程中，再次获得欧洲法院的有力支持。

在 20 世纪 70 年代末和 80 年代初，国家援助政策取得长足进步。这体现在许多方面，例如判例法大幅增加。这一事态发展也代表着总体政策发生了重大变化。事实上，鉴于最初在确立国家援助法律的主要实施方针时面临一些困难，现在有必要更为彻底地贯彻这些方针。在这一期间，一连串问题冒出来，且反复出现。在随后的几节内将对每个主题进行扼要的分析。

二、未决难题和新型挑战导致在管理日益复杂的判例法时面临种种困难

如上所述，在 20 世纪 70 年代末和 80 年代末，委员会审理的国家援助案件数量成倍增加。从理论和实践的角度而言，由于案件大幅增加，长期存在的老问题以及新问题开始为人熟知。

国家援助法至少面临五个困难。这些困难包括：

- 需要不断界定国家援助法相对于自由贸易法的确切范畴；
- "国家援助"定义的广度；
- 一旦国家援助法判决频率大幅增加，必然需要确保民众更加了解欧盟国家援助政策；
- 开始有必要采取更侧重经济层面的做法；
- 需要为国家援助规则的实施工作提供合适的程序框架。

国家援助法与自由贸易法。关于国家援助法和自由贸易法之间的关系，一个格外值得关注的案件是"购买爱尔兰国货"案。① 在此案中，爱尔兰政府发起商业运动，号召本国消费者购买爱尔兰国货，而不是进口产品。在此案中，欧洲法院虽然表面上坚持在 Iannelli 诉 Meroni 案中采取的可分割性原则，但是实际上倾向于将国家援助案归类在商品自由流通原则之下。不过佐审官卡波托尔蒂（Capotorti）强烈表示反对，强调指出，鉴于爱尔兰通过国家资源为这一运动提供资金，这一案件显然属于国家援助案。

---

① Case C – 249/81 *Commission v Ireland* ［1982］ ECR 4005.

由于自由贸易法的适用范围更大，这一做法允许欧洲法院增强自身能力，更为积极地实现共同市场的目标。

另外一个特别值得关注的案件是意大利杜邦案。① 在此案中，欧洲法院承认欧洲国家援助法寻求达成的双重目标（即竞争和市场一体化）。此外，欧洲法院明确承认，国家援助寻求达成下列目标，即"确保在正常竞争条件下成员国之间的商品自由流通"。② 欧洲法院认为国家援助和自由贸易规则同时适用。欧洲法院借此对 Iannelli 诉 Meroni 原则提供了另外一种解读。在此案中，欧洲法院的立场与"购买爱尔兰国货案"形成鲜明对比。在一定程度上，这一判决结果可以解读为提高了委员会在处理市场一体化所固有的问题时进行干预的可能性。

随后的撒丁岛中途停留航班案③再次涉及国家援助法和自由贸易法之间的关系。这一案件涉及意大利撒丁岛针对中途停留航班征收的区域税负。这一税负仅是针对办公住所未设在撒丁岛的企业。这一规定影响到自由贸易和竞争（偏袒该地区的企业）。这一案件证明欧洲市场内部仍然存在贸易壁垒，更为糟糕的是，它们可能源自于意大利等创始成员国所执行的法律。欧洲法院没有采取行动，来完全阐明在自由贸易法和国家援助法适用性方面的立场。不过欧洲法院似乎在此案中仍然同时运用了自由贸易法和国家援助法，从而在某种程度上确认了意大利杜邦案的判决结果。这一做法再次证明欧洲法院决心保持一定程度的模糊态度，从而能够在实现市场统一目标时采取更为灵活的做法。

"国家援助"定义的广度。正如之前所提到的，辩论的另一个重要目标是对"国家援助"进行定义。从这一角度而言，Adria – Wien 管道公司案④非常重要。这一案件涉及一项规定，即在电价上为商品制造企业提供折扣。相比之下，服务提供企业享受不到这一折扣。欧洲法院指出，针对经济某个行业（即制造业）普通税率的减损可以被称为国家援助（即非常宽泛的工业政策裁决结果）。不过如果此类折扣是提供给所有企业（无论它们从事什么活动），则不会被视为"国家援助"。事实上，欧洲法院似乎一开始拓宽了国家援助的概念，并且对"选择力"的概念的解释非常宽泛。

---

① Case C – 249/81 Commission v Ireland［1982］ECR 4005.

② 同上，第 20 段。

③ Case C – 169/08 Presidente del Consiglio dei Ministri v Regione Sardegna［2009］ECR I – 10821.

④ Case C – 143/99 Adria – Wien Pipeline GmbH and Wietersdorfer & Peggauer Zementwerke GmbH v Finanzlandes-direktion für K？rnten［2001］ECR I – 08365.

欧洲法院受理的普鲁士电气公司案①也涉及电力问题。该案涉及德国一项规定。依据该规定，私营配电企业必须以德国规定的最低价格购买一定数量的可再生能源电力。私营传统电力供应商需支付国家定价和电力市场价格之间的部分差价。

在普鲁士电气公司案中，欧洲法院得出结论认为：

"成员国的法令条款要求私营电力供应企业以高于此类电力实际经济价值的最低价格，购买供电区利用可再生能源生产的电力；并将这一义务造成的经济负担分摊给供电企业和上游私营电网运营商。此类规定并不构成欧洲共同体条约第92（1）条［经修正之后为现在的欧洲共同体第87（1）条］所规定的国家援助。②

一方面，在 Adria - Wien 管道公司案中，欧洲法院扩大国家援助含义的意图非常明确。另一方面，在普鲁士电气公司案中，欧洲法院拓宽这一概念的力度未达到部分律师和评论家的预期。事实上，它仍然要求有国家资源直接或间接参与其中，方可被认定为国家援助。因此即使一项法律为特定类别的公司提供经济优势，或者在不同类别的公司之间进行实质性的再分配，如果没有国家资源直接或间接参与其中，则它不会被归类为国家援助。

委员会强化国家援助政策的意愿度快速提高，这体现在它努力索回与欧洲规定相悖的援助的态度。③ 不过委员会在通过国家援助规定 30 多年之后，才明确这一立场。只有之前的政策工作成功确定了明确的理论指导方针之后，委员会才有可能在执法问题上采取明确、坚定的立场。

国家援助政策宣传工作。委员会在执法问题上采取更为强硬的态度，显然这就需要加强监督，并且采取始终如一的政策行动，以此推动欧洲成员国内部达成广泛的共识。在这种情况下，委员会于 1989 年下令针对国家援助开展全面调查，向民众披露欧洲地区整体援助水平有多高。④

在开展调查的同时，委员会开始加强对其工作的宣传力度。自 1990 年起，委员会开始公布有关积极决定的详细情况（即中止国家援助活动或批准提供援助的决定）。这允许民众和律师更好地了解委员会政策近 40 年来不为外界了解的一面。

有必要采取更侧重经济层面的做法。正如之前所提到的，尽管经常会出现牵扯到

① Case C - 379/98 PreussenElektra AG v Schleswag［2001］ECR I - 02099.

② 同上，判决意见书第 1 点。

③ 委员会第 OJ C 318/3（1983）号通函。

④ 参考 the 18th Commission Report on Competition Policy（Brussels/Luxemburg 1989）143 - 144；162 - 163。

市场一体化的问题，其中的大部分问题都得以解决。因此，特别是在最后十年，委员会采取"竞争导向型的"方式，解释和大规模执行国家援助规则时，将重点放在进一步开展实质性改革的必要性上。

2005 年，在科洛斯（Kroes）专员任期结束之时，委员会发布协商文件，即所谓的"国家行动计划"。① 这一计划旨在改革国家援助法的适用性。这一文件的副标题为"更少但更具针对性的国家援助"，颇具象征意义。它强调了下列几个目标：更少但更具针对性的国家援助政策；更为细化的经济政策；更为高效的程序和执法；更具预见性和透明度；以及委员会和成员国共同承担责任。

对于是否有需要采取更为细化的经济政策，委员会强调应将市场失灵概念作为国家援助政策的核心正当理由进行考虑。换而言之，委员会提议，在开展国家援助调查时，应先问一个问题，即"为什么市场未能实现符合共同利益的预期目标"。② 这一做法与完全拘泥于法律条文的做法大不相同，例如以前在制定国家援助政策时就经常采取后一种做法。不过，委员会认为，国家援助应被视为默认措施，不存在扭曲程度更低的干预措施的可能性。

所谓的"平衡检验"对评估工作而言非常关键。用委员会的话来讲：在评估一项援助措施是否与共同市场相一致时，委员会权衡这项措施的正面影响（实现共同利益目标）以及它可能产生的负面副作用（扭曲贸易和竞争）。③

委员会因此启用新的方式来考量国家援助，且这一方式类似于依据合并条例所采取的方法。

对于程序，委员会建立一项优先事项制度，来开展干预工作。这意味着允许存在明确与内部市场相一致的国家援助，并且委员会重点关注扭曲程度更高的援助。最终，委员会通过关于一般性集体豁免的第 800/2008 号条例。④

为国家援助规则适用性提供适当程序框架的必要性。 在 2009 年，委员会在执行通告中，明确了国家法院在国家援助领域的管辖权和责任。⑤ 虽然委员会拥有全面的管辖权，来评估援助措施是否相一致，但是国家法院应保护第三方，避免因为其他

---

① 《国家援助行动计划——更少但更具针对性的国家援助：2005—2009 年国家援助改革路线图》，第（2005）107 号通讯，终稿。

② 同上，第 23 点。

③ 同上，第 19 至 20 点。

④ 委员会第 800/2008 OJ［2008］L214/3 号条例。

⑤ OJ C85，9.4.2009，1.

方违反《欧盟运行条约》第108（3）条所规定的通告和冻结义务而利益受损，并且确保向援助受益方索回任何非法、不一致的援助。这显然是符合条约和之前的判例法的。

尽管存在"法律条文"，2012年裁决显示，尽管执行通告赋予国家法院一定职责，但它们很难全面进行干预。它们实际完成任务的情况不尽相同，具体取决于各个成员国的管辖权。尽管依然存在障碍，导致难以理想地运用法律解决国家援助问题，委员会不懈努力地完善政策。

2012年，委员会通过国家援助现代化通讯，① 基于下列原则出台一项三重计划：统一判例法之前采取的法律原则；重点关注扭曲性更强的大型援助；简化国家援助规则和程序。

迄今为止，这一通讯是委员会最后一次全面进行干预。这标志着委员会一直重视如何提高这一领域的欧洲法律的效力。

三、理事会开始在影响国家援助政策方面发挥作用

正如我们之前所了解到的，国家援助法律发展历程的初期阶段呈现出一个特点，即委员会和欧洲法院不断地相互影响。这一现象存在两大重要特征：首先，欧洲法院为委员会设定的政策路线提供权威性；其次，委员会开始大量运用"软性法律"，并且经常参考欧洲法院判例法。

成员国之所以接受这一方式，是因为成员国和委员会之间的信任度上升了。理事会在国家援助政策方面发挥更为核心作用的时机已经成熟了。

在20世纪90年代中期，委员会和理事会开始携手合作。委员会和理事会达成一项通用协议。该协议涉及提高透明度和法律确定性的必要性。

在20世纪90年代末期，理事会通过两项非常重要的条例，即所谓的《集体豁免条例》② 和《程序条例》。③

集体豁免条例授权委员会，通过委员会条例来裁定特定类别的企业能否豁免于国

---

① 欧洲国家援助现代化，第（2012）209号通讯，最终版。

② 理事会1998年5月7日第（EC）No 994/98号关于《欧洲共同体条约》第92和93条适用于特定类别的横向国家援助问题的条例。

③ 理事会1999年3月22日第（EC）No 659/1999号关于就《欧洲共同体条约》第93条适用性问题制定具体规定的条例。委员会第（EC）No 794/2004号条例对这一条例进行补充。

家援助规定。这一豁免规定的主要受益对象包括中小型企业、研发、环保、就业和培训。其他对象能否受益，具体取决于是否需要地区援助。这一条例为"低额"豁免奠定基础。

《程序条例》进一步阐述了欧洲判例法的主要内容。这些判例法早已提供了一系列涉及国家援助程序问题的复杂规则。应记住，与竞争法其他分支形成对比的是，国家援助程序涉及成员国和委员会。尽管包括援助受益对象在内的私人能够提供信息，并提交书面意见，但他们无法在诉讼程序中发挥关键作用。在这一局面下，作为援助受益对象的私营企业多次要求更多地参与到诉讼程序之中。

今天，对于通报的行为，这一程序基于两个主要阶段。第一阶段是非正式程序，该程序旨在搜集信息和明确案件的特征。第二阶段是正式调查程序。委员会如果严重关注援助是否与欧洲法律相一致问题，将会启动这一程序。当一个国家自行评估援助，认定援助与欧洲法律相一致，因此未向委员会通报，则可以采取针对未通报行为的程序。如果援助最终被认定为不合法，这一程序要求索回援助。应事先（在可能的情况下）索回援助，防止出现扭曲竞争的情况。只有在"不可能"的情况下方可避免索回援助。由于欧洲法院对"不可能"进行限定性解释，因此很难找到符合下列条件的案件，即事实上无法索回援助（例如，现实行政管理困难不能成为豁免的理由）。这标志着委员会继续致力于高水平的执法工作。

除了这两项条例的实质内容之外，下列事实也可以被视为国家援助政策机构框架发生极为重要的变化，即理事会的干预工作不再局限于产业问题。自那以来，理事会、委员会和欧洲法院开始合作，努力实现下列目标，即完善和执行欧洲国家援助法律。

四、区域性国家援助的持续重要性

正如我们之前所注意到的，地区援助是欧洲国家援助法律一个问题重重的重要领域。事实上，成员国政府显然非常重视地区选民的反应。因此，委员会和欧洲法院不得不依据欧洲目标来解释地区援助规则。这经常与成员国维护本国利益的意愿相悖。

菲利普·莫里斯（Philip Monis）代表着这一无休止的斗争。①

这一案件涉及荷兰提供给菲利普莫里斯荷兰子公司的国家援助。该国家援助旨在推动荷兰落后地区新工厂的发展。欧洲法院驳回了菲利普莫里斯提出的理由。莫里斯

---

① Case C－730/79 *Philip Morris v Commission*［1980］ECR 2671.

认为，应在国家层面评估援助领域的经济和社会条件。相反，欧洲法院裁定，评估工作应在共同体层面展开。这一解释明确反映了欧盟的竞争和自由贸易目标。事实上，在此案中，欧洲法院明确表示，即使涉及豁免问题，也应依据有关建立共同市场的目标来解读这一法律。

尽管委员会和欧洲法院致力于落实它们的区域政策，但这一领域的问题随着时间的推移变得越来越多。

例如，在2004年，东欧数国加入欧盟。这些新的成员国的经济发展历史与西欧国家完全不同。有鉴于此，有必要认真重新思考国家援助政策。大部分新加入欧盟的成员国都存在经济极其落后的地区。因此区域政策再次被证明对于内部市场的重建和融合而言尤为重要。不过，自20世纪70年代初以来，地区援助的法律框架取得长足的发展。

1998年地区援助指导方针代表着自欧洲国家援助政策开始以来，对国家援助法律开展的最为重要的改革。地区援助方针将大量已有的规则编成法典，希望提供一个共同的运作框架。1998年多部门框架对此进行补充。多部门框架是一个重要的创新。[1]多部门框架取代多项涉及所谓的"敏感部门"（例如汽车行业）地区援助的特定部门指导方针。

在开展上述改革之后，欧盟建立了一个更为紧凑的制度。这一制度具备下列特征：首先，此类改革推广了有关同步界定所有成员国的地区援助地图的原则。只要地区援助依然被视为例外情况，就需在欧洲人口覆盖最高限度内向受援地区提供援助，并且分配国家配额。这意味着在欧洲基础之上设立最高限度，并且这一限度会根据新加入的成员国而发生变化。[2]成员国负责制定地区援助地图，并依据《欧盟运行条约》第108（3）条的相关规定，正式向欧盟委员会进行通报。一旦获得批准，这些地图被整合到地区援助指导方针之中（当前地图有效期为2014年至2020年）。此类地图和限度适用于结构基金方案规划期的整个时期。其次，依据多部门框架，成员国向任何大型投资项目提供地区援助时，均有义务逐一向委员会进行通报。最后，下列可能性也对这一制度进行补充，即委员会通过豁免条例，宣布下列援助相兼容，即符合委员会为每个成员国批准的地区援助发放地图的相关规定。

---

① 1998年有关大型投资项目地区援助的多部门框架，OJ 1998 C107/7。

② 例如，依据2007年至2013年地区援助指导方针，在一开始，针对欧盟25国人口，此类上限是总人口的42%；在保加利亚和罗马尼亚加入欧盟之后，上限为欧盟27国人口的46%。

五、国有公司以及整个私有化进程中的国家援助

对于在分析所涵盖的期间制定的国家援助法律中，一个重要领域为国家股份收购问题。事实上，国家能够成功收购前私营企业的股份（或其他财务权益），虽然收购的理由不符合市场标准，但这也容易为人所理解。因此，此类收购活动应成为国家援助审查工作的一部分。

在 Intermills 案中，欧洲法院做出判决，接受委员会对"国家援助"概念的宽泛解释。[①] 在这一案件中，比利时政府开展一系列有利于一家造纸公司的干预行动，其中包括提供优惠贷款和国家收购这家作为援助计划对象的公司的股份。欧洲法院认定，虽然短期贷款与国家援助规定相一致，但是收购股权等长期扶持活动有可能严重扭曲竞争。

在私有化之前，成员国作为股东干预本国经济的现象极其普遍。有鉴于此，Intermills 案的判决结果尤为重要。

自 Intermills 案起，欧洲各机构有计划地调查通过收购私营公司股权进行公开干预的行为。所谓"钢铁法规"[②] 和"造船法规"[③] 是涉及此类早期政策路线的两个重要案例。

此类"法规"对"国家援助"的定义完全一样。不过这显然是针对股权收购行为，而不是反映"标准公司惯例"的行为。例如，"钢铁法规"第 1 条规定，"援助概念包括……成员国针对下列钢铁企业采取的筹资措施所包括的援助要素，即成员国直接或间接控制，且依据市场经济标准公司惯例不能被视为股权资本提供"。

随后该法规得到进一步完善。委员会发布指令，规定成员国有义务在成员国和公营企业财务关系问题上保持透明。[④] 同时，欧洲法院就私营和混合制企业注资问题发展了其他的判例法。

关于透明度指令，委员会制定一些政策路线，从而为随后的干预行动奠定基础。

---

① Case C－323/82 Intermills v Commission［1984］ECR 3809.

② 委员会 1981 年 4 月 7 日第 2320/81/ECSC 号关于制定共同体援助钢铁业规则的决定。

③ 理事会 1981 年 4 月 28 日第 81/363/EEC 号关于造船援助的指令。

④ 委员会 1980 年 6 月 25 日第 80/723/EEC 号关于成员国和国有企业财政关系透明度问题的指令。很快第 85/413/EEC 号指令对这一指令进行补充。前者规定了一些豁免规定（例如针对中央银行和信贷机构的规定，以及针对履行透明度义务制定最低门槛）。

首先，依据条约下列原则，即中立对待公私两种所有制以及平等对待国有和私营企业，它承认公营企业在成员国经济制度中发挥了核心作用。其次，委员会基于政府机构通过财政参与或特定条例取得支配关系这一事实，界定了"国有企业"的定义。这一定义极为宽泛，显然还包括（通过注资或任命大多数的董事）公共控制的混合制公司。① 最后，委员会规定了一系列的财政关系，包括任何形式的股份或债务持有。此类关系意味着成员国有义务保持透明。

透明义务包括公布下列资金，并明确此类资金的用途，即直接或者通过国有企业或金融机构媒介（无论接收方为私营还是国有性质）提供的资金。②

除了这一指令，委员会进行干预时公布一封信函，说明对"政府机构持有公司资本"问题的立场。③ 在这份"立场书"中，委员会说明了政府机构在何种情况下持有公司资本不违反国家援助法，以及在何种情况下有可能出现问题。这样一来，委员会采取的做法类似于在豁免条例上采取的做法，即基于白名单和黑名单。④

对于接受公有资本注入的私营公司，Intermills 案之后的三项具有象征意义的决定显示委员会系统开展公有股份和债券持有评估工作的决心。这三个案件分别为 Tubemeuse⑤、ENI Lanerossi⑥ 和 Alfaromeo 案⑦。

在 Tubemeuse 案中，比利时收购了 Tubemeuse 的大部分资本，并启动一项重组计划，但这一计划未带来任何积极的成果。在 ENI Lanerossi 和 Alfaromeo 案中，股本注入活动（第二个案件为通过持有债券收购债务）不是由国家展开，而是分别由国有公司（ENI）和大型国家控股公司（IRI）展开。对于实质部分，委员会确认了它在 Intermills 案中所持的立场，要求核实公司是否同样能在资本市场获得股本注入。此外，在 ENI Lanerossi 和 Alfaromeo 案中，它确认了它有意驳回基于下列事实进行的辩护，即股本和债务注入活动是间接地通过国有公司开展的，而不是像 Intermills 和

---

① 参阅指令第 2 条。

② 参阅指令第 1 条。

③ Bull. EC 9 – 1984.

④ "白名单"和"黑名单"用于描述豁免条例的结构。"白名单"包括涉及下列特定法律区域的所有法律条款或情况，即明确未违反欧洲各条约特定系列的规定。与之形成对比，"黑名单"包括所有明确违反欧洲条约相同系列规定的法律条款或情况。最后，不属于白名单或黑名单的所有法律条款或情况通常被界定为"灰色"。律师尽可能地将灰色条款与白名单靠近，并且/或者协助相关方评估涉及"灰色"条款的风险。

⑤ Case C – 142/87 Kingdom of Belgium v Commission of the European Communities［1990］ECR I – 00959.

⑥ Case C – 303/88 Italian Republic v Commission［1991］ECR I – 01433.

⑦ Case C – 305/89 Italian Republic v Commission［1991］ECR I – 01603.

Tubemeuse 案一样由政府直接开展。这一立场显然强化了上文所提到的透明度指令的目的。

在整个欧洲实现私有化之后，至少是从纯粹定量分析的角度而言，公共持有产生的问题逐步减少。不过，鉴于此类持有持续存在于经济特定部门，欧盟继续就这一问题制定法律。委员会第 2005/52/EC 号指令扩展透明度要求，规定各国有义务为符合下列条件的国有或私营公司单独记账，即在开展其他经济活动的同时，还拥有特别权利或专营权，或者提供符合全体经济利益的服务且获得涉及此类服务的国家援助。该案件主要关注的问题是国家援助可以用于其他经济活动。①

最后，委员会第 2006/11/EC 号指令合并和取代原有的透明度指令及其修正案。值得一提的是，尽管近几年这一领域不再那么重要，但问题仍然不断。事实上，2007 年委员会不得不启动违反程序，就意大利、拉脱维亚、卢森堡和斯洛伐克共和国未能执行委员会第 2006/11 号指令一事，针对这些国家采取措施。② 这再次证明尽管在私有化进程之后，公共持有问题不再如此重要，但这一领域的斗争仍然持续不断。除此之外，在危机期间，当政府干预经济时，会出现其他问题。一个典型的干预案例是英国政府在劳埃德集团出现清偿危机时，出手相救，收购集团 43.4% 的股份。这属于国家援助。委员会在劳埃德同意出售其 632 家分公司后才批准收购案。这再次证明公共股本持有问题会受到严格的审查，没有例外情况，即便在金融危机期间也是如此。

六、欧洲经济法以及它与《关税与贸易总协定》和世贸组织法律之间的关系

正如我们之前所看到的，欧洲竞争法在发展历程中一直寻求实现一个内部目标，即创建共同市场。欧洲国家援助法的情况也是如此。这一工作颇具成效；在 20 世纪 90 年代初，欧洲经济共同体做好准备进入新的阶段。《马斯特里赫特条约》于 1993 年生效，为货币一体化铺平了道路。不过应指出的是，这一期间出现涉及非共同体关系的重大政策发展。

为了从更为广阔的视角了解国家援助政策，有必要解释下国家援助规则的非欧洲

---

① 委员会第 2005/81/EC 号指令对这一法律进行进一步完善。

② IP/07/1667.

维度，特别是它们在世贸组织框架之下与《关税与贸易总协定》之间的互动。^① 正如我们之前所了解到的，依据欧洲法院在国际水果公司案中设定的原则，《关税与贸易总协定》规定对欧盟具有约束力。尽管如此，欧洲法院在同一判决结果中否认《关税与贸易总协定》规定有直接效力。^② 欧洲法院在两个判决结果中阐明了在《关税与贸易总协定》规定上的立场。而在之前，法院否认此类规定有直接效力。^③

在 Fediol 案^④中，欧洲法院认定它有权评估《关税与贸易总协定》规定，因为此类规定明确提到了一项共同体规定。依据 Fediol 案的判决结果，私人"有权请求法院行使权力，执行此类（即《关税与贸易总协定》）规定，评估委员会决定的合法性"，^⑤从而拓展它的管辖权，覆盖本节涉及委员会的非共同体政策的内容。在 Nakajima 案，^⑥欧洲法院进一步进行阐明。本案对反倾销条例是否遵守《关税与贸易总协定》反倾销规定提出异议。在本案中，欧洲法院确认自己有权评估共同体规定在遵守《关税与贸易总协定》规定方面的合法性，不过前提是共同体打算履行特定的《关税与贸易总协定》义务（正如在本案中，这一条例是基于《关税与贸易总协定》反倾销法通过的）。^⑦ 因此欧洲法院驳回了下列可能性，即全面运用《总税与贸易总协定》和世贸组织规定来评估欧盟法律的合法性。换言之，它确认下列立场，即不承认关税与贸易总协定/世贸组织规则在欧盟管辖区内对私营层面具有直接效力（不过显然《关税与贸易总协定》规则继续被认定在公共层面和更为广泛的政治层面对欧盟具有约束力）。

在乌拉圭回合结束，以及世贸组织于 1995 年成立之后，人们认为有必要考虑欧洲和国际规则之间的相互作用，这成为一个中心议题。

对于世贸组织规定执行工作，许多学者开始设想这一国际商业法分支可以发挥新的作用，能够塑造或至少影响欧洲国家援助法和政策的解释工作。不过与这些预期相反，欧洲法院在葡萄牙案中提出强有力的政策信号。^⑧

---

① 《关税与贸易总协定》是 1947 年签署的多边国际贸易协议，该协定在一系列所谓的"回合谈判"中多次进行修改。"乌拉圭回合谈判"（1986 年至 1994 年）结束后，世贸组织成立了，从而取代《关税与贸易总协定》。《关税与贸易总协定》文本内容可以修改，但在世贸组织的框架下仍然有效。

② 参阅第一部分第三节最后一段。

③ Case C – 21 – 24 *International Fruit Co v Produktschap voor Groenten en Fruit* [1972] ECR 1219, 1228.

④ Case C – 70/87 Fédération de l'industrie de l'huilerie de la CEE (Fediol) v Commission [1989] ECR 01781.

⑤ 同上，第 22 段。

⑥ Case C – 69/89 Nakajima All Precision v Council [1991] ECR I – 2069.

⑦ 同上，第 31 段。尽管欧盟不是《关税与贸易总协定》的缔约方，但它签署了反倾销规定；因此正如一些评论家所指出的，本决定出现这一导向，可能是因为更多地参与到《关税与贸易总协定》这一特定领域。

⑧ Case C – 149/96 *Portuguese Republic v Council* [1999] ECR I – 08395.

在本案中，葡萄牙政府声称几份谅解备忘录（欧盟和巴基斯坦以及欧盟和中国签署的备忘录）违反了世贸组织数项规定。

欧洲法院做出裁决，确认它没有权限实施《关税与贸易总协定》——世贸组织规定。裁决结果如下：

> 如果共同体法院承担职责，来确保共同体法律遵守此类规则（即世贸组织规则），这将导致共同体立法或行政部门无法享受共同体贸易伙伴的对待部门所享受的回旋余地。[①]

不管这一判决结果的法律层面如何，它的政治信号非常明确，意味着欧洲内部政策将得到强有力的保护。

因此欧洲法院这些年的立场非常明确，不愿依据《关税与贸易总协定》和世贸组织规则来解释欧洲国家援助法。由于欧洲法院持这一立场，欧盟行政机构在执行内部和国际贸易政策时拥有更大的自由度。

七、欧洲国家援助法面临的新挑战以及金融危机的经验教训

2008年9月，雷曼兄弟破产，继而引发了严重的金融和经济危机。这场危机从美国蔓延至全球各地。鉴于各国金融制度紧密相连，且金融部门和工业部门之间紧密相连，成员国被迫进行干预，提供大量的援助，来救助金融机构。这场危机造成下列主要问题：批发融资市场流动性危机造成的银行融资问题；银行资金损失严重；以及减值资产问题（特别是涉及使用所谓的"次贷"等金融工具）。欧盟成员国分别通过信贷担保计划、资本重组措施和减值资产计划进行干预。经济学家和政客很快明白，应在欧洲层面监管此类大规模的干预活动，且应将国家援助法作为此类监管工作的主要适用法律。自那时起，国家援助法律成为人们讨论最多的一个欧洲竞争法领域。

在危机期间，现有的法律框架不足以控制局面。欧盟救助和重组指导方针应运而生。此类方针在实施过程中遵循《欧盟运行条约》第107（3）(c)的相关规定，即"旨在促进某些活动或某些经济区域的发展，但此等援助对贸易条件的不利影响不得导致违反共同利益"。不过欧盟依据《欧盟运行条约》第107（3）(b)条款的相关规定

---

① Case C – 149/96 *Portuguese Republic v Council*［1999］ECR I – 08395，第46点。

批准向银行提供援助。该条款涉及“旨在推动具有共同欧洲利益的重要项目的实施，或旨在补救某一成员国经济的严重动荡而提供的援助”。

此类决定允许委员会在必要时绕过现有（旧）的救助和重组指导方针（参阅上一段）。事实上，委员会批准通过了专门针对此次紧急状态的指导方针。委员会就第107（3）（b）条款适用性问题出台五份截然不同的通讯，提供了上述新的应急规则。[①] 这一解决方案被证明有一定的效果，因为在救助和重组指导方针等较早的法律中，还没有出现2005年国家援助行动计划［参考第2（d）节内容］所宣布的“更偏重经济层面的做法”。因此，只有救助和重组指导方针证明在紧急状况下发挥有效作用时，委员会才运用这一方针。因此，依据委员会五项新的指导方针审理的“紧急案件”可能比救助和重组指导方针所适用的“普通案件”要多。

在实践中，委员会不得不面对与“普通”危机大相径庭的情况。例如，在危机期间，有可能出现产能过剩的问题。不过这不适用于银行系统。银行系统遭遇严重的信用紧缩问题，且仍然饱受其苦。因此，不得不为这一特殊状况量身定制干预措施。

事实上，由于形势非常严峻，成员国当时拟议的干预措施基本上都获得批准。只有葡萄牙救助葡萄牙私人银行（Banco Privado Portugues）的提议遭否决，原因是缺乏明确的重组计划。

不管怎么样，委员会在批准干预措施时都会附加前提条件，例如剥离核心和非核心资产。鉴于此类措施主要是针对外国资产，因此招致激烈批评。这相当于迫使一些企业撤离国内市场，从而损害了欧洲内部市场。这再次证明竞争政策和维护欧盟内部市场的必要性之间的紧密联系。

最后，在2011年，委员会发布第六份通讯，[②] 旨在推动执行一项银行救助计划。各国国家元首和政府首脑在2011年10月26日就该救助计划达成共识。该计划旨在为

---

① 第OJ 2008 C 270/08号关于国家援助规则适用于针对当前全球金融危机中金融机构采取的措施的通讯（银行业通讯）；第OJ 2009 C 10/02号关于在当前金融危机下重组金融机构资本问题的通讯：将援助限制在最低必要水平，并且防止不必要地扭曲竞争（资本重组通讯）；委员会第OJ 2009 C 72/1号关于处理共同体银行业减值资产的通讯（减值资产通讯）；以及第OJ 2009 C 195/09号关于依据国家援助规则在当前危机下评估金融行业重组措施的通讯（重组通讯）。2010年12月1日，委员会批准第五份通讯，第OJ 2011 C 329号关于自2011年1月1日起国家援助规则适用于在金融危机背景下向银行提供的支持措施的通讯（延期通讯）。延期通讯对重组通讯进行延期。重组通讯是四份通讯中唯一明确说明有效日期的通讯。经修正之后，该通讯有效期到2011年12月31日。

② 第OJ 2011 C 329号关于自2011年1月1日起国家援助规则适用于在金融危机背景下向银行提供的支持措施的通讯。此外还有一份通讯，即委员会第OJ 2013 C 216号关于自2013年8月1日起国家援助规则适用于在金融危机背景下向银行提供的支持措施的通讯。

中期筹资提供担保，以此恢复民众对银行业的信心。

新的救助和重组指导方针批准程序本来预期于 2011 年开始，但由于人们重点关注银行业问题，这一程序被推迟，第二轮磋商仍未举行。无论救助和重组指导方针最终包括什么内容，在危机期间采取的措施都确定构成重要的决定记录，促进人们更好地了解欧洲国家援助法和政策在资不抵债公司方面的目标和发挥的作用。事实上，从经济学的角度而言，此类经验证明，始于金融行业的危机需要高度复杂的解决方案，从而强化了有关有必要采用更侧重经济层面的政策的理念。此外，委员会汲取教训，运用基于效果的方式，而不是过度注重法律形式，来使用各种法律工具。

八、国家行为论

在结语之前，有必要简要地介绍下欧洲竞争法领域。在某些方面，欧洲竞争法与国家援助法存在相似之处。正如我们在上一节所明确说明的，国家援助涉及将国家资源转移给私营、混合制或国有企业。尽管如此，成员国法律规定可以通过其他方式为本国国有企业提供反竞争优势。例如，成员国可以制定法律或法规来促进（或者有时规定）反竞争行为。此类措施和国家援助一样有损分配效率。尽管如此，正如国家援助一样，处理此类国家法律规定带来的问题，具有高度的政治意义。事实上，它经常涉及干预国家经济政策。在涉及贸易法律的所有政策中，此类干预行为非常普遍。不过，鉴于国家行为论没有明确被纳入欧洲各条约之中，相对任何提供反竞争优势的法律规定而言，它看上去甚至更为强硬。事实上，只有参考判例法，我们才能了解此类规则的主要特征。

这一方面的判例法非常复杂，包括欧洲法院做出的多个判决结果。在 INNO ATAB 案[①]中，欧洲法院明确指出，成员国不得通过或实施符合下列规定，即剥夺涉及滥用支配地位行为的规定的效力。在此案之后，还有数个案件涉及国家行为论的发展演变。不过国家行为论是在 Ladbroke[②] 和 Consorzio Fiammiferi[③] 案中才具备现有的特征。

在涉及法国赛马投注法的 Ladbroke 案中，欧洲法院解释指出，针对反竞争协议和滥用支配地位的竞争法律不适用于两类情况：

---

① Case C – 13/77 GB – INNO – BM v ATAB [1977] ECR 2115.

② Joined Cases C – 359 and 379/95 P Commission v Ladbroke Racing Ltd [1997] ECR I – 6265.

③ Case C – 198/01 Consorzio Industrie Fiammiferi (CIF) v Autorità Garante della Concorrenza e del Mercato [2003] ECR I – 8055.

（1）国内法规要求企业采取反竞争行为；或者

（2）国内法规创建法律框架，消除企业开展竞争活动的可能性。

Ladbroke 案提到的第二种情况为希望保护本国产业的成员国留下一个重大的漏洞。Consorzio Industrie Fiammiferi 案的判决结果对这一漏洞进行了一定的修补。事实上，尽管 Ladbroke 案判决结果发展而来的法律规则整体上非常明确，但不清楚成员国政府是否有义务取消上文所提到的国家规定的适用性，这一情况一直持续到 Consorzio Industrie Fiammiferi 案。在该案中，欧洲法院指出，如果成员国法律规定、合法化或补充一项反竞争协议，则国家竞争机构必须取消这项国家规定的适用性。尽管如此，如果企业存在反竞争行为，且属于诉讼程序的一方，它将会因为违反欧洲竞争规则而接受制裁，而制裁时间从国家规定不再适用之时开始算起。因此，从适用于企业的制裁的角度而言，欧洲国家行为论的现有框架至少构成两种限制条件。首先，制裁仅针对下列行动，即企业在法院裁定指出国家规定与欧洲条约相冲突（即不适用性）之后采取的行动。其次，从那以后，最终制裁将适用于作为诉讼方的企业的未来行为（即判决结果不拥有"普遍适用"的效力）。由于针对违反竞争法且受到国家行为论保护的企业的制裁措施影响力有限，因此现行国家行为论为符合下列条件的国家留有空间，即通过立法或监管活动偏袒本国企业。

因此我们可以看到欧洲机构不得不全面出击，遏制成员国扭曲竞争的企图。这场战斗尚未结束，需要持续进行监控和强有力的干预。

九、结语

在前面几节中，我们分析了欧洲国家援助政策发展至今所走过的历程。

欧洲国家援助法和政策的发展历程证明欧洲各机构坚决致力于实现市场统一和市场竞争的目标。不过欧洲国家援助政策执行历史反映了中央政权和态度极为强硬的地方主义之间的斗争，且这一斗争远没有结束。因此不能认为欧洲国家援助政策取得的成功是理所当然的。

从技术角度而言，法律、经济和政治文献就国家援助政策提出不同的观点，它们关注的重点分别为消除贸易壁垒（即所谓的"减损模式"）、消除竞争壁垒（即所谓的"竞争模式"）和协调国家经济政策（即所谓的"政治一体化模式"）。

尽管在欧洲国家援助开始之初，取消贸易壁垒是政策行动的核心组成部分，但最近更侧重经济议题的政策似乎占据了上风。不过依据现行法律所展示的意图，上文提

到的三种模式仍然同时存在，

通过分析欧盟前 45 年的经验，我们可以看到一个强有力、独立的司法制度非常重要，能够为委员会制定国家援助政策提供法律效力。不过随着委员会采取更为复杂的做法，更多地运用经济模式，更为纯粹的司法做法需要后退一步，避免阻碍与形式主义不合拍的进步。

支持欧洲国家援助法律适用性的机构框架仍没有定论。随着经济研究在国家援助法适用性问题上发挥日益重要的作用，委员会的权力也势必得到增强。在一定程度上，金融和经济危机证明是一个绝佳的机会，来考验委员会进行复杂经济推理的能力。委员会在多数情况下表现不错。

现行法律框架是基于一般性集体豁免以及委员会对最具关联性的案件开展全面经济分析工作的职责，它似乎在国家援助法适用性问题上开启了新的阶段。现行国家援助政策内部所存在的不同做法能否达成一致，还有待观察。如果透过历史预见未来，我们可以肯定地指出，欧洲各机构为国家援助政策的发展奠定了坚实的基础。如果欧洲国家援助政策行动继续展现出连续性、果断性和灵活性的特征，本文所提到的问题就有望得到解决。尽管如此，鉴于成员国施加强大的压力，显然我们不能认为欧洲国家援助政策取得的成功是理所当然的。

附 录

附录1 欧洲国家援助法案例选编

本附录提供了一系列最为相关的案例，阅后有助于更好理解欧洲国家援助法的演进。

当前案例的选取，主要是基于这篇探讨与当前研究相关的国家援助政策的法律层面问题的论文做出的。在欧洲法院的网站上可以找到大多数案例文书的英文官方版或其他语言的译文（时间较早的案例更容易找到）。

该网站网址为：www. curia. europa. eu。

"HautsFourneaux et Fonderies de Givors 诉欧洲最高法院"
第 C –27 –29/58 号

事实综述和案件结果

此案涉及法国国家铁路公司（由法国政府管理）向煤炭和钢铁行业使用的特定矿产提供的特殊的价格和优惠条款。这些措施旨在解决上述行业与竞争对手相比在生产条件上面临的结构性困难。

欧洲法院认定这些措施可以被视为国家援助。

政策影响

此案是依据《欧洲煤钢共同体条约》裁定的，非常引人关注，原因有如下几点。首先，这是欧洲法院针对国家援助问题裁定的第一宗案例。其次，此案表明欧洲法院决定借此机会为以后围绕这个主题制定判例法提供非常有力的指导原则。以下评论侧重探讨裁定书中的几个核心要点。

第4段中，根据针对有关各方提交的第三份意见书做出的裁定，法院指出：

> 共同市场的基础是以下原则，即煤炭和钢铁生产企业的竞争条件必须是由自然生产条件和非扭曲的生产条件催生的。所有具有援助或补贴性质的特殊内部价格和优惠条款，都有悖于上述原则，因为其影响是人为产生的，旨在改变使相关企业获益的典型生产条件。
>
> 正如我们所看到的，以上陈述的侧重点是在竞争上；企业在市场上的自由互

动被视为足以"催生出本身就可以确保在尽可能高的生产力条件下进行的最理性的生产分配的条件（参见第三份意见书第 5 段）

在第四份意见书中，欧洲法院有机会裁定均衡考量的潜在可行性。这种考量允许在裁定过程中考察可能与竞争存在潜在冲突的元素。具体而言，欧洲法院考虑了《欧洲煤钢共同体条约》第 2 条第 2 段内容，具体为：

> 欧洲共同体须逐步创造本身就可以确保在尽可能高的生产力条件下进行的最理性的生产分配的条件，同时还要保障就业的连续性，确保不给成员国经济造成根本性和持续性的动荡。

在第三份意见书的第 2 段，法院对竞争和就业的关系做出了清晰的解读：

> 这个法规，尽管有两处保留，但依然明确陈述了共同市场的基本目标，即欧洲最高法院的一般政策必须旨在促进——这对第 70 条所属情况也适用——逐步确立本身就可以确保最理性生产分配的条件。条约的起草者认识到这项政策的潜在影响在于，某些企业或许会被迫停止或调整其活动，而有争议的裁定或许会导致临时性就业率下降，或导致某些企业关停，但不能以违反第 2 条和第 3 条规定为由认定这些裁定不合法。恰恰相反，可以认为这类措施是实现共同市场的必要条件，可以实现其既定目标，因为某些仅能通过经常性巨额补贴存活的企业退出市场会加强市场抵御危机的能力。

如今，以上陈述对于任何欧洲政策制定者都是显而易见的。尽管如此，我们还是不得不考虑到，在一些欧盟成员国的政策制定者看来上述陈述似乎特别具有进步性，如果不是危险性的话，而这些政策制定者秉承的传统是将保护就业视为国家追求的核心目标之一。这里的侧重点是对于市场机制的笃信，及其创造新就业的能力。很显然，有利于劳动力的政策（在欧洲的历史中，劳动力显然没有得到过认可）必须得在脱离国家对企业实施援助的背景下来推进。

"De GezamenlijkeSteenkolenminjen in Limburg 诉欧洲最高法院"
第 C –30/59 号（"倒班矿工"奖金案）

事实综述和案件结果

此案涉及所谓的"倒班矿工奖金"。这种奖金是免税的倒班奖金，是德意志联邦共和国引入的，由企业发给工人，从所有在井下工作的工人的工资缴纳的税款中扣除。奖金并不是向企业提供任何直接的减费优待，而且为的是让井下工作变得更具吸引力。此案引发了德国和荷兰的一场争议。事实上，荷兰的煤炭价格是以德国的煤炭价格为基础设定的。奖金被引入后，德国的煤炭价格有所下降。这种情况显然对荷兰生产企业不利，因为他们并没有获得类似的奖金。

欧洲法院认为，依据欧洲煤钢共同体条约，上述奖金符合国家援助的定义。

政策影响

此案具有相关性，因为它表明，欧洲法院决定为国家援助提供一个宽泛的定义。这在今天或许是很普通的。然而，当时这部分法律的基础刚刚确立，以上观点从政策角度看显然是具有开创性和相关性的。

在 B（I）（1）项中，欧洲法院明确区分了"援助"和"补贴"的概念：

> 条约中并未包含第 4（c）条提到的补贴或援助的明确定义。补贴通常被定义为除了采购商或消费者购买商品或服务向其生产企业支付的现金或实物款项，为该企业提供支持现金或实物款项。援助的定义与此非常类似，然而，援助的侧重点是其目的，援助是专门为特定目标而创造的，该目标正常情况下是无法实现的，除非提供外部帮助。尽管如此，援助的概念还是要比补贴要更为宽泛，因为援助不仅包括积极的好处，如补贴本身，也包括各种形式的旨在减少企业在正常情况下预算中包括的费用的干预措施，这些措施尽管从严格的字面意义上说并非补贴，但是具有类似的特征和相同的效果。

"欧盟委员会诉法国"第 C–6 &11–69 号

事实综述和案件结果

法国政府给法国出口商提供了一项有利条件，通过法兰西银行为针对向欧共体其他国家出口的短期和长期信贷实施优惠再贴现率来实现。

优惠利率仅适用于法国出口产品，旨在帮助出口商在其他欧盟成员国与源自其他国家的产品开展竞争。

欧洲法院认定这些措施可以被视为国家援助。

政策影响

这是在欧洲经济共同体框架下欧洲法院注意到的第一个国家援助案例。然而，这个案例不仅涉及欧洲经济共同体，也涉及欧洲煤钢共同体。为了理解法国政府采取的政策，我们必须想到，在欧洲货币联盟出现之前，所有的出口公司都潜在处于劣势，因为汇率存在利差。因此，法国当局试图通过为出口公司提供优惠信贷利率来解决这个问题。

值得注意的是，在此案中，欧洲法院不得不处理一个问题，那就是如何定义"援助的选择性"。欧洲法院的观点是，这项措施是具有选择性的，因为该措施仅针对出口产品。事实上，欧洲法院做出了如下裁定：

> 相关优惠利率适用于且仅适用于该国所有出口产品这一事实，以及在确立该优惠利率时法国政府或许已经粗略估计了其他成员国实施的利率这一事实，都不能抹杀相关措施带有的援助特征，而公约是禁止提供援助的，仅有特定案例和程序是例外。

人们或许注意到，法国的相关规定并未明确指出相关产品所述的行业。从逻辑上讲，欧洲法院采取的选择性测试得出的结果并不令人满意，因为很难区分哪些产品属于出口产品，哪些不是出口产品。事实上，原则上说任何产品都可以用于出口。

很有可能这种对于"选择性"的拓展可能会成为解决市场一体化问题的方法，其效果是拓宽了国家援助规定的范畴，为的是进一步实现一体化。

另一个值得注意的地方是法国政府为支持其措施提出的理由。事实上，相关措施是在严重的政治和经济危机期间获得批准的。然而，欧洲法院断然驳回了法国政府基于内部政策关切和宏观政策选择做出的辩护（特别是那些认为信贷是货币政策措施，因此不受国家援助规定监管的观点）。事实上，欧洲法院给出了一项普遍原则，其内容为：

> 行使保留权力并不意味着可以……单边采取条约禁止的措施。

正如此前的案例所述，这是一个普遍观点，欧洲法院全面支持，而且代表着欧盟委员会的立场。事实上，这是催生两个机制为在国家援助领域确定明确的政策方针而采取合作的战略首批裁定。

"Int' l Fruit Company NV 诉 ProduktschapvoorGroentenen Fruit Joined Cases"
第 C –21/72 & C –24/74 号

事实综述和案件结果

在此案中，原告称一系列限制从第三国进口苹果的欧盟规定是无效的，因为这些规定与《关税与贸易总协定》第XI条规定不符。

根据《罗马条约》第 177 条规定：

> 法院有权限提供涉及以下内容的初步裁定：（a）条约内容的解释；（b）欧共体机构行为的合法性和解释；（c）理事会行为确立的机构的章程的解释，但须在章程允许的情况下。

这里的问题在于，欧洲法院的管辖权是否也适用于在国际法框架下拟定的欧洲法律的有效性评估。欧洲法院确认其对涉及能够使欧盟法律无效的国际法规的事项具有管辖权。

此外，欧洲法院还澄清了国际法仅在满足两个条件的前提下才能使欧盟法律无效：第一，国际法规定必须对欧共体有法律约束力；第二，国际法规定必须"能够赋予欧共体公民可以在法庭上行使的权利。

欧洲法院指出，《关税与贸易总协定》满足第一个条件。事实上，欧共体愿意受到《关税与贸易总协定》规定约束这一点自从欧盟委员会开始履行关税和贸易政策相关职能之时就是明确的（参见《罗马条约》第 101 条和第 113 条）。

相比之下，《关税与贸易总协定》却并不满足第二个条件。事实上，《关税与贸易总协定》包括具体的争端解决措施，这些措施具有司法性质，例如"书面建议和磋商"。然而，《关税与贸易总协定》并未赋予私人个体在国家级法院挑战相关规定的权利。

政策影响

此案的裁定为欧洲法院坚持反对认可《关税与贸易总协定》规定（以及后来的《世界贸易组织》规定）的任何直接效力铺平了道路。这个立场至今未变，尽管一些学者对此持批评意见，他们呼吁认可国际法在欧共体内部贸易事项上产生更大的影响。在 Kupfberg 一案（案件编号为 C－104/81，Hauptzollamt Mainz 诉 C. A. Kupferberg&Cie KG a. A.，1982 ECR I－3641）中，欧洲法院澄清了对于国际水果公司的指导原则。在这个最新案例中，欧洲法院提供了进一步指示，旨在确定当某项协议足以具有无条件精确的直接效果时，须向私人个体提供挑战国家级法院的权利。欧洲法院指出，这种条件必须针对具体的事项和相关协议的宗旨来证实。事实上，上述声明并未使证实程序更为清晰，却为欧洲法院进行任意解释提供了更大的空间。

"欧盟委员会诉意大利" 第 C –173/73 号

事实综述和案件结果

此案事关一项意大利法律，该法是在改革、改组、转变和重组意大利纺织业的框架下通过的。相关规定允许减少与家庭津贴相关的社会负担费用，旨在为纺织和成衣制造"行业和小手工艺从业者"的利益服务，其目标是调整这些行业应当向国家保险体系支付的费用额度。

欧洲法院认为，这些规定违反了国家援助法。

政策影响

此案具有相关性，因为它代表着首批干预措施中的一项，这种干预措施与国家援助有关，而且是以税收减免的形式提供的。这也就是为什么欧盟委员会的立场受到意大利政府的抵制，该政府希望在涉及内部税收的事项上捍卫自己的能力。

欧洲法院给出了一种非常明确的说法，跳过了形式化的方法，并将分析的基础放在影响上。事实上，在第 13 段，法院裁定"第 92 条并未通过提及原因或目标来区分国家干预措施，而是根据其影响来予以界定"。

这个裁定中还有其他几个要点值得关注。

与之前的案例相同，第一点涉及"选择性"的概念。事实上，欧洲法院指出，任何行业优势都可以被视为具有选择性，即使是这些行业从经济角度看并不直接相互构成竞争关系，而是与其他成员国内部的同样行业构成竞争。

第二点涉及意大利法律赋予开展相关行动的整体框架。意大利的法规使用失业保险基金作为开展相关行动的中介，旨在为收入受损部分提供补偿。该基金是通过国家立法强制出资组建的，而欧盟委员会不会因为这个资金的存在而不认为相关行动属于国家援助范畴。欧洲法院再次支持了欧盟委员会的立场，驳斥了任何形式化的辩护理由，表现出了法院对于实质性内容的兴趣（也就是资金的公众属性）。

"Iannelli&Volpi 诉 Meroni" 第 C –74/76 号

事实综述和案件结果

在 Iannelli&Volpi 诉 Meroni 一案中，欧洲法院不得不解决今天成为《欧盟运行条约》第34条（商品的自由流动）和第107条（国家援助）的同时应用。此案涉及准财政税。

欧洲文化交流协会是一个由意大利公法管辖的机构，其业务范围是促进和监管纤维素纸生产，特别是通过提供补贴来实现上述目标。欧洲文化交流协会主要通过向国内生产商征收准财政税来为自己的活动提供资金。争议的产生过程如下所述。首先，这个补贴机制使国内出版商低价获取国内造纸厂生产的新闻用纸；其次，其他成员国造纸厂供应的纸品并没有获得过任何补贴（税款是在歧视性基础上征收的）。在实际操作中，意大利进口墙纸零售商会将最终购买者税传递出去，由其他成员国进口的产品负担。

欧洲法院针对意大利的相关规定做出裁决的主要依据之一涉及其被归为国家援助措施和/或被归为阻碍自由贸易的国家法规。

欧洲法院被要求针对国家援助和自由贸易的关系的若干复杂要点做出裁定。以下为结论：

1. 条约第30条（现在是《欧盟运行条约》第34条）直接影响和为所有服从欧共体法律的人创造了国家法院必须提出抗议的权利；

2. 条约第92条和第93条（现在是《欧盟运行条约》第107条和第108条）并不会因此被列入禁止对进口产品和第30条给出的具有对等效果的措施实施量化限制的应用范畴，但是为实现目标或正常运行的非必要的援助，以及那些有悖于上述禁令的援助，因此会被视为与这条规定不兼容；

3. 为实现目标或正常运行的非必要的援助与条约第92条和第93条以外的规定也不兼容这一事实本身并不意味着援助作为整体是无效的，因此影响到为上述援助提供资金的体系的非法性。（最后一段指的是援助架构或许已经违反了自由贸易法。然而，违反自由贸易法引发的无效性不适用于整个援助架构。）

政策影响

此案的主要政策影响涉及国家援助法和自由贸易法之间关系。

问题在于受到意大利相关法规影响的实体可以依据自由贸易法规定要求归还税款（国家援助法规与此不同，并没有直接影响）。欧洲法院的裁定从某种角度看是非常微妙的，在某种程度上可以有不同的解读。这是因为欧洲法院继续陈述道，即使是国家援助法管辖的援助在通常情况下并不受自由贸易规定的监管，完成目标不一定要采取的援助的这些特性，也就是可以被"切除"的特性，是可以被国家援助监管的（这也就是所谓的"切除原则"）。

值得注意的是，这种选择意味着将自由贸易法和国家援助视为功能对等。事实上，只有通过含蓄地观察"经济立法"原则，才不得不否定两套法规的同时适用性。这个裁定其实在十年间确定了欧洲法院为监管自由贸易壁垒而施用自由贸易法的倾向性。欧洲法院总是试图寻找可靠的理由为尽可能多的援助组成部分服务，旨在将国家干预措施列入自由贸易法的管辖范围。这个策略在为私人个体挑战更多创造了贸易壁垒的国家规定提供更大的合法性方面发挥了作用，不仅如此，这个策略还允许施用更为严格的贸易法规定，旨更有效消除贸易壁垒。

"Philip Morris 诉 Commission" 第 C –730/79 号

事实综述和案件结果

此案事关荷兰向菲利普莫里斯公司的一家荷兰分公司提供的一项旨在荷兰欠发达地区兴建新工厂的援助。

欧洲法院认为，相关援助与欧洲国家援助法并不兼容。

政策影响

此案对于理解所谓的"州际条款"特别具有相关性，该条款指的是国家援助必须"对共同市场构成影响"这一事实条件，此时才能适用欧洲国家援助法。在第 11 段中，欧洲法院解释称，相关概念是"共同体内部贸易"。欧洲法院指出，为了理解共同体内部贸易是否受到影响，不仅要看某一特定实体当前能力，也要看其潜在能力。因此，必须分析一下相关援助是否能够向公司提供更大的能力，使之与其他成员国的实体进行竞争。按照这种推理方式，即使是类似于荷兰提供的援助，也就是用于兴建新工厂的，并非旨在向出口提供帮助，肯定也会被认为违反了欧洲国家援助法。

另一个重要的政策要点事关在区域政策的基础上获取最终豁免，该政策当时是欧洲经济共同体条约的第 92（3）条。菲利普莫里斯荷兰分公司打算兴建新厂的地区（卑尔根奥松姆地区）显然不如荷兰的其他地区发达。因此，欧盟委员会必须解决如何测试某一特定地区是否欠发达这一问题。欧盟委员会当时可能考虑了两种替代解决方案，或者在荷兰经济的背景下对相关地区的发展状况进行测试，或者在欧共体层面进行一项类似的测试作为参照。欧盟委员会选择了第二种方案，这种做法完全改变了此案的结果。这种解读方式得出的结果的限制性强了很多，因为荷兰的财富水平普遍高于其他欧盟成员国。

总之，我们可以认为，欧洲法院明确采取了旨在扩大国家援助法范畴的行动，无论是提及共同体内部贸易标准，还是提及依据欧洲经济共同体条约第92（3）条构成损害。

"Commission 诉 Ireland" 第 C −249/81 号（"购买爱尔兰"案）

事实综述和案件结果

此案涉及一项由爱尔兰政府发起的商业活动。这项活动的目的是将消费支出的3%变为爱尔兰产品，而不是进口产品。这项活动由多项经过谨慎考虑的倡议组成，它们放在一起组成了一个旨在促进荷兰商品销售的综合性计划，其中还有解决生产商、分销商和消费者的具体建议。荷兰政府采取的措施包括：鼓励在爱尔兰生产的产品上使用"保障是爱尔兰货"的标识，并安排爱尔兰商品理事会这样的必要组织来针对带有上述标识的产品提供专门的投诉调查系统；爱尔兰商品理事会组织大型宣传活动，对爱尔兰产品进行推广，而且该组织还出版和发行鼓励消费者只购买国内产品的宣传资料。爱尔兰政府资助了大多数活动，并认为这些活动理应依据国家援助来评判。

欧洲法院认为这些活动违反了自由贸易法。

政策影响

此案从政策角度看是很重要的，因为其比"Iannelli 诉 Meroni 案"更具进步性。更重要的是，此案表明，尽管已经将国家援助法列为"特别法"，但欧洲法院依然倾向于采取功利性方法，旨在拓展自由贸易法的适用范围，这是因为该法的直接效果不错。

在此案中，上述裁定与法律总顾问凯博多蒂有力观点针锋相对，卡波托尔蒂认为从司法角度看，国家援助法显然适用于爱尔兰采取的措施，因为该行动中有金融因素。

"Intermills 诉 Commission" 第 C −323/82 号

事实综述和案件结果

此案涉及比利时政府采取的旨在帮助一家造纸公司的一系列干预措施。在这些措施中，人们或许可以注意到优惠贷款和国家收购该公司股份的情况。

考虑到实际的局势（该公司试图转而生产另一种产品），欧盟委员会认为短期贷款与国家援助规定兼容，但长期承诺，例如收购大部分股份很可能会严重扭曲竞争态势。

欧洲法院也认可了欧盟委员会采取的上述观点。

政策影响

此案从政策角度看非常重要，因为它提供了一个欧洲法院决定拓展国家援助定义的信号。事实上，在此案裁定出现之前，国家援助概念到底在多大程度上适用尚不明确。欧洲法院接受了欧盟委员会对于"国家援助"的宽泛解读此案的裁定具有特别重要的意义，因为成员国作为本国经济的利益攸关者采取着非常普遍的干预措施。

"Fédération de l'industrie de l'huilerie de la CEE

（Fediol）诉 Commission" 第 C –70/87 号

事实综述和案件结果

此案是根据欧共体法规第 2641/84 号第 2（1）条裁定的，该条规定使生产商能够向欧盟委员会就第三国采取的非法商业行为进行投诉。一家欧洲生产商投诉欧盟委员会未能起诉一家阿根廷生产商，特别是鉴于阿根廷已经违反了多项《关税与贸易总协定》规定。

欧洲法院认可了这家欧洲生产商的观点。

（政策影响在后面介绍）

"Nakajima All Precision 诉 Council" 第 C –69/89 号

事实综述和案件结果

此案处理的是一项欧洲反倾销规定须遵从《关税与贸易总协定》中的反倾销措施的情况。

欧洲法院确认其可以评估欧共体法规的合法性，具体而言就是遵从《关税与贸易总协定》法规的问题，但前提是欧共体拟履行一项具体的《关税与贸易总协定》义务。在此案中，履行与《反倾销法典》相关的《关税与贸易总协定》规范的意向的确存在，而且为落实《关税与贸易总协定》第 6 条规定获得了明确发布（参见裁定书第29ff 条）。

Fediol 案和 Nakajima 案的政策影响

在 Fediol 一案中，欧洲法院表示私人个体"有权要求法院行使其对适用于那些法规（也就是《关税与贸易总协定》）的欧盟委员会裁定合法性进行审查"。这样一来，欧洲法院将其管辖范围拓展到了欧盟委员会的共同体外政策部分。

Nakajima 一案具有相关性，因为欧洲法院又一次否认了笼统使用《关税与贸易总协定》和世界贸易组织法规来评估欧盟行为的合法性的可能性。换言之，法院否认了《关税与贸易总协定》和世界贸易组织法规在欧盟管辖范围内存在直接效力。

总之，依据《关税与贸易总协定》和世界贸易组织法规评估欧盟法规的可能性仅仅被视为特例。此类特例仅在保持接受《关税与贸易总协定》和世界贸易组织法规处于控制之下时会被考虑，但并不认可其在欧盟管辖范围内具有普遍合法性。换言之，当欧盟明确采用一项遵从《关税与贸易总协定》特定部分的法规时（在 Nakajima 一案中，相关的欧盟法规遵从的是《关税与贸易总协定》框架下的《反倾销法典》），内部法规可以在国际协议的背景下进行解读。在其他所有情况下，《关税与贸易总协定》法规对于欧盟的公共计划依然有法律约束力，但是法规并不产生直接效力（也就是说它们不会在《关税与贸易总协定》或国家法院受到挑战）。

鉴于以上这些裁定，欧盟国家援助法受到了很好的保护，不会在这些国际协议的背景下被解读。这就为开发一套只依靠欧盟制定的政策内容而存在的法律术语集创造了可能性。

"DuPont de Nemours Italiana 诉 USL Carrara（1990）"

事实综述和案件结果

此案处理的是一项要求国有企业或国家控股企业须从意大利南部企业采购至少 30% 原料的意大利法律。Dupont de Nemours Italiana 对一项基于上述法律做出的行政决定提出异议，理由是该企业被从一项招标程序中排挤出去，原因是该企业在意大利南部没有任何设施。

欧洲法院认为，这样的法规违反了自由贸易法。不仅如此，法院还明确指出，该法规最终符合国家援助要求这一事实，并不影响自由贸易法规的适用。

政策影响

这项裁定非常值得关注，理由至少有两点。

首先，裁定中陈述了有关国家援助法的非常明确的原则。在第 20 段，欧洲法院指出：

> 根据相关案例法，显然这些法规和关于国家援助的公约规定都有相同的目的，那就是确保商品可以在正常的竞争条件下在成员国之间自由流动。

其次，法院重申了在 Iannelli 诉 Meroni 一案中的主张。在第 21 段，欧盟法院指出：

　　国家法规或许会在第 92 条的背景下被视为援助这一事实并不能使其免受第 30 条设置的禁令。

　　这是一项非常值得关注的解读。我们在"购买爱尔兰国货"一案中看到，欧洲法院倾向于将不明确的案例归为自由贸易案例，旨在从直接适用性上获利。这一次，认识到国家援助法在避免自由贸易法适用方面的潜在战略作用，欧洲法院明确排除了有关各方适用其作为辩护理由的可能性。这样一来，欧洲法院在实际操作中就推翻了 Iannelli 诉 Adria-Wien，Pipeline 诉 Finanzlandesdirektion（第 C – 143/99 号）两个案例中的说法。

事实综述和案件结果

　　此案事关一项向积极从事商品生产的企业提供电价折扣的法规。相比之下，折扣并不适用于积极从事服务保障的企业。欧洲法院指出，为经济中某一产业（商品生产）整体降低普通税率，会被视为国家援助措施（非常宽泛的产业政策决定）。然而，关于向所有企业提供的折扣（无论其从事何种活动）的法规就不会被视为国家援助。事实上，欧洲法院似乎对"选择性"采取了非常宽泛的解读。

　　（政策影响在后面介绍）

"PreussenElektra AG 诉 Schleswag"第 C –379/98 号

事实综述和案件结果

　　在此案中，欧洲法院处理一项德国法规，该法规要求分销电力的私人企业以国家确立的最低价购买一定数量的来自可持续能源来源的电力。国家确定的价格和市场价的差价部分由生产"传统"电力的私人供应商承担。

　　欧洲法院据此认为：一个成员国的法律规定，首先，要求私人电力供应商在采购区域以最低价购买可持续能源来源的电力，但这一价格比此类电力的真实经济价值高一些；其次，这种义务给电力供应商和上游私人电力网络运营商造成的分销财务负担并不构成欧共体条约第 92（1）条中提到的国家援助［现在，经过修正后，变为欧共体条约第 87（1）条］。[①]

Adria 和案 PreussenElektra 案的政策影响

　　一方面，Adria-Wien 一案可以体现出欧洲法院拓展国家援助含义的明确意图。另一

---

　　①　出处为裁定书的第一点。

方面，PreussenElektra 一案拓展上述概念的程度并不像有些律师和评论人士期待的那么大。事实上，在此案中，为了认定国家援助，依然要求国家资源的直接或间接参与。因此，仅仅是要求特定类型公司的经济优势，或者甚至是从一类到另一类的实质性再分配，这项法规并不能被认为是国家援助法规，除非有国家资源的直接或间接参与。在这个特定案例中，有些评论人士还认为欧洲法院采用一种便利的方式，避免插手一个国家的内部环境政策。

"Presidenza del Consiglio 诉 RegioneSardegna" 第 C－169/08 号

事实综述和案件结果

此案事关一项针对经停航班征收的区域税（萨丁岛，意大利的一个地区），仅仅适用于那些在萨丁岛并无实体的企业。这样的法规对于自由贸易和竞争都产生了影响（有利于内部企业）。

欧洲法院认为，此类法规同时违反了自由贸易规定和国家援助规定。

政策影响

上述裁定表明，尽管为扫除市场一体化的障碍做出了重大努力，但这种障碍依然存在，即使是在创始成员国意大利这样的国家的司法系统内部也不例外。一方面，裁定也表明欧洲法院继续在通过斗争以实现市场一体化。另一方面，不幸的是法院并未提供任何关于由 Iannelli 诉 Meroni 一案引发的理论辩论的想法。之前我们援引的这些有关分割性原则的案例（Iannelli，Buy Irish，Dupont）在本案中都没有被援引。事实上，欧洲法院在没有回归原则问题的情况下，同时使用了国家援助法和自由贸易法。尽管欧洲体系并不是完全构建在"遵循先例"原则的基础上，但这样的裁定还是为未来的不确定性留下了更多空间。

附录2　区域援助法和政策

自欧盟基础条约制定以来，区域政策对于欧洲经济发展至关重要。值得特别注意的一点是，拟定《罗马条约》时应予考虑的少数几件事之一是"急于通过减少各个区域和不受重视的落后区域之间的现有分歧来加强经济统一，确保和谐发展（强调提供）"。

为此，具体区域提供针对具体区域的法规（例如，《罗马条约》第 80 条第 2 段关于运输的内容）。不仅如此，自从依据《罗马条约》① 成立以来，欧洲投资银行已经将核心目标之一设为向"欠发达地区发展项目"提供资金②。

《罗马条约》还包括了关于区域援助的具体规定。条约创造了两个豁免类别，都包括在第 92 条中。一方面，第 92 条第 2 段指的是"与共同市场不兼容的"援助，其中第（c）项是"向联邦德国某些地区的受到德国分裂影响的经济提供的"援助，这样的援助为的是补偿上述分裂造成的经济劣势。另一方面，第 92 条第 3 段指的是"可能会被视为与共同市场兼容的"援助，其中第（a）项是"旨在促进生活水平非正常低下或者出现严重的不充分就业的区域经济发展的援助"，其中第（c）项是"旨在便利发展特定经济活动或特定经济区域的援助，在这些区域援助并不会给贸易条件造成负面影响"。

从一开始，区域政策就显然面临着两种困境。首先，区域政策不得不同时追求多个总体目标，其中不仅有普遍的经济融合，也有收入融合。鉴于重新安置区域人口是不可能的，两项政策缺失会给大批欧洲人口带来严重和永久性的不利影响。

其实，从第 92 条第 2 段和第 3 段的起草可以获知，区域政策不得不做出一项关键的取舍，那就是在公平和效率之间做出选择。区域援助规定似乎就是具体围绕这个取舍而起草的，试图协调竞争驱动效率的理念和平等的理想。不可避免的是，上述截然不同的标准为不同的政治思维提供了绝佳的战场。因此，欧洲政策制定者不得不制定出渐进式和务实的方法来解决这个问题。

欧洲区域援助政策的主要思想之一是接受新成员国会一次又一次地在几十年内提出似乎已经大部分在最为富有的"老"国家之间获得解决的"老"问题。也就是说，越来越普遍的区域援助政策，与欧盟基础条约憧憬的"热切"希望形成鲜明对比，这种希望是期待此类政策的中期目标实现后，能够在合适的时机稳步减少。

为了理解欧洲促进区域发展的方法，至少需要考虑两个重要的政策层面。一方面，成员国的区域援助政策是存在的，在一定范围内它们被允许向国内的发展中或欠发达地区提供补贴。另一方面，欧洲凝聚基金和欧洲结构基金也是存在的，它们从欧洲一体化的视角向某些地区提供资源。我们将侧重探讨第一套规则，因为本附录提供的分析是在竞争法的背景下进行的。然而，鉴于集中干预措施是欧盟开支中的一个重要组

---

① 《罗马条约》第 129 条。
② 《罗马条约》第 130（a）条。

成部分，我们也会提供些有关欧盟补贴机制的信息，旨在使框架完整一些。

在开始介绍区域援助法的演进之前，必须记住我们要谈的内容适用于欧洲经济的绝大多数行业。然而，也有些具体的行业已经逐步取消了区域援助（例如钢铁和复合纤维)[①] 或已经受制于特定政策，例如渔业和水产养殖业、农业、交通运输业和能源业。[②] 这主要是因为这些行业已经通过欧盟基础条约的特定条款进行了全面监管。

从普通区域援助政策描述开始看，必须承认的是，尽管欧盟委员会和欧盟法院在塑造欧洲国家援助政策方面发挥着核心作用，但区域援助事务的第一个重要的政策方向事实上来自欧盟理事会。

1971 年欧洲理事会在通过《区域援助一般制度决议》[③] 之际就试图回答此前被委员会提出过多次的关切。这些关切在《欧共体活动第一次一般报告》第 262 段中概括如下：

> 迄今为止的进展情况表明，欧共体层面协调不够，这可能会带来双重不利影响：在国家预算层面，存在竞争性提供援助的风险，特别是针对边疆区域；在区域本身层面，或者因为企业会发现其差不多是受到鼓励采取悠着点的工作方式，因为预计当局会增加提供的援助金额，或者因为不同区域会被给予较多或较少的援助，但并非是依据这些区域不得不解决的政治和社会问题来提供的，而是基于不同边疆区域之间的竞争性评估。

1971 年欧盟理事会决议中包含了一些非常重要的原则，这些原则为发展区域援助铺平了道路。

首先，限制区域援助的行动必须首先来自工业化程度最高的区域（所谓的"中心区域"），仅在后续阶段[④]才适用于欠发达地区。采取这个策略的原因可能是，一方面，"中心区域"的区域支持最有可能代表着通过提供非法补贴对竞争构成的威胁；另一方面，中心区域可能会更为繁荣，所以从社会政治角度看对付起来遇到的问题更少。

其次，这项决议确定了每项投资的援助最高值，也就是最高占投资金额的 20%。[⑤]

---

① 例如《2014 年至 2020 年区域指导方针》，第 1.1.9。

② 出处同上，1.1.10 及后续内容。

③ OJ 1971 C111/1. 。注意文本中提供的标题是作者从法语自由翻译而成。事实上，当时欧洲共同体没有英语版本的决议（也就是在英国和爱尔兰加入前的阶段）。

④ OJ1971 C111/1，第 1 点。

⑤ 出处同上，第 2 点。

再次，这项决议要求在援助事务上保持透明，明确要求成员国停止任何不透明的干预措施。①

最后，这项决议给出了一系列标准，旨在限制成员国提供面向全国的援助，却将其列为"区域"援助。因此，这项决议指出了识别每个成员国接受区域援助的区域类型的必要性（卢森堡是个例外，因为该国被视为一个区域，毕竟其领土面积非常有限）。与此同时，决议中还有一个非常明确的立场，也就是反对所谓的"精准援助"，指的是向孤立于其他区域的非常具体的地理范围提供的补助。这项决议还要求成员国确定拟根据需要向每个区域提供的援助的密度。②

正如欧盟理事会在第一项关于区域援助的决议中设想的那样，欧盟委员会开始逐渐拓展区域援助法的范围。1971 年到 1978 年③，欧盟委员会发布了一系列拟适用于区域援助的"通用原则"，解决了欧盟理事会在逐步发展区域援助政策的目标中设想的边缘地区（欠发达地区）问题。这些原则的主要特点是，可以根据每个区域表现出的需求程度来确定不同的援助门槛（现在最高可以达到投资金额的 30%）。

区域事务的下一个最重要的干预措施来自 1978 年欧盟委员会就区域援助系统发布的通讯。这份通讯确立了五项协调区域援助的原则：援助强度的上限随着区域面临问题的性质和严重性不同而变化；透明；区域特性；区域援助的行业反响；监管体系。④

欧盟委员会采取的方法的核心是拟定了四个不同的区域类别，确定了每个类别的援助强度上限，并明确了欧洲具体区域属于那种类别，而不是只提供一般识别标准。⑤

其中最重要立场之一是反对那种并非依据初步投资或创造就业而提供的援助，这种援助具有"经营性援助"的特征，也就是说，这种援助是给现有经营活动提供的。这样的立场确认了区域援助的主要目标是创造就业和经济发展。

不过，其中也有重要的倒退，对于向获得援助的区域迁移实体的情况，补贴上限可以达到转移资本设备开销的 100%。⑥

另一个关于行业影响的重要原则旨在防止向经济的某一领域提供区域援助时对整个

---

① 出处同上，第 3 点。

② 出处同上，第 5 点。

③ OJ 1979 C 31/3.

④ OJ 1971 C111/1，第 1 点。

⑤ 出处同上，第 2 点（Ⅰ–Ⅳ）。

⑥ 出处同上，第 6 点。

欧共体产生影响。为此，欧盟委员会保留了在必要时对区域援助实施限制措施的权力。①

尽管有了新的更为清晰的法律框架，在20世纪80年代初期，欧盟委员会还是在使用区域援助法律时表现出了更大的灵活性，因为希腊、葡萄牙和西班牙加入了欧盟。这些国家的加入迫使欧洲在很多情况下认可成员国以欠发达和失业为国民经济的主要特点。

欧共体条约第158条，是依据1987年生效的《单一欧洲法》制定的，要求欧洲机构考虑进一步与处境不利的区域进行融合这一重大目标。这一目标给1988年欧盟委员会通讯提供了灵感，找到了将第92（3）（a）和（c）条适用于区域援助的方法。② 这份通讯与1978年的那份有所不同，区别在于确定了认定援助上限的普遍标准。

对于旨在促进居民生活水平过低或存在严重失业现象地区的经济发展的援助［也即第92（3）（a）条援助］，欧盟委员会将符合条件的区域列为"GDP/PPS（购买力标准）小于等于欧盟平均水平75%的区域"，有这样表现的区域就意味着居民生活水平过低或存在严重失业现象。

对于旨在"促进某些经济区发展，但不会对贸易条件形成不利于共同利益的负面影响的援助"［也即第92（3）（c）条援助］，1988年的通讯确立了一种区域援助分析方法，主要基于两个阶段进行。第一个阶段基于事业水平和收入水平，第二个阶段基于其他的指标，如"失业的趋势和机构、就业的发展、净移民、人口结构压力、人口密度、活动率、生产率、经济活动结构（特别是夕阳产业的重要性）、投资、地理状况和地形学，以及基础设施"。③ 因此，需要考虑选择"动态"变量。基于这项分析，委员会开始用两种方法使用了凝聚原则，一方面帮助处境不利的区域，另一方面显著减少向处境良好的区域提供区域援助。

在采取此类干预措施的同时，为了通过协调成员国区域政策来加强凝聚性，欧盟理事会通过了第2052/88号法规④，以结构基金来完成推进处境不利的区域发展的任务。⑤

1998年关于区域援助的通讯对适用于区域援助的标准进行了修改和简化，将在2001年到2006年期间适用于所有区域援助系统。⑥ 区域援助的关键原则并没有被显著

---

① 出处同上，第11点。

② OJ 1988 C 212/2。

③ OJ 1988 C212/2，第3点。

④ OJ 1988 L185/9.

⑤ 参见规定的目标1，第ff项。

⑥ OJ 1998 C74/9.

修改，依然与最初的欧盟政策保持一致。进一步加大的是对于处境不利区域的重视程度，特别关注就业和现代化等目标。有些传统目标，例如禁止精确援助，得到了确认，但发展极除外。

与1988年通讯中，1998年通讯保留了根据第92（3）（a）条和第92（3）（c）条计算允许的援助额度的独特方法，为第92（3）（a）条确立了正式的数值标准（即按照购买力标准计算的人均GDP低于欧共体平均水平75%）以及适用于第92（3）（c）条的更为灵活的方法。然而，依据欧洲法院对于第92（3）（c）条的更为严格的解读[1]，欧盟委员会明确指出，这类援助拟提供给相对于那些第92（3）（a）条提到的区域处境较为不利的区域。因此，必须作为例外情况加以考虑，而且只能在非常有限的程度上予以提供。"这样一来，只有成员国国家领土内的一小部分从表面上看能够有资格获得相关援助。"[2] 然而，鉴于此类援助对于推进特定区域地区的战略发展的重要意义，欧盟委员会允许成员国自行决定哪些区域是处境不利的区域。为此，欧盟委员会开发了一种双重体系，欧盟委员会首先为每个国家确定一个覆盖此类援助的上限，然后由每个成员国选择符合条件的区域。[3]

对于依据第92（3）（a）条和第92（3）（c）条计算的援助，成员国须画出一份"区域援助地图"[4]，并送交欧盟委员会批准。

1998年的指导原则需要在欧盟进一步扩大后进行更新，因为加入欧盟的国家大多数都是欠发达国家。出现的主要问题是大多数新加入欧盟的国家有资格接受援助，其依据是第92（3）（a）条项规定，援助区域的范围覆盖了超过欧洲总人口的50%。因此，2007年至2013年指导原则[5]旨在将这个比例限制在50%以下。

自1998年以来，欧盟委员会已经开始在制定一般区域援助政策的同时，制定了一项具体的政策，旨在监管提供给大型投资项目的援助。1998年的大型投资项目[6]区域援助多行业框架的目标是"限制为大型投资项目提供援助的水平，旨在避免对于竞争可能出现的负面影响，但与此同时保持接受援助区域的吸引力。"[7][8] 在这个框架下，

[1] 第248/84号案例：德国诉欧盟委员会，1987年，《欧共体规定》4013号。
[2] 出处同上，第3.7点。
[3] 参见通讯的3.08和以后部分。
[4] 出处同上，第5.2点。
[5] OJ 2006 C54/13.
[6] OJ 1998 C107/5.
[7] 出处同上，第1.2点。
[8] 出处同上，第2点。

欧盟委员会打算逐个案例裁定允许向受到通知要求管辖的项目提供援助的最高限额。这最终带来了低于适用区域上限的援助强度。为了控制大规模投资，欧盟委员会先是为投资规模大于 5000 万欧洲货币单位（N. B. ECU）的项目确定了通报义务。[①] 其次，欧盟委员会确立了一系列评估援助的标准，将竞争（特别侧重产能过剩的危险），对资本与劳动力比率的影响，以及对区域的普遍影响（例如新企业在该地区的存在对于就业产生的间接积极影响）。通过这些规定与其他一般规定，欧盟委员会致力于全面监控此类援助。

如刚才所述，国家援助法仅是欧盟区域政策的一部分。2000 年见证了整个欧洲层面的区域援助集中化的趋势。欧盟理事会制订了一项结构合理的计划，其目标有三项：

目标 1：促进落后区域的发展和结构调整；

目标 2：支持遇到结构困难的区域实现经济和社会转型；

目标 3：支持符合目标 1 的区域进行教育、培训和就业政策，以及系统的改革和现代化。

成员国依据目标 1 可以获得的结构基金和过渡性支持拨款额度在欧盟委员会决议第 1999/501/EC 号中介绍。[②]

在 2000—2006 年，欧盟累计以结构援助的方式提供了 2130 亿欧元，这个数字不一定十分精确，仅仅是为论述方便计算出来的。在这个阶段结束之时，区域政策总司长针对符合目标 1 的主要区域在结构基金的作用下产生的经济影响做了一项研究。研究表明，获得欧盟援助后，葡萄牙 GDP 总量上升了 3.5%，希腊上升了 2.4%。这个涨幅在意大利南部地区是 1.7%，在德国东部地区是 1.6%。

一个新的多行业框架在 2004 年被引入。新框架引入了简化的评估方法，其依据是上限，也就是投资金额在 5000 万欧元的项目可以获取最高 100% 的适用区域上限，投资金额在 5000 万到 1 亿欧元的项目可以获取最高 50% 的适用区域上限，投资金额在 1 亿欧元以上的项目可以获取最高 34% 的适用区域上限。这在 2007—2013 年的指导方针里大致有所体现。2000 年发布的新区域援助政策的一个重要特征是区域援助[③]的普通集体豁免规则获得了批准，该规则是在所谓的"赋权规则"里获得通过的。[④] 依据该规

---

① N. B. ECU 指的将是一篮子欧共体成员国货币作为欧共体结算单位，但 1999 年 1 月 1 日后被按购买力平价计算的欧元所取代。

② OJ L194 of 27. 7. 1999.

③ 欧盟委员会规定 EC 1628/2006 OJ L302/29。

④ 欧盟理事会规定 EC 994/98 OJ L142/1。

则中的计划提供的援助可以从豁免中受益。然而，豁免规则并不适用于有些重要的援助类型：

（1）不透明的区域投资和援助计划；

（2）区域援助计划以制造业或服务业内部的特定经济活动为目标；

（3）以旅游活动为目标的区域投资援助计划，而旅游活动并不被认为是具体行业的目标；

（4）提供"经营援助"的区域援助计划；

（5）向初创小企业提供投资或咨询服务的区域援助计划；

（6）基于现有投资计划向大型投项目提供的区域援助，前提是所有来源的援助总额超过了75%的最高援助额度，也就是一项投资具有10亿欧元符合条件的开支可以获取的最高援助额度，适用于针对大型企业制定的已经获得批准的援助地图上在援助获得批准之日的援助上限标准；

（7）临时区域援助，依据欧盟第70/2001号规定第3（1）条和本规定第3（3）条豁免的除外；

（8）有利于特定受益方的投资援助，此类受益方受到此前欧盟委员会宣布相关援助非法且与共同市场不兼容的裁定悬而未决的追缴令的约束。

在这些例外情况中，第（4）项"区域经营援助"，也就是旨在减少一家企业现行开销的区域援助，需要特别提及。此类援助通常被欧盟国家援助法禁止（参见2007年到2013年指导方针第76段）。然而，在有些时候此类援助可能是必需的，特别是"在依据第87（3）（a）条规定符合降低条件的区域，该条规定鉴于其为区域发展的出资情况及其性质和其水平与其寻求缓解的不利因素成比例。"

依据指导方针："成员国有责任展示出任何不利因素的存在和重要性。"此外，特定形式的经营性援助在低人口密度区域和人口密度极低的区域被接受。[①] 对于此类援助，欧盟委员会的方式是要求其在正常情况下是临时性的和递减的，而且在相关区域与较富裕区域结合后被取消。

欧盟委员会也针对融资和集团内部活动的经营性援助表达了具体的关切，因为这些援助对于区域发展的影响在一般情况下较低。"欧盟委员会为此将不批准向金融服务业或集团内活动提供任何经营性援助，除非此类援助是依据面向所有行业的普通援助计划提供的，这些计划旨在抵消额外的运输或就业开销（2007年到2013年指导方针第

---

① 欧盟理事会规定 EC 994/98 OJ L142/1，第76段。

78 段）。"

欧盟机构在制定新的区域援助指导方针的同时，再次继续制定了一项集中的区域发展政策。2006 年 7 月 11 日第 1083/200 号拟定了欧洲区域发展基金、欧洲社会基金和欧洲凝聚基金的通则，同时废止了名称相同的欧洲理事会规定第 1260/1999 号。① 作为 2007 年到 2013 年凝聚政策的一部分，这项规则定义了适用于欧洲区域发展基金、欧洲区域发展基金和欧洲凝聚基金的共同规则、标准和原则，并分配了总计 3470 亿欧元的资金，这一金额大约相当于欧盟预算的 1/3。② 如果将这些数字与 2000 年到 2006 年规则中的数字相比较，人们可以再次看到向区域提供的集中援助金额有显著提升。

最近，新的区域援助指导方针（2014 年到 2020 年）已经开始投入使用。现在对其效果做出评判为时尚早。然而，值得注意的是这些法规获得批准的背景。

在 2012 年 5 月 8 日关于国家援助现代化通讯中③，欧盟委员会宣布了三个目标，以实现国家援助管理的现代化：

（1）在竞争性内部市场环境下，培养可持续、明智和包容性经济增长；

（2）聚焦欧盟委员会对于可能会对内部市场造成最大影响的个案的事前审查，同时加强与成员国在国家援助执行领域的合作；

（3）精简规则，提供更快决策。

除了这些目标外，新的指导方针似乎得到了经济分析的更有力的支持，例如已经在此前版本的指导方针里出现过的"刺激效果"在特定情况下需要加以证明，也就是说"援助提供了采取积极投资决策的刺激，因为在其他情况下不可能为受益人实现盈利的投资现在在相关区域变成了可能；或者援助提供了将计划中的投资投向相关区域而不是其他区域的刺激，因为援助可以补偿在相关区域净投资的损失和开销"。④

最大援助原则依然是指导方针的固定特色，而且以更为明确的方式表述了出来。不仅如此，指导方针还以不那么具有形式化的方式为特色，不是提供普遍原则陈述，而是提供了使用法规的假设情境。对于上限，与以往版本的指导方针相比，新成员国的加入迫使欧盟委员会提高了基于人口结构的援助的最高允许比例。然而，这显然是

---

① OJ L210/25 of 31.07.2006.

② 信息包含在：http://europa.eu/legislation_summaries/regional_policy/provisions_and_instruments/g24231_en.htm，访问时间为 2014 年 8 月 16 日。

③ 欧盟委员会给欧洲议会、欧盟理事会、欧洲经社委员会和欧盟国家援助现代化区域委员会的通讯，COM/2012/0209 终稿。

④ 指导方针，第 3.5 条。

临时性法规，一旦更为穷苦的成员国与其他成员国较高的经济发展标准接轨后应予以调整。

附录 3　一般性集体豁免

一般而言，欧盟成员国为企业提供国家援助措施时，应事先通报欧盟委员会，征得其同意。

在欧盟制定竞争法之初，针对反竞争协议设立了一个类似的通报机制。不过随着欧洲共同体的扩张，通报的数量激剧增加。由于此类通报数量的增加，委员会无法高效、及时处理所有的通报信息。

对于反竞争协议和滥用支配地位，一项双重倡议提供了解决方案，即在第一阶段采取集体豁免，第二阶段通过权力下放和自我评估（参考所谓的第 1/2003 号"现代化条例"）。

国家援助问题只能是通过集体豁免得以解决。事实上，由于国家援助法等规则是针对成员国，所以很难将执行工作下放给成员国。此外，权力下放有可能导致成员国内部出现机构冲突，并且导致执法水平不一的问题。

在通过首个一般集体豁免条例之前，委员会通过渐进、分行业的方式来解决豁免问题。首先，委员会的决定开始分层，让成员国和经济从业者了解委员会可能批准和基本肯定会驳回哪些做法。最终，委员会针对几个行业发布指导方针，提供一系列判例法，以及介绍欧洲法院理念的指南。

如果委员会需要采取更为强硬的政策行动，它会采取略有不同的程序，利用之前向成员国下达的有关委员会政策意图的通函，采用"框架"，并且有时通过所谓的"法规"（例如《合成纤维行业援助法规》）。

在例外情况下，理事会采取极具针对性的部门计划，例如造船案。[①] 一些行业虽然存在特定政策干预，但仍能够豁免于首个一般性集体豁免条例所开创的一般机制。

由于各个行业的政策大不相同，这导致出现大量多样化的规则。这些规则经常令人费解，且在一定程度上效果不可预测。因此，有必要建立一个通用框架，用于分析国家援助。在新千年之初，欧盟涌现出改革的浪潮，当时通过了首个一般性集体豁免

---

① 参考理事会关于造船援助的首个指令第 69/262［1969］OJ L206/25 号指令。

条例，从而为上述变革创造了机遇。①

依据首个一般性集体豁免条例，如果援助措施满足特定条件，可以无须事先进行通报。在近期改革后，这一特征得以保留。这一规定分为三章。第一章主要涉及程序性问题。第二章涉及特定类别的援助（地区援助、中小型企业援助）。第三章包括总体规定、定义和过渡性规定。

首个一般性集体豁免条例整体上取得成功。事实上，与之前的条例相比，它将集体豁免措施的数量提高到近两倍。此外，它还关注所谓的"激励效应"，即它规定了特定的条件，以确保受益对象在开展项目或活动时，援助是不可缺少的。

这一条例还提升了透明度，从而允许第三方和国家法官等其他利害关系人进一步了解是不是事实上提供了援助，以及援助满足何种条件才与国家援助规定相一致。

鉴于首批规则整体上取得成功，当有机会出台新规则时，委员会按照类似的方针开展工作。在国家援助现代化计划之后，委员会近期出台新的集体豁免条例，② 旨在减少成员国和当地政府的行政负担，并且提高援助的法律可靠性。

这一新的集体豁免条例于 2014 年 7 月 1 日生效。这一条例的系统架构得到改进。该条例由四章组成：第一章为总则；第二章为涉及监督工作的具体规则；第三章为基于行业的豁免规则；第四章为最终条款。

依据新的规则，成员国无须事先向委员会通报，有权出台更多援助措施，提供更多的援助。有关这一新条例的主要目标简要情况如下所示：

（1）鼓励刺激经济增长、提供就业机会和符合共同利益的其他目标的援助；

（2）减少成员国的行政负担，并加快向公司提供援助的速度；

（3）减少委员会的行政负担，使其能够重点关注有可能扭曲单一市场竞争的援助措施，并且改善涉及受益于豁免机制的措施的事后监督工作。

通过下列创新措施来达成上述目标：

（1）设立新的类别，使之能够受益于豁免机制（赔偿特定自然灾害造成的损失的援助；为偏远地区居民提供的社会运输援助；宽带基础设施援助；文化和遗产保护援助；体育和多功能娱乐基础设施援助；当地基础设施援助）；③

---

① 委员会第 800/2008 OJ［2008］L214/3 号条例。

② 委员会第 651/2014 OJ［2014］L187/1 号条例。

③ 出处同上，第 1 条第（g）至（1）。

（2）拓展之前存在的类别的覆盖范围（例如扩大风险金融援助、创新、招聘的覆盖范围，并且特别关注弱势人群和残疾工人）；①

（3）提高通报门槛，加大最高优惠援助的力度。

在扩大新的集体豁免条例适用范围后，在有效控制成员国援助政策方面出现一些潜在的挑战。事实上，鉴于预先通报的援助大幅减少，高效、有追溯效力的控制工作变得非常关键。委员会因此开始要求成员国通报援助受益对象名单。②

通过估算，我们可以更清楚地了解此类改革带来的冲击。2008 年条例涵盖大约 60% 的援助措施，以及欧盟每年超过 30% 的援助额。基于 2012 年的数据，委员会估算，依据经过修正的条例，当前大约 75% 的国家援助措施和约 66% 的援助额将可以得到豁免。不过此类初步估算结果有待时间的验证。事实上，集体豁免条例的效果在很大程度上与下列因素有关，即成员国配合情况，以及他们是否会充分利用条例所包含的豁免规定，来拟订援助计划。

附录4　国家持有股份和债券

在大多数的情况下，欧盟成员国是本国工业和金融经济中最为重要的经济行为者。这一情况一直持续到近代。不过，在 40 年前，欧洲主要国家经济体开始经历私有化浪潮，出现这一情况的背后缘由有很多，但主要原因是各国为了追求经济效率。英国是主导这一政策转变的国家。英国首次私有化浪潮可以追溯到 20 世纪 70 年代末期。其他欧洲主要经济体沿着相似的道路前进，例如法国自 20 世纪 80 年代开始私有化，意大利则于 80 年代和 90 年代进行私有化。在私有化之前，对于多个行业的企业，国家持有股份或债券的情况极为普遍，并且与 GDP 高度相关。这些企业包括合资公司或者公私合营混合制公司。

从经济的角度而言，股份和举债筹资是公司经营活动的重要资金来源。因此，当成员国为公司提供资金时，此类形式的投资注定属于竞争法的适用范围，特别是国家援助法。

---

① 委员会第 800/2008 OJ［2008］L214/3 号条例，第 1 条第（1）至（f）和第 EC/994/98 号集体豁免条例第 1（1）（a）条第（i）至（iv）。

② http：//europa. eu/rapid/press - release_ IP - 14 - 588_ en. htm.

首先，有必要了解，对于国有或国家参股公司而言（自 1929 年的经济危机结束之后），国家援助法很难适用于这些"老式"投资。因此，欧洲法院制定的判例法涉及成员国在危机期间对特定企业进行的新投资。在委员会和欧洲法院开始处理这一问题时，国家对私营企业开展股本和债券投资的现象非常普遍。有鉴于此，判例法内容勇气可嘉，能够预料到产业政策方向整体出现反转。

早期一项重要的判决结果是 Intermills 案。[1] 在此案中，欧洲法院接受委员会宽泛解释"国家援助"概念的做法。在此案中，比利时政府开展一系列有利于一家造纸公司的干预行动，其中包括提供优惠贷款，以及国家收购这家作为援助计划对象的公司的股权。欧洲法院认定，虽然短期贷款与国家援助规定相一致，但是收购股权等长期资金支持活动有可能严重扭曲竞争。

在开展司法诉讼的同时，欧洲各机构系统地将收购私营公司股份的公共干预活动作为调查目标。所谓的"钢铁法规"[2] 和"造船法规"[3] 案就是与此类早期政策路线相关的重要案例。

上述"法规"对"国家援助"的定义一模一样，明确包括了除反映"标准公司惯例"以外的股权收购活动。例如，"钢铁法规"第 1 条指出：

> 援助概念包括……下列筹资措施所包括的援助要素，即各成员国针对它们直接或间接控制的钢铁企业采取的筹资措施，且依据市场经济下的标准公司惯例，此类筹资措施不会被视为提供股权资本。

随后委员会进一步完善相关规定。委员会发布指令，规定各成员国有义务在它们与公营企业财政关系问题上保持透明。[4] 与此同时，欧洲法院进一步提供涉及私营和混合制企业资本注入的判例法。

一些透明度指令的政策路线由委员会制定。这些政策路线为随后的干预行动奠定了基础。首先，依据条约的下列原则，即有关中立对待公私两种所有制以及平等对待公营和私营企业，委员会承认公营企业在成员国经济制度中发挥了核心作用。其次，委员会基于政府机构通过财政参与或特定条例取得支配关系这一事实，界定了"国有企业"的定义。这一定义极为宽泛，显然还包括（通过注资或任命企业大多数的董事）

---

① C – 323/82 *Intermills v. Commission*［1984］ECR 3809.

② 委员会 1981 年 4 月 7 日第 2320/81/ECSC 号关于制定共同体援助钢铁业规则的决定。

③ 理事会 1981 年 4 月 28 日第 81/363/EEC 号关于造船援助的指令。

④ 委员会 1980 年 6 月 25 日第 80/723/EEC 号关于成员国和国营企业财政关系透明度问题的指令。

受公共控制的混合制公司。① 第三，委员会规定了一系列的财政关系，包括任何形式的股份或债务持有。此类关系意味着成员国有义务保持透明。

透明义务包括公布下列资金，并明确此类资金的用途，即直接，或者通过公营企业或金融机构媒介（无论接收方为私营还是国有性质）提供的资金。②

委员会在透明度指令中提供了指导方针。在随后的一份文件，即 1984 年关于"政府机构"持有公司资本的"立场书"中③，委员会提供更为详细的执行命令。委员会提供一份黑名单，包括符合相关条件的案件。

国家援助在下列情况下提供新的资金，即在正常市场经济条件下运营的私人投资者无法接受的情况。条件包括：

（1）公司的财务状况，特别是它的债务结构和数额导致投资的资本不可能在合理的时间内产生正常回报（红利或资本利得）；

（2）公司因为现金流不充裕，无法在资本市场为投资项目筹措资金；

（3）由于持有方式为短期，且期限和售价提前固定，资本提供者的回报要远低于在资本市场预期获得的投资回报。

（4）政府机构通过组建新的法律实体，接管或继续运营境况不佳的公司全部或部分没有发展潜力的业务。

（5）向私人和政府共同持股的公司注入资本，导致政府持股水平远超最初水平，而私人股东持股水平之所以相对减少，主要是因为公司盈利前景不佳。

（6）持有的股份金额超过公司实际价值（净资产加上任何无形资产或专业技术价值），但这不包括上文 3.2 节提到的公司（即中小型企业）。④

对于接受公有资本注入的私营公司，Intermills 案之后的三项关键判决结果显示委员会系统地开展公有股份和债券持有评估工作的决心。这三个案件分别为 Tubemeuse 案⑤、ENI Lanerossi 案⑥和 Alfaromeo 案⑦。

这三项判决结果涉及最初为私有性质的公司。不过考虑到欧洲竞争法对企业的定

---

① 参考第 80/723/EEC 号指令第 2 条。

② 同上，第 1 条。

③ Bull. EC 9 – 1984.

④ Point 3.3. of the 1984 'Position'；参见正本和本页脚注①.

⑤ C – 142/87 *Kingdom of Belgium v. Commission of the European Communities* ［1990］ECR I – 00959.

⑥ C – 303/88 *Italian Republic v. Commission* ［1991］ECR I – 01433.

⑦ C – 305/89 *Italian Republic v. Commission* ［1991］ECR I – 01603.

义，由此产生的规定同样也适用于国有公司。事实上，援助受益对象必须为"企业"，且企业被定义为参与经济活动的任何实体，与它是依据私法还是公法组建无关，[1] 也与它的融资方式无关。[2]

在 Tubemeuse 案中，比利时收购了 Tubemeuse 的大部分资本，并启动一项重组计划，但这一计划未带来任何积极的成果。在 ENI Lanerossi 和 Alfaromeo 案中，股本注入（在第二个案件中，通过持有债券收购债务）活动不是由国家开展，而是分别由国有公司（ENI）和大型国家控股公司开展。委员会确认了它在 Intermills 一案中的立场，要求核实公司是否同样能够在资本市场获得股本注入。此外，在 ENI Lanerossi 和 Alfaromeo 案中，委员会确认了它有意驳回基于下列事实开展的辩护，即股本和债务注入活动是间接地通过国有公司开展，而不是像 Intermills 和 Tubemeuse 案一样由政府直接开展。这一立场显然强化了上文所提到的透明度指令的含义。

Tubemeuse、Alfaromeo 和 ENI Lanerossi 等早期案件涉及大型公司股份投资问题。此外，这几家公司在过去取得不俗的业绩。虽然援助原则上旨在扶持公司未来发展，但实际上是为了向后推迟公司破产的命运。此类案件代表了过去年代的一种经济和政策现象。不过由于自 20 世纪 80 年代起大部分成员国进行私有化改革，这一现象现在大为减少。

在整个欧洲开展私有化改革之后，至少是从纯粹量化分析的角度而言，公共持有股权所引发的问题逐步减少。不过，鉴于公共持股现象持续存在于经济特定部门，欧盟不断针对这一问题进行立法。委员会第 2005/52/EC 号指令扩展透明度要求，规定各国有义务为符合下列条件的公营或私营公司单独记账，即在开展其他经济活动的同时，还拥有特别权利或专营权，或者提供符合全体经济利益的服务，且获得涉及此类服务的国家援助。该案件主要关注的问题是国家援助可以用于其他经济活动。[3]

最后，委员会第 2006/11/EC 号指令[4]合并和取代原有的透明指令和它的修正案。

值得一提的是，尽管在近几年这一领域不再那么重要，但这一领域仍然问题不断。事实上，2007 年委员会不得不启动违反程序，就意大利、拉脱维亚、卢森堡和斯洛伐克共和国未能执行委员会第 2006/11/EC 号指令一事，针对这些国家采取措施。这再次

---

① Case C – 118/85 *Commission v. Italy* [1987] ECR 2599, point 11.

② Case C – 41/90 H？fner and Elser v. Macrotron GmbH [1991] ECR I – 1979, point 21.

③ 委员会第 2005/81/EC 号指令对这一法律进行进一步完善。

④ IP/07/1667.

证明尽管在私有化进程之后，公共持股概念虽然不再如此重要，但这一领域的斗争仍然持续不断。

与"传统的"国家股份投资形成对比，当前还存在一种股份或准股份投资形式的国家资本注入方式。这种方式在企业发展完全不同的阶段提供资本注入。这属于财政援助，此类援助旨在扶持具有发展潜力的企业在起步阶段的发展。

公司在初期发展阶段通常遇到所谓的"融资缺口"，即与成熟公司相比，资本筹措难度非常大。这通常是因为此类公司风险更高，并且缺乏良好的业务记录。解决风险资本不足问题的方式有很多种，其中（至少）有两种方式直接涉及国家援助法。

在欧洲中央集权层面，通过结构基金实施第一类措施，例如欧洲区域发展基金和联合欧洲微中型企业资源基金。

第二类措施包括下列权利，即豁免于适用于成员国向企业提供的援助的国家援助法（基于对案件的单独评估情况，即不属于一般性集体豁免条例中的集体豁免情况）。

委员会 2001 年发布有关国家援助和风险资本的通讯①，开始再次全面探讨针对此类情况建立特殊机制的可能性。这一通讯先后被 2006 年风险资本指导方针②和近期的风险资金援助指导方针所取代。③

不过风险资金援助指导方针并没有得到全面实施。但是它们仍被宣传为取得实质性的进展，能够帮助创业公司和具有增长潜力的企业④。前文所强调的两项重要创新措施分别为一系列可接受的金融工具（包括股份、准股份、货款和担保），以及更为灵活的方式来满足有关私人投资者参股的规定（在特定情况下参股比例下调至总资本的 10%）。

除了上文提到的指导方针，一般性集体豁免条例还包括重要的条款，规定下列形式的援助不属于"国家援助"定义范畴之内，即向中小型企业提供的风险资本。

风险资本指导方针和一般集体豁免条例担负着不同的职能：第一组规则用于确定特定股份或准股份投资是否为援助。第二组则适用于下列案件，即干预被认定为"国家援助"，并提供豁免。

此类援助评估工作的基本通则是股权投资须通过市场经济经营者测试，才无须遵

---

① ［2001］OJ C235/3.

② ［2006］OJ C 194/2 amended by ［2014］OJ C329/4.

③ ［2014］OJ C19/4.

④ http：//europa. eu/rapid/press - release_ IP - 14 -21_ en. htm. Accessed 28 September 2014.

循国家援助法（即它必须为权利平等的私人或公共投资者）①。简而言之，最新版本的风险金融指导方针维持了判例法以前的方法。现行指导方针提供诸多相当复杂的标准，用于分析本附录无法详细介绍的援助的特性。

有必要指出，即使受到质疑的国家援助未满足风险金融指导方针所制定的标准，它仍可享受一般性集体豁免条例所规定的豁免待遇，或者依据《欧盟运行条约》第107（3）（c）条款获得批准。事实上，2014年指导方针经常涉及援助依据一般性集体豁免条例可享受豁免待遇的可能性。鉴于一般性集体豁免条例包括数条适用于中小型企业和创新企业的规定，上述情况出现的频率相当高。

正如我们所提到的，涉及国家私营公司股份、准股份和债务投资的欧洲政策沿着不同的道路发展。尽管人们起初主要关注成员国向陷入危机或资不抵债局面的大型公司注入资本的问题，但是后来转为重点关注创业公司或具有发展潜力的公司资本注入问题。此类规范变化主要反映了作为资本提供者的成员国的角色所发生的变化。与干预性质所发生的变化形成对比，市场投资者测试所代表的基本标准多年来持续不变，并且依然代表了了解援助依据欧洲国家援助法能否被接受的核心衡量标准。

附录5　程序和执行

其他附录主要关注具体的欧洲国家援助法律和政策。不过有必要稍提及程序和执行事宜，否则研究不完整。事实上，程序和执行是任何法律制度极为重要的组成部分。实际上，同一批实体法性质的规则很有可能产生完全不同的效果，具体取决于赋予各方的权利，以及他们如何通过诉讼程序获得保护。

欧洲国家援助法执行工作是多层面的，牵涉欧盟和成员国层面的多家机构：

（1）委员会，它负责裁定援助是否符合欧盟规则；

（2）欧洲法院，它有权复审委员会的判决，解释欧洲国家援助法律。

（3）成员国国家法院，其担负着执行委员会决定和实施所谓的"冻结条款"任务。"冻结条款"涉及暂停实施未获得批准的援助。相比之下，国家法院或国家竞争机构未参与国家援助案件内容评估工作。

---

① 2014年指导方针第29ff点。依据第31点，符合下列条件的投资被认定为同等的，即公共投资者和私人投资者在同等条件和条款下开展的投资，并且两类投资者同时进行干预，且私人投资者的干预措施具有真正的经济意义。

委员会诉讼程序不断发展变化，产生成文法规则①，为《欧盟运行条约》中的一般性程序规则提供整合。《欧盟运行条约》第108条规定，"委员会应与成员国合作，持续评估成员国现有的援助制度。它应依据事态进展情况或内部市场运转情况，建议后者采取必要的适当措施"。

事实上，成员国应通报国家援助，这在执行制度中扮演着非常重要的角色。正常情况下，一旦委员会知悉可能不合法的国家援助措施，它将启动初步审核程序（所谓的第一阶段），搜集所有必要的信息，来评估援助是否合法。②由于存在所谓的"冻结条款"（《欧盟运行条约》第108（3）条），在程序未结束之前，成员国不得将正在接受调查的援助措施付诸实施。在这一阶段，成员国有权向委员会表达意见。如若委员会未能听取成员国意见，则委员会有关依据《欧盟运行条约》第108（2）条启动正式调查程序的决定可能无效。③与成员国相反，私人无权向委员会表达意见。不过委员会通常依据案件的具体情况，让各方在一定程度上参与信息搜集工作。

除非通报被撤销，否则依据《程序条例》第4条，委员会在调查结束后必须采取下列其中一项决定：

（1）禁止援助的决定；

（2）积极的决定，即措施虽然构成援助，但与第107（1）条相一致；

（3）启动正式调查的决定。

正式调查程序（所谓的"第二阶段"）包括深度分析案件，并且各方参与程度要高得多。与第一阶段相反，正式调查程序旨在保护可能存在利益关系的第三方的权益（特别是援助受益对象或潜在的受益对象）。不过与成员国不同，第三方不被视为"对抗程序"的相关方，也就是说他们不拥有成员国所享有的权利（例如查阅文件）。

---

① Regulation 659/1999 为适用 Treaty on the Functioning of the European Union（所谓的 'Procedural Regulation'）[1999] OJ L140/1（修订版为 [2006] OJ L 363/1 and [2013] L204/15）的第108款制定了详细规则；执行 Council Regulation 659/1999 的 Regulation 794/2004 为适用 EC Treaty（'Implementing Regulation'）[2004] OJ L140/1（修订版为 [2008] OJ L82/1）的第93款制定了详细的规则。Commission Notice, Towards an Effective Implementation of Commission Decisions 要求成员国收回不合法及不一致的国家援助（'Recovery Notice'）[2007] OJ C272/4；Notice on a Simplified Procedure for Certain Types of State aid（'Simplified Procedure Notice'）[2009] OJ C136/3；Code of Best Practice for the Conduct of State Aid Control Procedures（'Code of Best Practice'）[2009] OJ C136/13。

② 简化的程序可以适用于委员会认为不存在问题的案件。这一程序允许成员国自通报之日起20个工作日内获得最终判决结果。该程序适用于三类援助：（1）各种指导方针的所谓"标准评估"所涉及的援助；（2）与下列援助措施特征相符的援助，即在预先通报日期之前的十年里，至少三个委员会先例决定所批准的援助措施；（3）下列规定，即延长或修改涉及之前存在的援助的预算，或者提高授权援助计划标准。

③ 正如 Tirrennia 案，案件 C-400/99 Italy v. Commission [2005] CR I-3657.

正式调查结束后，可能会出现下列四种结果：

（1）禁止提供援助的决定；

（2）积极的决定，即确定援助合法性的决定；

（3）条件性决定，规定相关方必须承担义务，并且监督它遵守委员会所规定的条件的实际情况。有时，会依据"代根多夫主义"① 设定特定条件。在这种情况下，成员国必须索回被认定为不合法的援助，之后才有权利提供合法的新援助（应指出的是，代根多夫条件还适用于援助受益对象的控股股东，不过前提是存在充分的有机和功能性联系）；

（4）否定性决定。否定性决定的一个主要后果是索回援助。德国诉意大利案②首次承认委员会有权下令索回此类援助。依据《程序条例》，这已成为委员会的一项职责。③委员会通过下达命令，实现下列目标，即恢复之前竞争环境。在索回援助时，可能会遇到阻碍。最为明显的例子是由于受益方无力偿还而无法索回援助。

前面已经大体介绍了委员会在执行国家援助法方面发挥的作用。现在有必要简要地检视下欧洲各级法院所发挥的作用。

在介绍国家援助政策发展历程时，我们强调了欧洲法院在欧洲条约解释工作方面发挥的关键作用。由于成员国国家法院申请初步参考，欧洲法院依据《欧盟运行条约》第 267 条所赋予的权力，行使这一职责。大部分政策判决结果通常是依据《欧盟运行条约》第 267 条相关规定做出的。事实上，这一条款专门用于依据欧盟所寻求达成的目标来影响《欧盟运行条约》。

欧洲法院在执行层面也发挥着非常重要的作用，与依据《欧盟运行条约》第 267 条所发挥的政策作用大不相同。我们应了解，欧洲法院可以依据《欧盟运行条约》第 263 条驳回委员会的决定。此外，欧洲法院可能需要做出不利于成员国或委员会的判决结果。

依据《欧盟运行条约》第 108 条的规定，成员国会因为不合规的行为面临起诉。《欧盟运行条约》第 258 条还规定了一般性执行程序。如果成员国拒不遵守规定，在一般执法程序结束之后，可以依据《欧盟运行条约》第 260 条对其进行处罚。

如果委员会未能履行职责，就非法援助案件提起诉讼，则依据《欧盟运行条约》

---

① Cases T – 244 and 486/93 *TextilwerkDeggendorf v. Commission*［1995］ECR – II – 2265.

② Case C – 70/72 *Commission v. Germany*［1973］ECR 813 para. 13.

③ 参考第 14（1）条。

第 265 条，委员会可能会因为不作为而面临起诉。在最近的 Idromacchine 案中，欧洲法院同意起诉委员会损害行业声誉的行为。① 不言而喻，这代表非常重要的实践创新。

最后但并非最不重要的一点是，有必要简要介绍下国家法院在国家援助程序方面的权力。显然国家法院只发挥着辅助性作用，没有管辖权来解释或实施欧洲国家援助法，这与反竞争协议和滥用支配地位的情况有所不同。

我们早先提到了国家法院在国家援助程序领域所发挥的重要作用，即批准实施冻结条款和执行委员会的决定。国家法院还有一项重要的职能，即裁定损害赔偿金额。大部分索赔主张都是由援助受益对象的竞争对手或其他第三方（例如预期落空的援助受益对象）提出的。此类索赔可以是针对国家或者援助实际受益对象。Transalpine 案是首个明确承认国家法院可以下令进行索赔的案件。该案为代根多夫主义的进一步发展铺平了道路。②

从欧洲的角度而言，这些法律问题并不是特别复杂。不过正如记录所经常显示的，成员国内部在国家程序方面可能会遇到种种问题。在这一背景下，相关机构不得不付出努力，来改进国家援助执法工作。

附录6　欧洲国家行为论

国家行为论起源于美国。在美国，州行为论用于描述各州经济政策可豁免于联邦反垄断法审查的情况。在实践应用中，美国州行为论经常倾向于保护各州的经济政策。相比之下，欧洲法院创建了一系列理论方针。此类理论方针可被称为"（欧洲）国家行为论"，但是它们用于相反的目的，即防止成员国拥有过多的自由，来通过经济政策扭曲竞争。这是为什么当重点关注市场一体化时，比较方法（比较美国和欧盟的情况）不是特别有意义。事实上，尽管两种行为论实施的情况存在相似之处，但是它们所致力达成的目标却截然相反。

和美国州行为论一样，欧洲国家行为论的渊源基于判例法。因此，我们还应至少考虑一些最为重要的案例，来了解这一理论的发展历程，以及这一理论如何有可能与欧洲现行机构框架相适应。

---

① T－88/09 Idromacchine［2011］ECR II－07833.

② C－368/04 *Transalpine Ölleitung in Österreich GmbH and Others v. Finanzlandesdirektionfür Tirol and Others*［2006］ECR I－09957.

欧洲国家行为论基于《欧盟条约》第4（3）条（原《欧洲共同体条约》第10条）所包含的真诚合作原则。该条款规定如下：

> 成员国应促进联盟任务的完成，并避免采取任何可能损害联盟目标实现的措施。

显然，如果颁布与欧洲竞争法目标相矛盾的国家援助，这将与真诚合作原则相矛盾。尽管这一规定简单、易懂，但这一法律分支的发展历程相当复杂。

INNO ATAB 案[1]通常被视为涉及国家行为论问题的首个重要案件。该案件涉及比利时对进口和国内生产的烟草产品征税的法律。比利时法律禁止零售商向消费者出售烟制品时，价格低于税收标签所显示的零售价格。这一限价规定被视为旨在阻止零售商在交纳销售税时低估商品的价值。不过此类规定尽管有着财政方面的考虑，同时也产生统一零售价格的效果，导致一个后果，即维持市场份额（即防止新的小型烟草生产商通过价格战夺取一定的市场份额）。

比利时法院申请欧洲法院对条约进行解释，以此了解比利时的法律是否与成员国下列义务相违背，即不得通过和/或维持与条约［《欧洲经济共同体条约》第3（f）和5条］宗旨相违背的规定，特别是与条约竞争法规定（在本案中，指《欧洲经济共同体》第86条，现为《欧盟运行条约》第102条）相违背的规定。欧洲法院的回复为欧洲国家行为论提供了一个基石。在裁决结果的第31段以及之后的段落中，欧洲法院明确表示，成员国不得通过或维持下列规定，即剥夺涉及滥用支配地位问题的规定的效力。欧洲法院重点关注寡头垄断烟草生产商利用上文所介绍的规定来统一零售价格的可能性。判决结果的重点在于提醒成员国，他们的法律可能会产生反竞争后果。不过这一判决结果并没有让各成员国清楚地了解违反规定会出现什么后果。

在数年之后，欧洲法院就一个相似的案件做出判决结果，即所谓的 Leclerc 案。[2]欧洲法院之所以受理此案，是因为法国出台法律规定，要求所有零售商遵循出版商或进口商规定的价格来出售图书产品。在本案中，欧洲法院指出，这一法律规定了单方限定价格，因此导致《欧洲经济共同体条约》第85条（现在的《欧盟运行条约》第101条）所设想的反竞争协议变得没有必要。欧洲法院裁定，在欧洲法律当时的发展阶

---

[1] C – 13/77 *GB-INNO-BM v. ATAB*［1977］ECR 2115.

[2] 案 229/83 *Association des CentresdistributeursÉdouard Leclerc and others v. SARL " Au blé vert" and others*［1995］ECR 0001.

段，该法律不够精确，只要成员国遵守自由贸易法规定，则该法律无法阻止它们通过类似的规定。换而言之，欧洲法院要求通过自由贸易法控制上述措施可能对共同市场产生的影响。尽管如此，这一裁决结果明确成员国很有可能推出反竞争措施。事实上，欧洲法院在裁决结果第 12 段的附带意见中指出，在审理涉及与竞争法存在冲突的国家措施的案件时，此类案件应被视为"例外"案件，并且明确提到这一点。因此，当"成员国要求或推动达成违禁协议，将协议拓展适用于第三方，从而强化它们的影响，或者寻求达成特定目标，让企业规避共同体竞争法规"时（裁决结果第 12 段），会出现此类冲突。

在 INNO ATAB 和 Leclerc 案之后，出现一连串裁决结果。这些判决结果推动国家行为论朝着不同方向发展。

当将 INNO ATAB 案和 Leclerc 案放在一起研究，我们会发现，如果国家措施影响违反欧洲滥用支配地位和反竞争协议规定的企业的行为，则此类措施应被认定为违反条约。不过当国家措施绕过欧洲竞争法规定所规定的方案（例如在 Leclerc 案中，要求开展单方行动，而不是达成协议）时，则不能依据国家行为论来评估此类规定。

后来的案件维持了这一理论的一些根本原则，即竞争法规则（国家援助规则除外）仅适用于企业，以及各条约包含的真诚原则要求成员国不得出台或维持下列规则，即可能危及欧洲竞争法效果的规定，以及推动反竞争行为合法化。不管怎样，随着时间的流逝，这一理论在法庭上的实践应用情况变得日益复杂。

法律文献就国家行为论适用性至少提出两种实践理由。

一方面，在国家法院审理的一些案件中，被告本来希望开展竞争，但是因为国家措施而受阻。此类案件通常遵循 Leclerc 案的判决意见，支持国家措施。关键在于企业是否存在《欧盟运行条约》第 101 条或第 102 条所规定的积极行为。

另一方面，在一些案件中，企业故意采取反竞争的行为，知道他们受到成员国措施的保护。此类案件出现的频率可能最高。

为了了解一些涉及现代欧洲国家行为论的最为重要的概念，我们有必须考虑两个更为关键的案件，即 Ladbroke 案和 ConsorzioItalianoFiammiferi 案。

Ladbroke 案①是针对初审法院判决结果而提起的上诉。该判决结果涉及法国 20 世纪 30 年代的一项法律。该项法律确定了"Paris MutuelUrbain"垄断巴黎赛马赌注的地位。作为新进入者，Ladbroke 针对委员会就法国这项法律的判决结果提起上诉，认为

---

① Joined Cases C – 359 and 379/95 P *Commission v. Ladbroke Racing Ltd* [1997] ECR I – 6265.

委员会未能证实这项法律是否与欧洲反竞争协议和滥用支配地位的规则相冲突。欧洲法院解释称，评估工作重点关注此类规则对企业产生的影响（第 31ff 段），即国家法律是否赋予受措施影响的企业自主行动的可能性。事实上，欧洲法院指出，竞争法有关反竞争协议和滥用支配地位的规定不适用于两类案件，即国家法律要求企业采取反竞争行为，和国家法律创建一个法律框架，从而消除企业开展竞争活动的任何可能性。

通过 Ladbroke 案，欧洲法院明确了在何种条件下企业可以豁免于欧洲竞争规定。不过在 ConsorzioIndustrieFiammiferi 案之前，不清楚国家机构是否有义务不实施上述类别的国家规定。

ConsorzioIndustrieFiammiferi 案[①]涉及意大利一项法律。该法律批准意大利火柴生产商协商的反竞争活动（例如反竞争协议），从而对协议进行监管。欧洲法院指出，如果国家法律要求、合法化或强化反竞争协议，则国家竞争机构必须不实施这项国家规定。不过如果企业出现反竞争的行为，它将会因为违反欧洲竞争规则，自国家规定不再适用之时起受到制裁。因此从适用于企业的制裁措施的角度来看，欧洲国家行为论的现行框架至少遇到两种约束。首先，制裁是针对在法院指出国家规定与欧洲各条约相冲突之后出现的行为。其次，自那之后，最终制裁将适用于作为诉讼方的企业的未来行为（即判决结果不会有任何普遍适用的效果）。因此，企业无须为法律通过之前或者有争议的规定受到挑战之前的行为负责。由于针对违反竞争法且受到国家行为论保护的企业的制裁措施的影响力有限，现行国家行为论为符合下列条件的国家留有空间，即通过立法或监管活动偏袒本国企业。

---

① C – 198/01 *ConsorzioIndustrieFiammiferi（CIF）v. Autorità GarantedellaConcorrenza e del Mercato*［2003］ECR I – 8055.

1945 年以来的欧洲产业政策：从中央计划到市场主导

詹姆斯·福尔曼－佩克

1945 年，西欧经济体普遍偏好由政府进行严格管控和指导的产业重建和发展战略。他们在当时比美国落后很多，而东欧经济体更是如此。要想迎头赶上，所需要的技术和产品是一目了然的。也许更重要的是，美国带头转向了开放的世界贸易秩序。国有产业和实物管制在战后早期占据了主导地位。在此期间，经济快速复苏，竞争政策并没有受到高度重视。由于起点很低，南欧产业出现了飞速增长。不过，如果当时的自由化程度更高，其经济扩张原本可以达到更快的速度。

到了 20 世纪 70 年代，布雷顿森林体系崩溃，石油危机扰乱了西欧产业，经济增长的速度放缓或停滞。宏观经济出现失衡，这使得产业改革被提上了议事日程，在英国尤为如此。私有化和再监管于 20 世纪 80 年代得到越来越多的应用。产业政策更加重视少而可行的目标，这在一定程度上是有利于经济的。研发支持等横向政策越来越受青睐。苏联的中央计划经济在很大程度上缺乏竞争和市场规律，其日益落后乃至最终崩溃也证明产业改革是正确的。

西方国家的纵向（针对特定公司或部门的）政策往往难以根除，而且时常被视为维持秩序的必要之举，其中最极端的例子就是 2008 年金融危机以及之后的一段时间里给予金融系统的财政支持。不过，政策制定者也强调这些干预措施的临时性和特殊性，在有足够证据的基础上，他们还是希望实现开放经济，在这样的经济中，思想、产品和服务方面的竞争占据着上风。

从长远来看，西欧各国在制度设计方面有着极大的差异，我们可以由此推论一下哪种产业政策最为有效，尤其是涉及监管和基础设施的政策。规模较大的欧盟大陆国家无论过去还是现在都推行严苛的行政监管，并给企业强加诸多要求，这给经济发展带来了不利影响。对商品和服务供应商进行适度监管，再加上透明度和竞争（可能属于标杆竞争），是欧洲有效产业政策的基本要素。纵向产业政策有可能将经济租金转至受惠产业。对这些企业拥有控制权的官僚政客可以通过收受好处甚至贿赂来攫取一些经济租金。这个过程降低了产业政策的有效性。由于认识到了这一点，欧洲的产业政策持续转向（普遍适用于所有部门的）横向措施，产业政策支出在 GDP 中所占比重也出现下降趋势。

一、产业政策：种类和驱动力

种 类

产业政策可以分为两大类：针对特定部门或企业的政策是纵向政策，而通用政策是横向政策。横向政策的两种类型很好区分：一种是影响法律和制度框架的政策，另一种是根据投入产出对技术和市场进行调整的政策。横向政策适用于所有产业，只是政策重点有所不同，而纵向政策则不具备这一特点。纵向政策是结构性的，改变了产业和公司的相对重要性。

有效的框架政策或横向政策的一个主要成分就是明确划定并执行的私有产权，这其中包括知识产权。在中欧和东欧，私有产权先是被共产主义政权剥夺，又在 1989 年之后恢复。随着国民经济的逐步发展，私营企业的权利和义务也被不断调整。

通常意义上的横向产业政策旨在鼓励技术进步，其手段是支持创新或传播最佳实践技术，这些技术有可能来自国外。政策工具包括：国家自身进行研发，这通常是出于军用目的；或是资助私人研发，一般是给予税收优惠。另一种手段就是国家通过专业媒体或补贴项目来推动新技术的传播。

竞争政策有时会与产业政策形成对比，但就目前而言，它属于横向政策，能约束产品市场上的反竞争行为，防止各行业的企业通过兼并和限制性措施来获得支配地位。20 世纪下半叶还有一种横向政策得到广泛推行，它旨在通过储蓄或投资方面的税收优惠和低利率贷款来推动制造业的资本积累。爱尔兰的低营业税可能是近几十年来最受关注的一个例子，很显然这项政策在 20 世纪 90 年代极为成功地吸引了出口导向型外国直接投资——但在邻国则不太受欢迎，他们抱怨说这是一种税率"逐底竞争"。

横向产业政策和其他类型政策的区分可能并不总是那么明确。教育和培训支持提高了技能供给，降低了相关产业的劳动力"价格"，但是这既可以被列为积极劳动力市场政策，也可以被视为一项产业政策。在资本市场政策和劳动力市场政策这两种情况下，降低产业投入价格的目的都是为了提高产出。政府可以调控其他投入价格，比如能源和水，牺牲公用事业公司、纳税人或私人消费者的利益来为相关产业提供支持。此外，提供公路和公用事业等基础设施服务是国家应负的责任，供给的效率和数量可能会对商业环境产生极大影响（Lynde and Richmaond，1993）。

与这些横向或框架性产业政策不同，有意在部门、产业或企业之间重新配置资源的纵向或结构性政策都属于传统产业政策。除去一些例外（尤其是 20 世纪五六十年代时的总体规划），这些政策都是依据两种不同的原则来针对单个公司或产业。其中一个原则是"挑选赢家"，即支持那些当局认为具有巨大潜力的产业或企业。另一个原则是"帮助输家"，即支持陷入困境的企业和产业。20 世纪 30 年代的危机、20 世纪 70 年代的石油冲击以及 2008 年的金融危机都引发了第二类援助的狂潮。

驱动力

产业政策一般涉及"追赶"以及国家安全的经济基础。因此，全球生产力领先者并不需要明确的产业政策。除了 20 世纪 80 年代美国对日本的赶超感到焦虑之外，很少有关于美国产业政策的讨论。不过，空客和波音在世界贸易组织的贸易争端中，美国国家安全以纵向产业政策的形式浮出了水面，据称国防合同为波音民用飞机的研制和生产提供了补贴。自 1945 年以来，欧洲试图迎头赶上或重拾产业领先地位时所采取的政策与美国的政策形成了对比；欧洲相信这些政策能够推动企业盈利、经济繁荣或国防，甚至三者兼得。

政策制定者的意图并不是产业政策的唯一驱动力。加强国防和秩序显然是某些国家的明显意图，此外，关于政府有望通过发展产业来实现某些目标的主流观点也影响了政策意图。但是，特殊利益集团和游说集团的俘获导致一些并非出自政府本意的政策。同样，预料之外的预算紧缩往往会中断宏伟的产业计划，最后也导致同样的结果。下面依次谈一谈产业政策的这四种驱动力。

确保自己拥有一个能够提供先进武器装备的产业基地，这是 20 世纪 50 年代以来英国和法国支持核能与航空航天工业的原因所在。害怕国内大企业或产业突然崩溃（早几个世纪担心的是农业收成不佳）会使经济发展中断，这样的担忧也会触发干预。此类支持措施可能会延续数十年。与国家安全这一产业政策的驱动力密切相关的是，想要维持社会秩序和市场有序运行的愿望。为此，政府出手帮忙，对大企业或重要国防承包商进行国有化或重组，使它们免于关门倒闭。

第二种驱动力，即对政府干预有效性的观点不断改变，这在一定程度上反映了认知模式。人们对干预有效性的信心在 1940 年至 1979 年之间达到顶峰；这些干预措施是由 1930 年的经济衰退、全面战争以及中央计划经济在早期所取得的显而易见的产业成就而触发的。这一时期的很多国有化举措都起因于人们相信国有产业能够比私营企业更有效地运行，并能够更好地推动社会利益。

"市场失灵"理论指出了补偿型帕累托改进的范围，从理论上既对产业政策放宽了约束，又为产业政策提供了依据。帕累托改进使一些人富裕起来，同时又不会让其他任何人境况恶化，至少在对失败者进行假定补偿之后能够做到这一点。市场失灵可能源自竞争不足，源自不可分割性，源自不够完整或没有得到落实的财产权利，或者源自制度缺失（因此出现了协调失灵）。一个常见的当代实例就是研发带来了有益的知识外溢。但执行"调整市场失灵"的办法也可能是有问题的，部分原因在于，国家的经济作用越普遍，税收的权力越大，政府行政程序越不透明，特殊利益群体和游说集团的俘获，也就是第三种驱动力的潜在重要性就越大（Neven，1994）。理性的说客不可能要求普通性的补贴。相反，他们会推动针对特定部门和公司的支持。

利润最大化的一个原则就是，所有经济活动都应达到边际收益和边际成本平衡点。企业活动包括通过游说来争取国家支持，不仅是为了补贴和税收优惠，还为了消灭或排除竞争对手。国家在经济中发挥的作用越普遍，企业游说所带来的回报就越高，游说活动就越多。政府部门或机构的监管原本应当保护企业产品用户的利益，但是当这种监管改为迎合企业的利益时，监管/规制俘获就成为企业所得到的回报之一。因此，国家政治/预算体系的透明度有可能影响各国之间的产业部门或整体支持模式；不透明度越高，特殊利益集团大行其道的机会就越多。

当国际竞争和要素流动受到限制时，大国就会出现更高的资本租金。无须损失太多业务就可以抬高价格和资本收益。随着全球化和全球资本自由流动，经济租金消失不见了。到了 20 世纪后期，就连欧洲大型经济体也开始受到制约，正如小规模经济体从一开始就受到制约一样。

接下来讨论作为产业政策驱动力之一的预算紧缩。平衡政府预算的需要促成了德国铁路在 19 世纪的国有化和英国电力供应的私有化。具有讽刺意义的是，一个世纪之后，补贴国有产业及为其投资项目动员资源的预算成本节节攀升，最终推动了私有化。

这些驱动力形成产业政策的不同阶段——或者说不同时代，具体阶段可以通过各国面临的挑战以及他们为应对挑战而推行的政策来明确区分。我们将会看到，1945 年以后的欧洲产业政策可以分为两个明显不同的阶段。

二、市场、计划和政策

在整个欧洲，除了瑞士外，从 1945 年开始，"计划"很快被视为产业政策的一个关键要素，但计划不一定就是市场的替代品。它有可能是一种补充。计划需要区分手段、目的和约束条件，同时要对未来发展持有看法。大多数要素、商品和服务是没有期货市场的，因此可能会出现协调问题，而这个问题可以通过调整预期值来解决。计划可以集中进行，就像东欧那样；或是在家庭层面由公司在不同程度上来推行。这些不同的层面并不是相互排斥的。根据市场拟订计划的公司和利用垄断来制订计划以吞并市场并实现目标价格和成本的公司是有区别的（Galbraith，1974）。那些军事—工业联合企业公司就属于第二类，这些企业与进行采购的国防部门有着一致的目标，事实上也有着同样的决策者。

中央计划可以（通过建立布雷顿森林体系之类的机制）设定框架，或是直接决定资源去往何处、生产什么产品以及谁能得到回报。1939 年，欧洲唯一一个完全实行计划经济的国家是苏联。到 1949 年底，另有 8 个欧洲国家发生政变，并转为国有制生产。法国、荷兰和挪威差不多在同一时期实施了重组计划（联合国，1962；联合国，1965）。

西欧国家推行"计划"的第一个原因就是，宏观经济学中的理论"进展"、国民收入核算和投入产出分析的融合推动了经济全局观。其次，20 世纪 30 年代的经济大萧条和战争导致政府发挥更积极的作用，这一遗产看来能够对价格机制的不足之处予以补救，尤其是可以确保较高水平的经济活动和适当的长期投资。结果在大多数国家公共部门的规模越来越大。再次，各国越来越看重长期目标，尤其是经济增长。最后，政策形成过程中的参与方越来越多。斯文尼尔松（Svennilson，1954）注意到，之所以会出现这种现象是因为在两次世界大战之间，形成了国家层面的游说集团，他们认为有权决定自己在国民收入中所占的份额。

我们必须要认识到，西欧在战后立即推行并直接控制的重组计划和 20 世纪 60 年代的计划后期阶段是有区别的。即使大型产业部门归国家所有，第二种情况下的计划落实也出现了问题。可供选择的政策手段包括税收和信贷计划，不过即使在其顶峰时期，法国、英国、荷兰、挪威、瑞典和比利时的计划在很大程度上都是指导性的。德国的"社会市场经济"仍然受到思想上的反对（尽管西德在 1967 年通过了《促进经济稳定与增长法》以批准五年计划和赤字开支）。

西欧在 20 世纪 60 年代初的大多数长期计划并没有包含具体的政策措施细节。不过在正式形成文件时，文件中至少表明了要确保政策与计划目标相一致的准则（联合国，1962，第 14 卷第 72 页）。这些主要是宏观经济和区域导向型政策，价格和收入政策受到青睐，而工资和价格上涨则会被限定在一些目标范围内。

在芬兰、荷兰和瑞典，政府并不一定非要落实这些计划。法国、希腊（不受制于议会批准）、土耳其、葡萄牙和挪威也只是在名义上实行。意大利在 1962 年成立了计划委员会。西班牙拟订了经济发展计划，而爱尔兰则限定了 1958 年至 1964 年的公共开支预算。英国担心缓慢的经济增长，同时也对法国的表现刮目相看，因此在 1961 年成立了国家经济发展委员会，效仿法国指导性计划的协商过程。法国鼓励私人利益集团参与计划制订——在第一个四年计划中，委员会非正式地咨询了数千名商界、劳工界和农业领域的领军人物。而挪威只让公共机构参与计划制订。

仅靠市场不足以协调欧洲繁荣发展时期的经济活动，这一观点在现今最有力的倡导者是巴里·埃肯格林（Barry Eichengreen，1996，2007）。他认为，需要有机构来稳定预期并确保承诺；这些机构提供了一定程度的计划。那些形成卡特尔并采取其他限制性做法的公司无疑也持有同样的观点。埃肯格林极为重视能够在"追赶"型经济增长过程中对劳动力市场产生正面影响的社团主义制度。在他看来，英国和爱尔兰尤为令人遗憾地未能成立适当的国内机构。法国和意大利倒是成立了这样的制度，但是有所延误。他坚持认为，这些不同机构的应对措施很大程度上解释了不同国家的经济增长表现为何不同。如果能够说服工人相信眼下的薪酬限制能提高其未来收入，公司就能有更多的资源来进行投资。这将推动经济增长，提高工人未来的生活水平。

德国是设立成功制度的典范，也向我们展示了竞争性环境能够发挥的作用。有了产业工会领域的德国工会联合会这把保护伞，金属加工工人（作为领先工会）可以自己选择与经济增长相匹配的工资增长水平，然后是其他工会。荷兰也在 20 世纪 30 年代和 40 年代成立了新社团主义机构，它们在战后最终发展成为劳工基金会，工会、雇主和专家可以在这里碰头讨论工资、投资和社会政策。

法国的劳资关系则是各自为政。主要工会之间有着不同的意识形态取向，而且历来彼此敌对。但在 1924 年，法国成立了一个劳动管理和消费者咨询机构，维希政府也创建了一个基于各产业委员会的工业产品分配机构，这为戴高乐 1946 年成立的规划委员会开创了先例。英国也延续了一套分散的劳资关系体系。英国工会联盟对附属工会几乎没有控制权，而英国工业联合会和英国雇主联合会这两个雇主组织的地位也差不多。

范德威（Van der Wee，1986）早前对混合经济体制的三种分类跟埃肯格林的方法有相似之处，也有一些不同。被范德威归入"中央咨询"类的国家包括瑞典、荷兰、奥地利和比利时。这些国家对"社会伙伴"之间，即工人和雇主之间的合作、建议和讨论进行了制度化。"新自由市场"体制在西德得到了体现，在那里弗莱堡学派（Freiberg School）和瓦尔特·欧根（Walter Eucken）发挥了其思想的影响。此外还有工人对管理工作的参与。在战后，一些卡特尔被打破，一些企业被私有化或打散，大银行被拆分，中小企业得到支持——这是歧视性政策（而不是横向政策）。另一方面，在1949年，BDI（波罗的海干散货指数）将39个国家工业联合会列为信息中心和谈判组织。截至20世纪60年代，联邦政府拥有40%的煤炭和铁矿石产业、62%的电力产业、62%的银行业和72%的铝业；而煤炭和钢铁计划则由共同商定的长期投资计划来负责。西德很大程度上是一个"混合经济体"。范德威所划分的第三类是"新集体主义"，其中包括法国、意大利和英国。

虽然依照埃肯格林从制度层面的描述，英国与法国和意大利有所不同，但按照范德威的标准，这三个国家在米歇尔·贝洛（MichèleBelot）的国家"协调指数"方面的得分是差不多的（Nickell，2010，表10）。该指数的范围从1分（零散的公司/工厂谈判，上级协会很少或根本没有进行协调）到3分（由一个全面的工会联合会为产业层面的谈判进行非正式协调；上层协会进行协调谈判或是政府强制推行工资计划/冻结，而且得承担和平义务）。英国在1960年至1979年间的得分是1.5分，美国的得分是1分，联邦德国的得分是3分（与埃肯格林的结论一致）。瑞士的工资谈判制度安排（2.25分）为中度社团主义（尤其是与法国、意大利和英国相比），而且伴有高研发支出。正如我们所指出的那样，瑞士仍竭力否认自己拥有产业政策。

三、国家产业

在很多情况下，产业政策的一个重要元素就是国有化和国有产业。20世纪30年代时私营公司的破产、战时需求以及为获得规模经济的"合理化"等因素推动了产业的国家所有权。从理论上来说，它为国家直接控制经济提供了手段。在20世纪40年代末的英国，国内电力价格远远低于成本价（Chick，1998）。煤炭短缺对产业造成的影响可以追溯到出于政治原因而推行固定的低煤价。这导致人们过度使用电热取暖和断电。法国在1946年至1952年的第一个计划聚焦于重工业，而这主要都是国有产业，所以只要有指令就可以落实计划。1/5的工业总产值、32家保险公司以及4大银行都处于国家的控制之下。截至1950年，意大利政府控制了80%的造船业、40%的机车车辆生产、60%的生铁和43%的钢铁，这主要是两次世界大战之间时期的影响。

其他多数西欧国家也对一大部分产业进行了国有化，尤其是那些被视为具有天然垄断特性的产业，如公用事业。1971 年，意大利有半数以上的投资和 17% 的产出都要归功于国有企业。瑞典则相反，国有只占 9.5% 的投资和 6.5% 的产出。德国、法国和英国比较接近，位于两种极端的中间。到了 20 世纪 70 年代末的干预顶峰时期，大多数西欧国家的电力、天然气、煤炭、航空和钢铁都有可能归国家所有。此外，在奥地利、法国、英国、意大利、荷兰和联邦德国，政府还在汽车制造业拥有股份。铁路和邮政服务在欧洲完全归国家所有，只有西班牙打破了电信部门的百分百国有化。

事实证明国家所有权有可能需要付出高昂的代价。德国 1977 年对国家铁路的补贴（交通运输收入无法覆盖的经常性支出和资本支出所占的百分比）是 46%，法国是 44%，意大利是 69%，英国是 28%，瑞典是 16%。虽然平均来说，国有企业在 1948 年至 1980 年间未能做到盈亏平衡，但电信和电力供应直到 20 世纪 70 年代都是典型的盈利行业，除了汉莎航空公司之外的航空业一般也是如此。始于 1970 年左右的国家控价行为是一种抗通胀策略，但它破坏了企业的盈利能力。尽管如此，1950 年至 1973 年间的生产率增长速度仍要快于同时期的美国产业，这要归功于"追赶"效应（Millward，2005）。

也许在不同的所有权和控制权结构下，追赶效应的速度原本可以更快——由于缺少外部竞争，追求效率和标准的动力也就减少了。英国的"莫里森公司"（Morrisonian corporations）在设立的时候就是垄断企业，以便不与私营部门或其他企业进行竞争（Foreman－Peck and Millward，1994）。相比之下，意大利的国有企业就像独立的私营企业一样运作并进行相应的定价。法国国有企业继续在现有的管理模式下运营。原则上我们可以设想这样一种企业结构：国家是唯一的股东，能够做到既不干涉日常经营，也不提供补贴，但是期望得到合理的回报。如果这种模式的企业在当时面临市场竞争，我们似乎没有什么理由认为它们会比私营企业表现得更好或更糟。但是只要任一假定条件没有得到满足，我们就有理由相信它们的表现会比私营企业差。

基础设施和国有企业

1945 年后的产业政策最为成功的是荷兰（史基浦机场和鹿特丹港的发展）。精英阶层不热衷于政府干预措施可能是荷兰成功"挑选赢家"的关键。换言之，市场纪律没有受到质疑。史基浦直到 1958 年都是一个市政企业。它在那时被改造成一家公司，国家政府是其主要股东，原因是该市无力负担必要的投资费用。荷兰的钢、铝、盐和苏打等相对成功的新兴产业都由私营企业推动，这也与荷兰政府有关，它早在 1912 年就不再干预企业的管理。在 20 世纪 50 年代的意大利，国有化产业在管理方面有时也能放开手脚并根据商业标准来进行运作。辛加格利亚（Singaglia）是 IRI 集团下属钢铁控股公司 Finsider 的总裁，他在一家新厂引进了美国的最新技术，实现了规模经济。在 Finsider 于 20 世纪 60 年代在塔兰托建了一个不太成功的新厂之前，他们一直都是价格领导者。辛加格利亚的行动自由源于他与政治大佬的私人关系。在马太（Mattei）的带领下，国有企业阿吉普 AGIP 建成了极有价值的天然气管道。由于有足够的"信任"，在欧洲国有企业里很常见的检查和控制并没有牵制这两位经理人。

大型项目和研发支持

那些在 20 世纪 50 年代和 60 年代继续将自己视为"大国"的欧洲国家，对于计算机、核能和航空航天等大型项目的研发支持吸纳了国家巨额资金。法国在 1969 年的国家科研经费有 22% 都花在航空航天领域。英国的飞机补贴被伪装成"启动援助"，但只有一个飞机项目设法还清了后续销售援助款。英、法超音速客机协和飞机的成本在 14 年间达到 10 亿英镑，比 1962 年的预期值多出了 5 倍。再加上改进型气冷核反应堆（AGR），英国所遭受的经济损失以 1990 年的物价来算达到 200 亿美元，相当于英国在 20 世纪 80 年代后期整整两年的研发支出总额（Ergas，1992）。德国也有它自己的"协和"项目，只不过不是超音速飞机，而是 VFW 614。截至该项目被取消的时候，德国纳税人已经为此花费了近 10 亿马克。由于美国拒绝提供可用计算机，法国在 20 世纪 60 年代为布尔公司提供了支持，但是这种支持与收益相比也是极其昂贵的。德国核电项目也开支巨大，SNR300 快中子增殖反应堆甚至都没有被投入服务就损失了 11 亿马克。最终，私有化限制了英国的核能发电，将技术风险和开支予以公开化。

四、竞争和竞争政策

由私营部门制订并经常得到国家支持的"计划"包括为了应对市场停滞或萎缩而形成的卡特尔和限制性集体协议。在 20 世纪 30 年代，德国达成了 3000 多项卡特尔协议。国际卡特尔在 20 世纪 30 年代也非常普遍。全球最大的化工公司法本公司（IG Farben）直到 1950 年才合法拆分（Segreto and Wubs，2011）。直到 1952 年，行业协会制定的战时物资分配方案还涵盖英国 2/3 的工业原料。在经济大繁荣时期的早些年间，竞争并不流行。

从理论上讲，1947 年的《关税与贸易总协定》应该能加大竞争力度。西欧所有国家都签署了这项协定。该协定对在两次世界大战之间的时期产生了极大破坏性的进口配额予以禁止。但是，货币限制致使该协定多年不起作用。

为了应对美国的压力，西德于 1957 年通过了《反托拉斯法》。由于经济扩张的速度日益加快，该法在通过时几乎没有遇到阻力。然而美国对意大利施加的压力则没有起到作用（部分原因在于对共产主义的担忧）。意大利政府一直打算向议会提交消除限制性商业惯例的法律，但是草案到最后也没有提交上去。1952 年至 1953 年，尽管美国的石油公司做出了各种努力，但意大利政府仍将其石油和天然气钻探垄断权交给了一家新的国有企业——埃尼集团。

英国最早的限制性竞争协立法（1948 年）很大程度上被人置之不理，而后来的立法（1956 年、1965 年、1968 年、1973 年）也没有得到积极执行。简而言之，竞争政策本身并不是大繁荣的主要驱动力，但英国缺乏竞争却是其落后于欧洲经济的原因之一。依照 1956 年的法案而达成的协议表明，略多于 1/4 的制造业企业可以自由定价，超过 1/3 的企业则被组成卡特尔（Broadberry and Crafts，2001）。在 1954 年以后的十年间，卡特尔化与制造业的生产率增长有着极大的反比关系（Broadberry and Crafts，1996）。此外，在这一时期的大部分时间里，英国制造业的生产价格成本利差几乎是西德的 2 倍（Crafts and Mills，2005）。不过，有证据表明，在这一时期的末期，英国出现了更大的竞争压力和更高的效率，其中一些可能源自立法，西米尼迪斯（Symeonidis，2008）发现，1956 年的法案出台后，在先前卡特尔化的部门内，生产率增长出现了加速]，但大部分更应该是源自更大程度的对外开放和竞争。

表3　追赶效应和对外开放，1950—1973 年

	每工作小时 GDP 年增速	出口量年增速
西欧（12 国）	4.7	8.6
欧共体（5 国）	5.2	10.4
葡萄牙、意大利、希腊、西班牙	5.8	8.4
东欧（包括苏联在内的 7 国）	4.5	9.3
苏联	3.4	9.5
拉丁美洲（7 国）	3.3	4
日本	7.7	15.4
美国	2.7	6.3

注：各国的算术平均值。
资料来源：根据 Maddison 的数据（1995 年）计算而得。表 3-10，1-2（苏联）和 I-1（东欧，假定物价折算指数与苏联一样）

关税同盟、自由贸易区或各种贸易壁垒的减少促进了国际竞争。英国和其他一些小规模经济体没有加入欧共体关税同盟，而是在 1960 年形成了自由贸易区（EFTA），该自贸区并没有共同的对外关税，也没有 1957 年《罗马条约》中的超国家元素。① 欧洲内部的贸易——欧共体六国以及更大的欧洲国家集团，如后来的欧盟 12 个成员国——展现出了成效，其增长速度超过了欧洲整体贸易。纯粹由供给推动的贸易增长应该同样提振欧共体六国的贸易和整个欧洲的贸易。虽然最早的关税同盟的初期经济理论预测这种自由化只会小有斩获，但根据不同假设而设立的模型（规模经济和不完全竞争）会产生更大的效益，与该时期强劲的工业增长更加一致。

欧共体创始国（尤其是德国）的总体出口增速甚为壮观（见表 3），超过了西欧的整体平均水平。更有意思的是，也超过了葡萄牙、爱尔兰、希腊和西班牙的平均水平。后一组国家的收入很低，因此可以预见的是他们将从追赶效应中大大受益，而事实也的确如此。但他们的出口增长却低于（更高收入的）欧共体国家。我们可以做一个合理的推论，那就是，如果低收入国家当时向大型市场开放的程度跟欧共体国家一样，那么他们的增长速度原本可以更快。

另一个矛盾现象出现在东欧和苏联（受限于一些测算问题）。他们的出口增长（苏联是以原料为基础）并没有远远落后于欧共体。不过，虽然他们收入很低，但其生产率增长也很缓慢。中央计划相对于混合经济的缺点是显而易见的。

将出口增长加入人均 GDP 趋同模型后，出口就会成为整体经济增长的显著贡献者（见图 1）。图中竖轴代表的是实际增速，以及以低生产率时期为起点从而具有更大"追赶"空间所带来的动力。图 1 中的国家相当紧密地围绕着最佳拟合线。如果英国当时的出口增速能达到德国的水平，那么按照这个（非常简单的）模型，英国的人均 GDP 增速就能够增加 1.3%，即提高近 2/3。当然了，能够实现这种出口增长的必要政策才是最根本的；其中，英国在 1957 年没有加入欧共体这一点可能至关重要。有人可能会争辩说，出口高增长率并不起贡献作用，只是经济更具活力的体现。但是来自快速增长的经济体的证据则支持如下观点：如果向来自国外的竞争和机遇开放市场，则既可以推动出口增长，也可以促进收入的提高。

---

① 英国最初的 EFTA 合作伙伴是：挪威、瑞典、丹麦、瑞士、葡萄牙和奥地利。

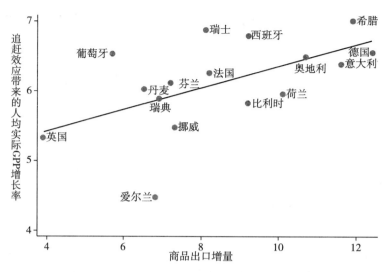

图1　出口增长和人均 GDP 增长趋同模式

数据来源：根据 Maddison 第 74 页 "监测" 表 3－1 计算而得

五、1975 年之后的新产业政策时代

20 世纪 70 年代的石油危机标志着五六十年代西欧工业产出和生产率快速增长的结束。战后重建的势头不可避免地减弱，而日本和远东其他竞争对手相继崛起，美国持续维持产业领先地位，这使人担心欧洲经济过度放缓。到 20 世纪 80 年代时，欧洲只有很少几家大型公司在全球市场上极具竞争力。用批评人士的话来说，他们都是 "困顿的巨人"。人们自然而然地开始指责欧洲产业政策阻碍了产业变革，因为当时的开支超出了以往所有时候。德国经济的成功使其能够负担得起产业补贴方面的巨大开支。在 1914 年之前，支付给德国公司的补贴还不到国民生产净值（NNP）的 0.01%。到了 20世纪 30 年代，这一数字已经上升到 0.5% 左右；到了 "二战" 后经济大繁荣的末期，这项支出达到国民生产净值的 2% 左右。这些补贴明显向夕阳产业倾斜（Giersch et al，1992）。

与此同时，一些国家的政府开始质疑扶植 "国家冠军企业" 所能带来的回报。有的政府认为他们的 "冠军企业" 将会回报其所受到的厚待或是履行其政治义务，其行为方式也会不同于其他公司，但他们在第一次石油危机时期就打消了这个念头。当时，法国和英国对 "他们的" 石油企业施加压力，要求这些企业给予各自国家以获取稀缺石油的特许权，但是这些企业还是按以往的消费量进行无差别客户配给（Keohane，1984）。这些都是跨国公司，需要取悦诸多国家的政府，而不仅仅是其总部所在国的政府。

扶植"国家冠军企业"的政策也解决不了制造业就业机会减少所带来的失业率上升问题。20 世纪 80 年代，德国、法国、意大利和英国的受雇人数在工人总数中所占的比重要小于 60 年代的比重（并且经历了更高的失业率——相关数据自 20 世纪 30 年代以来一直缺失）。在 1968 年到 1984 年期间，经合组织七个大国不断扩大的行业是以金融服务为引领的服务业和技术先进的制造业，尤其是计算机、电信和半导体设备。日本和美国进入这些朝阳领域的步伐最为迅速，而法国、德国和英国则以中等速度随后跟上。英国对制造业的清理，再加上 1980 年至 1981 年的汇率上涨和银根紧缩，使得英国继日本之后经历了第二大结构性变化（OECD，1992）。

以欧盟为整体来看，20 世纪 90 年代中期时，每五个工人中只有不到一人受雇于制造业。对于将制造业视为繁荣发展之源泉的人来说，这样的发展形势是不祥之兆。如果制造业的产出再出现长时间绝对下滑，就像在英国那样，那这一趋势尤为令人担忧。在始于 1990 年左右的经济衰退中，西欧四大经济体出现了制造业增加值的下滑。

但是，与苏联和中东欧自 20 世纪 80 年代后期开始遭遇的产业困境相比，西欧的经济问题只是一些小麻烦。最极端的非市场化干预性产业政策在其最极端时期受到了考验。虽然苏联取得了显著的技术成果，比如 1957 年发射的人造卫星和"和平号"空间站，但其产业政策所产出的先进产品或消费品在数量上无法和西欧相比。此外，中央计划经济的环境污染纪录也糟糕透顶。设计不当的经济政策所带来的重压使苏联在 1991 年解体。西德和共产主义东德两个经济体的分化经济也在一定程度上反映出中央计划的产业政策所带来的负面影响。

六、产业补贴

西欧国家在应对所面临的产业问题时，其措施的核心组成部分仍是产业补贴。图 2 显示了西德从 20 世纪 50 年代到 80 年代对选定产业的援助幅度上涨。在大多数情况下，补贴会发放至就业率下滑的部门，但是从 20 世纪 70 年代开始，正在扩张的航空业也开始吸收补贴。德国和丹麦在 1981 年至 1986 年间为制造业提供了最低工资，但是正如图 3 所示，这绝不是微不足道的补贴，更重要的是，这些还不包括数额巨大的煤矿业补贴。此外，德国的补贴在这一时期之后逐步增加，与欧洲其他地区的趋势形成了对比。20 世纪 90 年代的东德重建是一种负担，但德国多层面的政策制定和执行带来了更多根深蒂固的问题。德国在三个不同层面推行产业政策：联邦、州和地方。较低级别的政策制定者支持衰退产业以维持就业，并不惜牺牲周边地区的利益而试图吸引新的就业机会。巴伐利亚和北莱茵—威斯特伐利亚州银行业网络在这方面都起到了作用。

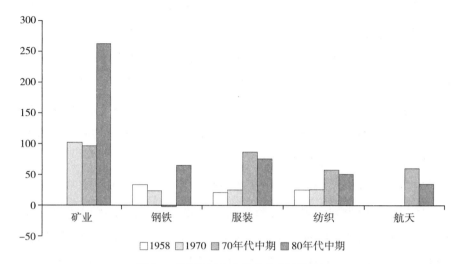

图2　对西德部分产业的有效援助率

来源：Giersch 等人（1992）

注：补贴和保护性非关税贸易壁垒等有效援助率。针对某一行业投入的进口壁垒将提高该行业的成本，如果没有对行业销售予以保护或补贴，就会导致一个"负援助率"。

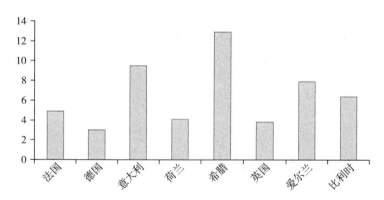

图3　制造业补贴在行业增加值中所占百分比，1981—1986 年

数据来源：Ford and Suyker（1990）

到了20世纪80年代，很多制造业生产活动已经可以自由选址，跨国公司的子公司在运营时尤其如此。因此，政府间竞相用补贴来吸引硅片厂或汽车厂。相对于欧洲历史上通常较为"被动"的产业政策而言，这些政策更加"前瞻主动"。20世纪90年代时可能有1000多家机构在欧洲竞相吸引外来投资。爱尔兰对作家和音乐家的免税政策是最明确的一个一贯性政策，但肯定不是成本最高的政策。英国实施的政策最为有效，因为它吸引了所有外国直接投资中的40%左右。不过，政府间和区域间竞相提供更高补贴并不是工厂选址的唯一决定因素。比如说，虽然在奥地利设立新微芯片厂所得到的补助比英国要高，但西门子仍然选择了英格兰的东北部。

到了20世纪90年代末期，位居欧洲补贴联盟首位的希腊在产业补贴方面不可避免地出现了紧缩（见图3）。此外，希腊市场放开了欧盟工业成品的进口，这带来了调整危机。希腊的情况并不是独一无二的，因为所有制造业规模较小的欧盟国家都倾向于提供更高的补贴，这或许是因为他们更急于鼓励制造业的发展。除了德国和荷兰以外，钢铁业在哪里都是得到资金支持的主要产业。大规模补贴不利于逐步淘汰不盈利的生产活动，也妨碍了开发新产品和新市场。国际上的竞争，尤其是来自日本的竞争一开始发力，欧洲的钢铁产业就出现了下滑。欧洲在1973年之前比较繁荣的阶段未能实现充分的现代化，在1975年经济崩溃后又遭遇调整方面的政治困境。这其中有部分原因在于欧洲煤钢共同体一直推行的卡特尔化和限制性措施。

随着石油危机所造成的影响逐步减弱，欧洲的国家援助也出现下降趋势，至少以相对于GDP的比重来衡量是如此（见图4）。国家援助总额减少了一半以上，占GDP比重从20世纪90年代初期1.2%的峰值降至近些年0.5%或0.6%的水平。援助总额的下降要归因于纵向援助的减少，后者在中GDP比重从20世纪90年代初的0.7%跌至21世纪头十年的0.3%。在此期间，横向援助没有显示出什么趋势。当前的横向和纵向援助占GDP比重差不多都是0.3%。

2008年金融危机引发了金融市场的动荡，也导致欧洲各国政府采取大规模干预措施以减少这种冲击所带来的不利影响。面向金融机构的国家援助旨在恢复对金融业的信心，避免系统性危机。危机给市场造成的影响在2012年有所减弱，但欧盟成员国继续通过各种国家援助措施为金融机构提供关键性支持。此外，欧盟各国政府利用临时性框架规则来提供经济援助，试图缓解经济危机所带来的负面影响。从2008年10月到2013年10月1日，欧盟委员会做出了400多项决定，授权对金融业提供国家援助。

横向政策补贴和税收减免

旨在推动资本形成，尤其是制造业资本形成的投资补助和税收优惠肯定对1945年后第一阶段的资本存量快速增长做出了贡献。但是在1975年以后，随着欧洲失业率上升，鼓励资本替代劳动力的刺激性措施被视为一个弊端。为建工厂提供拨款仍被继续用来吸引外国直接投资，或者对那些遭遇就业问题的地区进行投资。这样的政策是有效的，但落实不够有力，所以没能产生太大作用（Wren，2005）。爱尔兰的低企业税率可能是最为有效的鼓励产业的财政政策之一（Barry，2004）。爱尔兰的外国直接投资存

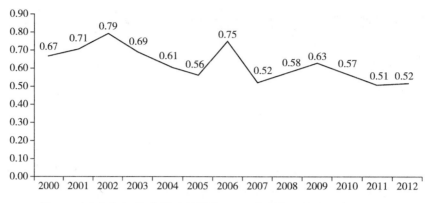

图4　（非危机）国家援助总额在 GDP 中所占百分比；欧盟 27 国

量和生活水平大幅上涨，至于这些外国直接投资原本可能会流向的目的地将遭受多少损失，到目前还没有显现出来。如果爱尔兰当时的减税水平与整个欧洲相一致，那么爱尔兰获得的投资会变少，而欧洲其他国家则会赢得更多的投资，但具体的幅度则只能去推测了。

七、研发支持

20 世纪 80 年代后期转向市场和竞争之后，研发补贴仍是产业政策的一种常见形式。欧盟和欧洲自由贸易联盟中提供较低产业补贴的国家政府表现出通过其他政策手段来强调研发支持的趋势。丹麦、瑞士和芬兰等小国最为青睐研发支持。大多数国家倾向于重点援助特定的新技术领域：挪威和丹麦看好生物技术和信息技术；英国看好微电子应用领域；西班牙在各种领域中看好工业机器人；意大利则看好航空业（OECD，1986）。

研发补贴政策在产品开发和推广的早期阶段产生了收益，如 1958 年到 1972 年之间金融服务业对计算机的使用，或是 1972 年到 1977 年扫描仪的医疗应用。对公司和产业之间的研发溢出的计算表明，外部效应是最重要的。但是，说到其有效性以及国家现有支持水平是否基本正确，问题仍未得到解答。

研发补贴的理论效应要强过其他大多数形式的产业支持，而且它们往往是一种更普遍的（即横向）产业政策工具。相比之下，针对特定行业的支持则更多是游说集团所关心的问题。他们对一般性补贴可能没有迫切的需求，而是努力想要提高针对特定部门和公司的支持。较小的补贴方更专注于研发支持，这一事实表明，有些政治制度比其他制度更倾向于回应游说集团。在 20 世纪 80 年代，西欧政党的分裂就与较高的制造业国家援助有关。在其他因素不变的情况下，高度集中的行业在游说方面显然更为成功。在对国家支持模式进行解读时，最重要的因素就是每个国家的特殊性，此外还有宽松的程序和缺乏透明度的现象，后两者使得商业利益集团更容易政府俘获变得（Neven，1994）。国家援助分配程序最不透明的国家包括比利时和意大利。政策透明度的缺乏也助长了腐败行为（Ades and Di tella，1997）。

理应有益的知识溢出效应证明有必要为研发提供激励机制是正确的，这种机制看来在1979年至1997年间有效助推了研发支出（Bloom et al，2002）。然而，这种额外投资是否大幅提升了产量迄今仍不完全清楚。一方面，研发在英国的社会收益率估计在90%左右（Griffith et al，2001）。另一方面，更大的研发支出并不一定已经转变为更大力度的研发。研发支出中有一大部分都用于研发人员的供给，而这种供给是缺乏弹性的。这样的话，税收减免或补贴可能主要被用来提高研发人员的工资，而不是提高了产量（Goolsbee，1998）。

据欧盟委员会竞争总司（EC Competition Directorate）的数据显示，进入新世纪以后，研发支出最大的国家显然是德国和法国，而英国则落后了一大截（见表4）。不过英国在研发税收抵免方面的数据超出了竞争总司对2005年至2007年的估算值。原因在于，中小企业的税收抵免被视为政府援助，而大企业的税收抵免则不算。不管怎样，创新政策的成果比投入和预估效应更重要，这表明英国的中小企业创新政策既有成效也非常有效率（Foreman – Peck，2013）。有证据表明，与早前的支持手段相比，中小企业税收抵免政策耗资昂贵。但整体高回报率估算表明，即使在削减公共开支的时候，坚持中小企业创新政策也是明智的决定。

表4 国家对研发和创新的支持（年均数值）　　　　　　　　　　　　　　单位：百万欧元

	2002—2004 年	2005—2007 年
德国	1661	1836
法国	1249	1721
意大利	759	731
英国	771	543

数据来源：http：//ec. europa. eu/competition/state＿ aid/studies＿ reports/ws3＿ 21. xls

八、贸易限制和溢出效应

再来谈谈产业支持领域的贸易限制。虽然欧洲有共同的对外商业政策，但游说导致 20 世纪 80 年代西欧国家的限制措施之间大有不同。欧盟各国对日本汽车产业设定了不同的自动出口限制，这明显违背了上述商业政策。法国不允许进口日本汽车超过其汽车市场的 3%，意大利将之限制在 2500 辆，西班牙限制在 1000 辆，而英国则允许它们占到国内汽车销售总量的 11%。到 1988 年，在全球 261 项自动出口限制协议中，有 138 项都是由欧盟推动的。在全球范围内，纺织业比其他行业都容易受到此类协议的管制；而在欧盟，纺织业仅次于农业。最严格的限制被强加给最便宜的国外出口商。1988 年，英国每保住一个纺织工作的成本就是员工收入的 3—4 倍。国际经济的相互依赖有时会产生奇怪的产业政策溢出效应。美国在 20 世纪 80 年代对日本的汽车出口施加限制，结果导致欧洲出口商所定的价格高于原本应该达到的水平，这使得他们获得了非常可观的收益，而受损的却是美国消费者（Dinopoulos and Kreinen，1988）。

国家补贴，尤其是针对欧洲钢铁企业的补贴，所产生的国际影响屡屡引燃美国的怒火。美国坚持认为，欧洲钢铁出口所获得的大规模补贴导致不公平竞争。因此，他们在 1969 年给来自欧盟国家的钢铁设置了进口配额。由于欧盟不肯改变其政策，美国在 1976 年设置了更低的配额。1983 年 7 月，美国又针对特种钢设置了新的关税和配额，其总体目标是将进口量限制在美国市场的 18.5%。欧盟随后在 1984 年针对美国的进口限制采取了报复性措施。1993 年 1 月，钢铁补贴导致美国对欧盟碳钢进口实施高达 100% 的反倾销税，由此开始了新一轮博弈。1995 年成立的世界贸易组织，提供了解决争端的场所。

对空中客车公司的补贴中程商用喷气飞机领域引发一场类似的贸易战。空中客车公司成立于 1970 年，是由英国宇航公司、法国宇航公司、德国宇航公司和西班牙飞机制造公司组成的联合企业。到 1992 年，它已经占据了全球百座以上客机市场的 30%。法国宇航公司和西班牙飞机制造公司是国有企业，而且这四个合作伙伴各自的政府在空客的跨政府委员会都有代表。

美国工业界和政府认为这是针对波音公司的税收补贴竞争，因此表示反对。就这一争端展开的谈判在 20 世纪 80 年代变得日益激烈（McGuire，1997）。不过双方最后都没有诉诸法律，而是在 1992 年达成双边协议。无论是麦道和波音，还是空客，都不愿承担贸易战有可能带来的出口销售损失。他们向各自的政府明确表达了他们的意愿。

鲍德温和克鲁格曼（Baldwin and Krugman，1988）认为，欧洲将宽体中程商用飞机空客 A300 视为波音 767 的竞争对手而给予补贴，但最后遭受了损失。空客的竞争降低了市场价格，使消费者获益。据内文和西布赖特（Neven and Seabright，1995）估算，空客的出现只将客机价格平均降低了 3.5%。他们还发现，空客对全球福利产生了很大的负面影响，但对欧洲福利则产生了相当积极的影响。不过收益并不足以抵消由纳税人支付的补贴。

空客项目成功启动之后，欧洲各国政府都希望减少支出，因此出现了让人开心的利益趋同。不过世界贸易组织随后又被要求对美欧在民用客机上的持续矛盾进行裁决。据欧共体估算，美国在 1989 年至 2006 年间补贴波音公司的总额达到 191 亿美元。世界贸易组织在 2012 年 3 月做出最终判决，对波音公司的大部分补贴予以谴责。

九、1975 年之后的竞争政策

在 20 世纪 80 年代，欧盟委员会越来越倾向于竞争和放松管制。但是，即便自由化和私有化作为一种约束公共支出和债务的手段而在欧洲国家层面赢得了一些势头，欧盟委员会的政策在经济衰退时期仍然不得不做出一些务实的让步，比如20 世纪90 年代初期的衰退。罗孚汽车、巴黎水（Perrier）和德哈维兰飞机等案例中鼓励竞争的决定仍然是例外现象（Menon and Hayward，1996）。但这样的干预并不多见。更常见的是对法国政府在 1996 年给予法国航空公司大量补贴等事实视而不见。

建立一个一元化的欧洲单一市场必然会促进竞争，而要想创造这样一个市场，一个重要途径就是对各种标准进行协调。通用的自愿标准，比如安全标准，能够促进跨境贸易。但是电气设备、医药、食品等领域的国家标准可能会成为妨碍国际竞争的主要因素。事实上，它们可以成为保护民族产业的有效工具。但是在消除这类非关税贸易壁垒方面，欧盟委员会面临两难境地。如果他们试图强推自己的标准，就有可能会制造出一些"愤怒的孤儿"——这种标准没有商业"父母"，因此没有任何企业想要使用这些标准。从另一方面来说，如果标准不统一，欧洲单一市场就永远不会成为现实，1985 年关于建立欧洲单一市场的白皮书也承认了这一点（CEC，1985）。以制药业为例，要想在美国这个全球最大市场占据一席之地，企业必须要以美国标准为最低要求，而不管其原产国标准如何。因此，委员会试图只达成国家标准之间的相互承认。但是，放松管制过程中所涉及的复杂性和业务量意味着官员们需要依靠更大的透明度，依靠强制执行的规定，比如说权利受到侵害的企业自行对不遵守欧盟法规的政府提出法律诉讼。

欧洲单一市场计划引起了人们对欧洲范围内并购政策的新兴趣，其中部分原因在于欧洲商业合并出现了加速趋势。从 1989 年至 1990 年，欧共体最大的 1000 家企业参与了 622 次并购，其中有 2/5 都发生在欧共体内部（Tsoukalis，1997，第 82 页）。直到很晚，并购问题才在成员国和欧洲层面受到控制。英国直到 1965 年才开始控制并购，而西德则要到 1973 年。到 1989 年，竞争总司与欧盟成员国就权限划分达成一致，委员会关于兼并和收购控制的建议在 1990 年 9 月生效。在头五年呈报委员会的 398 起并购案中，只有 4 起没有获批。

单一市场取得了什么成效？切克奇尼报告（CEC，1988）预测，由于规模经济得到更大的利用，GDP 会高出 4.5%，但这一预估的误差幅度可能会很大。1985 年白皮书所提议的大多数措施都得到了落实，只是有所延迟，而且各国对这些措施的解读也有差异。可能正是因为如此，直到 20 世纪 90 年代中期，欧洲的生产率增速相对于美国来说都很高。

十、国有企业和私有化

在大多数欧洲国家，国有化产业仍在 GDP 中占有相当大的比重。在葡萄牙和希腊，国有产业的产出占 GDP 的 20%，法国和意大利差得也不算太多。与 20 世纪 70 年代相比，私有化在 1991 年从根本上改变了英国的地位。大多数欧洲国家政府在 20 世纪 80 年代处置了一些国有资产，但是只有英国和法国改变了公私产业的界限（Vickers and Wright，1988）。西德的计划只是象征性的，尽管德国一开始在制造业领域的国有资产就比较少，意大利只将 10 万劳动力转到私营部门。剩下的大多数欧洲国家之所以不愿意跟着推行激进的私有化，原因在于联盟政治的脆弱性以及宪法对国家垄断的保护。

产业的国家所有权仍是欧洲产业政策广泛使用的金融工具，这通常会阻止私营部门与国有企业的竞争。工会会员的门槛往往比私营部门的更高，各类组织经常会被要求追求多种目标。作为一项旨在提高产业生产率的政策，除少数例外情况，它没有真正产生什么效果。这些例外包括荷兰史基浦机场的市政开发、大众在德国的早期发展阶段以及 20 世纪 50 年代马太（天然气）和辛加格利亚（钢铁）在意大利的成功创新。不过，在 1975 年之后的几年中，西班牙制造业的国有企业不如私营部门企业有效率（Hernandes de Cos，Argimon and Gonzales - Paramo，1994）。

网络型产业不易受到竞争影响，因此这方面的证据有好有坏。根据国际样本，水工业似乎并没有从私有化中受益（Conti，2005）。在这一领域，想要找到适当的规制制度来鼓励标杆竞争很有可能极具挑战性。与水工业相反，电信业在经历全面私有化后，生产率确实得到了提高（Wei Li and Lixin Colin Xu，2004）。在 1975 年之后的时期，特许权竞标被更多地应用于电信业，以鼓励"入场权竞争"。对英国 12 起私有化实例所做的研究表明，在私有化过程中，生产率得到了提高，劳动生产业绩也在略微多数的情况下也更好。样本中没有证据表明案例中的竞争是重复的（Parker and Martin，1995）。私有化给西欧国家政府带来的决定性优势主要是获得税收以及降低补贴成本。要想对东欧国家进行评估则更具挑战性，因为私有化涉及经济领域的大规模变化。

政府采购

政府采购业务仍继续支持国防产业或其他"战略性"供应商，如电信业。欧盟法规要求向其他成员国的竞争对手放开国家采购，但这项法规似乎没有什么效力。大国政府采购的进口量不到4%。这种形式的贸易壁垒相当重要，因为公共采购占了成员国的7%—10%（Tsoukalis，1997）。私营企业不愿积极执行公平采购程序，因为他们担心遭到报复，导致以后再也无法签到国家合同。

采购政策方面的差异可能会影响国家竞争力。从20世纪60年代开始，英国在安全、定价、基础研究和外国直接投资方面的规定为英国制药公司创造了一个苛刻的本地竞争市场，训练他们具备必要的国际竞争力。相比之下，法国制药政策保护了当地市场，结果法国企业输掉了国际市场（Thomas，1994）。不同寻常的是，瑞典《公共采购法》要求国家招标真正向外国竞争放开。这种公共采购手段承认了如下事实：小国必须实现某些领域的专业化，而不要寄希望于有效提供所有系列产品。一些观察家认为，这样的手段是瑞典电信和电力价格较低的一个原因（如Hjalmarsson，1991）。

十一、制度差异和产业表现

西欧各国在制度设计方面有着极大的差异，我们可以由此推论哪种产业政策最为有效，尤其是涉及基础设施的政策。采购政策和国家所有权政策方面的差异尤其有启发性。对服务供应商的适度管理以及透明度和（目前的各种标杆）竞争似乎构成了必不可少的政策元素。欧共体在20世纪80年代末期对欧洲电信业发起的一项调查显示，接受调查的十大网络运营商中除了3家外全都设有采购政策方面的产业政策目标，10家里有6家是完全国有，只有6家有单独的监管机构（Oreman-Peck and Muller，1988）。表5列出了1985年欧洲国家电信供应商业绩的粗略指数。电话主线在一个国家的分布情况一定程度上取决于地理状况。在西班牙这种乡村众多的国家，电话主线可能会较少，因为连接此类乡村用户的成本是城市的 3—10 倍。不过，丹麦和比利时在这些方面的差异相对较小，而两者之间的对比说明了采购目标、私有制、标尺竞争和监管所带来的不同结果。

正如表 3 所示，丹麦的人均电话线路比比利时多出了 2/3。而从另一面来说，由于比利时电话公司所奉行的产业政策，比利时有着相对较大的电信设备行业。比利时电话公司一直不能购买最便宜的设备，所以推高了关税（Muller，1988）。有关比利时电话公司投资和关税的重大决策最高可被送至内阁决定。比利时电话公司所承受的其他压力来自工会、用户群体和设备供应商。相比之下，在丹麦，虽然会有一个国家机构来提供区域间服务和国际服务，但其系统是由区域国有公司来运行的（Jeppesen et al，1988）。丹麦有一个地区性国有企业和三家私营公司（一家企业和两家最大红利受管制的上市公司）。正是由于没有产业政策方面的承诺，所以丹麦才会出现开放的设备市场，拥有很高的进出口率，并达到正平衡。

对于其持有大部分股份的一些私营公司，意大利政府批准了它们的网络垄断（Foreman-Peck and Manning，1988）。电信公司需要赚取利润以吸引新资金并回报股东这肯定影响了电信公司的行为，但可在缺乏竞争和有效监管的情况下可能会使电信公司限制产出并保持高价格。因此，根据北欧标准，意大利的全国电信覆盖率是很低的。另一方面，在高收入的意大利北部，覆盖率与西德和法国相差无几。意大利其实有两个部门负责电信业，这两个部门尤其需要应对国会的压力。由于意大利的电信部门和过时的监管制度缺乏弹性、困难重重，非法私人实体网络应运而生。基督教民主党对邮电部及其相关部门的政治恩惠任命，因此也没有兴趣对此进行改革。

表 5   每 100 人所拥有的电话线路（1985）

每 100 人所拥有的电话线路	
奥地利	36
比利时	31
丹麦	50
法国	41
西德	41
希腊	31
爱尔兰	20

（续表）

每 100 人所拥有的电话线路	
意大利	31
荷兰	40
挪威	42
葡萄牙	14
西班牙	24
英国	44

数据来源：Foreman–Peck 和 Muller（1988）

对 6 个电信系统在 1985 年的生产率所进行更详细的比较分析证实了丹麦的强劲表现。这一比较也使挪威位居英国之上，而德国在三项措施中有两项的评级位于英国之下。该项分析得出的结论是，虽然有所谓的规模经济，但较小的电信体系并没有处于劣势（Foreman-Peck and Manning，1988）。

积极的产业政策将经济租金转移至受惠行业的企业。对这些企业拥有控制权的官僚或政客可以通过受贿来攫取一定的经济租金。20 世纪 80 年代，意大利基督教民主党对邮电部有过政治恩惠任命，因此没有兴趣理顺混乱的意大利电信监管体系。根据透明国际组织的腐败指数排名，意大利目前在 34 个经合组织国家中位列最后一名。腐败削弱了投资和研发的影响力，从而降低了纵向产业政策的有效性（Ades and Di Tella，1997）。此外，分析表明，优惠性采购政策和干预性产业政策中的纵向财政优惠易于导致腐败（以 32 个国家为样本，其中包括欧洲之外的国家）。因此，腐败很可能在部分程度上抵消了纵向产业政策的直接效应。由此也得出如下结论：从长远来看，放松监管并以市场为导向的横向产业政策是最有效的。

后来的一项研究也证实了这一评估结论，该研究证实了政府所有权如何降低 1997 年至 2003 年间部分私有化体系内的竞争程度。独立监管减轻了这种影响，不过一旦电信系统被完全私有化，监管就对可能排除或减少新竞争的互联互通率就没有影响（Edwards and Waverman，2006）。

进入 20 世纪，随着产品的复杂性日益增加，产品市场监管的总量和强度也在增加。就最近一段时间而言，有证据表明，抑制竞争的监管措施会降低生产率；反之，增强竞争的监管措施则会提高生产率。

20 世纪末，英国的产品市场监管相对较为宽松。相比之下，规模较大的欧盟大陆国家都实施严格的行政监管，并对企业提出了繁重的要求。它们往往在信息和通信技术领域进行较少的投资，对关键的非制造业的投资也落后于美国和英国。据尼科莱蒂和斯卡尔佩塔（Nicoletti and Scarpetta，2005 年）估计，如果将欧盟大陆国家的整体监管原则向着最为自由的经合组织成员国的方向调整，那它们的人均生产率增速原本有可能在 10 年间由 0.4% 增至 1.1%。

十二、经验教训

人们已经从 1945 年后经济大繁荣的产业政策乐观主义高潮中学到了教训，正如协和与空客之间的对比所显示的那样。市场失灵通常难以量化，干预措施的成本和收益也同样如此。欧洲产业政策史上最突出的教训就是，能够提高生产率的是自由贸易和竞争，而不是国家干预。在 1945 年后的几十年期间，随着欧洲一体化和各国市场对外开放，美、欧在生产率方面的差距逐步缩小。

只要国有企业不被要求（以价格、就业和/或投资）去实现宏观经济目标或股权目标，似乎就有着令人满意的表现，但这些目标无疑正是那些未能如愿的"计划者"或政客原本想要实现的目标。不过即便如此，像西班牙和希腊这样的情况，也很难明确驳斥"他们本可以表现得更好"的观点。竞争政策与国有产业对规模的渴望相抵触，因此在 20 世纪 80 年代之前都没有受到追捧。但是，越来越多的国际贸易和投资开放也有着类似的冲击，而且冲击力度更大。这是在回应吸取历史教训（20 世纪二三十年代）后采取的政策或由冷战推动的政策，这些政策在传统上并没有被看作产业政策，但符合现行的产业政策定义。

在很多国家，尤其是英国和法国，对国防和大型项目的投资几乎是百分百从更具社会价值的活动中掠夺了研发资源。由于 20 世纪 70 年代的石油危机，各国普遍支持衰退产业，即使在西德也是如此。这反映出产业政策不仅涉及生产率和竞争力，同时还得维持"稳定"，或是维持有影响力的团体——不管是矿工还是航空航天工业家——对社会市场经济的支持。随着石油危机的影响逐步消退，政策重点开始从纵向政策转为横向政策。

市场是一种社会安排，依赖于各种机制，其中一些机制可能会得到改进，另一些可能需要创建。在基础设施建设供给方面，竞争范围可能受到限制。其结果就是，干预主义政策有可能会得到特别批准，从而建立或重建鼓励标杆竞争的机制，或者是"入场权竞争"，比如定期专营权或是许可证的多轮竞标。从另一方面来说，任何干预主义产业政策都有可能耗资巨大，在历史上经常因为缺乏充足的资源而被放弃。即使欧洲各国政府在 1945 年后拥有极大的征税权，但从 70 年代开始，国家产业补贴经常让它们负担不起。私有化的另一点引人之处不是生产率的提高，而是预算负担的减轻，即使这种减轻只是暂时的。不过，只要有竞争压力，企业目标的简单化通常能确保私营企业比国有企业更有效率。

1975 年之后，资本管制被完全撤销，高资本流动性日益成为一个硬约束。因此，资本外流满足了限制利润型产业政策的要求。征收资本税只是提高了国内产业和位于国内的外国企业的资本成本。如果公司所得税比较低，或是推行税收减免，经济体就有可能推动产业部门的发展。这意味着对欧洲税收结构进行调整，使"资本"这一最具流动性的因素承担最少的税收。

各种冲击引发了产业政策制度的变化；在东欧，最近一次调整是由于苏联解体，而在西欧则是由于 20 世纪 70 年代的石油价格上涨和全球经济增速的放缓。在发生重大产业危机时，国家必须进行干预，以维持人们对经济的信心，正如 2008 年那样；但成功的政策是确保"紧急"补贴随后会立即减少。虽然与劳动力市场的管制相比，产业政策可能没有那么重要，但石油危机之后的西欧在进行适当调整时动作相当缓慢。

在 20 世纪国家的权力较大，这对产业政策制定和实施过程中的透明度提出了更高的要求。因为这种权力导致企业更加致力于通过游说而不是通过从事生产来获得国家支持。这样的话，特殊利益——而非公众利益——有可能成为产业政策的驱动力。所以国家需要支持横向政策而非纵向政策并采取低调推行政策的方式。

参考文献

Ades, A. and Di Tella, R. (1997). "National champions and corruption: some unpleasant interventionist arithmetic". *Economic Journal* (107), pp. 1023 – 1042.

Barro R and Sala iMartin X (1995), *Economic Growth*. McGraw – Hill.

Barry, F. (2004). "Export platform FDI: The Irish experience". EIB Papers, (9: 2), pp. 8 – 37.

Bloom, N., Griffith, R., and Van Reenen, J. (2002). "Do R&D tax credits work? Evidence from an international panel of countries 1979 – 1997". *Journal of Public Economics*, (85: 1), pp. 1 – 31.

Broadberry S (1997). *The Productivity Race: British Manufacturing in International Perspective* 1850 – 1990. Cambridge.

Broadberry, S. (1997). The productivity race: British manufacturing in international perspective, 1850 – 1990, Cambridge University Press, Cambridge, UK.

Broadberry, S. and Crafts, N. (1996) "British Economic Policy and Industrial Performance in the Early Post – War Period" *Business History* 38, 4, 65 – 91.

Broadberry, S. and Crafts, N. (2001). "Competition and Innovation in 1950s Britain". *Business History*, 43, 1, 97 – 118.

Chick M (1998). *Industrial Policy in Britain* 1945 – 51. Cambridge.

Conti, M. (2005). "Ownership relative efficiency in the water industry: a survey of the international empirical evidence". *EconomiaInternazionale/International Economics*, (58: 3), pp. 273 – 306.

Crafts, N. and Mills, T. C., (2005). "TFP growth in British and German Manufacturing, 1950 – 1996". *Economic Journal* 115, 649 – 670.

Denton, G., Forsyth, M., and Maclennan, M. (1968). *Economic planning and policies in Britain, France and Germany*. Allen and Unwin, London, UK.

Dinopoulos, E. and Kreinen, M. (1988). "The effects of the US – Japan auto VER on European prices and US welfare". *Review of Economics and Statistics* (70: 3), pp. 484 – 491.

Edwards G. and Waverman L. (2006), "The effects of public ownership and regulatory independence on regulatory outcomes", *Journal of Regulatory Economics*, Vol. 29, No. 1, pp. 23 – 67.

Eichengreen B J (1996) "Institutions and Economic Growth: Europe after World War II", in N F R Crafts and G Tonioloeds. *Economic Growth in Europe since* 1945, Cambridge University Press.

Eichengreen B J (2007). *The European Economy Since* 1945. Princeton University Press.

Eichengreen, B. and Ritschl, A. (1998) "Winning the War, Losing the Peace? Britain's Post – War Recovery in a West German Mirror". CEPR Discussion Paper 1809.

Ergas, H. (1992). "A future for mission – oriented industrial policies? A critical review of developments in Europe". (OECD unpublished).

European Commission (1988). "The economics of 1992". *European Economy* (35).

European Commission (2002). "Industrial policy in an enlarged Europe". COM (2002) 714 final paper.

European Commission (2004). "Fostering structural change: an industrial policy for an enlargedEurope". COM (2004) 274 final paper.

European Commission of the European Communities (1985). Completing the Internal Market:

Ford, R. and Suyker, W. (1990). "Industrial subsidies in OECD economies". OECD Economic Studies, (15), pp. 37 – 80.

Foreman – Peck J (2013). "Effectiveness and Efficiency of SME Innovation Policy". *Small Business Economics* 41, 1 55 – 70.

Foreman – Peck J and Manning D (1988a). "Telecommunications in Italy", in J Foreman – Peck and J Muller eds. *European Telecommunications Organisations*. Nomos Baden – Baden.

Foreman – Peck J and Manning D (1988b) "How well is BT Performing? An International Comparison of Total Factor Productivity", *Fiscal Studies*, Aug 54 – 67.

Foreman – Peck J and Millward R (1994). *Public and Private Ownership of British Industry* 1820 – 1990.

Clarendon Press Oxford.

Foreman – Peck J and Muller J (1988). "The Changing European Telecommunication Systems", in J Foreman – Peck and J Muller eds. *European Telecommunications Organisations*. Nomos Baden – Baden.

Galbraith J K (1974). *The New Industrial State*. 2nd ed Pelican.

Giersch, H., Paque, K. – H., and Schmeiding, H. (1992). *The Fading Miracle: Four Decades of Market Economy in Germany*. Cambridge: Cambridge University Press.

Goolsbee, A. (1998). "Does government R&D policy mainly benefit scientists and engineers?". *American Economic Review* (88: 2), pp. 298 – 302.

Griffith, R., Redding, S., and Van Reenen, J. (2001). "Measuring the cost – effectiveness of an R&D tax credit for the UK". *Fiscal Studies* (22: 3), pp. 375 – 99.

Hernandez de Cos, P., Argimon, I., and Gonzalez – Paramo, J. M. (2004). "Public ownership and business performance in the Spanish manufacturing sector, 1983 – 1996". *Public Finance Review* (32: 2), pp. 148 – 82.

Hjalmarsson, L. (1991). "The Scandinavian model of industrial policy", in Blomström, M. and Meller, P. (eds.), *Diverging paths: Comparing a century of Scandinavian and Latin American economic development*. Inter – American Development Bank, Washington DC, USA.

Hoover K D and Perez S J (2004). "Truth and Robustness in Cross – country Growth Regressions". *Oxford Bulletin of Economics and Statistics* 66, 5 0305 – 9049.

Jeppesen SE, Paulsen, K B and Schneider F (1988). "Telecommunications in Denmark", in J Foreman – Peck and J Muller eds. *European Telecommunications Organisations*. Nomos Baden – Baden.

Kindleberger C P (1967). *Europe's Post War Growth; The Role of Labour Supply*. Oxford University Press.

Li, W. and Xu, C. L. (2004). "The impact of privatization and competition in the telecommunicationssector around the world". *Journal of Law and Economics* (47: 2), pp. 395 – 430.

Lynde, C. and Richmond, J. (1993). "Public capital and long – run costs in UK manufacturing". *Economic Journal* (103: 419), pp. 880 – 893.

Maddison A (1995). *Monitoring the World Economy 1820 – 1992*. OECD Paris.

Maddison A (2001). *The world economy: A millenial perspective*, OECD, Paris, France.

Millward R (2005). *Private and Public Enterprise in Europe: Energy Telecommunications and Transport 1830 – 1990*. Cambridge.

Muller J (1988). "Telecomunications in Belgium", in J Foreman – Peck and J Muller eds. *European Telecommunications Organisations*. Nomos Baden – Baden.

Neven, D. (1994). "The political economy of state aids in the European community: Some econometric evidence". CEPR Discussion Paper, No. 945.

Neven, D. J. and Seabright, P. (1995). "European industrial policy: the Airbus case". *Economic Policy* (Oct.), pp. 313 – 44.

Nickell S (2003). "Labour Market Institutions and Unemployment in OECD Countries". *CESifo DICE Re-*

port 2：1326.

Nicoletti, G. and Scarpetta, S. (2005). "Regulation and economic performance: product marketreforms and productivity in the OECD". OECD Economics Department Working Paper No. 460.

OECD (1964). *Industrial Statistics 1900 – 1962*. Paris.

OECD (1971). *The Industrial Policies of 14 Member Countries*. Paris.

OECD (1986). *Industrial policies, developments and outlook in OECD countries: Annual Review*. OECD, Paris, France.

OECD (1992). *Structural change and economic performance; a seven country decomposition study*. OECD, Paris, France.

Pack H and Saggi K (2006). "The case for industrial policy: a critical survey". *World Bank Research Working Paper* 3839.

Parker, D. and Martin, S. (1995). "The impact of UK privatisation on labour and total factor productivity". *Scottish Journal of Political Economy* (42: 2), pp. 201 – 220.

Segreto L and Wubs B (2011). "Adoption or adaptation? German and Italian Big Business and the American anti – trust policy, 1945 – 57". *European Business History Association Conference*. Athens.

Svennilson I (1954). *Growth and Stagnation in the European Economy*. UN EC for Europe, Geneva.

Symeonidis, G., (2008). "The effects of competition on wages and productivity: evidence from the United Kingdom". *Review of Economics and Statistics* 90, 134 – 146.

Thomas, L. G. III (1994). "Implicit industrial policy: the triumph of Britain and the failure of France in global pharmaceuticals". *Industrial and Corporate Change* (3: 2), pp. 451 – 490.

Tsoukalis L and Strauss R (1985). "Crisis and Adjustment in European Steel: Beyond Laisser – Faire". *Journal of Common Market Studies* 23, 3, 207 – 228.

Tsoukalis, L. (1997). *New European economy revisted*. Oxford University Press, Oxford, UK.

U. N (1962). "Long Term Plans in Western Europe". *U. N Economic Bulletin for Europe*. 14, 57 – 88.

U. N. (1965). "Economic planning in Europe". *Economic survey of Europe in 1962*, pt 2, Geneva.

U. N. (1952). "Long range transport of electricity in Europe". *U N Economic Bulletin for Europe* 4, 3, 22 – 33.

U. N. (1953). "*Economic survey of Europe since the war. A reappraisal of problems and prospects*". Geneva UN Dept of Economic Affairs.

U. N. (1981). "Exploration of Growth Determinants and Patterns". *U. N Economic Bulletin for Europe*, 33 3 345 – 433.

U. N. Economic Commission for Europe (1953). *Economic survey of Europe since the war*, UN Department of Economic Affairs, Geneva, Switzerland.

United States (various). *Annual Abstract of Statistics*.

Van der Wee, H (1986). *Prosperity and Upheaval: The World Economy 1945 – 1980*. Viking.

Vickers, J. and Wright, V. (1988). *The politics of privatisation in Western Europe*, Cass,

London, UK.

White Paper from the Commission to the European Council, Office for Official Publications of the European Communities, Luxembourg.

Wilkinson C (1984): "Trends in Industrial Policy in the EC: Theory and Practice." in A Jacquemin eds. *European Industry: Public Policy and Corporate Strategy*. Clarendon Oxford.

Wren, C. (2005). "Regional grants: Are they worth it?". *Fiscal Studies* (26: 2), pp. 245–275.

《反垄断法》的实施：有效性及其成果

黄　勇[①]

江　山、袁　嘉、金善明、梅丽鹏、吴白丁[②]

导　论

《反垄断法》实施以来，关于法律的讨论从期待、怀疑、观望，到评点、批判、建构，法律出台前的理论探讨不知不觉地就转入了实战。《反垄断法》的文本和实施的有效性如何，其主要成果是什么？其于新阶段面临的问题是什么？随着当前全面深化改革进入攻坚战，这些问题需要我们进行盘点和反思。改革为了发展，竞争带来繁荣，这种盘点和反思可以以发展的共识为起点展开拓深。

自拉丁美洲国家在 20 世纪 80 年代应对通货膨胀等问题的努力，推动"华盛顿共识"的确立以来，僵化的"华盛顿共识"的版本并没有提供合适的框架来理解东亚经济的成功与失落。对"华盛顿共识"的反思认为，该共识提出的政策很难实现，而且有时具有误导性，要使市场运行良好，需要的不仅仅是低通货膨胀，还需要有健全的金融规制、竞争政策、有助于技术转移的政策以及政策透明度。[③] 其中，竞争被认为最终可能在决定长期经济成功方面比其他因素都要重要，[④] 是贯穿重要政策目标和工具的

---

①　黄勇，对外经济贸易大学教授，竞争法中心主任。

②　江山，对外经济贸易大学讲师；袁嘉，四川大学讲师，对外经贸大学博士后；金善明，中国社科院副研究员，对外经贸大学博士后；梅丽鹏，对外经贸大学博士生；吴白丁，对外经贸大学博士生。特别感谢对外经贸大学博士张昕，博士后丁茂中副教授、张占江副教授对本文的贡献。

③　约瑟夫·斯蒂格利茨，《发展与发展政策》，纪沫、仝冰、海荣译，中国金融出版社，2009 年版，第 107—109 页。

④　约瑟夫·斯蒂格利茨，《发展与发展政策》，纪沫、仝冰、海荣译，中国金融出版社，2009 年版，第 111—125 页。

引线：就稳定增长来说，对于解决如何在稳定产出或就业的意义上促进宏观经济的稳定这一问题，除了有效的宏观经济政策，越来越多的文献强调宏观经济稳定的重要微观经济基础；[1] 就所有权的功能发挥来看，对私有化的强调更多的是出于对竞争的考虑而不是对激励的考虑，[2] 以及对私有化和管制两者的实施顺序的考虑；[3] 就竞争本身而言，是市场经济成功的关键，但应该被视作是使市场更具竞争性的手段的政策自身却被当成了目标；[4] 而就竞争政策而言，虽然竞争的可行范围被扩展了，但竞争常常不完全，尤其是在发展中国家。[5]

进一步地，经济发展中的后进国家，不论其经济体制是资本主义还是社会主义的，产业发展都是经济建设的内在要求和核心命题：国家的建设需要发展，政府的威权源于发展，政策工具的选择自然也聚焦于发展。纵观 20 世纪经济发展和赶超的历史，考察东亚这一典型地区经济发展中的政府角色，产生了三种观点：自由派认为，政府的角色与东亚奇迹无关，甚至有可能存在负面影响，相信自由的市场足以保证经济表现；世界银行认为，普遍存在于东亚社会的威权政府具有发展型政府的特点，对经济增长起到了积极的正面作用；青木昌彦等人更是提出了增强市场论，试图论证东亚政府在经济发展中起到了积极的作用，但它们并非只在代替市场进行资源配置，而是试图增强市场的机能。[6] 上述发展模式源于工业革命以来东亚在世界经济发展的"中心—边缘"结构中长期以来的边缘化地位，以及由此生发的政府的主要任务之一在于实施赶超战略的现实。赶超需要集中资源，由于存在规模经济和协调问题，仅靠市场无法完成，需要与步步有效、且有明确目标的政府相结合，才能完成任务。[7] 于是，产业政策在很长一段时期内成为基础性的政策工具选择，直至晚近以来竞争的重要性被重新发现，加之世界经济一体化背景下他国竞争规则体系的刚性倒逼，产业政策一支独大的状况才得以逐步改善，竞争政策走向前台。当前，以日本为代表的东亚各国政府主要通过两种方式介入市场：维持竞争秩序，发挥市场机能；对整个国民经济及市场运行

---

① 约瑟夫·斯蒂格利茨，《发展与发展政策》，纪沫、仝冰、海荣译，中国金融出版社，2009 年版，第 113 页。

② 事实已经证明，要想在不引起腐败和其他问题的情况下实行私有化是非常困难的。企业家将有动力获得私有化了的企业而不是投资建立他们自己的公司。相反，竞争政策通常会减少租金，并激励人们创造财富。

③ 将垄断私有化会形成非常稳定的利益，这会降低未来进行管制和竞争的可能性。参见约瑟夫·斯蒂格利茨，《发展与发展政策》，纪沫、仝冰、海荣译，中国金融出版社，2009 年版，第 120 页。

④ 约瑟夫·斯蒂格利茨，《发展与发展政策》，纪沫、仝冰、海荣译，中国金融出版社，2009 年版，第 117 页。

⑤ 约瑟夫·斯蒂格利茨，《发展与发展政策》，纪沫、仝冰、海荣译，中国金融出版社，2009 年版，第 121 页。

⑥ 姚洋，《作为制度创新过程的经济改革》，格致出版社、上海人民出版社，2008 年版，第 55—56 页。

⑦ 姚洋，《作为制度创新过程的经济改革》，格致出版社、上海人民出版社，2008 年版，第 56—58 页。

实施严格的政府调控。① 在中国，改革开放以来亦秉承发展型国家的政策导向，取得了赶超战略的初期成效。其中，东亚发展型国家和地区通过产业政策实现竞争与干预相结合经济体制的经验被引入。② 在此过程中，发展型国家的内涵也在不断蜕变，发展的顶层设计模式由计划到规划，发展的方式由粗放转向集约，而发展的工具组合也由产业政策主导走向产业政策与竞争政策兼顾。

立足于改革发展的大趋势，基于对发展共识的反思和发展型国家的经验认识，考察中国《反垄断法》的实施，应当结合政策工具的选择和推行、法律实施的进展与成效、法律文本的完善与缺漏，做出更加有针对性地进行评估、研判和展望。

一、《反垄断法》的文本评估：是否足以保证实现有效的市场竞争

我国《反垄断法》实施以来，由于我国经济体制尚处于转型之中，《反垄断法》的实施仍处于学习和摸索阶段。加之，我国《反垄断法》的文本规范偏于抽象、原则，给《反垄断法》的实施带来诸多障碍和挑战。因此，有必要对《反垄断法》文本进行理性考量和客观评估，梳理与反思文本中存在的问题。

（一）文本的合目的性问题

我国在《反垄断法》的立法过程中，形成了比较统一的认识，即《反垄断法》的立法目的应当与反垄断法的发展趋势一致，采取多元化和多层次的模式，没有必要一一列明，只要分出主要目标和次要目标，有选择地加以规定即可。③ 普遍观点认为，反垄断法的主要目的应当是"保护竞争而不是保护竞争者"，即《反垄断法》维护的是市场竞争机制，通过预防和制止垄断行为，使经营者能够自由展开竞争，从而达到提高经济运行效率等目的。同时，提升消费者福利已经越来越多地成为各国《反垄断法》的立法目的之一，我国《反垄断法》也不能例外。而维护公共利益则是我国社会主义制度的本质要求。④ 因而，中国《反垄断法》在第一条中规定："为了防止和制止垄断

---

① 彭森、张小冲、金春田等，《中国经济体制改革的国际比较与借鉴》，中国人民大学出版社，2008年版，第176页。

② 刘鹤、杨伟民，《中国的产业政策：理论与实践》，中国经济出版社，1999年版，第3页。

③ 尚明主编，《反垄断理论与中外案例评析》，北京大学出版社，2007年版，第34页。

④ 曹康泰主编，《中华人民共和国反垄断法解读———理念、制度、机制、措施》，中国法制出版社，2009年版，第15页。

行为，保护市场公平竞争，提高经济运行效率，维护消费者利益和社会公共利益，促进社会主义市场经济健康发展，制定本法。"

但也有学者指出，这一条款包括的目标过于宽泛且具体，这表示了政策制定者决意要制定包含各种目标的《反垄断法》，在某种意义上，是要让这部法律无懈可击。但是这很可能为建立《反垄断法》适用的清晰框架留下空间。"公共利益"和"社会主义市场经济健康发展"这些词汇的具体价值有赖于它们对个案判决的影响。这里的合法权利和利益是否与在竞争环境中从事市场行为的权利相联系，还是这些词汇意欲纳入更为广泛的权利束，也许包括了分配结果？[1] 还有学者认为，我国的《反垄断法》立法目的之所以如此广泛和具体：一种解释是中国的政策制定者充分认识到本国立法存续的期间，所以其制定法律的目的是要让其经得起时间的考验。然而，这样的决定无论如何都是有争议的，也定会引起更多的问题。[2]

由此可见，对于我国《反垄断法》的立法目的，国内学者基本是持肯定的意见，认为这一条款确立了多元化的目标，适应了国际上《反垄断法》的发展趋势。而有的学者则指出了某些不足：条款确立的目标过于宽泛、具体，但有些目标如"公共利益"、"社会主义市场经济"无法予以界定，以致很难把握其实际功效。还有学者揣测了这一条款的立法意图，虽然主观臆断的成分过高，但也不乏合理的因素，比如该条款可能限制了法官在反垄断案件中的作用。综合上述国内外学者的分析，我国《反垄断法》的立法目的还是较为科学、合理的，但也并非完美无缺，具体表现在有些目标过于模糊，无法涵摄具体法条，也不能有效地指导司法实践；有些措辞还不够严谨，容易引起歧义。因此，择其一二具体分析：

1. 维护社会公共利益

《反垄断法》的核心理念最直接的表现应是保护竞争，在各国反垄断立法的演进历史中，公共利益这一概念饱受争议。因为，公共利益通常无法被清晰地界定，在我国的《反垄断法》中，它也是很模糊的。例如，本法的第十五条和第二十八条规定，经营者如果能证明他们的垄断协议或交易是为了达到公共利益的目的，就能得到豁免。但是在现实的经济生活中，什么类型的经营者更有可能得到这种豁免呢？很有可能就是国有大型企业。在保护承担了公共利益职能的国有企业经营者和消费者的利益之时，

---

[1] Mark Furse, Competition Law Choice in China, World Competition Law and Economics Review 2007 Vol. 2, p. 334.

[2] Maher M Dabbah, The Development of Sound Competition Law and Policy in China: An (Im) possible Dream? World Competition Law and Economics Review, 2008 Vol. 5, p. 238.

如果两者的利益有冲突，执法机构就会面临两难困境，从而影响反垄断执法机构的执法。不仅如此，消费者利益也有可能与公共利益直接发生冲突。例如，消费者通常想要有多种选择，因此更偏好竞争。但是第二十八条规定，经营者能够证明该竞争符合公共利益的，可以不被禁止。然而，问题在于，某些符合公共利益的交易可能并不利于竞争。不仅如此，当同时面对产业政策和竞争政策，任何的反垄断执法机构都将面临何者居支配地位的抉择。但是，中国的反垄断执法机构可能会发现很难权衡，一方面要保护消费者的利益免受垄断行为的侵害，并维护市场竞争，另一方面，它又要面临产业发展利益与公共利益的重叠及其区分，其难度也是显而易见的。综上所述，将社会公共利益这一相当含糊的词汇作为反垄断立法目的并不科学。

2. 促进社会主义市场经济健康发展

这个目标在其他法律规范中，也曾屡次出现。比如现行的《公司法》《证券法》中的第 1 条，都提到了"促进社会主义市场经济的发展"。当前我国正在努力地发展和完善社会主义市场经济，而市场经济需要相应的法制基础已经成为一种共识。既然社会主义市场经济的发展离不开相应的法律规范，那么一再在立法目的条款中出现"促进社会主义市场经济发展"更多的只是对二者关联的宣示，很难看到这一目标的实际效用。此外，也很难明确地界定这个目标，何为促进社会主义市场经济的发展，如果在现实的经济生活中，某些经济主体通过并购提高了生产效率，却使消费者的财富不公平地流向了自己，这样算不算实现了这个目标呢？所以说，这个目标的合理性也应受到质疑。

基于《反垄断法》所具有的抽象性高、专业性强和实施影响广泛的特点，以及《反垄断法》各个目标之间潜在的冲突的可能性，使得整体考虑如何将现有的《反垄断法》领会、实施并落到现实经济生活与法律实践，成为法律颁布后最重要的议题。我们认为，确立《反垄断法》所应追求的实施目标定位是做出有效实施的前提。"《反垄断法》保护的是竞争格局，而非竞争者"是西方竞争法制发达国家通过无数经典案例反复演绎的一条判断规则，即通过对竞争格局的保护来实现经济效率的最大化和保护消费者等目标。《反垄断法》规则设计的最基本出发点是竞争秩序的维护而非对正常竞争中的个体市场经营者利益得失与否的判别与保护。在《反垄断法》的立法进程中，该理念在立法者中逐渐获得主导性的认同，将之在实施中落实则是未来工作的核心目标。该目标的确立既指明了《反垄断法》的追求目标，也道出了反垄断执法机构的职责定位。保护竞争，而非参与；矫治不规范竞争，而非干预。我们认为，标举"《反垄断法》保护的是竞争格局，而非竞争者"作为《反垄断法》实施的目标定位，将为深入有效的反垄断执法确立理念上的支撑。

（二）法律文本中的实体规范问题

我国《反垄断法》虽制定时间较长，但因缺乏反垄断实践经验等因素，其在文本规范表现上却显得抽象而原则。我国《反垄断法》借鉴和吸收国外经验，但规范本身表述抽象、制度设计原则，加之《反垄断法》本身的不确定性，使《反垄断法》在实施中时常遭遇规范瓶颈。

1. 垄断协议

《反垄断法》第二章垄断协议中的核心概念是"垄断协议"，然而，该条在垄断协议一章中所处的位置，却存在问题。因为，界定"垄断协议"的意义是统领本章的四个条文，而按照现有的设计，该条款的位置处于第十三条之下，于法律体系上存在欠缺。正确的设计，应当是将该条款独立成为一条，置于现有第十三条之前。《反垄断法》中对于"垄断协议"的界定也存在缺失。第十三条规定，"本法所称垄断协议，是指排除、限制竞争的协议、决定或者其他协同行为。"在此，"其他"一词有可能引起歧义，使得排除、限制竞争的协议、决议或被认为属于协同行为的范围。而从法条所要表达的意义来看，协议、决定、协同行为应当是垄断协议具体分类的三种，系平行关系，"其他"一词完全是可以删除。

《反垄断法》第十四条有关纵向垄断协议的规定较为简单，准确地说只是规定了纵向价格垄断协议而未对纵向非价格垄断协议做出明确规定。同时，第十四条未能明确纵向垄断协议的适用原则，在目前既有的案件审理中表现出了不同的执法机构援引不同的适用原则，引发了实务界和学术界的广泛讨论甚至质疑。因此，需要通过立法进一步明确纵向垄断协议的具体表现形式，理顺第十四条与第十三条第二款、第十五条之间的关系，从而增强对纵向垄断协议规制的可预见性。

《反垄断法》第十五条的规定，不论是在结构上还是在细节上都有可以商榷的地方。从结构上看，第十五条可以分为两个条款，一是列举了六种能产生效率从而可能不适用第十三条或第十四条被认定为垄断协议的类型；二是确定"属于前款第一项至第五项情形，不适用本法第十三条、第十四条规定的，经营者还应当证明所达成的协议不会严重限制相关市场的竞争，并且能够使消费者分享由此产生的利益"。这种结构无疑是借鉴欧盟的模式，区别是欧盟竞争法并未将效率的类型进行列举，而是匹配了一系列的成批豁免的类型。中国的处理方式存在的问题是，一方面是效率类型的列举无法全面，挂一漏万；另一方面对某些总是可能被豁免的类型没有批量处理的方式，难以节省行政资源，造成案件的累积。不仅如此，对效率条款和不会严重限制相关市场的竞争这一条款的阐释，是否能够有效地完成对促进竞争效果和反竞争效果的权衡，是值得怀疑的，因为是否具有较少限制竞争的方式实现同样的效率这一要件在这里被遗失了。最后，还存在一个中国式的问题，就是非竞争类政策在该豁免条款中仍然存在，第十五条第一款中的"（五）因经济不景气，为缓解销售量严重下降或者生产明显过剩的"和"（六）为保障对外贸易和对外经济合作中的正当利益的"，被认为是产业政策和贸易政策影响的残留。前者所涉及的萧条或危机卡特尔的相关规定，在主要法域的竞争法中已经难觅踪迹；而即使在实践当中予以适用，对"经济不景气"的争议恐怕也是难以避免的。后者在反垄断日益走向国际化的情况下，面临其他法域的《反垄断法》域外适用之时，几乎难有招架之功，而涉案企业给予错误的预期所造成的损失，或许是本可以避免的。不仅如此，从第十五条的条文来看，第二款中亦未规定可与第（六）项对接，在条文结构上已显现出对该项的内在不相容。

2. 滥用市场支配地位

《反垄断法》第二章滥用市场支配地位的核心概念是"滥用市场支配地位"。在这里"滥用市场支配地位"并未得到界定，现行法律的处理方式是在总则的第六条规定："具有市场支配地位的经营者，不得滥用市场支配地位，排除、限制竞争。"与此同时，在第十七条第二款中规定，"本法所称市场支配地位，是指经营者在相关市场内具有能够控制商品价格、数量或者其他交易条件，或者能够阻碍、影响其他经营者进入相关市场能力的市场地位"。实际上，就此在总则中做出规定，似乎是没有必要的。因为，总则的第三条规定，"本法规定的垄断行为包括：（一）经营者达成垄断协议；（二）经营者滥用市场支配地位；（三）具有或者可能具有排除、限制竞争效果的经营者集中"。该规定已经提纲挈领地在总则中将法律要规制的对象予以阐明，再就各种行为进行界定，因其不具有对整部法律的统领性，在总则中规定就显得累赘了。进一步地，比照垄断协议的法条结构设计，关于"滥用市场支配地位"这一核心概念的界定，应该在第二章起始就予以规定。具体处理的方式，应当将现有的第六条作为该界定"滥用市场支配地位"的条文的第一款，而将第十七条的第二款移至该条的第二款。

在法条结构上，《反垄断法》第二章也存在可以商榷的地方。因为，在判定市场支配地位滥用之时，首先需要推定或认定具有市场支配地位，再评估涉嫌滥用市场支配地位的行为。因此，为了法律适用的逻辑明晰，可以将市场支配地位推定或认定的内容置于"市场支配地位滥用"概念的条款之后，而置于"滥用市场支配地位行为"的条款之前。进一步地，在第十八条认定经营者具有市场支配地位应当依据的因素中，包括"（四）其他经营者对该经营者在交易上的依赖程度"，这一条所涉及市场优势地位认定的因素，其必要性早在《反垄断法》立法阶段就有争议，现在的问题是这一条款是否能够融合到市场支配地位认定的考虑因素中来，值得怀疑。

《反垄断法》第十七条有关滥用市场配地位行为的规定，其中强调"正当理由"，但法本身并未明确"正当理由"的内涵与外延，国家发改委通过制定《反价格垄断规定》明确每一种行为中的"正当理由"情形，但作为可以同时执行第十七条的国家工商总局并未在其相关规章中对"正当理由"作相应的明确，在实践中出现了两家执法机构就同一条文向同一经营者分别做出相关调查和解释，但有关"正当理由"的解释不一致甚至相冲突，给当事人配合调查和守法带来诸多不便，因而也需要通过修法的方式对"正当理由"的内涵和外延予以明确。

3. 经营者集中

《反垄断法》第五条规定："经营者可以通过公平竞争、自愿联合，依法实施集中，扩大经营规模，提高市场竞争能力。"该条同样没有在总则中予以规定的合理性，应当置于《反垄断法》的第四章，并加以修正，以统领该章。修正的侧重是对该规定予以补足以下内容：经营者集中符合法定条件的，应当予以审查。

《反垄断法》中第二十条关于"经营者集中情形"的规定，在界定何为经营者集中的过程中主要涉及两个问题：一个是没有提及企业联营，更没有在对不同类型的合营企业做出区分的基础上探讨何种企业联营属于经营者集中的情形，实务中容易造成扩大解释，使得商务部可以审查的范围扩大；二是提到了控制权，但是并没有在法律中做具体说明，虽然新近出台的部门规章有了进一步解释，但是法律文本中也应当进行相应调整。

《反垄断法》第二十七条是关于实体审查标准的相关规定，目前是商务部审理案件的主要法律依据，主要包括市场份额和控制力、市场集中度、市场进入壁垒、对消费者和其他经营者的影响、对国民经济发展的影响；其他。这种要素列举更多的是指明了结构性的要素，并未提示主流理论和实践中已经得到良好验证的单边效应和协调效应的分析路径。当前，这种分析路径已经在商务部《关于评估经营者集中竞争影响的暂行规定》中得到了展开，但如果在《反垄断法》中明确这种基本的分析路径，将更好地展现经营者集中审查的内在逻辑和分析思路。

《反垄断法》第二十七条关于审查经营者集中应当考虑的因素中，包括将相关市场的市场集中度作为考虑因素。然而，市场集中度有其度量的具体标准，例如，集中实施之后的市场集中度超过多少时需要予以密切关注，市场集中度变量为多少时值得关注，有便利排除、限制竞争行为的风险，这些都需要进一步说明。如果不在《反垄断法》中说明，至少也需要在指南等其他规范性文件中说明。

《反垄断法》第二十八条描述了何时应当禁止，并规定满足"经营者能够证明该集中对竞争产生的有利影响明显大于不利影响，或者符合社会公共利益的"，可以不予禁止。建议进一步细化，同时解释何为符合社会公共利益。

（三）法律文本中的程序安排问题

我国《反垄断法》吸收其他市场经济国家《反垄断法》中比较先进的制度和措施，如为节约执法成本和确保执法效果，引入了类似于行政和解的经营者承诺制度；为有效制止秘密卡特尔，借鉴了宽恕制度；为扩大《反垄断法》的适用范围，严格限制了适用除外的情形；关于经营者集中，借鉴了国际上普遍采取的事先强制申报制度等。尽管如此，《反垄断法》文本中程序安排有两方面的问题值得关注：

1. 实施机制不健全

《反垄断法》作为市场经济的基础性法律规范，在对市场中各类垄断行为进行规制的同时，也规定反垄断执法机构如何规制这些行为。即反垄断法实际将反垄断实体性规范和程序性规范通常作统一规定，我国《反垄断法》也是如此。《反垄断法》不仅规定了所应当规制的垄断行为，而且对《反垄断法》的实施机制做出了相应的规定，如《反垄断法》第六章和第五十条、第五十三条等有关反垄断执法机构的调查程序、反垄断私人执行程序以及对反垄断执法机构决定不服的救济程序。从理论上来说，这些机制的设置相对比较完备，但在具体实践中则发现，《反垄断法》有关实施机制的规定仍显得粗放而难以满足法的实践要求：

反垄断中的专门程序制度设置解释不一。还有关于《反垄断法》第二十九条有关附条件批准制度、第四十五条承诺制度和第四十六条宽大制度等相关规定，都是从法规范角度来说只是说明《反垄断法》对这方面的制度有所涉及但具体如何运用，则需要进一步探究，留给执法机构的自由裁量空间过大，加之多家执法从而导致同一条款由不同执法机构在类似案件甚至相同案件中做出不同理解，不仅不利于解决垄断规制问题，更有损法的权威，因而对通过修法予以解决提出了客观上的要求。

反垄断民事诉讼机制过于简单。我国《反垄断法》第五十条引入了反垄断民事诉讼机制，即"经营者实施垄断行为，给他人造成损失的，依法承担民事责任"。但至于主体资格、举证责任等内容，《反垄断法》则未予以明确，因而给反垄断司法实践带来诸多挑战。如《反垄断法》实施后，直至 2013 年 8 月 1 日前，全国法院审结的 61 起反垄断民事诉讼案件中没有一起原告胜诉，因而引起了学界和社会公众对这一制度的诟病。虽然最高人民法院出台司法解释，对起诉、案件受理、管辖、举证责任分配、诉讼证据、民事责任以及诉讼时效等作了明确，但该司法解释对纵向垄断协议举证责任分配、主体资格界定等问题未做充分解释，而且司法解释是否有权规定主体资格、举证责任分配等问题，值得商榷。因而，寄希望于修法进一步细化和明确反垄断民事诉讼程序的安排和制度，同时协调好反垄断执法与反垄断民事诉讼之间的关系。

2. 机构设置不健全

有关反垄断执法机构的设置一直是我国反垄断立法甚至目前执法中备受关注的课题，学界始终呼吁《反垄断法》明确规定设置统一、独立而权威的反垄断执法机构，从而确保反垄断执法的威慑力。但《反垄断法》关于执法机构设置的相关规定依照既有的执法习惯创设了"双层次多机构"的执法体制，即国务院设立反垄断委员会，负责组织、协调、指导反垄断工作，并规定了其履行相应的职责；同时，国务院规定的承担反垄断执法职责的机构即国家工商总局、国家发改委和商务部依照《反垄断法》的规定负责反垄断执法工作。

这样的执法体制，在《反垄断法》的文本体系建构上和执法工作中都产生诸多问题，如上述的对同一法条的不同理解等情形，这不仅影响反垄断执法工作的集中统一，增加反垄断执法成本、降低执法效率；同时，也破坏了《反垄断法》的权威一致性，不利于有效维护市场竞争和保护竞争性市场体制。不仅如此，反垄断执法与行业监管关系界定不明确。管制性行业中的垄断规制问题如何处理一直是反垄断执法与行业监管间所面临的难题，尚未确定是以行业监管为主、以反垄断执法为主，还是行业监管与反垄断执法兼顾①的方式，而我国采取何种形式，《反垄断法》并未作相关规定，因而也导致相关领域反垄断执法的混乱，其不合理或冲突之处表现为反垄断执法与行业监管之间的执法：《反垄断法》未明确规制产业中垄断问题由谁主管，长期以来我国规制产业主要由相应的主管部门监管，因而涉及规制产业反垄断执法时就会出现《反垄断法》失灵现象。

中国《反垄断法》实施以来，在预防和制止垄断、保护市场竞争方面发挥了积极作用，但客观地看，仍存在诸如制度规范不健全、实施机制不完善和执法机构设置不

---

① 一方面，由于管制性行业存在某些技术问题，反垄断执法机构处理反垄断案件时应征求监管机构的意见；另一方面，监管机构处理反垄断案件时，因为会涉及很多竞争法专业问题，如市场的界定或市场支配地位的认定，它们也应征求反垄断执法机构的意见。

合理等问题。虽然反垄断法实施中，通过解释等机制部分地解决了规范供给不足问题，但因文本规范自身问题则需通过彻底的修法予以完善。

小结：完善《反垄断法》文本的建议

我国实行改革开放、确立社会主义市场经济体制，而现代市场经济最明显的特征就是崇尚法治，把法律作为对经济运行实行宏观调控和微观调节的最主要手段。[①] 2011年，中国宣布社会主义法律体系形成，但这并不意味着市场经济法治已建立。在现实的经济生活中，阻碍甚至遏制市场机制发挥积极功效的表现普遍存在：一是重政府职能而轻市场机制，从计划经济向市场经济转型过程中，政府部门仍循着惯性干预市场，抑制了市场、竞争的作用；二是重政策而轻法律，政府沿袭了计划思维，动辄发布经济政策尤其是产业政策调节经济活动，违背市场经济是法治经济的原则，因缺乏合理的决策机制而容易出现短期效应且不具可持续性；三是重公权力而轻私权利，政府尤其是地方政府法治意识仍薄弱，习惯于依靠或迷恋公权力对市场主体进行管制和束缚，未认识到法治的内容是对立法权的限制和反对滥用行政权力的保护措施，[②] 结果便是侵害市场主体的合法权益，因而破坏市场竞争机制、损害市场经济效率。因此，如何依法调处市场经济发展中的"政府与市场"关系从而营造反垄断法实施的良好环境依然是不容忽视的课题。

从根本上看，中国《反垄断法》"目前的文本几乎消化了国际上所有可资借鉴的制度"，[③] 在垄断协议、滥用市场支配地位和经营者集中三大主体制度上都设计了与国际主流制度接轨的安排，并且在文本上形成了一个逻辑自洽的法律规制体系，救济制度与程序安排的良好配套，也为法律实施提供了良好的支撑。"竞争是获致繁荣和保证繁荣的最有效的手段"，[④] 但"从天性来说，每个人都想获得一种不受竞争影响的优势"。[⑤] 因此，《反垄断法》法律文本任何逻辑上的不周延、体系上的漏洞和解释上的偏差，都可能对《反垄断法》保障竞争自由、抑制垄断构成阻碍。虽然瑕不掩瑜，但当前《反垄断法》的文本仍然存在实体和程序上的诸多问题，我们无疑应当正视《反

---

① 文正邦，《论现代市场经济是法治经济》，载《法学研究》，1994年第1期，第25页。

② 《牛津法律大辞典》，光明日报出版社，1988年版，第790页。

③ 时建中主编，《反垄断法：法典释评与学理探源》，中国人民大学出版社，2008年版，第2—3页。

④ 路德维希·艾哈德著，祝世康、穆家骥译，《来自竞争的繁荣》，商务印书馆，1983年版，第11页。

⑤ 曼弗里德·诺依曼著，谷爱俊译，《竞争政策：历史、理论及实践》，北京大学出版社，2003年版，第8页。

垄断法》文本中存在的问题、积极借鉴域外经验、完善我国《反垄断法》文本规范，有利于维护市场竞争、提升消费者福利。

与此同时，三家竞争执法机构正在积极制定《反垄断法》的配套指南，以期进一步指导竞争执法和市场主体的行为。这些指南分别涉及滥用知识产权、汽车业反垄断、垄断协议宽大制度、垄断协议豁免程序、中止调查程序以及罚款额的计算。另外，与《反垄断法》有关的《反不正当竞争法》《价格法》以及《标准化法》也在修改中，这些修改后的法律将实现与《反垄断法》顺畅衔接，并减少法律适用的不确定性，从而使反垄断法律更加具有体系性、针对性和指引性。

二、《反垄断法》实施的成就与不足

徒法不足以自行，反垄断执法机构作为《反垄断法》的实施者，通过充分地理解法律的目的与精神，形式与逻辑，有效利用法定程序，救济措施，预防和制止垄断行为、维护竞争。《反垄断法》的实施是检验其有效性不可或缺的维度。

（一）执法机构的组成与效率

反垄断执法机构在市场经济国家一般由具备专业性、独立性和权威性的机构构成。目前，我国国务院反垄断执法机构包括国家发改委（负责涉及价格的垄断协议、滥用市场支配地位和滥用行政权力排除限制竞争行为）、商务部（负责经营者集中行为的反垄断审查）和国家工商总局（负责涉及非价格的垄断协议、滥用市场支配地位和滥用行政权力排除、限制竞争行为）。

国务院反垄断执法机构之上设有反垄断委员会。反垄断委员会负责组织、协调、指导反垄断工作。反垄断委员会聘请法律、经济等方面的专家组成专家咨询组，对委员会需要研究与解决的重大疑难问题提供专家咨询意见。为了保证反垄断委员会更好地履行反垄断工作的组织、协调、指导职能，国务院反垄断委员会工作规则还对委员会组成、会议制度、工作制度与工作程序做出了具体规定。[1]

1. 执法机构的能力建设

国家发改委下设价格监督检查与反垄断局，负责反价格垄断执法工作，其负责调查、认定和处理重大的价格垄断行为和案件，下设九个处：综合处、法制工作处、监

---

[1]　商务部网站，http://fldj.mofcom.gov.cn/article/c/200811/20081105917420.shtml，2014年4月22日访问。

督指导处、价格检查处、收费检查处、市场价格监管处、反价格垄断调查一处、反价格垄断调查二处、竞争政策与国际合作处。① 发改委反垄断局在三个反垄断执法部门中最为重视人才队伍建设。2011 年 7 月，国家发改委价格监督检查司更名为发改委价格监督检查与反垄断局，增加了 20 名行政编制，并获准在八个省市价格主管部门共计增加 150 名编制，专项用于增加反价格垄断工作。② 经过几年的努力，发改委价格监督检查与反垄断局的执法队伍的人员素质与执法能力均大大提高。但是该部门在较长时间内以《价格法》作为执法依据，部分人员的反垄断执法的思维有待加强，经验有待积累。而由于经济学专家在该部门占大多数，对法律正当程序的认知也有待加强，以限制执法中的自由裁量和保护行政相对人的权利。

商务部下设反垄断局，分为七个处室：办公室、竞争政策处、商谈处、法律处、经济处、监察执法处、委员会协调处。③ 其职责为：起草经营者集中相关法规，拟订配套规章及规范性文件；依法对经营者集中行为进行反垄断审查；负责受理经营者集中反垄断磋商和申报，并开展相应的反垄断听证、调查和审查工作；负责受理并调查向反垄断执法机构举报的经营者集中事项，查处违法行为等。④ 经过 7 年的工作，商务部反垄断局执法人员积累了相对丰富的工作经验，逐步掌握运用经济学分析工具进行分析与评估，专业性日渐提高，与经济学家、法律专业人士、行业技术专家及专业行业协会及主管部门等实行良性互动。商务部在机构建设、配套立法、案件审查、宣传培训和国际交流等诸多方面做了大量工作，建立了一支专业的执法队伍，建立了经营者集中反垄断审查法律体系，妥善处理了重大复杂经营者集中案件。然而，由于商务部的经营者集中审查案件量大，为满足法定的时间期限，执法人员配置有待大力加强。

国家工商总局下设反垄断与反不正当竞争执法局专门从事竞争执法，其反垄断职责为：拟订有关反垄断、反不正当竞争的具体措施、办法；负责垄断协议、滥用市场支配地位、滥用行政权力排除限制竞争方面的反垄断执法工作（价格垄断行为除外）。⑤ 该局由公平交易局更名而来，设五个处，分别为内设综合处、反垄断执法处、反垄断法律指导处、反不正当竞争处、案件督查协调处，在总局层面人员配置相对较弱；但

---

① 发改委价格监督检查与反垄断执法局网站，http：//jjs. ndrc. gov. cn/jgsz/，2014 年 4 月 19 日访问。
② 商务部网站：2012 年中国竞争政策与法律年会演讲. http：//www. mofcom. gov. cn/article/zt_ jzzcflnh/lan-mutwo/201301/20130100003558. shtml，2014 年 5 月 11 日访问。
③ 商务部网站，http：//fldj. mofcom. gov. cn/article/gywm/200811/20081105868495. shtml，2014 年 6 月 24 日访问。
④ 商务部网站，http：//fldj. mofcom. gov. cn/article/gywm/200809/20080905756026. shtml，2014 年 6 月 24 日访问。
⑤ 国家工商总局反垄断局网站，http：//www. saic. gov. cn/fldyfbzdjz/jgsz/，2014 年 4 月 23 日访问。

其在各省市拥有一支经验丰富的经济检查执法队伍，执法素质相对成熟，执法程序相对完善。总局反垄断局充分发挥省级工商局的作用完成反垄断工作，总局经过多年多次的竞争执法培训和与欧盟、美国的合作培训，提高了执法人员的专业素质和水平。但总局专门从事反垄断的人员较少，在很大程度上抑制了工商系统反垄断执法的力度，需要大力引进专业人才。

2. 执法机构的执法效率

执法队伍执法水平的高低决定执法效率，执法环境的好坏也会影响执法效率。执法环境转变缓慢，因此执法水平提高是关键，特别在执法队伍组建初期与反垄断执法起步阶段尤其如此。三个执法部门7年来对系统内的执法人员进行了多次全面培训，培训涵盖反垄断法律条文的理解与应用及对涉嫌垄断案件的执法调查、证据收集、定性分析等多方面内容。

国家发改委在2011年首次查处了反垄断案件，对山东两家医药公司滥用市场支配地位实施不公平高价进行了处罚，没收违法所得并处罚款。① 2011年至今，国家发改委还依法对涉及液晶面板、汽车零部件、轴承、国际海运领域的多起国际价格卡特尔进行了查处。例如，2014年对日本八家汽车零部件企业、四家轴承企业价格垄断行为依法做出处罚，制止了日系汽车零部件、四大轴承企业之间长达十年的协同报价、协商涨价行为。

与此同时，省、市、直辖市发改委价格主管部门查处的价格垄断案件也不断增多。例如，浙江省物价局查处了人防设备行业价格垄断案件，湖北查处了武汉证券业协会统一上调交易佣金案，广西对柳州市7家餐具消毒企业统一提高套装消毒餐具出厂配送价格的行为进行处罚，江西查处南昌市建筑行业协会混凝土专业委员会串通涨价案等。② 此外，还有电信联通案、五粮液茅台案、上海黄金案、奶粉案等社会各界广泛关注的重大案件。从已经处罚的案件来看，国家发改委认真受理举报、快速办理案件、执法效率较高，在保护竞争、促进经济发展、维护消费者合法权益方面发挥了显著作用。国家发改委还选择对重点行业进行相对专业的竞争状况评估，根据举报或其他线索对涉嫌价格垄断的企业进行调查，进一步推进反垄断执法。

商务部立案审查的案件涉及国民经济多个行业，包括农业、制造业、采矿业、交

---

① 发改委价格监督检查与反垄断执法局网站：两医药公司垄断复方利血平原料药受到严厉处罚，http：//jjs. ndrc. gov. cn/fjgld/201203/t20120306_ 465386. html，2014年5月2日访问。

② 中国新闻网，http：//www. chinanews. com/cj/2011/12－23/3555901. shtml，2014年6月24日访问。

通运输业、批发零售业、信息行业、文化产业等，涵盖了国家 2013 年发布的《关于加快推进重点行业企业兼并重组的指导意见》① 中提及的大部分行业。商务部通过反垄断审查，预防企业兼并重组对市场竞争造成损害，努力营造行业有效竞争局面，增强企业的市场竞争力，提高执法效率。商务部反垄断局从成立至今已受理 1000 多起并购申报，其中禁止的 2 件，附条件通过的 26 件，并逐步建立科学高效的反垄断执法机制。

国家工商总局反垄断与反不正当竞争执法局在《反垄断法》施行 7 年多来，开展反垄断部门规章制定工作，为反垄断执法工作提供了更具可操作性的法律依据。同时依托省市的强有力执法队伍，积极授权省级工商局立案，在工商总局网站上公布已处罚的反垄断案件 34 件。② 近年来，各地工商部门不断加大《反垄断法》执法力度，秉持依法行政的基本原则，严格依照法定程序，积极查处各种类型的非价格垄断案件和行政垄断案件，并依法予以处罚，从而切实维护公平竞争的市场秩序。

3. 执法机构的组成与其职能发挥

（1）目前我国反垄断执法机构的特点

第一，多头管理，职能交叉。我国的《反垄断法》横跨多个领域，而国家机关的职能划分有其历史延续性，多头管辖不可避免。根据《立法法》，国务院下属部委、办、局有权制定部门规章，因此，各部门出于利益最大化的需要，将法律没有明确的事项尽量纳入本部门管辖的范围，职能交叉，多头管理的情况更加严重。在执法领域，商务部负责经营者集中审查，职能相对独立、清晰，但是发改委和工商总局却在垄断协议、滥用市场支配地位方面存在职能交叉。

第二，执法机构级别较低，权力有限。虽然法律规定的部门在中央一级层面上均属于正部级单位，但反垄断局都为三个部级单位的司级机构，国务院反垄断委员会负责组织、协调、指导反垄断工作，对三个部门的反垄断执法没有领导关系。相对而言，中国反垄断执法部门职级相对较低，加之权力较为分散，导致反垄断执法机构不能形成有效合力，降低了执法效率与《反垄断法》的实施效果。③

第三，执法人员数量不足，知识结构分布不均。从当前所需处理的案件数量来看，亟须充实反垄断执法人员的队伍。从知识储备上看，三家反垄断执法机构的执法人员

---

① 工业和信息化部网站：《关于加快推进重点行业企业兼并重组的指导意见》。http：//www. miit. gov. cn/n11293472/n11293832/n11293907/n11368223/15130615. html，2014 年 5 月 3 日访问。

② 国家工商总局竞争执法公告，http：//www. saic. gov. cn/zwgk/gggs/jzzf/index. html，2016 年 4 月 18 日访问。

③ 北大法律信息网：论我国反垄断机构的设置。http：//www. chinalawinfo. com/LawOnline/ArticleFullText. aspx? ArticleId = 34397，2014 年 6 月 19 日访问。

都是从初期的缺少专业知识的人员，逐步成长为能分析处理复杂问题的专业性人员。不仅如此，在三家机构中，发改委多经济学专家、商务部多反垄断法律专家，工商总局和发改委则分别在经济学和法律专家上储备不足，呈现出知识结构分布不均的态势。

（2）我国反垄断执法机构职能发挥的现状与困境

三家执法机构中，发改委和工商总局的职权范围均涉及垄断协议和滥用市场支配地位行为，产生职权不清晰、重叠与执法协调问题。从"三定方案"的文字表述上，发改委主要负责与价格相关的垄断行为的规制，而工商总局的职责的表述较为模糊，对"有关反垄断"中的"有关"并未界定，一般被认为是非价格类的反垄断执法。就两机构的职能重叠问题，还应考察其处理的垄断案件。①

从公开的信息来看，由工商总局负责的案件都是由其独立调查处理的，其反垄断的执法类型主要针对：滥用行政权力排除、限制竞争行为（广东省某市推广卫星定位汽车行驶记录仪一案），滥用市场支配地位行为及非价格垄断协议（新车保险垄断协议一案、宜宾砖瓦协会垄断协议一案、广东省供水企业滥用市场支配地位案）等。由发改委负责的案件中，南宁、柳州部分米粉生产厂家价格垄断一案在调查中涉及让工商总局配合调查取证，其他的案件都是由发改委系统进行调查和处理。其反垄断的执法类型主要针对：价格垄断行为及实施价格垄断协议的行为。② 实践中，虽然工商总局的反垄断职责在表述上存在模糊或不精确，但大多集中于与非价格垄断行为的规制，与发改委的职责形成区分。但是，在个案中，仍然存在管辖可能重叠的问题。其依据可能是基于价格与非价格，也可能是首先发现这种行为的反垄断执法机构即为管辖机构。虽然就出现管辖重叠的案件如何协调未出台具体的规定和制度，但这两大执法机构的内部协调还是存在的。

（二）行政执法的程序公正

1. 行政执法的正当程序

（1）价格垄断行为

2011 年，国家发改委出台了《反价格垄断行政执法程序规定》（"程序性规

---

① 中央人民政府网站：国家工商总局竞争执法局负责人就《反垄断法》三个配套规章出台答记者问。http://www.gov.cn/gzdt/2011－01/07/content_ 1780045.htm. 2014 年 5 月 10 日访问。

② 国家发改委网站：国家发展改革委有关负责人就广西部分地区米粉串通涨价答记者问。http://www.sdpc.gov.cn/fzgggz/jgjdyfld/fjgld/201402/t20140228_ 588557.html，2014 年 5 月 9 日访问。

章"），① 遵循并细化了《反垄断法》的相关规定，择要分析如下：

第一，执法权力的授权。根据程序性规章，省级人民政府的价格主管部门被授权负责本行政区域内的反价格垄断执法工作。对于跨省发生的价格垄断案件，国家发改委将指定一个省级人民政府的价格主管部门进行查处，重大案件由国家发改委直接组织查处。省级人民政府的价格主管部门还可在其法定权限内委托下一级政府价格主管部门实施调查。省级人民政府的价格主管部门查处的案件，应当报送国务院价格主管部门备案。这种授权是一揽子授权式的。另外，调查权可被进一步委托给下一级政府价格主管部门。

第二，宽免制度。根据程序性规章，第一个主动报告达成价格垄断协议的有关情况并提供重要证据的经营者，可以免除处罚。第二个主动报告达成价格垄断协议的有关情况并提供重要证据的经营者，可以按照不低于50%的幅度减轻处罚。其他主动报告达成价格垄断协议的有关情况并提供重要证据的，可以按照不高于50%的幅度减轻处罚。② 这一规定适用于任何价格垄断协议。然而，程序性规章中的宽免制度也与《反垄断法》第四十六条一脉相承，采用了"可以"采取宽大处理的说法，而非"应当"。国家发改委对上述宽大决定保留较大自由裁量权。

第三，中止调查。根据程序性规章，涉嫌价格垄断行为的经营者在被调查期间，可以向发改委提出中止调查的申请，并载明涉嫌垄断的事实、承诺采取消除行为后果的具体措施、履行承诺的时限等。经营者在规定的时限内未履行承诺或者未完全履行承诺，或中止调查的决定是基于经营者提供的不完整或者不真实的信息做出的情况下，国家发改委可以决定恢复调查。上述机制可以使得经营者避免进一步调查措施或处罚决定，但是风险在于，该机制要求经营者承认违法行为，而有可能在进行的诉讼程序中成为不利于该经营者的证据材料。同时，中止调查的决定并非是终局的，国家发改委可能在一定情况下恢复调查。③

（2）非价格垄断行为

《反垄断法》颁布后，国家工商总局从实体到程序对工商机关查处垄断案件做出了明确规定：先后制定并颁布了《工商行政管理机关查处垄断协议、滥用市场支配地位案件程序规定》《工商行政管理机关制止滥用行政权力排除、限制竞争行为程序规定》

---

① 《反价格垄断规定》（2011年），http：//www. gov. cn/flfg/2011-01/04/content_ 1777969. htm。
《反价格垄断行政执法程序规定》（2010），http：//www. gov. cn/flfg/2011-01/04/content_ 1777998. htm。

② 《反价格垄断行政执法程序规定》（2010），第十四条第二款。

③ 《反价格垄断行政执法程序规定》（2010），第十五条、第十六条、第十七条。

两部执法程序规章。

国家工商总局关于宽免制度的规定主要体现在《禁止垄断协议行为的规定》中。① 该规定要求，经营者主动停止垄断协议行为的，工商行政管理机关可以酌情减轻或者免除对该经营者的处罚。经营者主动向工商行政管理机关报告所达成垄断协议的有关情况并提供重要证据的，工商行政管理机关可以酌情减轻或者免除对该经营者的处罚。对第一个主动报告所达成垄断协议的有关情况、提供重要证据并全面主动配合调查的经营者，免除处罚。对主动向工商行政管理机关报告所达成垄断协议的有关情况并提供重要证据的其他经营者，酌情减轻处罚。但是除了第十二条规定的对"第一个主动报告"的经营者明确规定"免予处罚"外，宽免梯度并不明确，工商机关仍有较大的裁量权。

运用《反垄断法》规制滥用知识产权排除、限制竞争行为，既是理论上的热点问题，也是一个重要、复杂和敏感的问题。为此，国家工商总局细化《反垄断法》第五十五条规定，先后组织起草《关于知识产权领域反垄断执法的指南》（以下简称"《指南》"）及《关于禁止滥用知识产权排除、限制竞争行为的规定》（以下简称"《规定》"）。目前，《规定》已经于 2015 年 8 月 1 日实施。2016 年 2 月，已经公布了《指南》第七稿。②

（3）经营者集中

《反垄断法》实施以来，商务部推动出台了一系列程序性的规章和规范性文件，提高了法律的可操作性和执法透明度，使经营者集中审查有法可依。③

对比《欧共体合并条例》（2004）④、美国《横向合并指南》（2010）⑤ 以及《非横向合并指南》（1984）⑥ 可以发现，中国的经营者集中程序与前三者大致相同，都包含

---

① 《工商行政管理机关禁止垄断协议行为的规定》（2010），http：//www. saic. gov. cn/zwgk/zyfb/zjl/fld/201101/t20110104_ 103266. html.

② 国家工商总局网站，http：//www. saic. gov. cn/fldyfbzdjz/gzdt/201602/t20160204_ 166524. html，2016 年 4 月 18 日访问。

③ 商务部网站：商务部反垄断法取得积极进展。http：//www. mofcom. gov. cn/article/ae/ai/201308/20130800226124. shtml，2014 年 5 月 21 日访问。

④ Council Regulation（EC）No 139/2004 of 20 January 2004 on the control of concentrations between undertakings（the EC Merger Regulation）（Text with EEA relevance）. http：//eur‐lex. europa. eu/legal‐content/EN/TXT/? uri = CELEX：32004R0139.

⑤ Horizontal Merger Guidelines（2010）. http：//www. ftc. gov/sites/default/files/attachments/merger‐review/100819hmg. pdf.

⑥ Non‐Horizontal Merger Guidelines. http：//www. justice. gov/atr/public/guidelines/2614. pdf.

了申报、初审、进一步审查三个阶段。此外，在审查过程中，商务部可以主动或应有关方面的请求决定召开听证会，调查取证，听取有关各方的意见。① 反垄断局在收到申报的三十日内开始初审，并做出是否实施进一步审查的决定；做出决定进一步审查的，应自决定做出之日起九十日内完成；如果符合法定条件，可以延长审查期限最长不得超过六十日。② 关于期限遵守问题，就公布的经营者集中申报、审批信息来看，由于未公布审结案件的申报日期，故无法核对个案是否超出时间规定。2014 年 2 月，商务部颁布《关于经营者集中简易案件适用标准的暂行规定》，明确简易案件适用标准，对六类不存在或基本不存在排除、限制竞争效果的经营者集中案件适用简易程序。③ 此外，在集中方递交简易程序申请，由反垄断局最终确认适用简易程序后将公示该案件，以便接受第三方和公众的监督。④

2. 行政执法的透明度

（1）价格垄断行为

从《反垄断法》正式实施至今，国家发改委公开结案信息的力度逐步加大。其官网上最早报道的案件是 2011 年浙江省富阳市造纸行业协会协调包装用白板纸出厂价格案。⑤ 同年底，国家发改委公布了对山东省两家医药公司控制复方利血平原料药，滥用市场支配地位实施不公平高价案的基本信息。但是，尚未出现详细的处罚决定。自 2013 年起，国家发改委以处罚决定书的方式，比较全面地披露每个案件的违法事实、法律依据以及具体的处罚决定。这些案件不仅涵盖与价格有关的垄断协议和滥用市场支配地位，还涉及多起与价格有关的行政垄断。

（2）非价格垄断行为

国家工商总局主要负责非价格垄断行为的查处，在执法透明度方面也取得了较大的进步。自 2013 年至今，国家工商总局已经发布了 34 个案件的竞争执法公告。每个案件的行政处罚决定书都对案情、证据、违法行为认定、法律适用做了较清晰的说明。

---

① 《经营者集中审查办法》（2009），http：//fldj. mofcom. gov. cn/article/c/200911/20091106639145. shtml。

② 《中华人民共和国反垄断法》（2008），第十五条、第十六条。http：//www. gov. cn/flfg/2007 - 08/30/content_ 732591. htm。

③ 《关于经营者集中简易案件适用标准的暂行规定》（2014），http：//www. mofcom. gov. cn/article/b/c/201402/20140200487038. shtml。

④ 《关于经营者集中简易案件申报的指导意见（试行）》（2014），http：//fldj. mofcom. gov. cn/article/xgxz/201404/20140400555353. shtml。

⑤ 国家发改委反垄断局，http：//jjs. ndrc. gov. cn/fjgld/201203/t20120306_ 465488. html，2016 年 4 月 18 日访问。

可以说，国家工商总局在反垄断执法的政府信息公开上前进了一大步，使《反垄断法》第四十四条的规定进一步落到实处。国家工商总局对行政处罚决定书的全文公布，不但体现了政府执法的自信，而且能在事实上进一步推动《反垄断法》的实施，为传播竞争文化提供了基础性和非常重要的内容。

（3）经营者集中

就目前来看，经营者集中申报审查的执法行为和程序的透明度也有待提高。在对申报人的公开方面，商务部应当通知申报人，包括申报的生效、初审决定、进一步审查阶段期限的延长以及最终的决定；禁止集中实施的，应当向申报人说明禁止的理由。但是，《反垄断法》和《经营者集中反垄断审查办事指南》中对参与程序的各类当事人称呼并不一致，《反垄断法》采用"经营者（参与集中的）"表述而《经营者集中审查办法》中采用了"申报人"这一表述，二者的内涵范围不同，可能导致信息公开的范围在实际中有所缩减，使得部分参与集中的经营者不能及时有效地收到必要信息。[①]对其他当事人的公开方面，一项集中造成的影响范围可能波及市场上的其他竞争者、行业协会、消费者以及纵向市场关系链中的其他经营者，但在《经营者集中审查办法》中的听证程序上述当事人才有可能参与，而无法从官方公开的渠道获得该案信息，不能根据程序公开原则查阅参与集中的经营者提交的非涉密的信息和文件。

自经营者集中审查工作开展以来，商务部就对禁止集中的案件和附条件集中的案件予以公布。2012年10月，商务部对2008年《反垄断法》实施以来的所有无条件批准案件一次性向社会公布，共计458件。2013年开始按季度公布无条件批准案件。从商务部发布的案件审批结果来看，只对禁止、附条件批准结果公布详细的调查论证，而对无条件批准的案件仅仅只公布案名和处理结果，不利于普通公民和相关市场主体获知交易详细信息，也不利于社会对商务部审查决定的监督。

3. 行政执法的非歧视性

根据全国人大对《反垄断法》立法背景的阐述，国有企业将会与其他企业一样被视为《反垄断法》监督和规制的对象。《反垄断法》第七条，也并未就国有企业将要获得特殊的法律对待进行规定，《反垄断法》对国有企业是适用的。[②] 同时，从具体实践来看，无论是从涉及商务部管辖的经营者集中，还是从涉及发改委和工商总局管辖

---

① 潘志成，"中美经营者集中审查程序比较——以英博收购AB案为例展开"，《中外法学》，2010年第3期。

② 中国人大网：反垄断法草案出台的背景。http://www.npc.gov.cn/npc/bmzz/caizheng/2006-07/07/content_1383750.htm，2014年4月13日访问。

的其他垄断行为的执法来看，并未发现在具体调查和处理中对国有企业在程序上和结果上进行了区别待遇，或者给予了超越法律规定的对待。

（1）价格垄断执法中的非歧视性

在国家发改委系统的价格垄断执法中，既有对境外企业为唯一处罚对象的案件（三星液晶面板案），也有国有企业为唯一处罚对象的案件（茅台五粮液案、联通电信案），无论是从调查对象来看，还是从适用法律来看，抑或是从执法程序和处罚结果来看，并未体现出歧视性区分和选择性执法。对于国企、民营和外资企业，并不存在选择性执法的情况。

（2）经营者集中上的非歧视性

截至 2015 年 12 月 31 日，在商务部审结的案件中，附条件通过的 26 个案件、禁止通过的 2 个案件均涉及境外公司。但深入分析会发现，首先，在商务部审结的案子并获得无条件批准的案件当中，涉及境外公司的案件所占比例也是较高的，境外公司获准的绝对数量不能表明商务部进行了差别待遇；[①] 其次，考察禁止通过的案件、附条件批准通过案件的审查公告，审查焦点都在于某个经营者集中行为对中国市场的竞争影响，衡量集中带来的利益与集中带来的损失，只有当集中交易被确认可能对市场竞争造成实质性损害时才进行必要干预。已公布的并购案件申报文件中，外资企业占相当大的比重，一方面是由于外资企业营业额普遍较高，另一方面也或与外资企业守法意识较强有关。国内许多企业在并购中或已经达到了申报标准，有些企业可能由于缺乏法律意识或者为规避烦琐程序而不主动进行申报。如果不主动进行申报一旦被发现或举报，将会受到依法惩处。

（3）非价格垄断执法上的非歧视性

根据对工商总局竞争执法平台公布的垄断协议案件进行分析，发现在具体处罚适用方面，各地工商行政管理部门处罚标准不统一。例如，辽宁建筑材料工业协会组织本行业经营者从事垄断协议案、[②] 湖南永州保险行业协会组织保险公司垄断协议案，[③] 对协会下参与垄断协议的企业统一适用立案调查上一年度销售额的 1%。对于参与协会

---

① 新浪网：商务部反垄断审查对外企无歧视。http://finance.sina.com.cn/china/hgjj/20100813/01478473712.shtml，2014 年 4 月 13 日访问。

② 竞争执法公告 2013 年第 4 号，http://www.saic.gov.cn/zwgk/gggs/jzzf/201307/t20130726_136746.html，2016 年 4 月 20 日访问。

③ 竞争执法公告 2013 年第 5 号，http://www.saic.gov.cn/zwgk/gggs/jzzf/201307/t20130726_136760.html，2016 年 4 月 20 日访问。

垄断协议案件中的企业的处罚，有的只有处罚额，但无上一年度销售额，难以看清具体的处罚适用标准。对于协会组织企业参加垄断协议行为，有的只处罚协会，有的既处罚协会又处罚企业。

此外，处罚案件还存在有的既按照立案上一年度的销售额进行处罚，又没收非法所得。例如，河南安阳市二手车市场经营者垄断协议案，而有的案件则只按照立案上一年度的销售额进行处罚，没有没收非法所得。对于公告文书，有的处罚决定是协会与参与企业在同一处罚决定中，有的分开处罚。[①] 在垄断协议行为的处罚幅度与处罚对象方面，反垄断执法机构应统一尺度，以提高同类案件的执法公正性，同时，应杜绝省级工商行政部门转授权行为，维护反垄断执法的统一性与规范性。

（三）法律实施的实质公平

1. 法律实施的对象

（1）国家发改委价格监督检查与反垄断局

为了预防和制止价格垄断行为，并为规范和保障政府价格主管部门依法履行反价格垄断职责，国家发改委分别制定了《反价格垄断规定》《反价格垄断执法程序规定》。根据《反价格垄断规定》，价格垄断行为包括：经营者达成价格垄断协议；具有市场支配地位的经营者使用价格手段，排除、限制竞争；行政机关和法律、法规授权的具有管理公共事务职能的组织滥用行政权力，在价格方面排除、限制竞争的行为。据此，在对茅台五粮液案、中国联通和中国电信案等案件的处理中，发改委的执法充分地体现了内资外资、国企民企的无歧视待遇。

（2）商务部反垄断局

《反垄断法》实施以来，商务部不断推进和完善配套立法工作，包括《经营者集中审查办法》《经营者集中申报办法》和《关于评估经营者集中竞争影响的暂行规定》等在内的经营者集中审查配套立法体系基本形成，[②] 提高了法律的可操作性和执法透明度。[③] 依据《反垄断法》，外资企业、民营企业和国有企业都一视同仁，要进行经营者集中申报。根据商务部发布2013年第一季度至2014年第一季度的经营者集中无条件批

---

① 竞争执法公告 2013 年第 3 号，http：//www. saic. gov. cn/zwgk/gggs/jzzf/201307/t20130726_ 136758. html，2016 年 4 月 20 日访问。

② 商务部反垄断局网站，http：//fldj. mofcom. gov. cn/article/c/，2014 年 6 月 26 日访问。

③ 商务部网站：商务部反垄断法取得积极进展。http：//www. mofcom. gov. cn/article/ae/ai/201308/20130800226124. shtml，2014 年 5 月 21 日访问。

准案件列表，至少有 13 家涉及国有企业的案件接受了商务部的经营者集中审查并获得通过。这些国企分布于航空、机电、能源、钢铁、化工、药品多个领域，从商务部网站公开的资料来看，这些企业并未因为行业区分而受到区别待遇，一体化适用反垄断法和商务部部门规章。①

（3）国家工商总局反不正当竞争与反垄断执法局

国家工商总局于 2010 年颁布了《工商行政管理机关禁止垄断协议行为的规定》，该规定对垄断协议行为的内涵及其构成要件做出了更为详尽的规定，细化了《反垄断法》相关规定，使垄断协议行为类型的界定与处理有了更为具体的法律依据。② 此外，工商总局还陆续颁布了《工商行政管理机关制止滥用行政权力排除、限制竞争行为的规定》《工商行政管理机关禁止滥用市场支配地位行为的规定》《工商行政管理机关查处垄断协议、滥用市场支配地位案件程序规定》以及《工商行政管理机关制止滥用行政权力排除、限制竞争行为程序规定》，进一步强化对滥用行政权力排除、限制竞争行为和滥用市场支配地位行为的法律规制。③

2. 实体条款效果评估

（1）垄断协议

目前，垄断协议案件主要的特征是多有行业协会的组织和协调。就被规制、处罚企业的类型来看，目前反垄断执法机构已经就食品、药品、造纸、建材、保险、贵重金属加工、石化、高新制造业（液晶面板）领域的垄断协议进行了规制。可见，目前与普通民众日常生活相关的日常消费品或服务的生产、销售中的垄断行为受到了执法机构的主要关注。中国历来强调"民以食为天"，民众对于食品领域企业的价格垄断行为较为敏感，该领域企业的垄断行为更是受到密切关注。例如，已经处理的南宁、柳州部分米粉生产厂家价格垄断案、洋奶粉价格垄断案、茅台五粮液价格垄断案。④ 在 2013 年工商总局反垄断与反不正当执法局"反垄断法与反不正当竞争工作要点"中，也着重指出"关注民生和社会热点……特别要加强对与人民群众日常生活密切相关的

---

① 中国网：国企不特殊外企无歧视。http：//news. china. com. cn/rollnews/2010 – 08/13/content_ 3766845. htm，2014 年 5 月 21 日访问。

② 工商总局网站：国家工商总局竞争执法局负责人就《反垄断法》三个配套规章出台答记者问。http：//www. saic. gov. cn/fldyfbzdjz/gzdt/201101/t20110107_ 103382. html，2014 年 5 月 10 日访问。

③ 工商总局网站：行政规章及规范性文件。http：//www. saic. gov. cn/fldyfbzdjz/zcfg/zcfg/，2014 年 6 月 26 日访问。

④ 中国新闻网：南宁柳州米粉厂涨价收到严厉查处。http：//www. chinanews. com/cj/cj – gncj/news/2010/03 –30/2198963. shtml，2014 年 5 月 14 日访问。

消费品行业、公用行业的监管"。① 当前，对于涉及范围较广的全国性垄断协议案件通常由国家发改委直接调查处理，或者由国家发改委委托地方发改委处理。而对于某一地域范围内的案件，一般是由地方发改委直接调查处理或者由国家发改委指导、地方发改委具体调查处理。从已公布的与垄断协议有关的 14 个案件中，由国家发改委直接调查处理的案件有 7 件：医药公司垄断复方利血平原料案（2011），三星等 6 家公司达成液晶面板价格垄断案（2013），洋奶粉价格垄断案（2013），浙江省保险行业协会组织 23 家省级财产保险公司协议统一的商业车险代理手续费案（2014），日本邮船株式会社等 8 家滚装货物国际海运企业达成、实施垄断协议案（2015），日本 8 家汽车零部件企业、4 家轴承企业价格协商、达成并实施价格垄断协议案（2015），重庆青阳等 5 家公司达成并实施别嘌醇片垄断协议案（2016）。由国家发改委指导，地方发改委办理的案件有 3 件：南宁、柳州部分米粉生产厂家价格垄断案（2010），茅台、五粮液价格垄断案（2013），上海黄金饰品行业协会及部分金店价格垄断案（2013）。② 由地方发改委处理的案件有 4 件：浙江省富阳市造纸行业协会组织经营者价格垄断协议案（2010），广东省海砂企业价格垄断案（2012），湖北宜化等 8 家实施保险费价格垄断协议案（2012），对克莱斯勒、奥迪、奔驰、东风日产汽车及相关区域经销商固定转售价格案（2014）。国家工商总局依法授权江苏、江西、浙江、辽宁、重庆、河南、湖南、四川、云南、黑龙江、广东、湖北、宁夏等省级工商局立案查处垄断案件 34 件，涉案主体涵盖一般市场主体、国有企业和跨国公司。国家工商总局在反垄断执法中确实采用了接受举报、初步调查、授权地方工商机构深入调查执法的模式，地方工商机关成为反垄断协议执法实质上的执法主体。③ 从已公布的信息来看：地方反垄断力度逐年增强，地方中央联动配合的效果显著，垄断协议的执法工作越来越多地采取中央指导—地方主办的模式进行。

（2）滥用市场支配地位

就联通和电信涉嫌滥用市场支配地位排除限制竞争案，发改委于 2014 年 2 月表示，将根据涉嫌垄断行为后果的评估结果，依法做出处理决定。对于涉案两家公司的整改措施，发改委目前做出了如下说明：按照发改委的要求，两个公司分别在 2012 年和 2013 年把整改情况做了报告，根据报告和发改委初步了解的情况，一是互联互通质量

---

① 国家工商总局反垄断执法局网站：2013 年反垄断与反不正当竞争工作要点。http：//www. saic. gov. cn/fldyfbzdjz/gzdt/201302/t20130219_ 133364. html，2014 年 5 月 13 日访问。

② 国家发改委价格监督检查与反垄断执法局网站，http：//jjs. ndrc. gov. cn/，2014 年 5 月 1 日访问。

③ 国家工商总局网站，http：//www. saic. gov. cn/zwgk/gggs/jzzf/index. html，2016 年 4 月 20 日访问。

有较大幅度提高，忙时网间时延、丢包率都得到下降；二是两家公司数据互联互通上有较好的改进，两家公司按照要求大幅度扩容，并且中国电信与中国铁通实行了对等互联互不结算；三是规范了互联网专线接入支配管理，两家公司也在网上公布了新的收费办法；四是提高消费者上网速率，降低单位宽带价格。[①]

（3）经营者集中

自《反垄断法》于 2008 年 8 月 1 日实施以来，截至 2015 年底，商务部共审结经营者集中申报 1304 件，其中，无条件批准 1276 件，约占 97.9%，附条件批准 26 件，禁止 2 件。由此可见，只有在少数情况下，当集中交易被确认可能对市场竞争造成实质性损害时，商务部才对经营者集中交易进行必要干预。目前，商务部对依法申报经营者集中的案件进行了审查，已经成为中外企业同等遵循的法律常态。商务部于 2011 年制定了《未依法申报经营者集中调查处理暂行办法》，迄今已经对 7 起案件进行了警告或罚款。[②]

（4）行政性垄断

自 2014 年以来，发改委系统加大了对行政垄断的查处力度，先后查处了 5 起案件，对河北省交通厅、山东省交通厅、云南省通信管理局、安徽省蚌埠市卫计委、四川省卫计委、浙江省卫计委等政府部门实施的地方保护、指定交易、强制交易、制定含有排除和限制竞争内容的规定等违反《反垄断法》的行为进行了依法纠正。[③]

国家工商总局自《反垄断法》颁布实施以来已经对各地的行政垄断行为开展了反垄断执法工作。公开资料显示，各地工商机关依法查处制止滥用行政权力排除、限制竞争行为案件 30 余件。[④] 从执法的数量上和案件的调查处理情况来看，由于反垄断执法机构的积极发现与处理，对行政垄断行为起到了一定的遏制作用。

3. 行政处罚的尺度与救济

（1）对价格垄断行为的处罚、处理方式及尺度

2013 年之前，已调查并作出处罚的重要案件为国家发改委查处的山东两个医药公

---

① 中国新闻网：国家发改委将优先对民生领域进行反垄断调查。http://www.chinanews.com/gn/2014/02-19/5855142.shtml，2014 年 5 月 11 日访问。

② 商务部反垄断局，http://fldj.mofcom.gov.cn/article/ztxx/?，2016 年 4 月 19 日访问。

③ 国家发改委就价格改革与价格监管工作有关情况举行发布会，http://www.china.com.cn/zhibo/2015-11/05/content_36977125.htm，2016 年 4 月 19 日访问。

④ 国家工商总局网站：《反垄断法》实施五年来的成就。http://www.saic.gov.cn/ywdt/gsyw/zjyw/xxb/201307/t20130731_136912.html，2014 年 5 月 4 日访问。

司垄断复方利血平原料药价格垄断案①和广东省物价局查处的广东海砂价格垄断案。②电信联通的价格垄断案件调查始于 2011 年,后中止调查。根据发改委披露的信息,两公司分别向国家发改委提交了 2012 年和 2013 年整改报告,但至今尚未有明确的处罚结论。2013 年,反价格垄断执法机构先后组织调查并处罚了液晶面板、白酒、乳粉企业,以及黄金饰品等价格垄断案。③ 此外,根据媒体的披露,2013 年 9 月,广东省物价局因明华沙石场及林源公司滥用其在河砂相关市场支配地位实施垄断高价对其实施了调查和处罚。2013 年 9 月,海南省物价局对三亚水晶行业价格协同案进行了处罚。云南省发改委对丽江旅游价格协同行为进行了处罚。2015 年,国家发改委对美国高通公司滥用知识产权实施歧视性专利许可收费等行为做出了高额罚款。④

案件被豁免的情况。2014 年 5 月 22 日,国家发改委官网宣布对美国 IDC 公司涉嫌价格垄断案中止调查。⑤ 2013 年初,国家发改委派出 30 个工作组对全国各地水泥行业价格协同案进行调查。在协会牵头就价格协同行为进行陈述之后,考虑到水泥行业产能过剩、2012 年利润率较低,此次价格协同行为持续时间不长,国家发改委将之定性为不属于垄断行为。⑥

(2)对非价格垄断行为的处罚、处理方式及尺度

《反垄断法》实施后,工商行政管理机关积极开展反垄断执法工作。公开资料显示,2009 年立案 2010 年结案的江苏连云港混凝土垄断协议案是《反垄断法》正式实施后,工商行政管理机关依法立案查处的反垄断第一案。⑦ 2009 年,工商行政管理机关反垄断立案 1 件、2012 年立案增至 14 件,覆盖了垄断协议、滥用市场支配地位、滥用

---

① 发改委价格监督检查与反垄断执法局网站:两医药公司垄断复方利血平原料药受到严厉处罚。http://jjs. ndrc. gov. cn/fjgld/201203/t20120306_465386. html,2014 年 5 月 2 日访问。

② 发改委价格监督检查与反垄断执法局网站:广东查处海砂价格垄断案件。http://www. sdpc. gov. cn/fzgggz/jgjdyfld/jjszhdt/201210/t20121026_510835. html,2014 年 5 月 2 日访问。

③ 发改委价格监督检查与反垄断执法局网站:国家发展改革委有关负责人就液晶面板价格垄断案答记者问。http://jjs. ndrc. gov. cn/gzdt/201301/t20130117_523205. html,2014 年 4 月 13 日访问。

④ 中华人民共和国国家发展和改革委员会行政处罚决定书,发改办价监处罚〔2015〕1 号。http://www. ndrc. gov. cn/fzgggz/jgjdyfld/fjgld/201503/t20150302_666176. html,2016 年 3 月 20 日访问。

⑤ 国家发改委价格监督检查与反垄断局:国家发展改革委对美国 IDC 公司涉嫌价格垄断案中止调查。http://www. sdpc. gov. cn/gzdt/201405/t20140522_612466. html,2014 年 4 月 13 日访问。

⑥ 中国网:多地水泥价格上涨反垄断调查初步界定非垄断。http://finance. china. com. cn/industry/energy/gtys/20130326/1349779. shtml,2014 年 4 月 13 日访问。

⑦ 国家工商总局网站:江苏省连云港混凝土行业垄断协议案。http://www. saic. gov. cn/fldyfbzdjz/dxal/201302/t20130219_133370. html,2014 年 4 月 13 日访问。

行政权力排除限制竞争三类行为，其中大部分是垄断协议案件。从涉案主体看，尤其是涉嫌垄断协议案件中，绝大多数涉及行业协会，领域包括建筑材料、保险、二手车交易、旅游、公共事业等行业。到 2012 年年底，反垄断案件共结案 12 件，均为授权省级工商行政管理机关调查并处罚的案件，包括前述 2009 年立案 2010 年结案的江苏连云港混凝土垄断协议案。①

2013 年调查并处罚的案件有 1 件，即国家工商行政管理总局授权广东省工商行政管理局调查并处罚的惠州大亚湾溢源净水有限公司滥用市场支配地位案，该案从 2013 年 3 月份立案调查到 2013 年 12 月底结案，可谓高效。② 国家工商总局 2013 年启动调查但尚未处罚的案件只有 1 件，即国家工商行政管理总局自行立案并调查的利乐公司涉嫌滥用市场支配地位案。2014 年，新增 8 件被查处的案件，涉及燃气、烟草、烟花等行业。2015 年，被工商机关查处的案件数量增加至 13 件，涵盖了保险、医药、动漫、电信、自来水等行业。③

（3）对经营者集中的处罚、处理方式及尺度

中国经营者集中审查工作维护了中国市场竞争秩序。禁止类案件在商务部公告的禁止类和附条件案件中所占比例较低，28 个案件中只有 2 个禁止，占 7.1%。与禁止案件相比，商务部更多地通过附加限制性条件的方式解决审查中发现的竞争问题，28 件中占 26 件，比例达 92.9%。通过对乌钾收购谢钾、嘉能可收购斯特拉塔、丸红收购高鸿等资源类交易附加限制性条件，防止垄断企业对钾肥、铜、铅、锌和大豆等我国对外依存度较高产品形成控制力，确保相关生产加工企业与之进行公平交易的权利，维护了市场公平竞争；通过对谷歌收购摩托罗拉附加限制性条件，削弱谷歌公司对智能操作平台的控制力，确保中国智能终端设备制造商能够继续免费使用谷歌开发的开源软件产品和摩托罗拉拥有的专利技术；通过对辉瑞收购惠氏、松下收购三洋等涉及核心科技交易附加限制性条件，加快了我国相关产品的研发速度，增强了我国企业的国际竞争力。④

---

① 国家工商总局网站：亮剑执法护公平—全国工商机关反垄断执法工作综述。http：//www. saic. gov. cn/jgzf/fldyfbzljz/201308/t20130828_ 137651. html，2014 年 5 月 13 日访问。

② 中国竞争法律与竞争政策网：广东惠州大亚湾溢源净水有限公司涉嫌滥用市场支配地位案。http：//cclp. sjtu. edu. cn/Show. aspx？info_ lb =682&info_ id =3187&flag =679，2014 年 5 月 1 日访问。

③ 竞争执法公告，http：//www. saic. gov. cn/zwgk/gggs/jzzf/index. html，2016 年 3 月 20 日访问。

④ 商务部网站：商务部反垄断法取得积极进展。http：//www. mofcom. gov. cn/article/ae/ai/201308/20130800226124. shtml，2014 年 5 月 21 日访问。

综合个案，虽然商务部对行为性限制条件的使用比例在整个限制条件使用的比例高于结构性限制条件的使用比例，但是对行为性限制条件和结构性限制条件的使用目的都比较明确，有利于维护公平、开放的竞争环境。此外，商务部也将"保持独立性"作为一种准结构性救济，以解决既无法有效剥离，又难以通过行为性救济解决的案件。[①] 尽管商务部的做法与国际惯例有一定的区别，但也在逐步与国际接轨，总体来讲，这些救济对市场竞争起到积极维护与促进效果。

（4）宽大处理程序的设置及应用

根据发改委和工商总局的资料，适用宽大程序的案例有：在2010年广西米粉串通涨价案中，涉案33家企业，对主动配合价格主管部门查处案件、提供重大线索并主动改正错误的12家米粉厂予以警告，免予经济处罚；[②] 在2012年广东海砂价格垄断案中，反垄断执法机构对主动提供部分重要证据的广东宝海砂石有限公司，依据《反垄断法》第四十六条第二款规定，按照50%幅度减轻罚款，处上年度销售额5%的罚款，对东莞江海贸易有限公司、深圳东海世纪信息咨询有限公司处上年度销售额10%的罚款；在2013年液晶面板企业横向价格垄断案中，友达公司未遭罚款，仅退还多付款项并没收违法所得；[③] 在2013年洋奶粉价格垄断案中，明治、贝因美、惠氏因主动向反垄断执法机构报告达成垄断协议有关情况、提供重要证据，并积极主动整改而免予处罚。[④]

2015年，日本8家汽车零部件企业和4家轴承企业价格协商、达成并实施价格垄断协议案中，株式会社不二越[⑤]和日立汽车系统有限公司[⑥]分别在各自案件中，第一家主动报告达成垄断协议的有关情况并提供了重要证据，且停止了违法行为，而被免予行政处罚。

2015年，日本邮船株式会社等8家滚装货物国际海运企业达成、实施垄断协议案中，日本邮船株式会社第一个主动报告达成垄断协议的有关情况并提供重要证据，且停止了违法行为，在调查过程中全面持续配合、进行整改，而被免予行政处罚，其他公司被处

① 法制网：中外专家为反垄断法实施建言献策。http：//www. legaldaily. com. cn/Frontier_ of_ law/content/2014−05/28/content_ 5567047. htm？ node =33424，2014年6月25日访问。

② 国家发改委网站：国家发展改革委有关负责人就广西部分地区米粉串通涨价答记者问。http：//www. sdpc. gov. cn/fzgggz/jgjdyfld/fjgld/201402/t20140228_ 588557. html，2014年6月25日访问。

③ 国家发改委网站：六家境外企业实施液晶面板价格垄断被依法查处。http：//www. sdpc. gov. cn/fzgggz/jgjdyfld/jjszhdt/201301/t20130117_ 523206. html，2014年5月12日访问。

④ 发改委价格监督检查与反垄断执法局网站：工作动态。http：//jjs. ndrc. gov. cn/，2014年4月24日访问。

⑤ 国家发展和改革委员会免除行政处罚决定书〔2014〕10号，http：//jjs. ndrc. gov. cn/fjgld/201409/t20140918_ 626071. html，2016年4月20日访问。

⑥ 国家发展和改革委员会免除行政处罚决定书〔2014〕2号，http：//jjs. ndrc. gov. cn/fjgld/201409/t20140918_ 626063. html，2016年4月20日访问。

以2014年度与中国市场相关的滚装货物国际海运服务销售额4%—9%的罚款。[1]

（5）行政处罚的救济

迄今为止，并未发现涉及反垄断执法的行政复议或行政诉讼案件。

小结：对《反垄断法》实施完善的建议

我国《反垄断法》实施以来，国家发改委、商务部和国家工商总局三家反垄断执法机构不断优化执法人员的专业结构，吸纳了更多具有经济学和法律背景的执法者。国家发改委和工商总局二者的地方分支机构具有很强的专业能力，是查处全国的垄断协议、滥用市场支配地位和行政垄断的重要力量。但就三家执法机构本身而言，有限的编制严重限制了执法机构的执法能力，特别是商务部，面对数量呈爆发式增长的经营者集中，有限的行政资源往往让其捉襟见肘。

从机构设置上看，三家反垄断执法机构基本实现了较为明确的职能划分，但是工商总局和发改委却存在部分重叠之处。考虑到三家执法机构的行政层级和所隶属的部门，建立一个更加统一、层级更高的反垄断执法机构是必由之路，也是当务之急。

我国《反垄断法》专章对限制竞争协议、滥用市场支配地位、经营者集中和滥用行政权力排除、限制竞争行为进行规制。就《反垄断法》实施效果而言，国家发改委相继查处了茅台五粮液案、三星液晶面板案、洋奶粉案等重大的价格垄断协议案件以及6个行政垄断案件，商务部对1000多件经营者集中申报进行了审查，工商总局公布了34起非价格垄断协议、滥用市场支配地位和滥用行政权力排除、限制竞争案件。这些有力的反垄断执法既维护了市场的有序竞争，也促使更多企业进行合规、弘扬了竞争文化、增进了全社会对反垄断法的认识。当然，在行政处罚中，存在处罚标准不明确、自由裁量权过大、同案不同判等问题，需要通过细化现有规定、颁布指南、发布典型案例、组织专业培训等方式来进一步完善。

在行政执法程序方面，三家反垄断执法机构已经制定并发布了若干细化的执法程序规定，行政执法相对公正。就实际效果而言，执法程序规定使得执法更加规范、更加倚重对证据的分析、更有助于执法人员素质的提升。需要指出的是，发改委和工商总局及其地方部门在查处过程中，对于"违法行为的性质、程度和持续的时间"[2] 等法

---

[1] 国家发展和改革委员会免予行政处罚决定书〔2015〕1号，http://jjs.ndrc.gov.cn/fjgld/201512/t20151231_770027.html，2016年4月20日访问。

[2] 《反垄断法》第四十九条。

定因素的考量不足。就执法透明度而言，三家机构都比较重视发布重要法律法规、部门规章、指南、重点案例等信息，尤其是工商总局的"案件平台"和商务部网站及时更新无条件批准、附条件批准和禁止集中的决定更值得肯定。但是，商务部并没有公布大量的无条件批准集中的详情，需要在日后的实践中加以改进。通过对三家执法机构查处案件的分析可以清晰地发现，执法机构对国内和国外企业、民营和国有企业、内资和外资企业都不存在歧视性，执法机构严格依照《反垄断法》相关规定对涉案企业进行查处，保证了执法的公正性和权威性。

三、产业发展、竞争政策与管制体制

研判中国的竞争政策问题，不仅需要从文本上进行分析和实施上进行评估，还需要结合中国产业发展的政策路径和管制体制的转型特征进行分析，才能够在一个整体的参照系下考察竞争政策的应然定位和实际发挥作用的空间。

（一）产业发展、管制体制与竞争政策的关系

1. 产业发展与公共政策

在概念上，"发展型国家"是由政治的、官僚的和财阀势力组成的无缝网络来积极推动产业发展的后进国家。[①] 这是一种韦伯式的理想类型，被定位为既非社会主义类型（社会主义类型被描述为计划—非理性的国家，所有权和管理都掌握在国家手中），也非自由市场类型（没有计划，私人控制与私人所有权保持一致），而是计划理性的资本主义发展型国家（plan-rational capitalist developmental state）。[②] 发展型国家这一完全不同的国家类型，是一种过程状态，其主体多是从以农业为主体的经济向工业化发展过程中的后发国家，其目标则指向经济发展或产业发展。例如，在"东亚奇迹"下，许多政府都通过不同形式和渠道干预以促进经济发展，在一些情况下还采取干预手段促进特定产业的发展。[③] 在这些发展型国家，意识形态的考量退居经济发展幕后。中国在传统上并未被归为发展型国家，其进入政策分析视野，是发展型国家这一理想类型本身发展的结果。

---

① ［美］禹贞恩编，《发展型国家》，曹海军译，吉林出版集团，2008 年版，第 1—2 页。
② 同上。
③ 世界银行，《东亚奇迹：经济增长与公共政策》，牛津大学出版社 1993 年版，第 4 页。

很显然，中国的社会主义市场经济，不能直接贴上"计划理性的资本主义发展型国家"的标签。但是，改革开放以来，计划理性与市场主义的内涵已经深入中国经济发展的内核。在邓小平主导下的改革，其内在逻辑是："计划经济不等于社会主义，资本主义也有计划；市场经济不等于资本主义，社会主义也有市场。"① 这种改革的逻辑最终落实为1993年的《宪法》规定："国家实行社会主义市场经济。"所以，从顶层设计上看，中国可以被归类为计划理性的市场主义发展型国家。从支撑顶层设计的政策工具组合上看，中国自1986年制定的《中华人民共和国国民经济和社会发展第七个五年计划》中正式提出了"产业政策"以来，基于整个市场经济的转型特质，产业政策在国家经济政策中一直占据着主导地位。1989年，国家颁布《中国产业政策大纲》和《关于当前产业政策要点的决定》，90年代以来进一步颁布《90年代国家产业政策纲要》《90年代中国农业发展纲要》以及汽车等专项产业政策。当前，中国的市场化程度不断加深，但产业政策对于产业发展的影响仍然举足轻重。中国产业政策的强势，体现出计划理性的延续，也被视为是对发展型国家这一理想类型的自然延伸和发展。

产业发展需要良好的宏观环境，同时也需要通过公共政策的推动和促进作用。在发展型国家，通常推动产业发展的政策就是产业政策。

在中国，对产业政策的早期理解将其看作合理引导经济发展的导向性政策，并被定义为"为了国民经济持续、稳定、协调地发展，尽快赶超发达国家而制定的产业导向目标及其实施手段体系"。② 产业政策作为指导我国经济发展和进行国民经济管理的重要方式而被普遍公认，包括产业结构政策、产业组织政策、产业技术政策和地区产业政策。③ 当前，"产业政策"被解释为"为了加快发展而制定的优先发展重点产业、扶植幼稚产业、限制过剩产业以及纠正市场失败、弥补市场缺陷所制定和实施的一系列经济政策的总称"。④ 为了促进某个特定产业的发展，产业政策的内涵可以十分广泛，一方面，有产业结构、产业布局、产业技术、产业组织、产业全球化、产业现代化等政策；另一方面，有财政、税收、货币、土地、进出口、政府采购、知识产权保护等

---

① 邓小平，《在武昌、深圳、珠海、上海等地的谈话要点》，载《邓小平文选》，人民出版社，1994年版，第373页。

② 刘鹤、杨伟民，《中国的产业政策：理论与实践》，中国经济出版社，1999年版，第41页。

③ 同上。

④ 蓝世良，《中国产业政策的走向》，载于《经济工作者学习资料》，国务院发展研究中心，1998年第6期，第12页。转引自，盛斌：《中国对外贸易政策的政治经济分析》，上海三联书店、上海人民出版社，2002年版，第192页。

经济政策。[①] 作为国家经济政策的重要组成部分，产业政策的本质是政府采取措施干预资源在产业之间的分配，以弥补市场机制缺陷。[②] 产业政策的优势为弥补市场失灵、合理有效地配置资源、优化产业结构、实现规模经济、调整产业布局和促进经济协调发展，劣势则表现为阻碍市场机制的正常运行、扭曲市场结构、增强企业的政策依赖、降低经济运行活力易产生贸易摩擦等。东亚发展型国家的历程表明，依靠资源和资本投入驱动的经济增长无法长期持续，必须更多地依靠提高资源配置效率和各类创新活动。[③]

实际上，产业政策并不是通过推动产业发展的公共政策的全部。竞争政策在市场经济成熟国家才是产业发展的基础性保障。竞争政策"是指市场经济国家为了保护和促进市场竞争而实施的经济政策"。[④] 狭义的竞争政策以《反垄断法》为基本依托，在竞争法的整体法律框架之内，由政府主导，随着国家经济的不同发展状态和情况，对经济的发展方向和节奏进行控制和引导。易言之，"竞争政策是《反垄断法》制定的依据，《反垄断法》是竞争政策的表现形式"。[⑤] 广义的竞争政策，则不仅包括反垄断政策，还应涵盖国有企业的所有制政策、政府的放松管制政策，以及排除竞争限制、营造竞争环境等政策。[⑥] 竞争政策应当是广义的，从根本上说应当是国家建设社会主义市场经济体制、推动经济体制成功转型的基本经济政策。产业政策和竞争政策都是以政府解决市场失灵、促进经济的发展的政策工具选择，在政策目标、作用领域、作用机理及政策功能等方面既有交叉重合，又存在差异冲突。与产业政策采取措施干预资源在产业之间分配不同，竞争政策是市场经济国家为保护和促进市场竞争而实施的经济政策。竞争政策本质上是通过市场的内在机制发挥作用，从来就不是国家直接干预的一部分，而是政府通过法律方式对市场竞争失序的矫正。竞争政策可以保障竞争中的经济自由；维护公平的市场竞争秩序；保障市场资源的有效配置；有利于企业创新和技术进步。

---

① 马晓河，《中国产业结构变动与产业政策演变》，中国计划出版社，2009 年版，第 86 页。

② 江小娟，《经济转型时期的产业政策——对中国经验的实证分析与前景展望》，上海三联书店、上海人民出版社，1996 年版，第 16 页。

③ 吴敬琏，《中国增长模式抉择》，上海远东出版社 2013 年版，第 53 页。

④ 全国人大常委会法制工作委员会经济法室：《中华人民共和国反垄断法：条文说明、立法理由及相关规定》，北京大学出版社，2007 年版，第 44 页。

⑤ 同上。

⑥ 广义的竞争政策，指一切有利于竞争的政策，包括反垄断政策、政府对国有企业的私有化政策、放松规制、政府削减对企业的补贴、减少不利于外国产品和外国生产者的政策等；李向阳，《国际经济规则与企业竞争方式的变化——兼评全球竞争政策和竞争方式的发展方向》，载《国际经济评论》2000 年第 11 期。而狭义的竞争政策，仅指鼓励竞争、限制垄断的反垄断政策，它作为对竞争结果的"事后调节"措施，通常以法律形式出现。赵伟，《干预市场——当代发达市场经济政府主要经济政策理论分析与实证研究》，经济科学出版社，1999 年版。

在市场经济条件下，政府作用的发挥建立在市场良好运行的基础上，产业政策的理性定位应当成为市场机制的有效补充而不是替代，产业政策绝对主导的格局是不符合市场客观规律的。产业政策和竞争政策的应然关系为：以维护市场机制为皈依的竞争政策应占据基础性和主导性的地位，上升为主导性经济政策，产业政策作为竞争政策的有效辅助或者补充，二者共同推动市场经济的持续繁荣。

2. 产业发展的公共政策结构

（1）产业发展的政策工具选项

在发展型国家，要达至产业政策与竞争政策的和谐，直接移植西方经验并没有说服力。只有进入产业发展的公共政策结构内部，才能回答发展型国家的政策选择问题。依据公共政策研究的两条路径，政策过程主要聚焦于从政策问题提上议程到政策的修正与终止等一系列政策循环周期，政策工具则被界定为达成政策目标所采用的手段。[①]政策工具的分析路径是基于公共政策的"结构论"发展起来的，即认为公共政策是"结构性"的，可以由"要素"或"模块"构成，这些"要素"和"模块"就是政策工具，经由一定的方法和程序合理组织（组装）并最终形成政策系统。[②]进一步地，在公共政策研究中也形成了一个假定，即不同的工具类型分别构造了不同的政策活动，同样也引发了问题并产生不同的效果。[③]

这一核心假定暗含了实现政策目标的政策工具并非唯一的认识，也揭示了工具类型对政策活动本身的构造功能。这种现实的反思和理论的演进，导致政策与政策工具在概念上的分离，政策工具在不同的政策目标下实现动态组合。当前，政策工具分析已经被运用到社会科学的诸多门类，工资政策、价格政策和社会保险福利政策被看作是取得宏观经济效果的工具；[④]法律也常被看作是社会控制的一种工具，以解决复杂问题；[⑤]政治学则注重工具的政治属性和政策功能两个维度；[⑥]公共行政学中，行政手段、方法也早已构成一个重要的理论主题，受到广泛的关注和研究；[⑦]公共管理学的发展，

---

① 苏竣，《公共科技政策导论》，科学出版社，2014年版，第85页。

② 苏竣，《公共科技政策导论》，科学出版社，2014年版，第86页。

③ H·布鲁金、H·霍芬，《研究政策工具的传统方法》，载B·彼得斯、弗兰斯·冯尼斯潘编，《公共政策工具：对公共管理工具的评价》，顾建光译，中国人民大学出版社，2007年版，第15页。

④ H·布鲁金、H·霍芬，《研究政策工具的传统方法》，载B·彼得斯、弗兰斯·冯尼斯潘编，《公共政策工具：对公共管理工具的评价》，顾建光译，中国人民大学出版社，2007年版，第12页。

⑤ 同上。

⑥ 陈振明，《政府工具导论》，北京大学出版社，2009年版，第1—2页。

⑦ 同上。

也构造了这种工具性的方向。① 据此，从公共政策工具切入考察发展型国家的产业发展，有超越法律的意义。

（2）产业发展政策工具的中国选择

长期以来，我国产业发展的基础性政策是财政政策、货币政策和金融政策，而竞争政策并未进入政府视野或受到应有重视。相较而言，在市场经济成熟国家，财政政策、货币政策与金融政策多是作为促进稳定增长的宏观经济政策，而在发展型国家被长期用来直接推动产业发展；而竞争政策要么是自始就处于主导地位，要么是在经济的发展演进中替代了产业政策，并在经济政策组合中发挥着基础性作用。在中国，产业政策在一定历史时期发挥的巨大作用不可否认，促进了我国国民经济体系的建立和经济高速增长，在较短时间内跃居全球第二大经济体。但是，随着赶超的收尾，产业政策的弊端越来越明显，由其引起的经济结构失衡抑制了经济转型的深化，对经济深入发展构成了强大的、路径依赖意义上的阻力。例如，政府通过直接投资、财政补贴等方式对光伏、新能源、汽车等行业的巨额投入，虽然符合产业发展的总体目标，但是由于实施机制与市场的背离，结果饱受诟病。我国《反垄断法》在法律层面上提出"竞争政策"，为厘清产业政策和竞争政策的关系，提供了法治化的路径，为确立竞争政策的基础性地位和主导性作用，从工具重组和竞争评估等方面提出可操作的方案奠定的基础。

十八届三中全会通过的《中共中央关于全面深化改革若干重大问题的决定》明确指出："经济体制改革是全面深化改革的重点，核心问题是处理好政府和市场的关系，使市场在资源配置中起决定性作用和更好发挥政府作用""反对地方保护，反对垄断和不正当竞争"。《决定》提出了提升竞争政策在我国经济政策中地位的要求，而如果上述三个问题在法治环境下得到妥善的解决，将从整体上为产业政策等提供良好的制度环境。相应地，我国《反垄断法》的出台为突破产业政策过于强大、非市场化的现状提供了三方面的制度保障：

第一，我国过去普遍依靠行政指令、发布通知、报告、做出决定等行政手段来左右经济发展、推行产业政策，扭曲了市场竞争。《反垄断法》在总则中提出，"国家制定和实施与社会主义市场经济相适应的竞争规则，完善宏观调控，健全统一、开放、竞争、有序的市场体系"以及"行政机关和法律、法规授权的具有管理公共事务职能

---

① H·布鲁金、H·霍芬，《研究政策工具的传统方法》，载 B·彼得斯、弗兰斯·冯尼斯潘编，《公共政策工具：对公共管理工具的评价》，顾建光译，中国人民大学出版社，2007 年版，第 12 页。

的组织不得滥用行政权力，排除、限制竞争"，为规范政府颁布产业政策提供了法律依据，也对各级政府本身构成了有力的法律约束。特别地，随着当前民营经济和国有经济竞争的加剧、全国各地区的竞争加剧，行政垄断大行其道，行政垄断的变形层出不穷，严重阻碍了统一开放、竞争有序市场的建立。因此，政府要善用《反垄断法》中第五章关于行政垄断的规定，仔细研究行政垄断常见的、特殊的、隐蔽的表现形式，努力提高识别行政垄断的水平和精度，坚决破除地方政府的地方封锁、地方保护主义等损害市场竞争的行政垄断行为。

第二，国有经济占控制地位的关系国民经济命脉和国家安全的行业，以及依法实行专营专卖的行业，是产业政策实施的主要领域，该类垄断行业中的企业往往利用政策或支配地位上的优势来排除、限制竞争。《反垄断法》在总则中规定，该类"行业的经营者应当依法经营，诚实守信，严格自律，接受社会公众的监督，不得利用其控制地位或者专营专卖地位损害消费者利益"。由于《反垄断法》的适用，近年来的多起涉及垄断行业的大案要案，在一定程度上触动了垄断行业利益，使其被迫提升服务质量、降低服务价格、改善互联互通，进而有利于市场竞争和垄断行业的渐进开放。因此，政府应该继续对重点领域，如电信、金融、电力、石油等行业存在的垄断行为保持高度关注，严格依据《反垄断法》开展独立执法，排除来自其他行政机关和地方政府的不正当干预、施加的行政压力和对竞争执法的故意阻挠，并对重点行业的整改情况进行阶段性和终局性的全面审查。

第三，加强产业发展的政策评估是重中之重：首先，政府不同部门之间，同一部门内的竞争司局和产业司局之间，可以探讨建立起协调产业政策和竞争政策的合作机制，发展国家援助规制，并在产业政策实施前的决策阶段引入对产业政策的竞争评估。其次，政府可以定期发布具有约束力的软性监管评估报告——主要针对出台的产业政策和已经运行的产业政策发布绩效和竞争评估报告，详细阐述评估过程，促使其对相应的产业政策进行调整。最后，以往中央、地方出台的产业政策往往忽视、有意避开或者强行突破硬预算约束，通过发行国债、转移支付、要求地方以一定比例的资金配套等方式筹集资金，项目规模往往远超预算。坚持预算硬约束，坚持产业政策在预算框架内运行，不仅是《预算法》的要求，也是保障产业政策在科学、理性、法治的环境下取得良好实效的切实途径。

（3）产业发展的政策工具更新

在《反垄断法》制度保障的基础上，促使竞争政策成为基础性经济政策的关键，是实现政策工具的更新，廓清产业政策的转换方式与竞争政策的作用空间。

　　第一，在政策目标上，从挑选赢家（pick winner）到力促整体产业竞争力的提升。为强调结构调整的重要性以及避免中央集权干预主义的色彩，1993 年欧委会向理事会提交了《增长、竞争力、就业：进入 21 世纪面临的挑战和出路》①的白皮书，把"产业政策"改称为"竞争力政策"。②根据白皮书，提升欧洲产业竞争力的措施应该符合竞争规则，并集中精力完成内部市场的建设。③与之相匹配，欧盟在实施方式上更多由纵向选择型转向横向非选择型，并将竞争政策作为提升产业竞争力的主导选择，推行的是在广义理念下的产业政策竞争化的道路。即使是在非常时期，欧盟及其各成员国国内的救市计划也是在法治的框架下运行的，比如通过受到竞争法监督的国家援助等方式，保证了投入的绩效保持在较高水平。

　　第二，在政策结构上，产业发展的财税类直接干预性政策从主导走向辅助。毋庸置疑，在自由市场发挥作用最大的美国，产业发展的竞争政策历来就占据主导地位；日韩两国从强势的产业政策走向竞争政策，也是后发型国家赶超阶段结束之后的必然选择。而在欧盟，产业发展的财税政策与竞争政策之间的主从变换，则更具有中间路线意义上的典型意义。1973—1974 年石油危机冲击欧洲产业造成严重的经济衰退的背景下，干预性的国内产业政策愈演愈烈。但是，对于这些措施是否符合有关竞争及国家援助的共同体规则，并没有得到有效的监管。而随着 20 世纪 80 年代初期"欧洲硬化症"的成员国直接干预产业政策的失败，欧委会开展了一系列有关产业政策的研究工作，发现共同体在促进结构调整方面的角色应该是强化单一市场，确保条约规则得到遵守，提供稳定的环境，以及通过研发合作促进积极调整。④以此为起点，产业发展的财税类直接干预性政策逐步退避，为竞争政策走向前台奠定了基调。

　　第三，在治理模式上，产业发展从落实政策指标走向依托法治框架。美国与欧盟推行产业政策，都在法治的框架下运行，而且适用的范围极其有限，采取更为软性的、不直接干预市场的政策工具，立法理念上和政策实施中都注重与作为市场经济的基础性政策的竞争政策开展协调。这契合了软法治理的理念，即虽然不能运用国家强制力

---

①　COM（93）700, *Growth, Competitiveness, Employment: The Challenges and Ways Forward into the 21st Century* – White Paper, 5 December 1993.

②　Id., at 9.

③　Wolf Sauter, *Competition Law and Industrial Policy in the EU*, Clarendon Press, 1997, p102.

④　COM（85）84, *Strengthening the Technological Base to Restore the Community's Competitiveness* and CCOM（85）530 *Towards a European Technology Community.*

保证实施，但其创制与实施具有更高程度的民主协商性，更充分地体现自发生成秩序，更多地采用一种诱致性制度变革的方式，从而具有较强的可接受性。① 1990 年，欧委会发布的《开放与竞争环境下的产业政策：共同体方式指南》（简称《产业政策指南》）② 中明确认识到干预性的针对具体行业的政策不是促进结构调整的有效工具，③ 采用市场导向的产业政策概念，强调有效市场运作和结构调整：共同体产业政策方式的背后是促进市场发挥最优功能的意愿。④ 1994 年理事会做出的《加强共同体产业竞争力的决议》重申："共同体及成员国的所有经济政策措施都必须符合自由竞争的开放市场经济原则以及辅助性原则。"这一系列欧盟官方的立场性和指引性文件，体现了对竞争政策从排斥到吸纳的过程，也为竞争政策评估奠定了基础。

第四，在适用机制上，产业政策从纵向调节走向横向协调。在美国，虽然 1791 年时任财政部长亚历山大·汉密尔顿向美国国会提交了《关于制造业的报告》，认为新建立制造业的国家与制造业已成熟的国家在平等条件下的竞争，在多数条件下是不可行的。提出作为落后于西欧诸强国的农业国，美国发展制造业必须依靠政府的保护。⑤ 该报告没有国会批准，从此直接干预一直未成为主流，即便是到了工业化中后期美国政府选择政策工具以促进技术创新时也是如此。政府不是通过财政、金融等措施直接"帮扶"特定的企业，而是通过构建可持续的政策框架和服务体系为制造业企业营造有利的商业环境。⑥ 在欧盟产业政策的发展过程中，由最初的对煤和钢铁业的直接强力干预，发展到 20 世纪 70 年代对一些传统产业部门的直接干预，自 20 世纪 90 年代开始横向政策占据了绝对主导地位，部门政策的重要性下降。而进入 21 世纪之后欧盟产业政策的部门政策指向越来越明显，几乎每份政策通报都有强调横向政策要与部门政策结合的内容，但近年来的部门政策被赋予新的内涵：横向政策在改革具体部门的优先应用，为各具体部门的发展及结构调整创造其亟须的外部环境。⑦ 这种产业政策从纵向走

① 罗豪才、宋功德，《软法亦法：公共治理呼唤软法之治》，法律出版社，2009 年版，第 372—375 页。

② *Industrial policy in an open and competitive environment-guidelines for a Community approach*, COM（90）556 final

③ *Industrial policy in an open and competitive environment-guidelines for a Community approach*, COM（90）556 final, p. 19.

④ *Industrial policy in an open and competitive environment-guidelines for a Community approach*, COM（90）556 final, pp. 5 – 6.

⑤ 黄群慧、贺俊等著，《真实的产业政策：发达国家促进工业发展的历史经验与最新实践》，经济管理出版社，2015 年版，第 29 页。

⑥ 黄群慧、贺俊等著，《真实的产业政策：发达国家促进工业发展的历史经验与最新实践》，经济管理出版社，2015 年版，第 45 页。

⑦ 孙彦红，《欧盟产业政策研究》，社会科学文献出版社，2012 年版，第 57 页。

向横向，并又通过横向政策中创造竞争环境、支持研发创新、完善统一市场等制度手段和预算手段来针对不同的产业部门的特点，进行有机的政策设计，应当是一种趋势。

第五，在覆盖领域上，从传统行业走向高科技领域。美国的一贯做法，几乎完全选择竞争政策甚至否认实质存在产业政策，仅限于在诸如国防和高新技术等有限领域采取温和的、有限的刺激。欧盟在充分运用竞争政策基础上，在20世纪80年代开始引入共同体层面的产业政策，起初旨在探讨如何协调研发计划，因当时认为协同研发有助于提升欧洲的研究数量和质量，有助于欧洲产业追赶美国竞争对手。欧委会《产业政策指南》指出，产业政策的"关键问题在于，为加强市场力量的最佳资源配置功能需要具备哪些条件，以加速结构调整，提升产业竞争力以及产业特别是长期技术框架"。[1] 但是，这种产业政策在一开始，就将基本原则确立为专注于竞争前的研究阶段，以确保参与企业不会触犯共同体的竞争政策。

3. 产业发展的竞争法律问题及其治理路径

以"结构论"为基点，从政策工具的角度来分析公共政策仍然是当今公共管理和公共政策研究中最佳和最有效的路径之一；特别是，其与政策过程的视角相配合构建出研究公共政策的"工具—过程"二维分析框架，使得研究者能在政策过程中检验政策工具的有效性，在分析政策工具中归纳政策过程的特点和规律。[2] 据此，在明确了发展型国家产业发展的政策工具迭代特征的基础上，还需要理解政策过程，并从一系列政策循环周期出发[3]——政策问题提上议程、形成备选方案、做出政策决定、实施政策内容、评估和反馈政策效果、政策的修正与终止——辨析确认法律与政策的结合部、接口和对接方式。一般来说，政策评估和政策效果反馈是政策循环周期中政策修正与终止的窗口。而随着竞争政策的引入增加了政策评估的维度和反馈要素，旧政策的修正与终止，新政策的形成和实施的"串联模式"变成"并联模式"，产业发展的法律治理结构由此展开。随着产业发展的政策选择发生工具组合的转变，产业政策本身也在经历转型。根据产业发展政策工具迭代的认识及其廓清的竞争政策空间，产业发展中通过政策法律赋予竞争优势和施加竞争限制的两大竞争法律问题自然呈现出来，竞争法律治理结构于此建基。

---

[1] *Industrial policy in an open and competitive environment – guidelines for a Community approach*, COM（90）556 final.
[2] 苏竣，《公共科技政策导论》，科学出版社，2014年版，第86页。
[3] 苏竣，《公共科技政策导论》，科学出版社，2014年版，第85页

（1）通过政策法律赋予竞争优势（或弥补其竞争劣势）的问题

在产业发展的过程中，通过政策法律赋予特定行业、地区和主体以竞争优势（或弥补其竞争劣势），通常是以产业政策来承载的。据此，考察产业政策的多元维度，即其内部结构分析政策的不同类型对竞争的影响不同，是认识产业发展的竞争法律问题的基础。产业政策的基本功能，被认为是促进产业的有效与协调发展，包括实现产业的超常规发展、在全球经济中趋利避害、在促进产业结构高级化过程中不断提高市场竞争力等，其核心是有利于产业结构的高级化。[1] 将这一概念打开来，既涉及着力于推动产业结构向高级化有序变动，实现三次产业先进性不断推进与相互传递，以及产业先进面的不断扩大[2]的产业结构政策；也涉及通过协调竞争和规模经济的关系，干预和调整市场结构和市场行为，通常被认为包括反垄断政策（含企业兼并政策）、直接规制政策、中小企业政策等[3]的产业组织政策；通过研究开发援助、高新技术鼓励和知识产权保护等来引导和促进产业技术进步的产业技术政策；[4] 以及推动资源要素和产业在地域和空间上的分布与组合，着力于地区发展重点产业的选择和产业集聚发展[5]的产业布局政策。以竞争法律治理来关照产业发展的政策组合，首先就要明确产业政策主要组成部分在产业发展中的基本功能及其实施中存在的竞争法律问题。

日本产业政策以产业结构政策为重点，政府根据每个时期经济发展的需要和有关产业的地位极其作用来确定各个时期的重点产业（如 20 世纪 50 年代划定钢铁、煤炭、电力和造船四大产业），以特定部门为对象，以促进特定产业的发展为目标，在实施过程中综合利用经济计划、经济立法、补助金、税收优惠、政策性金融等手段加以扶持，以促成整个产业结构的合理化与高度化。[6] 韩国 20 世纪 50—70 年代期间推行"政府主导型市场经济模式"，强调政府在推动产业结构升级与经济发展方面应发挥主导作用；进入 20 世纪 80 年代以来，政府制定产业政策的出发点，不再是直接推动产业结构的演变和追求经济增长，而更多的是利用市场力量促进各部门的均衡发展。[7] 联邦德国产业

---

[1] 马晓河，《中国产业结构变动与产业政策演变》，中国计划出版社，2009 年版，第 87 页。

[2] 马晓河，《中国产业结构变动与产业政策演变》，中国计划出版社，2009 年版，第 78—79 页。

[3] 赵嘉辉，《产业政策的理论分析与效应评价》，中国经济出版社，2013 年版，第 31 页。

[4] 同上。

[5] 同上。

[6] 黄群慧、贺俊等著，《真实的产业政策：发达国家促进工业发展的历史经验与最新实践》，经济管理出版社，2015 年版，第 56—57 页。

[7] 黄群慧、贺俊等著，《真实的产业政策：发达国家促进工业发展的历史经验与最新实践》，经济管理出版社，2015 年版，第 154—155 页。

政策思路并不具有清晰的赶超特点，阶段性也不明显，经济学家认为市场秩序的公平比产业结构优化更为重要，政府对经济干预手段的选择非常慎重，重视对从产业组织的引导与优化，将"反垄断优先"视为德国社会市场经济的精髓，对产业结构的干预相对较小，依靠市场竞争选择支柱产业和外贸产业。① 在中国，改革开放以来，产业政策的发展经历了两个阶段，数量扩张型产业政策比质量提高性产业政策实施效果好：第一阶段从 20 世纪 80 年代中期至 90 年代中期，以扩张性政策为主，重点促进产业发展，成效显著；第二阶段是从 20 世纪 90 年代中期至今，以产业结构升级政策为主，重点是调整企业组织结构和技术结构，成效不大。② 在不同的产业发展的主导政策模式下，对产业政策的竞争法律治理不能够笼而统之，还应做出分类解析。

　　如前所述，以日本、韩国为代表的东亚发展型国家的早期产业政策就是以处理产业间关系的产业结构政策为中心的。而推动地区产业分化及规律的产业布局政策通常会涉及地方政府在产业政策中的作用。③ 产业技术政策通常是在产业结构政策和产业布局政策得以落地，从而在某种程度上是内涵于二者之中的产业政策类型，并在产业发展的中后期被逐渐被吸收到创新政策之中。④ 主要处理产业内部企业间关系的产业组织政策，由于其微观经济特性，则一直都是与竞争法律治理直接面向的产业政策类型。可以认为，在发展型国家，产业结构政策是带动整个产业政策体系有效运转的主轴，产业布局政策和产业技术政策是围绕产业结构政策的规划来运行的，而问题主要在于支撑产业结构政策实现，是否需要介入产业组织，以及介入以何种程度为限？即使是在发展型国家，于产业发展的前期和中后期推进产业结构优化之时，对介入产业组织也有着不同的认识。与产业结构优化相辅相成的，产业布局是由竞争形成，还是政府划定，或者引导？与产业结构优化相匹配的，产业技术是由竞争决定，还是由政府选定，或者指引？最终，产业政策体系的重心下沉到产业组织层面，产业政策与竞争政策的冲突聚焦于此：解决通过政策法律赋予竞争优势（或弥补其竞争劣势）的问题。

---

① 黄群慧、贺俊等著，《真实的产业政策：发达国家促进工业发展的历史经验与最新实践》，经济管理出版社，2015 年版，第 119—120 页。

② 马晓河，《中国产业结构变动与产业政策演变》，中国计划出版社，2009 年版，第 89 页。

③ 参见黄群慧、贺俊等著，《真实的产业政策：发达国家促进工业发展的历史经验与最新实践》，经济管理出版社，2015 年版，第 83 页。

④ 参见黄群慧、贺俊等著，《真实的产业政策：发达国家促进工业发展的历史经验与最新实践》，经济管理出版社，2015 年版，第 166 页。

（2）通过政策法律施加竞争限制的问题

在产业发展的过程中，通过政策法律确立扩张性的管制边界、设定歧视性的条件、限定经营者的竞争能力、削弱经营者的积极性等方式施加竞争限制，是管制体制中的惯常经验。一方面，管制机构在配合产业发展的竞争政策和产业结构调整政策时，能发挥其直接的控制功能，使产业政策的诱导性功能得以有效的落实，也可以通过放松管制在传统的垄断产业领域引入竞争。另一方面，当政府的产业政策偏向维护不合理的产业垄断时，如果微观监管机构缺乏独立性，它就能改运用其直控功能，通过限制进入企业数量和民间资本进入，使竞争性市场结构长期难以形成。① 有鉴于此，产业发展的法律治理还需要结合管制体制的合理有效制度安排。而制度安排的概念，首先应明确管制定位于提供激励，既然政府不能够也不应该监督所有的交易，确保参与者都有正确的激励就应该成为管制的一个主要目的；② 其次，在一个中立的管制者看来，受管制市场里所有的企业都应该是平等竞争的主体，不能因为它们之间产权结构的不同而采取歧视性的管制政策。在此，管制体制之中存在国有企业的数量和与非国有企业之间的比例并不是问题的关键。问题是，如果国有企业的范围远远超出纯粹的公共物品提供，广泛存在于竞争性领域，则微观管制政策可能成为国有企业保护的工具——特别是政府在制定和执行有关产业结构调整政策和整顿市场竞争秩序时；③ 如果国有企业或作为被管制企业作为整体的质量（主要体现为效率）远远低于同等管制条件下的企业效率，则微观管制政策可能需要进行局部或全面调整。不仅如此，脱胎于传统的政企合一的专业性管理部门的大量的微观管制机构，往往自觉或不自觉地承担宏观调控和微观管理的职能，开展随处可见的权力寻租活动。④ 如此种种，源于在产业发展与管制之间，管制与管理之间，管制与竞争之间没有明确的界限，或在发展中固守成规，且在管制的目标和手段上缺乏约束。

应对这种经典管制模式运用时出现的问题，需要寻找有效的替代方案：有时是对管制的恰当取代；有时也是对运用具体领域中的管制的有益补充。⑤ 在此，反垄断对经

---

① 余晖，《管制与自律》，浙江大学出版社，2008年版，第50—51页。

② 约瑟夫·斯蒂格利茨，《发展与发展政策》，纪沫、仝冰、海荣译，中国金融出版社，2009年版，第116页。

③ 余晖，《管制与自律》，浙江大学出版社，2008年版，第51—52页。

④ 同上。

⑤ 另外的五种替代方式——信息披露、税收、可交易的权利、规则原则以及谈判，可被视为能实现管制目的、总体来说限制性较小的方法。最后一种替代是包含更高程度的政府介入的国有化。参见，史蒂芬·布雷耶，《规制及其改革》，李洪雷、宋华琳、苏苗罕、钟瑞华译，北京大学出版社，2008年版，第230页。

典管制的替代与补充是可行的一种选择，实际上也就是市场机制对管制体制的替代与补充。当然，需要明确，无论在目标上还是方法上，反垄断法均与经典管制有所不同：反垄断法所追求的是创造或维持竞争市场所需要的条件，而不是复制竞争的结果，或矫正竞争市场的缺陷。① 据此，在考察管制体制与市场体制的时候，首先需要认识到界定管制的范围，即明确市场机制对管制体制予以替代或补充的空间。其次，要确立如下原则，即为了维持可以有效运作的竞争市场，无规制市场需要服从反垄断法，② 并基于管制体制与市场机制之间的区分，在目标和方法上将具有替代性的两种经济治理方式进行区分。进一步地，还需要明确二者之间的互补关系。由此，针对不同的市场失灵的问题，可以基于不同的规制目的匹配以正确的规制手段，实现管制与市场之间各就其位，管制机构和市场监管机构各司其职。③ 最终，管制体制与竞争体制的冲突聚焦于此：评估并解决通过政策法律施加竞争限制是否合理和非歧视的问题。

实际上，管制在产业发展法律治理中权重的增加是一个历史的过程。1990 年之前，管制并不是东亚地区关心的主要问题。④ 产业发展要么是被计划全面覆盖，要么被产业政策体系所强力支撑。不仅如此，作为强劲增长的条件，一般在经济向高级阶段演进时才被认为必须加强管制。⑤ 90 年代以来，东亚的产业政策是在持续弱化，其背后所内含的经济发展的高阶化自然呼唤管制的变革。中国则一方面在继续推进从计划经济到市场经济的转型，一方面在通过政企分离强化国有企业作为市场主体的意识和空间。意识的改造需要时间，而空间的打开取决于制度。这意味着，对于从国家直接经营之中脱离出来的由国家所有的企业，不仅仅需要《公司法》等法律促使其重构内部治理结构，也需要营造良好的管制环境。一般而言，管制环境的营造，需要管制法律来奠定管制的目的、范围、方法和程序等必要的内容。一方面，典型的管制又与竞争体制之间，由于行业的不同，存在不同程度的替代性，于是就引出了管制法律与竞争法律之间的关系及其边界问题，管制体制本身是否有存在的必要、存在的边界和运行的规则都需要进行重估，以祛除不合理的、歧视性的竞争限制。另一方面，传统的

① 史蒂芬·布雷耶，《规制及其改革》，李洪雷、宋华琳、苏苗罕、钟瑞华译，北京大学出版社，2008 年版，第 231 页。

② 史蒂芬·布雷耶，《规制及其改革》，李洪雷、宋华琳、苏苗罕、钟瑞华译，北京大学出版社，2008 年版，第 230 页。

③ 史蒂芬·布雷耶，《规制及其改革》，李洪雷、宋华琳、苏苗罕、钟瑞华译，北京大学出版社，2008 年版，第 283 页。

④ 约瑟夫·斯蒂格利茨、沙希德·尤素福，《东亚奇迹的反思》，中国人民大学出版社，2013 年版，第 21 页。

⑤ 约瑟夫·斯蒂格利茨、沙希德·尤素福，《东亚奇迹的反思》，中国人民大学出版社，2013 年版，第 71 页。

将管制看作是一个封闭的盒子①的方法已经不能适用了，即反垄断法院如果确定该管制体制是"普遍性的"，则该体制内的所有活动都被推定除外于反垄断审查。因为，放松管制运动已经确立关涉管制的性质和范围的关键问题：某一行为是由政府管制机构所促成——可能是经过相当全面的事实审查之后批准的，还是由基本上不受监管的私人行为造成的。如果该私人行为既非政府管制机构"强制"的，也不是它"批准的"，法院一般会拒绝做出适用除外，除非适用反垄断法将使导致所涉管制法律与联邦反垄断政策之间产生"明显的矛盾"。②

（二）公平竞争审查制度与产业发展的竞争法律治理层次

1. 产业发展的政策失灵及其应对：以央地方分权下的光伏产业发展为例

我国光伏产业发展初期，市场发育尚不健全，经过产业政策的支持，光伏产业快速发展，但是政策实施中问题丛生。法规管制、策略性措施和目标规划的运用过于频繁，措施未被切实执行且被重复提出，使政策过多过滥，③ 产业政策的定向刺激实际上是对整个光伏产业的结构造成了人为的扭曲。例如，补贴政策是光伏产业政策中的主要政策，主要是根据生产量、销售量作为补贴依据，但实践中出现了抬高造价、低价高报、东挪西建，甚至光报不建等不良现象。④ 不仅如此，这种产业政策使得光伏产业链的资源配置上发生了政府引致的市场失灵，导致或强化了技术与市场"两头在外"的格局。这与产业发展中竞争政策元素的缺乏是紧密关联的：产业政策应通过市场机制起作用，通过建立公平竞争的市场环境使各经济主体具有足够强的激励来参与市场，推动产业发展的逐步成熟。

在地方层面，重复建设更是凸显出产业政策缺乏竞争法律治理的后果。在光伏产业发展规划目标中，各地不顾资源禀赋约束，均宣布大力发展光伏产业，其背后的激励是，一座光伏电站的投产往往会带动包括多晶硅、电池组件等在内的光伏制造企业的落户，有利于地方 GDP 的增长和就业机会的增加。⑤ 然而，因项目的补贴缺乏长效

---

① 某个市场要么是在该盒子之内，要么是在该盒子之外；一个市场要么是"受管制的"，要么就是"不受管制的"。如果是"受管制的"，则反垄断通常不受欢迎，或至少受到严重限制。见 Herbert Hovenkamp. Federal Antitrust Policy：The Law of Competition and Its Practice［M］. 3rd ed. Minnesota：Thomson West，2005：717。

② Herbert Hovenkamp. Federal Antitrust Policy：The Law of Competition and Its Practice［M］. 3rd ed. Minnesota：Thomson West，2005：717.

③ 李雷、杨春，《我国光伏产业发展对策探讨》，《中外能源》2011 年第 7 期。

④ 冯春林，《中国光伏产业政策及效果评价研究》，《重庆科技学院学报（社会科学版）》2012 年第 8 期。

⑤ 于立宏、郁义鸿，《光伏产业政策体系评估：多层次抑或多元化》，《改革》2012 年第 8 期。

的市场机制，使光伏政策的实用性大打折扣。然而，地方政府对于光伏产业的支持，在实践中基本上成为为获取补贴而实施的政府主导下的产业发展行动，产业发展雷同、盲目重复建设、产能过剩等一系列问题突出。究其原因，是关于计划体制以来中国经济的"M"型结构，即存在着结构和功能类似的多层次和多地区的管理结构，即所谓的块块经济，各个省区之间经济上相对独立，都试图建立相对完备和独立的工业体系，变成一个相对自给自足的经济单位。① 地方政府理应因地制宜，侧重于有比较优势的战略性新兴产业的发展，选择适合当地资源、市场比较优势的战略性新兴产业，在强化产业链延伸的基础上促进产业间的联系，引导战略性新兴产业生态形成。这种高度集权下的分权，却决定了中国产业发展的独特路径，产业政策本身无从破解。

从政策实施的效果来看，我国产业政策一家独大下的国家经济政策工具的结构化欠缺暴露无遗，而在中国独特的产业政策格局下，中央政府对地方产业发展的激励机制与约束机制是不足够的，需要进行工具重组，强化竞争政策的评估对于产业发展的促进作用，推动政策体系的革新。不仅在光伏产业，国家对于汽车产业的大力扶持，并没有能够培育起实力雄厚、技术先进、不断创新的民族汽车企业，反倒逐步沦为国外企业厂商的贴牌加工商，政策的制定和实施并未能充分发挥市场机制的作用，也没有形成适宜的产业竞争环境，这是产业发展、转型艰难的又一例证。而2008年金融危机后，我国出台4万亿的大规模投资计划，虽然目的是复苏国内经济，而结果不但没有能够优化产业资源配置、实现产业转型升级的目标，反而还对内产生了产能过剩、对外引发了国际贸易摩擦。在这些乱象的背后，频繁闪现着地方保护主义的身影，已经对建立全国统一开放、竞争有序市场构成了严重阻碍。这些阻碍正是我国传统产业政策的非市场化和非法治化附带的不良效应的集中体现。考察这种现象之后深层次的制度原因，主要有：一是产业政策的出台、运行和跟踪评估并没有在我国现有法律制度下进行，政府补贴、国家财政的支持措施并没有采用市场的方式；二是没有理顺政府和市场的关系，产业政策出台之后，政府之手仍然直接对企业实际生产等微观经济活动进行大量干预；三是企业的市场化进程远未完成，徘徊于产业价值链的低端，未能真正实现完善管理、提高效率和不断创新，严重依靠政府补贴。

就突破现有体制下产业政策一家独大现状的操作路径来看。产业政策和竞争政策并不是非此即彼、相互排斥的经济政策。应当在法治基础上，充分发挥竞争政策作用，

---

① 钱颖一、许成钢，1993，"Why China's Economic Reforms Differ: the M-Form Hierarchy and Entry/ Expansion of the Non-State Sector", *Economics of Transition*, 1（2）：135-170。

并通过正当程序引入产业政策。在现阶段，竞争政策尚不能完全替代产业政策成为主导性政策，这需要一个过程。十八届三中全会以来，政府启动了一系列的政策议程，从"探索实施公平竞争审查制度"①，到"促进产业政策和竞争政策有效协调，建立和规范产业政策的公平性、竞争性审查机制"②，再到"加快出台公平竞争审查制度，建立统一透明、有序规范的市场环境"。③ 在 2016 年 4 月 18 日，中央全面深化改革领导小组第二十三次会议强调，建立公平竞争审查制度，对涉嫌违反公平竞争审查标准的，依法查实后要做出严肃处理。④ 据此，提升竞争政策在主要经济政策中的地位可以采取两步走的方式：

第一步，努力将竞争政策置于与产业政策平行的地位。我国 2008 年颁布的《反垄断法》首次在法律层面上提出"竞争政策"这一概念。《反垄断法》第九条规定"国务院设立反垄断委员会，负责组织、协调、指导反垄断工作，履行下列职责：研究拟订有关竞争政策……"。"竞争政策"写入法律，表明立法者对《反垄断法》的目的有较为清晰的认识，应据充分落实反垄断委员会"研究拟订有关竞争政策"的职能，以成文的竞争政策推动各界对竞争政策的重视程度。

第二步，最终使竞争政策成为基础性经济政策，并发挥主导性作用。当前的顶层设计强调市场在资源配置中的决定性作用和对政府作用的更好发挥，而对市场的尊重就是对以市场机制为核心的竞争政策的尊重。随着我国从"半市场经济"向市场经济的过渡，通过对竞争评估的法治化构建，对行政干预的合理限制、有效的竞争执法和积极竞争文化的培育，市场机制将更加健全，从而使得竞争政策通过借助市场无形之手来驱动创新、发展的目标得以实现。届时，竞争政策成为基础性经济政策，并且发挥主导性作用是市场归位的应有之义和必然之选。

在此基础上，聚焦产业发展中通过政策法律赋予竞争优势和施加竞争限制的问题，贯彻政策法律治理结构蕴含的制度逻辑，切入产业政策和竞争政策的结合面、打开管制与竞争体制的交叉部，可以建立产业发展的竞争法律治理结构。

2. 竞争法律治理的层次：国家援助规制、竞争评估制度与竞争中立原则

（1）产业发展与国家援助规制

① 《中共中央国务院关于深化体制机制改革加快实施创新驱动发展战略的若干意见》。
② 《关于 2015 年深化经济体制改革重点工作的意见》。
③ 《国务院关于大力推进大众创业万众创新若干政策措施的意见》。
④ 习近平："改革既要往增添发展新动力方向前进，也要往维护社会公平正义方向前进"。http：//cpc. people. com. cn/n1/2016/0418/c64094 - 28285164. html，访问时间 2016 年 4 月 20 日。

通过政策法律赋予竞争优势（或弥补其竞争劣势）问题的重要制度尝试当推欧盟国家援助制度。《欧盟运行条约》第 107 条将国家援助界定为："由某一成员国提供或通过无论何种形式的国家资源提供的任何援助，使特定的经营者或商品生产受益从而扭曲竞争或存在扭曲竞争的威胁。"① 欧洲法院进一步将这一概念丰富：由国家或通过国家财源所进行的由国家承担财政负担的干预，通过减少通常包含在一个企业预算中的费用而使企业处于优势地位。② 从公共政策的角度看，欧盟国家援助制度在实质上是将产业政策纳入竞争政策框架进行规范的一种政策工具，为成员国的产业政策提供一个法律规制框架，表现为在原则禁止国家给予援助的基础上，对各种行业、地区、特殊情形的适用除外，以确保不扭曲成员国间的竞争或贸易。在中国，产业政策与欧盟国家援助不论在形式还是内容上都高度重合：中央和地方政府提供的通过直接补贴、税收减免、资本注入等各种形式，面向民族地区、革命老区、边境地区、贫困地区、资源枯竭城市、自然灾害突发区、西部地区、东北地区等老工业基地等提供地区援助，针对农业、光伏产业和传统支柱产业等提供行业援助等。③

对于国家援助的规制，欧委会设定了明确的标准，④ 形式要件包括：由国家实施的援助或者通过国家资源实施的援助，可采取财政补贴，利息和税收减免，担保，政府对一个公司全部或部分控股，或者以优惠条件提供货物和服务等不同形式；援助是有选择地给予接受者一种优势，如对特定的企业或行业的某些领域，或对特定地区的企业。实质要件为：竞争已经或可能被扭曲，援助可能影响成员国之间的贸易。⑤ 根据《欧盟运行条约》，国家的措施必须"使特定的经营者或商品生产受益"，因此由成员国在平等基础上操作且向所有经营者开放的普遍措施，不具有选择性，不属于国家援助的范围；只有那些以选择性方式使特定经营者、一类经营者或特定经济部门受益的才是国家援助。进一步地，政府实施的措施若能提高授予对象与其他经营者竞争时的竞争地位，就扭曲了竞争或存在扭曲竞争的威胁。⑥ 由此可见，国家援助制度直接面对的是通过政策法律赋予竞争优势（或弥补其竞争劣势）的问题。这并不是竞争评估制

① C. Quigley, "The notion of State aid in the EEC" (1988) 13 ELRev 242；I. Winter "Redefining the notion of State aid in Article 87 (1) of the Treaty" (2004) CMLRev 475.

② Conor Quigley, European State Aid Law and Policy, 2nd edition, Hart Publishing, 2009, p. 3.

③ 周海涛，《欧盟国家援助控制制度研究》，对外经济贸易大学博士论文（2014）。

④ Communication from the Commission, Draft Commission Notice on the notion of State aid pursuant to Article 107 (1) TFEU, 2014.

⑤ http://ec.europa.eu/competition/state_aid/overview/what_is_state_aid.html.

⑥ Cases T‑298/07, T‑312/97 etc. Alzetta [2000] ECR II‑2325.

度——通过政策法律施加竞争限制是否合理和非歧视问题——旨在解决且可以完整涵盖的。

不仅如此，欧委会认为国家援助如果不针对市场失灵，并不具备任何刺激效果，不仅会被看作是对公共资源的浪费，也会使内部市场的竞争条件恶化，进而影响经济发展。当前国家援助制度中，由于成员国不存在此项义务，"事后评估通常很少被使用，即使使用也是临时性的"。① 在国家援助制度现代化的过程中，欧委会提议应明确界定一些共同原则：强化内部市场并促进公共支出方面的有效性，对需要纠正的市场失灵有更清楚的识别，并对积极效果保持更大的审核权。② 与事前评估聚焦于竞争性影响不同，国家援助制度的事后评估更类似于政策绩效评估，面向政策本身的必要性，决定现有政策存续、修订和新政策的启动。

2005 年欧委会通过《国家援助行动计划》（简称《行动计划》），启动了改革进程。作为促进欧洲经济竞争力和活力的"里斯本战略"的一部分，《行动计划》旨在促使国家的援助在"数量上减少，并更具有针对性"，提高国家援助领域的透明度，简化国家援助规则，规制聚焦于：关于共同利益（无论是社会的、地区的、经济的或文化的）的公认目标是否已经被正确地确认；与其他政策工具相比，国家援助是否是处理问题的恰当手段；援助是否产生了必要的刺激，是否是相称的；并根据以下因素判断援助所造成的竞争扭曲程度：选择受益人的程序和援助所附带的条件；市场和受益人的特点；援助的数额和类型。③ 根据《行动计划》，包括《环境保护援助指南》和《研发创新框架和区域援助指南》在内的大量国家援助的法律法规被修改或通过。改革以来的总趋势是，依托于欧盟国家援助制度的产业政策在逐渐摆脱纵向的、部门的产业政策目标之后，如今主要面向横向的产业政策目标，尤其是解决在技术研发、中小企业融资和环保投资等领域普遍存在的市场失灵而采取的救济；在其他情况下通常出于别的原因给予的国家援助，也要在竞争、竞争力和其他目标之间达成平衡。金融危机以来，欧盟非危机性国家援助总量更是显著减少。④ 成员国实施的国家援助逐渐聚焦

---

① European Commission, DG Competition, Evaluation in the Field of State Aid: Issues Paper, Brussels, 12 April 2013. see: http: //ec. europa. eu/competition/state_ aid/modernisation/evaluation_ issues_ paper_ en. pdf, PP3.

② Conor Quigley Q. C. , "The European Commission's Programme for State Aid Modernization", The Maastricht Journal of European and Comparative Law, 20 MJ 1（2013）, p41, 2013.

③ European Council, Brussels, 22 - 23 March 2005, Presidency Conclusions, Doc 05/1, point 23. Para 20.

④ European Commission State Aid Scoreboard, Report on state aid granted by the EU Member States 2012, SEC （2012）443 final.

于三个主要非危机目标：地区发展、保护环境包括能源的节约及促进可再生能源的使用，以及研究、开发和创新（R&D&I）。

此外，欧盟国家援助制度中设置了可以免于事前申报的集体豁免安排，具有一定的模糊性。目前，对中小企业、研究开发、环境保护、就业和培训等领域援助措施的申报义务豁免是根据《授权条例》进行的。但欧委会在监控成员国实施集体豁免援助措施的过程中发现，成员国常常不遵守国家援助的有关规定，因此欧委会实施强化的事后评估以确保成员国对有关法律的全面遵守，而通过增加《授权条例》和《普遍集体豁免规定》的援助措施种类，可以部分减少欧委会审查上的负担。与此同时，2012年，欧盟通过了关于改革授权条例的提议，扩大豁免领域的范围，以包括对下列领域的援助：创新、文化和文物保护、补偿自然灾害引起的损失、对渔业、林业和某些食品产品、海洋生物资源的保护、业余体育运动、边远地区居民出行交通、公共服务交通以及边远地区的宽带覆盖等。①

（2）产业发展与竞争评估制度

竞争评估制度是解决通过政策法律施加竞争限制是否合理和非歧视问题的关键。首倡者 OECD 其在《对竞争评估的理事会建议案》中提出，"公共政策……对竞争的不必要限制可能会导致一些问题；可以对竞争产生不利影响的公共政策进行重新修改，使其促进市场竞争，并且实现公共政策目标；管理和监管行业的改革通常需要对竞争可能产生的影响进行详细评估；只要能达到所确定的公共政策目标，对平等竞争的损害较少的公共政策应成为政策首选"。② 为此，OECD 编撰了《竞争评估工具书》提供竞争核对清单，覆盖新法律法规草案的评估（如通过监管市场影响评估）、整个经济或某个特定市场现行法律法规及规章制度的总体评估，以及政府部门政策的制定和审核，如政府部门制定法律法规或竞争机构对规章的竞争影响评估。③ 据此，产业发展的法律治理结构中，亦有引入竞争评估制度的必要，设定竞争执法机构、政策制定部门和审批监督组织的相应义务，④ 通过分析、评价拟订中（或现行）产业政策法律可能或已经产生的竞争影响，提出不妨碍法律目标实现而对竞争损害最小的替代方案，使法律对竞争的影响恢复到政府干预与自由竞争的最优组合状态。具体流程可以是在初步评估

---

① Conor Quigley Q. C. , "The European Commission's Programme for State Aid Modernization", The Maastricht Journal of European and Comparative Law, 20 MJ 1 (2013), p46.

② OECD：《竞争评估工具书 1：原则》，第 53—54 页。

③ http：//www. oecd. org/daf/competition/assessment - toolkit. htm.

④ 丁茂中，"产业政策的竞争评估研究"，《法学杂志》2016 年第 3 期。

阶段甄别出限制竞争的制度安排，在全面评估阶段判断其对竞争的限制是否合理，进而针对不合理限制竞争的制度安排提出对竞争损害更小的替代方案。

第一，初步评估：识别限制竞争的政策法律。政策法律限制竞争的情形复杂多变，应从"市场结构、企业行为和市场绩效"三个维度识别反竞争的政策法律安排：[①] 是否限制企业的竞争资格和竞争激励。一方面，限制企业的竞争资格，主要是限制企业的市场进入，市场内的企业数量与经营范围。因为，竞争者数量减少，共谋风险增加，单个企业提高价格的能力提高。[②] 另一方面，竞争的前提是企业具有强烈的竞争愿望。制度安排如果便利企业间的合谋，或给予部分企业以《反垄断法》除外或者豁免，就会降低企业的竞争激励。是否限制企业的竞争行为空间。存在大量竞争者并不是市场高度竞争的充分条件。企业的竞争能力或自由决策的空间，对于促进竞争同样重要。通常，限制企业广告宣传和市场营销、设立企业产品或服务质量标准、对企业商品或服务的价格进行控制、设置歧视新进入企业而照顾老企业的"祖父条款"，都会限制企业的竞争行为空间。是否限制企业的竞争结果。除了侧重市场供给侧对竞争的影响，而市场需求侧对竞争的影响同样重要。行为经济学的研究表明，消费者是影响市场竞争程度的重要因素。[③] 如果消费者掌握的信息充分、准确，且能方便地转换供应商，将极大地促进企业竞争。政府对经济的干预旨在确保消费者的选择能够对市场竞争产生积极影响。具体可落实于识别反竞争法律的"法律竞争影响核对清单"。（见表6）[④]

表6　法律竞争影响核对清单

法律可能限制 竞争的维度	具体评估项目	评估结果	
		是	否
限制企业的 竞争激励	是否要求企业披露产量、价格、销售额和成本等信息？		
	是否对特定行业（企业）给予一般竞争法上的豁免？		

---

① 张占江，"中国法律竞争评估制度建构"，《法学》2015 年第 4 期。

② Robert H. Bork，*The Antitrust Paradox：A Policy at War with Itself*，Free Press，1993，pp. 98 – 104.

③ OFT，*Government in Markets*，2009，p. 31. http：//www. oft. gov. uk/shared _ oft/business _ leaflets/general/OFT 1113. pdf.

④ OECD，*Competition Assessment Principles*，2010，p. 8. www. oecd. org/competition/toolkit. KFTC，*Competition Assessment Manual*，2010，pp. 10 – 34；OFT，*Completing competition assessments in Impact Assessments：Guideline for policy makers*，2007，p. 8.

（续表）

法律可能限制竞争的维度	具体评估项目	评估结果	
		是	否
限制企业的竞争资格	是否存在对企业准入、退出、经营范围的行政审批？		
	是否存在对企业特许经营权的授予？		
	是否存在对企业商品流动的限制？		
限制企业的竞争行为空间	是否存在对企业产品（服务）质量标准的管制？		
	是否存在对企业产品（服务）价格的管制？		
	是否存在对企业广告宣传和市场营销的限制？		
	是否存在歧视新企业而照顾老企业的"祖父条款"？		
限制企业的竞争结果	是否存在对消费者选择权的限制？		
	是否存在对消费者可获得信息的限制？		

综上，法律的竞争影响核对清单，是识别法律是否限制竞争的工具，这一初步评估过程并不涉及对限制本身的合理性判断，即很多法律都可能限制竞争，但并不一定构成竞争法上的"不合理限制竞争"的标准。

第二，深入评估：判断法律对竞争限制的合理性。深入评估旨在判断产业政策法律对竞争限制的合理性。所谓合理性，是指政策法律所选择的制度方案以最小的竞争损害，实现了既定目标。这种判断是一种"目标"与"手段"之间的权衡。判断的基础就是依据SCP范式，分析政策法律自身及其与市场结构、市场行为等因素的交互作用是否严重损害了竞争。[①] 然后，再审查是否实现了既定目标、是否还有对竞争损害更小的替代方案。一是深入评估的基本步骤。深入评估一般可以分两个步骤展开。第一步，分析政策法律对竞争的影响效果。依据SCP范式，分析制度因素直接或间接产生的竞争影响，从而确认政策法律是否严重损害了竞争。如果法律没有实现既定目标，却导致对竞争的严重损害，则该项法律规则就是不合理的；相反，如果法律实现了既定目标，但也导致对竞争的损害，则要进一步审查有无对竞争损害更小的替代方案。第二步，分析替代方案对竞争的影响效果。为了纠正市场失灵，哪怕政府通过法律对

---

① 张占江，"中国法律竞争评估制度建构"，《法学》2015年第4期。

竞争进行限制不得不为，也应该仔细权衡，选取对竞争损害最小的方案，或采取一些辅助的措施来减轻对竞争的损害。二是深入评估的定性分析。在评估的精确性没有特别要求的情况下，相应责任主体可以择用定性类的操作方法进行竞争评估。根据实践来看，可以用于产业政策竞争评估的具体定性方法是多种多样的，以下设计的"清单对照排除法"就是其中一种比较可行的做法，应当能够基本满足简易评估的最低要求。(见表7)[①]

表7 清单对照排除法

基本步骤	类型识别	性质判断		子项参考标准	备注
第一步	涉及全国范围 □ 涉及部分地区 □	积极 □	消极 □	若是涉及部分地区，较为可能产生竞争问题。	推定不适用于地方行政部门在法定职权范围制定的产业政策。
第二步	覆盖多个行业 □ 针对特定行业 □	积极 □	消极 □	若是针对特定行业，较为可能产生竞争问题。	推定不适用于具体行业主管部门依据法定职权制定的产业政策。
第三步	抽象行政行为 □ 具体行政行为 □	积极 □	消极 □	若是具体行政行为，原则上将被视为可能存在竞争问题。	推定仅适用于行政行为依法制定的各类产业政策。
第四步	增加企业数量 □ 无关企业数量 □ 减少企业数量 □	积极 □	消极 □	若是减少企业数量，原则上将被视为可能存在竞争问题。	以最为直接导致相关领域的经营者数量变化为准。
第五步	市场结构多头 市场结构寡占	积极 □	消极 □	若是市场结构寡占，原则上将被视为可能存在竞争问题。	以企业的市场份额为权衡基础，适当参考现行企业数量。
第六步	机会获得均等 □ 机会获得不等 □	积极 □	消极 □	若是机会获得不等，原则上将被视为可能存在竞争问题。	机会获得包括受惠机会，如经济补贴和受损机会，如节能减排。

[①] 丁茂中，"产业政策的竞争评估研究"，《法学杂志》2016年第3期。

（续表）

基本步骤	类型识别	性质判断		子项参考标准	备注
第七步	受众性质集中 □	积极 □	消极 □	若是机会获得不等，原则上将被视为可能存在竞争问题。	受众性质是指受到产业政策影响的经营者性质，如国企、私企等。
	受众性质分散 □				
第八步	配比依据客观 □	积极 □	消极 □	若是配比依据主观，原则上将被视为可能存在竞争问题。	受惠或者受损的预期内容不是根据客观可查的数据及单位。
	配比依据主观 □				
总体评价	将会影响市场竞争 □	（1）符合"子项参考标准"的"类型识别"在"判断性质"上归为"消极"，如果含"第三步"事项在内的内容被判为"消极"，原则上应当被视为"将会影响市场竞争"，对应数量越多，程度将会越严重。（2）"总体初步评价结果"只对是否可能不当影响市场竞争作出经验性反映，未触及这种结果背后的实质利弊比较。			
	不会影响市场竞争 □				

（3）竞争中立原则

竞争中立是 OECD 提出的一项重要原则（principle of competitive neutrality），旨在公共企业和私人企业之间创造一个公平的竞争环境（a level playing field）。[①] 根据 OECD 的《竞争中立：建议、指南和最佳实践纲要》，该原则的落实聚焦于八个优先领域：理顺政府企业的运营形式、识别政府商业活动特定功能的成本、政府商业活动的商业回报率、国有企业的公共服务义务、公共和私人企业的平等税收待遇、针对国有企业的管制中立、防止针对国有企业的融资和直接补贴等优惠安排，以及保证公共采购政策、程序的竞争性和高标准的透明度。由此可见，竞争中立作为一项被 OECD 提议的原则，主要是针对市场主体的不平等问题而提出的，在并不构成一个独立的维度，其诸多内容与国家援助制度和竞争评估制度的主要内容存在部分重叠，应被有效吸收整合到产业发展的竞争法律治理之中。

3. 转型中的发展政策更新、管制改革与公平竞争审查制度

综上所述，在产业发展中，国家援助是连接产业政策与竞争政策的制度，竞争评估是连接管制体制与竞争领域的制度，竞争中立则作为一种原则试图消解在产业政策—竞争政策、管制体制—竞争领域中的公共企业与私人企业的差别待遇。考察这两

---

① OECD：Competition Neutrality：A Compendium of OECD Recommendations, Guidelines and Best Practices, p. 5.

大制度安排和一条隐含的原则在发展型国家语境下的实践意义，可以试图提出解决两大竞争法律问题的结构性方案。

在后发的、转型中的市场经济迈向成熟的市场经济的进程中，国家经济政策组合的最重要的特点，就是竞争政策的不断强化和对产业政策的逐步限缩。这种产业政策的调整趋势，朝着配合竞争政策的方向发展。东亚的日、韩两国在不同历史时期和经济发展阶段，通过强化竞争政策和限缩产业政策，实现了经济的成功转型。在同为发展型国家的中国，产业政策是强大行政体制的有形延伸，长期适用产业政策不仅使被扶持的行业和企业更多地依赖政府的投入而竞争动力不足，而且也使主管部门深陷政策制定和实施的路径依赖。我国目前在实践中近乎一元化的产业政策主导格局，其积弊随着市场经济的发展日益凸显。随着我国从"半市场经济"向市场经济的过渡，通过对竞争评估的法治化构建对行政干预的合理限制、有效的竞争执法和积极竞争文化的培育，使得竞争政策成为基础性经济政策，并且发挥主导性作用是市场归位的应有之义和必然之选。就突破现有体制下产业政策一家独大现状的操作路径来看，应当在法治基础上，充分发挥竞争政策作用，并通过正当程序将其引入产业政策。

当前，这项工作正紧锣密鼓进行。2014 年 6 月，《国务院关于促进市场公平竞争维护市场正常秩序的若干意见》中提出，对各级政府和部门涉及市场准入、经营行为规范的法规、规章和规定进行全面清理，废除妨碍全国统一市场和公平竞争的规定和做法，纠正违反法律法规实行优惠政策招商的行为，纠正违反法律法规对外地产品或者服务设定歧视性准入条件及收费项目，规定歧视性价格及购买指定的产品、服务等行为。2015 年，陆续出台的《中共中央国务院关于深化体制机制改革加快实施创新驱动发展战略的若干意见》（3 月 13 日）、《关于 2015 年深化经济体制改革重点工作的意见》（5 月 18 日）、《国务院关于大力推进大众创业万众创新若干政策措施的意见》（6 月 16 日）中，从"打破地方保护，清理和废除妨碍全国统一市场的规定和做法，纠正地方政府不当补贴或利用行政权力限制、排除竞争的行为，探索实施公平竞争审查制度"，到"促进产业政策和竞争政策有效协调，建立和规范产业政策的公平性、竞争性审查机制"，再到"逐步清理并废除妨碍创业发展"的制度和规定，打破地方保护主义。2016 年 4 月 18 日，中央全面深化改革领导小组第二十三次会议强调，建立公平竞争审查制度，要从维护全国统一市场和公平竞争的角度，明确审查对象和方式，按照市场准入和退出标准、商品和要素自由流动标准、影响生产经营成本标准、影响生产经营行为标准等，对有关政策措施进行审查，从源头上防止、排除和限制市场竞争。要建立健全公平竞争审查保障机制，把自我审查和外部监督结合起来，加强社会监督。

对涉嫌违反公平竞争审查标准的，依法查实后要做出严肃处理。[1]

公平竞争审查制度的出台已成定局，其确立和有效实施仍需要在更大范围内强化产业发展法律治理的共识。对比中俄的转型历程可知，经济的发展并不大量取决于寻找给定资源和生产要素的最佳组合，而有赖于唤起和聚集那些隐匿的、分散的和未好好利用的发展意图、资源和能力。[2] 当前，随着中国改革的深化，发展意图、资源和能力的唤起和聚集，有赖于更新政策体系，补足政策体系的结构性空缺。发展型的中国，在发展初期以赶超为首要目标，随着赶超逐渐收尾，权力集中不再理所当然，[3] 以处于政策生命周期初始阶段，效果正逐步彰显的竞争政策，替代已经处于政策生命周期末端，效果已然逐步递减的产业政策，以补足政策体系的结构性空缺。就此应当明确，中国经济改革的经验并不等于产业政策本身；更新产业发展的政策工具以释放新能量，是对一元化产业政策的背离，但无疑是对中国经济改革经验精髓的延续。据此，进一步地，在完善结构的基础上实现政策的更新，在于切实推行放松管制，更在于放松管制之后新政策的重心选择——竞争政策作为市场经济领域的主导性政策。只有放松管制，拉大政府与市场之间的距离，才能够削减政府的规模，隔绝腐败滋生的土壤，进而调动企业创业创新和社会经济发展的活力；而只有在放松管制的同时引入竞争政策，才能在管制褪去之后的灰色地带切实通过自由、公平的竞争提升效率、推动创新、促进繁荣，通过竞争提升消费者的福利。据此，行政体制改革的问题不能仅仅停留在宏观面的指向性讨论，还应当落实到政策面的评估和法律面的治理。

进一步地，产业发展法律治理的确立，还需要立足发展型国家的特质，基于功能性比较的立场做出制度移植。具体到当前中国的情况，意味着要使前述政策确定的"公平竞争审查制度"的内涵有充分丰富的层次，能够足以涵盖产业政策与竞争政策的主要板块及其联结点，能够有效吸纳国家援助制度、竞争评估制度和竞争中立原则，能够清晰地划定管制体制与竞争领域的边界和法律治理。据此，可以提出在转型时期发展型国家产业发展政策选择与法律治理的结构：第一，产业发展的各项产业政策，最终归集于产业组织政策，作为与国家援助制度的对接板块；第二，管制体制及其规则的确立、放松管制的方案设计，都需要经过竞争评估制度的筛选；第三，管制体制

---

[1] 习近平，"改革既要往增添发展新动力方向前进，也要往维护社会公平正义方向前进"，http://cpc.people.com.cn/n1/2016/0418/c64094-28285164.html，访问时间2016年4月20日。

[2] Albert Hirschman, The Strategy of Economic Development, 1958, p.5。转引自：张夏准，《发展型国家的政治经济理论》，载禹贞恩编：《发展型国家》，吉林出版集团，2008年版，第223页。

[3] 姚洋，《作为制度创新过程的经济改革》，格致出版社、上海人民出版社，2008年版，第56—58页。

内的所有企业，都应受到积极的、有效的监管；第四，监管的存在并不是全部，还需要监管目的得以贯彻，以及能够在监管可能涉及管制与竞争的交集处，有效地设定目标和落实方案；第五，而在管制完全退出的地方，竞争政策应当全面接管，充分覆盖和无差别地实施。

（三）管制与竞争法律机制的构建——聚焦能源行业

随着中国经济的较快发展，以及工业化、城镇化进程的加快，能源需求不断增长，能源供应有序、能源效率提高和能源部门服务质量改善等问题的解决却停滞不前。2005 年，国务院发布《国务院鼓励支持非公有制经济发展的若干意见》（"非公 36 条"）①，提出放宽非公有制经济市场准入，包括允许非公有资本进入垄断行业和领域。之后，2010 年国务院发布《国务院关于鼓励和引导民间投资健康发展的若干意见》（"新 36 条"）进一步提出，鼓励民间资本参与电力建设，鼓励民间资本参与石油天然气建设。②"新 36 条"的提出，在业界并没有引起预期的影响，与之前对"非公 36 条"的热议反差巨大。截至 2013 年，"新 36 条"中的 42 项民间投资实施细已按国务院要求全部出齐。其中，《国家能源局关于鼓励和引导民间资本进一步扩大能源领域投资的实施意见》提出了鼓励民间资本参与煤炭资源勘探、开采、经营、加工转化，以及电网、炼油和新能源等领域鼓励民间投资发展的政策。对此，关于细则不够细、操作性不强的质疑依旧强烈，发展改革委也承认实施细则"与社会上迫切要求改善民营企业经营发展环境的热切期望相比，还存在一定差距"。③"36 条"系列政策凸显了"鼓励"的口号与实施的现实之间的距离，具体到能源产业，我国能源政策与竞争政策之间互动的碎片化，尚未形成稳定的协调机制，是造成改革难以推进的主要政策瓶颈。

---

① 《国务院关于鼓励支持和引导个体私营等非公有制经济发展的若干意见（国发〔2005〕3 号）》，http：//www. gov. cn/zwgk/2005 - 08/12/content_ 21691. htm，2013 年 7 月 28 日访问。

② 鼓励民间资本参与风能、太阳能、地热能、生物质能等新能源产业建设。支持民间资本以独资、控股或参股形式参与水电站、火电站建设，参股建设核电站。进一步放开电力市场，积极推进电价改革，加快推行竞价上网，推行项目业主招标，完善电力监管制度，为民营发电企业平等参与竞争创造良好环境。支持民间资本进入油气勘探开发领域，与国有石油企业合作开展油气勘探开发。支持民间资本参股建设原油、天然气、成品油的储运和管道输送设施及网络。《国务院关于鼓励和引导民间投资健康发展的若干意见（国发〔2010〕13 号）》。http：//www. gov. cn/zwgk/2010 - 05/13/content_ 1605218. htm，2013 年 7 月 28 日访问。

③ 《发改委回应民间投资细则质疑：与期望有差距》，http：//finance. sina. com. cn/china/bwdt/20120727/150112690664. shtml，2013 年 7 月 28 日访问。

2014 年，中石化启动油品销售业务重组，引入社会及民营资本参股。[①] 这一源自垄断行业内部的松动，是十八届三中全会提出"市场在资源配置中起决定性作用"[②] 以来的经济体制改革深化的一个重要契机和着力点。引入竞争势在必行，也为后续能源行业管制与竞争议题打开了充分的想象空间。据此，在解析能源政策和竞争政策目标的基础上，分析政策形成机制转型、行业监管架构转变中的政策融合，为放松管制时代的能源行业的管制与竞争确立建构有效的"政策—法律"协调和联动框架，也可以构成管制与竞争法律机制构建的一个样本。

中国能源政策目标的理性定位应为包含有保障能源安全、促进能源效率和提高消费者剩余三大支柱的稳定三角形。在此框架下，竞争政策的作用空间则在于通过确立和维护市场竞争机制来促进能源效率的提升和消费者剩余的增加，进而将能源效率的提升切实地转化为整体经济效率的提升，并最终传递给消费者，将能源产业的消费者剩余切实地转化为整体消费者福利的提升。实现的凸显，是通过能源竞争与竞争政策的互动，经由在放松管制环节中竞争的实现来推进效率的增益和消费者福利的提升，最终在内涵上保障能源安全。基于追求目标上的契合，加快市场体系建设，疏通管制与市场之间的互通管道，实现能源政策与竞争政策的融合，是加快能源行业发展方式转变的必由之路。理念的贯彻还需建立一套合理的政策决策机制、监管体制和法律框架。我们据此展开三个方面的探讨。

1. 管制与放松管制：政企功能剥离、管理体制变革与政策形成机制的调适

在能源政策与竞争政策目标契合的背景下，当前的首要任务是认识二者的政策形成机制，在此基础上促成其转型。在能源政策的形成机制上，中国自 1950 年能源部门开始全面推行苏式管理体制和决策机制以来，能源政策的制定基本是各级政府或企业上报问题，直属政府机构或主管部门组织咨询、提出对策建议，相关部门之间文件交流沟通、提出意见，主管部汇总上报国务院批准的运作模式。[③] 由于涉及国计民生和国民经济命脉，能源政策的形成机制是相对单线、封闭的。相较而言，处于初生阶段中国竞争政策的政策形成机制尚待确定，但可以辨识其形成过程中可能受到包括贸易政策、产业政策、知识产权战略、国家安全战略和外交战略等相关政策的约束，国有企业、跨国公司、消费者、民营企业和非政府组织等主要利益团体的影响，以及关联的

---

① 《中石化开启央企混合所有制改革大门民营资本寄予厚望》，http：//news. xinhuanet. com/yzyd/energy/
20140221/c_ 119440780. htm，2014 年 2 月 21 日访问。

② 《中共中央关于全面深化改革若干重大问题的决定》，人民出版社，2013 年版，第 3 页。

③ 杨敏英，"完善我国能源政策制定机制的建议"，《经济研究参考》2006 年第 36 期，第 46 页。

国际因素如外国政府和国际机制的约束。

比较而言，能源政策的形成机制与竞争政策的形成机制，可以说恰恰是封闭与开放的光谱两端。因为，如前所述，以石油行业的能源政策为典型，是一种管理体制，而非管制体制。管理体制的特点，就在于企业由政府建，企业领导由政府派，资金由政府拨，价格由政府定，企业盈亏由政府统一负责，不存在任何经营风险，即实行政企高度合一的管理体制。[1] 也就是说，这种管理体制与政企不分是相因相生的，而随着政企分离的进程，这种管理体制理应也就消失了。然而，现实中的石油行业，政企分离得不充分，使这种管理体制得以隐然延续，致使证监分离无从谈起，也成为管制体制推行的背后障碍。[2] 解决的方法，必然是深化政企分离，将分而不离的环节斩断、惯例革除，做到真正的政企功能剥离。例如，根据现行制度，非国有企业从事原油进口贸易，需要持中石油、中石化出具的"排产证明"，否则海关不予放行，铁路也不安排相应的运输计划。[3] 这种就属于企业仍然保有残余的政府管理职能的体现，应当在新一轮的改革中彻底剥离这类功能，而为管理体制迈向成熟打下基础。

由于体制格局的限定，政策形成机制的转型无法一蹴而就，但可以通过双向的互动来渐进推动。第一，推动政策制定的公开、透明和参与主体的进一步开放：不仅包括国有企业，而且要扩大到民营企业、外资企业、合资企业等所有参与市场的主体，使主要利益相关者都有均等的机会切实参与政策制定的过程，使政府逐步摆脱被单一利益集团实施政策绑架的困境。第二，推动制定政策的目标的多元统一。不仅要认识到政策目标的多元特性，保障能源供应安全和提升能源效率，还要通过政策目标的连接点将诸多目标有机地统一起来，通过公平竞争环境的营造，推进产业效率和消费者整体福利的提升。第三，突出制定政策的引导性：明确政策重心不是放在能源生产和消费平衡的数量指标上，也不是放在市场竞争状况的静态评估上，而是放在形成能源发展战略和市场竞争状况动态演进的方向引导上。[4] 在此基础上，要形成基于法治的政策协调机制，用立法的方式贯穿确立管制领域和竞争性领域的不同主导性政策。当前，竞争法律体系已趋成熟，能源领域法律制定和修订势在必行。

---

[1] 王俊豪，《中国垄断性产业管制机构的设立与运行机制》，商务印书馆，2008年版，第13页。

[2] 王俊豪，《中国垄断性产业管制机构的设立与运行机制》，商务印书馆，2008年版，第52—53页。

[3] 自2002年起，我国依据加入世贸组织的承诺，允许非国有企业从事部分数量的原油进口贸易。商务部每年都会下达相应的配额指标。实践中，海关要求非国有进口企业出具"排产计划"才可办理通关手续。而且，根据2003年5月的《铁运函150号令》，没有"排产计划"，铁道部门也不给原油提供运力安排。

[4] 杨敏英，"完善我国能源政策制定机制的建议"，《经济研究参考》2006年第36期，第46页。

2. 管制体制内的竞争政策：政监分离的全面推进与分类覆盖

　　能源政策与竞争政策的协调是一项复杂的系统工程，除了转型政策形成机制之外，还应确定层次分明、衔接紧密的政策制定与行业监管架构。当前，国家能源委员会负责研究拟订国家能源发展战略，审议能源安全和能源发展中的重大问题。能源政策由国家能源局主导，包括其他相关部门在内的中央行政机构参与制定。[①] 而在我国现有的能源市场监管体系中，主要是资源勘探开发的监管，总体上看监管职责分散和重叠，有些领域监管缺位，一些领域还存在政企不分的现象。[②] 而根据《反垄断法》规定，国务院反垄断委员会负责有关竞争政策的研究和拟定，统一组织、协调和指导全国反垄断工作的机构，更多地从宏观角度出发，综合分析我国的经济发展状况和市场结构，拟定符合我国国情的竞争政策，作为反垄断法执法的依据。[③] 反垄断执法则由发改委、商务部和国家工商总局负责，由三部门为主导包括其他相关部门[④]在内的中央行政机构参与竞争政策的制定。

　　按照现行框架，能源政策和竞争政策的有效协调尚存在诸多问题。作为"议事协调机构"的国家能源委员会和国务院反垄断委员会，由于制度化沟通机制的缺乏，对能源政策与竞争政策的协调以事后回应政策冲突为主，形式上侧重于以个案—事后解决导向的工作会议。但是，能源政策与竞争政策问题牵涉面广且具有相当的技术复杂性，不仅涉及能源管理部门之间管理权限的协调，还涉及能源管理部门与竞争管理部门之间的协调，以及能源行业国有企业的利益诉求等问题，因而，一直以来延续的个案—事后解决导向的协调机制，欠缺事前—全盘协调的制度化安排，显然是不充分和难以长效的。据此，首要的任务是理清能源政策与竞争政策之间互动的层次，在此基础上确立政策制定与行业监管分离的模式，为协调框架奠定法律基础。

　　当前，确立政监分离的框架面临两个方面的挑战。一是放松管制下的监管深入推

---

　　① 目前，"能源委"涉及的单位包括：中央财办、外交部、发展改革委、科技部、工业和信息化部、安全部、财政部、国土资源部、环境保护部、交通运输部、水利部、商务部、人民银行、国资委、税务总局、安全监管总局、银监会、电监会、总参谋部。《国务院办公厅关于成立国家能源委员会的通知》，http：//news. xinhuanet. com/politics/2010 – 01/27/content_ 12885187. htm，2013 年 7 月 28 日访问。

　　② 曹建华，邵帅主编，《国民经济安全研究：能源安全评价研究》，上海财经大学出版社，2011 年版，第18 页。

　　③ 全国人大常委会法制工作委员会经济法室，《中华人民共和国反垄断法：条文说明、立法理由及相关规定》，北京大学出版社，2007 年版，第 44 页。

　　④ 其他部委包括：监察部、财政部、交通运输部、国资委、工业和信息化部、知识产权局、法制办、银监会、证监会、保监会、电监会。《国务院办公厅关于国务院反垄断委员会主要职责和组成人员的通知》，http：//bmla. chinalawinfo. com/newlaw2002/slc/slc. asp？ db = chl&gid =109404，2013 年 7 月 28 日访问。

进。在政府实施名义监管的情况下，由于缺乏有效的标杆，很难判断国有能源企业的经营底线，而一个没有经营底线的行业是很难有效率的。因此，需要进一步开放吸引非公经济主体进入，以帮助确立经营底线和必要的财务纪律，为合理制定能源价格提供参考依据。[①] 二是监管形式的分类覆盖。可以认为，实践中垄断性产业的管制机构分三种基本类型：即实行政企合一、证监合一的双合一型，实行政企分离、证监合一的半分合型；以及同时实行政企合分离、证监分离的双分离型。[②] 具体到能源行业，所涉煤炭、石油和电力三个领域，只有电力领域曾经实施政监分离，[③] 目前管制的模式都属于半分合型，即证监分离尚未完成，实际上政企之间的功能剥离也未尽完成，这些都构成了管制改革迟迟难以突破的瓶颈，似乎已经陷入了鸡生蛋、蛋生鸡的困局。应当通过《能源法》的统合性的规定和《煤炭法》《电力法》等相关法律的修订对能源行业的政监分离做出详尽的规定，稳步实现监管的分类、全面覆盖。在此基础上，还可以考虑逐步将能源市场监管职能收归统一机构管理。[④]

3. 放松管制下的竞争政策：政策协调框架下的管制与反垄断监管互动

协调的目的是实现所有活动的总目标，即效率的增益与消费者福利的提升。而作为协调框架建构的起点，则应在一般意义上廓清管制与反垄断之间的关系，包括形式和实质两个方面。在形式上，由于管制机构的设置可以有独立的、权利集中型的管制机构，在政府相关部门下设立相对独立的管制机构，政府部门与管制机构合一的三种管制模式，[⑤] 那么，不同的形式下管制与反垄断的互动应有所不同。在政府部门与管制机构合一的情况下，政策协调与监管互动在实践中大体上难以区分；在相对独立和独立的管制机构的情形下，政策协调与监管互动应当确立一种分层结构。在实质上，还需要确立管制与反垄断之间关系的一套标准。其中，核心的原则是，管制行业中的反垄断应当立足于确保管制体制实现其经济目标。[⑥] 在此基础上，应当区分两类引起管制

---

① 林伯强，《中国能源政策思考》，中国财政经济出版社，2009 年版，第 163 页。

② 学者王俊豪主张的四种类型中，还包括一合一分型：即实行政企合一，但证监分离的管制机构。这种类型只在理论上存在。王俊豪，《中国垄断性产业管制机构的设立与运行机制》，商务印书馆，2008 年版，第 52 - 53 页。

③ 2013 年 3 月，根据《国务院关于提请审议国务院机构改革和职能转变方案》，将国家电监会、国家能源局的职责整合，重新组建国家能源局，由国家发改委管理；国家电监会不再保留。

④ 在美国，联邦能源监管委员会（FERC）是《联邦水电法》《联邦电力法》《天然气法》《天然气政策法》等能源立法和能源政策的执行机构。杨嵘，"美国能源政府规制的经验及借鉴"，《中国石油大学学报（社会科学版）》2011 年第 1 期，第 3 页。

⑤ 王俊豪，《中国垄断性产业管制机构的设立与运行机制》，商务印书馆，2008 年版，第 101 页。

⑥ 赫伯特·霍温坎普著，许光耀、江山、王晨译，《联邦反托拉斯政策》，中国政法大学出版社，2009 年版，第 786 页。

与反垄断产生交集的问题：第一类是管制体制下的规则设定或要求企业从事通常被反垄断法所禁止的行为（价格管制与准入要求），这种情形下政策形成的机制应当是什么？第二类是管制行业的企业做出被《反垄断法》所禁止的行为，但监管机构未能有效实施监管，这种情形下反垄断执法应当发挥的作用是什么？

在此，我们认定中国经济体制改革深化的方向，应当是继续沿着符合经济学理论和中国现实规律的道路稳步前行。那么，在经济性管制领域，为最大限度地保证其拨款的最大化，独立的管制机构模式是最好的选择。[①] 基于上述认识，我们在预见并推动证监分离（不论最终分离的程度、速度如何）的同时，也可以着手规划确立一个双层的政策—法律协调框架，分类推进政策、执法互动，最终推动能源政策与竞争政策目标的实现。

第一层：政策面协调，在能源政策与竞争政策宏观导向上针对"管制体制下的规则设定或要求企业从事通常被《反垄断法》所禁止的行为"这一问题展开。（1）国务院能源主管部门在组织编制国家能源战略、研究制定能源规划和能源政策时，应当将能源政策与广义的竞争政策相协调，[②] 在经济形势发展的不同阶段，通过有选择、分阶段、有步骤地实施民营化、放松管制、重新管制、消除行政垄断、减少新投资或准入的许可等，来重新划定管制体制与竞争领域的范围，以促进能源管制体制的良性运转。在放松管制领域，酝酿和实施新的政策，应当在管制机构与竞争执法机构之间形成事前磋商和事后协调的惯例，以明确界定管制—竞争问题和执法主体。例如，2014 年 2 月 13 日，国家能源局对外公布了《2014 年市场监管工作要点》，[③] 明确提出 2014 年将出台油气管网设施公平开放监管办法。这意味着"三桶油"对石油、天然气输送管道网络的垄断有望被打破，也进一步意味着油气的开采、生产、储运和销售四大环节可能被进一步拆分，管制和竞争的各自领域需要重新界定。（2）国务院反垄断委员会在组织调查、评估包括能源市场竞争状况在内的市场总体竞争状况的同时，根据"在存

[①] 根据 Kenneth J. Meier 和 Christopher G. Reddick 的研究，在社会性管制领域，从属性的管制机构比独立管制机构能够得到更多的行政支持，而经济性管制领域则相反。王俊豪，《中国垄断性产业管制机构的设立与运行机制》，商务印书馆，2008 年版，第 114—115 页。

[②] 竞争政策有广义和狭义之分。广义的竞争政策，指一切有利于竞争的政策，包括反垄断政策、政府对国有企业的私有化政策、放松规制、政府削减对企业的补贴、减少不利于外国产品和外国生产者的政策等；而狭义的竞争政策，仅指鼓励竞争、限制垄断的反垄断政策，它作为对竞争结果的"事后调节"措施，通常以法律形式出现。

[③] 国家能源局：《关于印发 < 国家能源局 2014 年市场监管工作要点 > 的通知》（国能综监管〔2014〕94 号），http://zfxxgk.nea.gov.cn/auto92/201402/t20140213_1765.htm，2014 年 2 月 21 日访问。

在管制体制对市场进行控制的情况下，促使市场的运行更具竞争性"① 的定位，研究能源领域竞争政策的适用方针，制定、发布能源领域的反垄断指南，协调能源领域的反垄断执法工作。在政策制定层面的协调，可以通过会议、文件等交流方式，国务院能源主管部门应请国务院反垄断委员会对政策制定中的有关竞争问题进行审读，并提出意见和建议，以主动避免未来可能出现的政策冲突。与此同时，国务院反垄断委员会在进行行业竞争政策的研究时，也应当要求国务院能源主管部门提供信息、数据，或向其就行业性问题进行咨询。

第二层：监管面协调，由国务院能源市场监管机构和国务院反垄断执法机构之间针对"管制行业的企业做出被《反垄断法》所禁止的行为，但监管机构未能有效实施监管"这一问题展开。（1）首先应当在职能定位上，将国务院能源市场监管机构聚焦于对能源市场准入、能源价格的政府指导价设定及其监管上，主要通过能源领域的监管来实现能源安全的保障。因为依据机构特性，反垄断机构更擅长处理对产业特定信息需要较少的质量证据案例，如价格歧视、纵向限制、滥用支配地位等；产业管制机构则更擅长处理对产业专有信息要求较高的数量证据案例，如接入定价、垄断性高价、投资、服务质量等。②（2）在管制体制内的监管协调，除了监管结构，监管者的决策顺序和沟通渠道也会影响政府监管的效果，③ 因而尤其应当注重协调的顺序。一般而言，能源市场监管机构在接到相关举报或因主动调查获悉行业内竞争的相关问题时，可以将案件指引到国务院反垄断执法机构，或就竞争性问题向其咨询。在此，国务院反垄断执法机构的职能是有限的，应定位于"对于没有被有效审查或者控制的私人行为予以审查"。④ 而即便在涉及竞争议题，由国务院反垄断执法机构牵头的情形下，也应当在反垄断行政执法中，请国务院能源市场监管机构提供行业相关信息和专业知识、判断，为准确、有效地处理案件提供专业支持，并预防、沟通、协调可能存在的管辖权冲突。在经营者集中审查过程中，则应当确立更为密切的申报、评估和救济的信息和权力共享机制。

---

① 赫伯特·霍温坎普著，许光耀、江山、王晨译，《联邦反托拉斯政策》，中国政法大学出版社，2009 年版，第 786 页。

② 拉丰·泰勒尔，《电信竞争》，人民邮电出版社，2001 年版，第 262—266 页。

③ Baron 利用一个存在两个监管者（一个负责价格监管、一个负责环境监管）的 Stackelberg 博弈模型证明了监管者的行动顺序对监管效果的影响。Martmiont 也认为，在不存在合作机制的情形下，不同监管者的顺序行动能够造成比同时行动时更大的激励扭曲。唐松林、林玉珑，"电力行业政府监管体制改革：国外经验与中国对策"，《经济问题探索》2008 年第 8 期，第 162—163 页。

④ 赫伯特·霍温坎普著，许光耀、江山、王晨译，《联邦反托拉斯政策》，中国政法大学出版社，2009 年版，第 786 页。

小结：对竞争政策制定与推行的建议

中国经济在经过三十多年的高速发展后，已经进入了"转方式、调结构、稳增长"阶段，要实现赶超战略结束之后的经济稳定增长目标，在市场经济领域，首要任务就是要以处于政策生命周期初始阶段，效果正逐步彰显的竞争政策，替代已经处于政策生命周期末端，效果已然逐步递减的产业政策。贯彻落实十八届三中全会的精神，"建立统一开放、竞争有序的市场体系"也要求政府在干预市场的手段选择上转向竞争政策优先于产业政策，包括选择优先与效力优先。理顺产业政策和竞争政策的关系对我国顶层设计和市场完善具有极为重大的意义。日本和韩国的经验表明，即使在后发国家，产业政策也终究要走到尽头，因此，需充分借鉴美国、欧盟的经验，提升竞争政策的地位，使之成为基础性经济政策并发挥主导性作用，而产业政策只有通过市场化、法治化的方式才能发挥其应有的辅助功能，不可本末倒置。由于我国经济发展不平衡、产业政策历史悠久、竞争政策还刚刚起步，客观上决定了政府在从产业政策向竞争政策的主导政策转型上不可能一步到位。有鉴于此，加强对行政垄断的执法，对垄断行业的企业可能损害竞争保持持续关注，以及对产业政策的决策、绩效、监管的竞争评估和坚持预算硬约束，是突破现行产业政策一家独大的切实路径。

当前，中国正循着《中共中央关于全面深化改革若干重大问题的决定》的号召，在这场紧紧围绕使市场在资源配置中起决定性作用深化经济体制改革的伟大实践中攻坚克难。而从改革的大局上看，要求国有资本继续控股经营的自然垄断行业，实行以政企分开，政资分开、特许经营、政府监管为主要内容的改革，根据不同行业特点实行网运分开、放开竞争性业务，推进公共资源配置市场化。① 吴敬琏先生指出，在明确即建立统一开放、竞争有序的市场体系这一全面深化改革总目标的基础上，应当有步骤、有顺序地解决目前市场体系存在的突出问题，包括部分市场还没有对所有主体平等开放，以及由于部分行业的垄断导致竞争性缺失问题。② 在此基础上，发展方式转变的重中之重，在于构建与社会主义市场经济相适应的管制政策体系和市场监管机制，确立合理的管制与竞争双层协调机制。在这种协调机制下，管制行业的市场监管同时兼顾市场化条件下的一般性与管制行业的政策、技术特性，可以同时发挥管制机构与反垄断执法机构两方

---

① 《中共中央关于全面深化改革若干重大问题的决定》，人民出版社，2013 年版，第 10 页。
② 吴敬琏，《全面深化改革应关注的几个问题》，http://www.chinareform.net/html/category194/20140219/16725.html，2014 年 2 月 21 日访问。

面的专业性；同时，竞争政策所倡导的竞争理念、公平竞争的机制和竞争文化能够逐步渗入相关能源政策与法律的制定中，并在政策和法律的实施中得到推广，更有利于完善监管体系，规范市场主体行为，促进产业效率，提升消费者的整体福利。

结语：供给侧结构性改革下的竞争政策与法律治理

供给侧结构性改革是全面深化改革的"重头戏"和"主战场"，更是"深水区"和"攻坚区"。面对当前中国改革的深化和经济的下行，供给侧结构性改革强调发挥市场作用、关注简政放权、重视创新驱动，无疑指明了未来中国经济发展的方向。在成熟市场经济国家被誉为"市场经济宪章"的反垄断法，及在此基础上构建的竞争政策体系，更应在供给侧结构性改革的背景下展开。国家实行社会主义市场经济以来，"竞争带来繁荣，法治化的竞争维系持续、稳定的繁荣"正成为新的发展共识，将之落实于产业发展常态，需要在产业政策与竞争政策之间做出理性选择，并据此建构维护竞争秩序的稳态法律治理结构。

供给侧结构性改革的核心，是处理好政府与市场之间的关系，以进一步发挥市场在资源配置中的决定性作用，更好地发挥政府作用。历史上，"国家—市场"尺度的变化一直是中国与市场相关制度发展的重要参照系。无论是春秋战国时期的生活市场，还是大一统之后的国家财政市场，均存在着一个"国家—市场"的尺度变化的问题。[1]整个封建社会时期，在大一统之前国家权力处于分散状态的时期，生活市场是较为发达的；在大一统之后生活市场则逐渐被国家财政市场所挤占。中国封建历史的"分合"过程，始终也伴随着生活市场和国家财政市场的消长。这个问题延续到新中国建立之后，特别是改革开放以来的市场体系及其相关制度的发育，则体现为国家垄断、国家计划和市场竞争、市场调节之间的消长过程。

反垄断法的生成深嵌于国家—市场之消长过程之中。1978—1993 年，《中国共产党第十一届中央委员会第三次全体会议公报》[2] 和《关于经济体制改革的决定》等文件塑造了市场孕育期的"反垄断法"；1993—2003 年，《中共中央关于建立社会主义市场经济体制若干问题的决定》[3] 塑造了市场建立期的"反垄断法"，形成了以《反不正

---

① 程念祺，《国家力量与中国经济的历史变迁》，新星出版社，2006 版，第 164—200 页。

② 1978 年 12 月 22 日通过，http://www.people.com.cn/GB/shizheng/252/5089/5103/5205/20010428/454803.html。

③ 1993 年 11 月 14 日中国共产党第十四届中央委员会第三次全体会议通过，http://www.people.com.cn/GB/shizheng/252/5089/5106/5179/20010430/456592.html。

当竞争法》为核心的法律体系雏形；2003—2013 年，《中共中央关于完善社会主义市场经济体制若干问题的决定》① 塑造了市场完善期的"反垄断法"，确立了以《反垄断法》为核心的反垄断法律的完整体系。十八届三中全会通过《中国中央关于全面深化改革若干重大问题的决定》提出"紧紧围绕使市场在资源配置中起决定性作用深化经济体制改革"，旨在使市场在国家—市场关系晦暗不明、此消彼长的灰色地带成为最终裁判。这种决定性作用的定位，将使得产业政策与竞争政策、管制与竞争之间的可能争议从此有了标准，国家与市场的边界划分有了判断基准，国家与市场关系的重构或从此定型。

十八届三中全会以来，政府从"探索实施公平竞争审查制度"②，到"促进产业政策和竞争政策有效协调，建立和规范产业政策的公平性、竞争性审查机制"，③ 再到"加快出台公平竞争审查制度，建立统一透明、有序规范的市场环境"，④ 直至 2016 年 4 月 18 日，中央全面深化改革领导小组第二十三次会议强调，建立公平竞争审查制度。⑤ 据此，应大力推动与改革核心高度契合的竞争政策，使其能尽早"在其位"，更期盼其能真正"谋其政、司其职、尽其责"。

1. 竞争政策目标与改革目标高度统一

竞争政策是政府制定并实施的促进和保护竞争的策略选择。竞争法是竞争政策的主要表现形式，是规范和限制私人反竞争行为的法律规范的总称。竞争政策旨在维护公平竞争的市场环境，通过消除垄断、促进技术进步、鼓励创新，从而实现提升消费者整体福祉的最终目标。而供给侧结构性改革是从生产领域加强优质供给，减少无效供给，扩大有效供给，提高供给结构的适应性和灵活性，提高全要素生产率，使供给体系更好地适应需求结构变化。究其实质，是强调要通过改革促进创新、提高生产效率和提高产品市场竞争力的方式来促进经济增长，而不是再靠"刺激政策"提升总需求的套路来促进经济增长。从这点上看，竞争政策和供给侧结构性改革的目标在内涵上具有高度统一性，即提升社会的整体福利水平。这种提升主要通过划清政府和市场

---

① 2003 年 10 月 14 日中国共产党第十六届中央委员会第三次全体会议通过，参见：http://www. people. com. cn/GB/shizheng/1024/2145119. html。

② 《中共中央国务院关于深化体制机制改革加快实施创新驱动发展战略的若干意见》。

③ 《关于 2015 年深化经济体制改革重点工作的意见》。

④ 《国务院关于大力推进大众创业万众创新若干政策措施的意见》。

⑤ 习近平："改革既要往增添发展新动力方向前进 也要往维护社会公平正义方向前进"，http：//cpc. people. com. cn/n1/2016/0418/c64094 – 28285164. html，访问时间 2016 年 4 月 20 日。

的边界、让市场机制发挥决定性作用来实现。供给侧改革中的政府是"有所为，也有所不为"。在营造公平竞争环境、查处垄断行为、放松管制、降低制度性交易成本、释放市场主体创新能力方面要积极有为，而在企业经营和行政管理等方面要"有所不为"，通过激发市场主体的内生动力，提高供给体系的质量和效率。供给侧结构性改革的思路正是竞争政策的核心内涵。需要说明的是，我国推行的供给侧改革，并非是对美国供给学派"供给管理"的简单复制，而是着眼于中国发展实际，更侧重提升经济增长的效率和企业长期发展的活力，实现经济长期发展的持续平衡。当前中国经济下行的压力较大，各种潜在风险的危害性不容低估。通过优化供给侧结构，破解机制体制难题，实现经济的良性健康发展，竞争政策手段理应在本轮改革进程中发挥更大作用。

2. 实施竞争政策是有力的改革举措

自 2008 年中国《反垄断法》实施以来，以《反垄断法》及相关配套法规为基础的垄断协议和滥用市场支配地位规制、经营者集中执法等竞争政策和具体制度的实施，逐步为社会公众所熟悉。然而，广义的竞争政策手段还包括《反垄断法》规定的行政垄断规制，以及公平竞争审查制度实施、竞争政策与其他政策的协调等。而在明确供给侧结构性改革目标的基础上，改革的实践路径具体包括三个方面：一是矫正要素配置扭曲，实现从要素驱动向创新驱动的转变；二是改革行政管理体制，实现从政府管制向市场机制的转变；三是促进产业转型升级，实现从传统产业向现代产业的转变。这三项转变任务恰恰都在竞争政策的规制中，是竞争政策得到充分实施的必然结果。以《反垄断法》三大支柱为基础的竞争执法，为企业发展营造公平竞争环境，为创新驱动和培育新经济提供土壤；公平竞争审查制度和行政垄断规制为市场机制发挥决定性作用提供保障，防止"有形"的手伸得过长；竞争政策与其他政策的协调与配合，将有效推动产业结构的调整和转型升级。从这个角度看，竞争政策手段正是供给侧结构性改革的有力举措。

3. 竞争政策和产业政策协调是推进改革的重要保障

当前，国内经济正处于"三期叠加"的特定阶段，下行压力较大，增长新动力不足和旧动力减弱的结构性矛盾较为突出。从发展经验看，我国实行的产业政策，基本为纵向的、选择性的产业政策。面对经济新常态，政府和社会公众对经济发展规律的认识进一步深化，竞争政策在我国政策体系中的地位和作用日益突显，对产业政策的科学性、针对性的要求在不断增强。竞争政策正在逐步从幕后走向台前，在经济运行过程中将扮演更加重要的角色；产业政策也在逐步改进，将在完善中发挥好引领工作。

对我国经济发展而言，制度协调发挥合力，实现深化改革和促进经济发展的目标。在此基础上，充分发挥功能性产业政策的作用，提高关系国民经济命脉和安全的产业整体素质和竞争力，推动产业结构转型升级，实现供给侧结构性改革中"产业政策要准"的要求。

在《反垄断法》制度保障的基础上，促使竞争政策成为基础性经济政策的关键，是实现政策工具的更新，廓清产业政策的转换方式与竞争政策的作用空间。第一，在政策目标上，从挑选赢家到力促整体产业竞争力的提升。第二，在政策结构上，产业发展的财税类直接干预性政策从主导走向辅助。第三，在治理模式上，产业发展从落实政策指标走向依托法治框架。第四，在适用机制上，产业政策从纵向调节走向横向协调。第五，在覆盖领域上，从传统行业走向高科技领域。就此，公平竞争审查制度是协调竞争政策和产业政策的有效手段。政策协调机制的完善，将为供给侧结构性改革提供长效的机制性保障。在此基础上，还应当推动：

第一，完善竞争法律框架，构建管制与竞争政策的法律链接，完善文本的合目的性，有效消解文本的模糊性，维护文本的体系性，还要适应新的形势下对竞争立法的要求，与相关领域的监管法规协调，在法律的框架下妥善处理产业的放松管制、重新管制与竞争规制。

第二，提高竞争政策实施成效，探索执法资源的优化配置，力求使竞争执法符合竞争政策的发展趋势：主要规制市场行为，降低市场结构因素在界定相关市场时的重要性，转而采取更为直接的影响竞争的证据；对不具有显著影响市场竞争能力的情形做出特殊安排，如经营者集中的简易程序和纵向协议的成批豁免；引入和规范经济分析，推动执法机构经济分析方法的规范化；行政查处与私人实施并重，要进一步完善诉讼程序和证明规则、合理适用事实推定规则、妥善转移举证责任，拓宽了对竞争秩序和社会公共利益的保护途径。

第三，确立"公平竞争审查制度"的充分丰富的层次，能够足以涵盖产业政策与竞争政策的主要板块及其联结点，聚焦产业发展中通过政策法律赋予竞争优势和施加竞争限制的问题，贯彻政策法律治理结构蕴含的制度逻辑，有效吸纳国家援助制度、竞争评估制度和竞争中立原则，能够清晰地划定管制体制与竞争领域的边界和法律治理。据此，明确转型时期发展型国家产业发展政策选择与法律治理的结构为：（1）产业发展的各项产业政策，最终归集于产业组织政策作为与国家援助制度的对接板块；（2）管制体制及其规则的确立、放松管制的方案设计，都需要经过竞争评估制度的筛选；（3）管制体制内的所有企业，都应受到积极的、有效的监管；（4）监管的存在并不是全部，还需要监管目的得以贯彻，以及在监管可能涉及管制与竞争的交集处，能够有效地设定目标和落实方案；（5）而在管制完全退出的地方，竞争政策应当全面接管，充分覆盖和无差别实施。

全面深化改革是一场征途，顶层设计不容有失，政策选择事关成败，强化市场竞争是必由之路，确立竞争政策成为市场经济下主导性政策是"发挥市场决定性作用"的应有之义和必然之选。

关于《反垄断法》执行体制改革的刍议

季卫东

一、当今中国必须促进竞争的理由

1. 不得不把经济重点转移到生产效率和附加价值

现代中国对竞争机制的重新认识始于 20 世纪 80 年代初。社会主义计划经济体制下的政府父爱主义导致企业的预算约束软化，经营效率下降，亏损面不断增大，迫使人们接受市场竞争的原理。但是，在国家主导的经济发展过程中，产业政策占据主导地位，行政干预始终强有力地决定市场动向，国有企业的改革举步维艰。

2008 年起源于美国次贷危机的金融危机，剧烈冲击了中国的实体经济，导致浙江等地民间企业纷纷倒闭，也造成国有企业的极大困境。以此为背景，政府在 2009 年做出投资 4 万亿人民币救急的决定，再加上各地 10 万亿以上的融资举措，给企业界（主要是行政化程度非常高的国有企业）和经济主管部门打了一剂特效强心针，使得中国在不景气的阴霾中一枝独秀。这一系列应对举措效果固然非常明显，但其后遗症也非常明显。从 2012 年开始，投资过剩、产能过剩、不动产泡沫膨胀、地方政府债务压力激增、市场竞争机制被扭曲、夕阳产业和濒危企业被延寿回春等负面影响渐次呈现出来，引起国内外关注。就在这时，人口红利趋向枯竭、社会迅速高龄化、企业成本大幅度上升、医疗保险和养老保险的制度缺陷等问题也成为舆论热点，放大了经济下行压力，也迫使有关当局进行反思和调整。

在迫在眉睫的危机化解之后，中国将不得不面对如何形成经济发展新机制的重大课题。2006 年的广东民工荒可以理解为中国已经悄然通过发展经济学上的刘易斯拐点的信号。从此以后，中国必须以超过薪酬和物价上涨的幅度为标准来大力提高生产效

259

率和附加价值率，否则经济发展就难以为继，社会福利就无法保障。因此，从现在开始必须以空前的力度促进技术创新，必须进一步改良企业治理结构，必须全面提高市场竞争能力，必须尽量扩大内需。对于这样的结构转型，政府的战略方针很明确，就是要推动城镇化、第三产业化、民营化、贸易和资本的自由化以及提高普通公民进行适当消费的愿望和能力。要通过一系列的制度举措扶持民间企业、陶冶企业家的创业精神、促进优胜劣汰的竞争。中国（上海）自由贸易实验区的揭牌，实际上也揭开了新一轮改革开放的序幕，其重点就是市场经济导向的制度创新以及资本的自由化和国际化，目标是打破政府造成的垄断。最近提出的供给侧结构性改革，重点是针对国有企业的低效率部分，特别是清算僵尸企业。通过厉行破产处理和减轻税费负担等举措，中国企业的竞争力有望增强。

2. 不得不对中国特色的发展模式和产业政策进行反思

要使促进竞争的政策和举措真正产生效果，不得不对政府主导的产业政策和经济发展模式进行适当的修改。在过去三十余年间形成的这种产业政策和经济模式的主要特征是：（1）政府在资源配置中发挥决定性作用；（2）作为市场竞争的裁判者的政府享有极其广泛、强大而集中的权力，特别是在行政审批、税费决定、预算分配、土地使用等方面享有几乎不受制约的权限；（3）政府不仅是大权在握的裁判者，同时也是市场竞争的参与者，拥有在金融及其他许多基干产业的国有企业，垄断了盈利率最高的经营领域（国有银行实际上获取着3%的暴利边际收益）；（4）政府和国有企业控制和享有经济发展的主要成果，拥有的财富占总数的大约3/4以上，并且越来越强势；（5）加之社会保障等各类配套制度不完备，这种状况极大地压抑了国内普通公民的购买力，使得内需拉动经济、特别是服务业发展的机制难以形成；（6）这种状况也给政府官员寻租提供了巨大的空间，造成结构性腐败的蔓延。因此，十八届三中全会关于全面深化改革的决定的主旨是让市场在资源配置中发挥决定性作用，并以反腐作为抓手推进行政改革和国有企业改革，减少行政审批、实行财税法定原则、在确权的基础上让农村土地使用权的流转自由化、允许民间金融业发展、限制市场中的行政性垄断行为进而逐步让国有企业从竞争性产业领域撤退等。

地方政府的基础设施和制造业投资过热所造成的产能过剩（例如中国钢铁产业的产能过剩率高达30%、其全球设备占有率高达50%左右）、不动产泡沫和债务危机表明，过去行之有效的重点倾斜型产业政策已经到了应该终结的时候。在经济发展的初期以及赶超阶段，由于资源比较匮乏，政府为了振兴特定的产业而提出目的明确的产业政策，进行行政指导是必要的、卓有成效的。由于供给绝对不足，各地方、各企业按照政策的指引向特定方面集中投资，也不会立刻产生供给过剩，反倒会提高经济发展的效率。但经济发展到一定阶段，供给的规模比较大了，需求也基本上得到满足了，如果还继续采取重点倾斜的产业政策，让地方政府来进行投资决定和选择投资企业，势必立刻引起投资过剩和产能过剩，反倒会降低经济效率。在这样的新情况下，让各个企业自由决策、通过试错过程调整投资方向，让市场竞争机制对企业进行优化选择是更有效率的发展模式。为此，首先要限制地方政府以及中央政府部门在产业政策的制定和执行方面自行其是，使产业政策的体制集权化，然后再逐步减少产业政策对经济的牵引作用。

在产能过剩的背景下，人们很容易接受这样的主张：让政府采取抑制投资的举措，以及时纠正投资行为的偏颇。可以说，这也是产业政策，是另一种类型的产业政策。实际上，只要采取产业政策的方式，即便是抑制投资，结果也往往适得其反。事实证明，抑制投资的流言一起，企业的行动方式往往不是立刻终止投资，而是匆忙做出投资决定以便搭上末班车。这种争抢型投资活动会进一步加重投资过剩的问题。如果登上投资末班车的企业的确享有了实际的好处或者得到政府的保护，就将在企业中形成示范效应，增强投机和依赖政府救济的心态，形成恶性循环。在这个意义上，在地方政府层面，无论是鼓励投资的产业政策，还是抑制投资的产业政策都应划上休止符，而让竞争政策真正成为今后中国经济发展的主旋律。从这个角度来看，铁拳反腐的举措导致地方官员不作为，对竞争政策的推行或许也有某种程度上的积极意义，但要提防基本的行政服务出现怠工情况。

3. 不得不面对国际经济不景气的现实

从进入 21 世纪开始，全球经济面临驱动力衰竭的危机。过去大量生产、大量消费的发展模式，实质上就是资本不断增值的过程以及相应的支持条件。迄今为止资本不断增值的基本做法是：对经济发展的中心与前沿或者边缘进行区别；中心具有比边缘地带更强的汲取力，因而具有更高的资本回报率。为了维持和提高资本回报率，中心必须通过各种方式和手段不断延伸边缘，例如开拓殖民地、开发农村、扩大市场份额、扩充社会需求、改良技术、改进治理结构等，都使得边缘更远更深、中心更富更强。然而，当非洲也开始被纳入全球化市场体系时，地理上的边缘就逐渐消失了。当金融市场利用电子信息技术开发高速投资系统，证券交易所以百万分之一秒、亿分之一秒的时间差距竞争利润时，资本回报率上升的空间也就消失了。这是市场经济不得不面对的新问题。

目前，发达国家的十年国债利息率均低于 2%，短期利息率事实上均为零。这种状况如果持续较长时期，现行经济社会系统必然无法维持下去。也许有人会说，这种状况在日本已经持续了 20 年，为什么还没有爆发大危机？的确，日本处在一种极端异常的状态之中，即便储蓄利率为零，日本人还是把钱存在银行里，不太积极从事投机性渔利活动。这也许与日本国民的心态非常有关系，或者出于对政府的信任以及长期合理性的考虑。类似的状况曾经在 16 世纪的欧洲出现过并持续很长时间，结果是通过产业革命找到了突破僵局的路径。当今的世界需要一场新的产业革命或者经济社会范式的转换。

当然，中国以及其他新兴国家凭借剩余的人口红利和市场需求还有可能继续在既有的轨道上增长二三十年，除非生产要素市场以及能源结构发生激变。由于这些国家不再是发达国家的边缘地带，所以它们的发展会给发达国家带来困境和危机，加快驱动力衰竭的节奏。在这样的情况下，国家与国家之间的利益冲突势必进一步激化甚至残酷化，与经济相关的摩擦和纠纷也势必增加。这也促使中国更加关注竞争力问题，并且对参与国际竞争的绩效抱有强烈的紧迫感。

二、现行竞争政策形成的过程

1. 破产制度的导入与企业预算硬约束

众所周知，在社会主义计划经济体制下，投资、生产以及销售全部按照行政指令进行，经营的盈亏不会产生问责的压力，因而竞争机制无从形成，经营的效益日渐恶化。匈牙利裔经济学家雅诺什·科尔奈（Janos Kornai）的理论证明，国有企业的预算约束软化势必导致利润动机的减弱和竞争力的下降，使得经济缺乏效率和活力。因此，20 世纪 80 年代初期中国城市经济体制改革的基本宗旨是通过导入破产制度来加强对企业的硬性约束，明确亏损责任，淘汰经营不善的企业，提高管理者和工人对成本以及各种经济杠杆的反应敏感度，从而提高经济发展的效率。1980 年国务院颁布《关于开展和保护社会主义竞争的暂行规定》，与此同时，首次发表了学者关于制定破产法的主张。1983 年中国政府有关部门提交关于制定破产法的报告。1985 年成立破产法起草小组。1986 年通过了《企业破产法（试行）》。十年后，综合试行的经验以及陆续出台的规范，制定了现行《破产法》。至此，国有企业中适用政策性破产程序的企业限定在 2000 家，其余十万家企业都必须参加自由竞争并适用普通的破产程序。

尽管中国破产立法的重点在于加强经营失败的压力，形成优胜劣汰的竞争机制，但因为造成亏损的原因很复杂，往往与行政干预乃至体制缺陷有关，所以有关当局对职工失业问题的处理极其慎重。这就导致中国破产处理制度的一个极其显著的特色，即非常强调劳动债权的保障。从《企业破产法（试行）》到现行《破产法》，劳动债权一直在清偿程序中被赋予最优先的顺位，破产处理过程中的职工生活费和安置费还被理解为提前支取的特权。另外，破产企业职工代表还有权参加债权人会议以及债权人委员会；在表决重组计划时，职工的权利也受到特殊保护。这种特征提示了两点：第一、社会保障制度的不完备必然扭曲法律的逻辑；第二、竞争政策的推行必须以最低限度的生活安全网络为前提条件。因此，竞争法驱动机制的设计不能不把最低限度社会保障体系的建立和健全纳入视野之中，从而不能不认真考虑如何把国有企业的部分转让收入以及国有资产的其他收益转移到社会保障基金之中的问题。

2. 入世承诺和市场化的外压

中国在 1986 年 7 月 10 日提出恢复关贸总协定地位的申请，经过 15 年迂回曲折的谈判，终于在 2001 年 11 月 10 日实现加入世界贸易组织的愿望。在这期间，中国根据世界贸易组织的要求推动了贸易自由化的制度改革，不断减少行政干预，不断提高市场开放度。由于欧美各国坚持认为中国是"非市场经济国家"，入世之后在反倾销措施等方面仍然处于受歧视地位，在价额计算方面被任意提高倾销边际，出口价格也被统一计算，导致被课征比率极高的反倾销税。为了尽早获得"市场经济国家"的认定，中国在入世后继续进行积极的外交谈判，同时也进一步推动货币自由兑换、围绕薪酬的劳资自由谈判、外资企业自由设立、减少政府对生产方式的持有和规制、资源配置的去行政化、撤销价格控制、加强知识产权保障等各种制度改革。为此进行了大规模的法规修改、废止以及制定，其中特别值得关注的是《对外贸易法》的实质性修改。

在履行入世承诺方面，减少政府审批权限的行政改革有非常明显的进展。在 2001 年，中国规制事项共有 28000 余件，根据世贸组织要求应该尽早废止的事项是 4159 件，在入世后大约一年多时间里，国务院就分两次撤销了 1195 个行政审批事项，改进了 82 个行政审批事项的管理方式。按照中国政府的既定方针，到 2016 年，中央规制事项将减少到 2800 件（其中国务院规制事项 500 件），与十年前相比行政活动量将减少 90%。与此同时，还制定并实施《行政许可法》，对审批事项和行为进行严格的监督，并加强了问责机制。《行政许可法》制定的宗旨是尽量减少行政审批、承认社会自治、促进市场竞争。在 2004 年 3 月 16 日，国务院公布《全面推进依法行政实施纲要》，提出了建设法治政府的行动计划。

3. 反不正当竞争与反垄断的法制发展

长期以来中国的竞争规范散见于各种性质不同的法律条款以及行政法规和规章之中，缺乏合理的体系性。值得特别指出的是1993年制定的《反不正当竞争法》，在市场化的早期阶段对形成和维护自由而公平的竞争秩序发挥过重要的作用。该法采取列举方式规定的不公正竞争行为有六种，即①模仿、②商业贿赂、③商业秘密的窃取、④悬赏的不公正贩卖、⑤破坏竞争对手的声誉、⑥虚伪广告；反竞争的行为有五种，即①支配性公共事业体的强行交易、②行政权限的滥用、③投标参加者的共谋、④廉价倾销、⑤搭配销售。共有11种行为或现象被认为是危害竞争的自由与公平的，需要依法取缔并受到制裁。由于受到行政管理体制的制约，这部法律的执行主体是多元化的，包括工商行政管理局（特别是公平交易局，关于各种不正当竞争或反竞争行为的取缔和制裁）、国家发展改革委员会（关于价格卡特尔的规制）、商务部（关于对外贸易以及并购的规制）以及人民法院（关于民事、刑事以及行政的责任追究）等。在这样的执法权分散化的制度框架里，竞争法规执行的统一性和独立性得不到充分保障，规范的效力也就在不同程度上被削弱了。尤其是行政性垄断和地方保护主义对竞争政策的落实构成巨大障碍。

在入世之后，为了改变"非市场经济国家"的定位，《反垄断法》的制定和实施成为国际博弈的一个焦点。2007年8月30日通过、2008年8月1日起实施的《反垄断法》对于规制的对象进行了合理化重组，主要包括"业者间的垄断协议"（第二章）、"市场支配地位的滥用"（第三章）、"过度的经营者集中"（第四章）以及"行政性垄断"（第五章）这四大范畴，但未能改变多头执法的格局。当然，执法体系也有改进，形成了可以称之为"两层三足鼎立"的结构。所谓"两层"是在原有执法机关的并列层面之上设立了国务院反垄断委员会，负责决定宏观政策并进行不同部门之间的协调，有利于执法机关的统一行动。但在具体执行的层面，保留了原先三大机关各管一摊的制度设计，只是权限关系变得更明确了。按照反垄断法的规定，国家发展改革委员会负责规制价格卡特尔、反滥用市场支配地位、反滥用行政权力等，商务部负责反竞争妨害行为、规制经营集中等，国家工商总局负责反不正当竞争、消费者保护等。《反垄断法》颁布后六年来的执法典型案例如表8所示。

表8 中国反垄断法执行典型案例一览（2008 年—2014 年 10 月）

序号	类别	案由	名称	备注
01	经营者集中审查案件（主管部门：商务部）	经营者集中审查	可口可乐并购汇源案（2008）	这两案是我国到目前为止仅有的两件被禁止进行经营者集中的案件，其中可口可乐并购汇源案是《反垄断法》执行的第一大案件。
02			马士基、地中海航运和达飞三大航运巨头设立网络中心案，即 P3 案（2014）	
03			希捷收购三星案（2011）	商务部认为这两项并购有反竞争效果，均做出了附加条件的批准，但该两案在欧盟竞争机构也提交了申报，欧盟竞争机构做出的结论与商务部有所不同。
04			谷歌收购摩托罗拉案（2011）	
05			微软收购诺基亚设备及服务案（2013）	引起众多国内手机厂商反弹，向商务部申请要求禁止该经营者集中。
06	对价格垄断行为的反垄断执法案件（主管部门：发改委）	横向垄断协议	液晶面板反垄断案（2011）	第一起处罚金额较大的处罚案件。
07		纵向垄断协议（限制最低转售价格）	茅台、五粮液案（2012）	做出较大金额处罚的案件，涉及限制最低转售价格的违法性这一较有争议的《反垄断法》问题。
08		滥用市场支配地位	电信、联通案（2011）	至今影响最大的针对大型国企调查的案件，最后经大型国企申请适用承诺制度，发改委中止调查。
09		滥用市场支配地位	高通案（2013—2014）	知识产权领域的反垄断案件，中国社科院研究员张昕竹因在该案中违规为高通提供服务被解聘，不再担任国务院反垄断委员会专家咨询组的成员。
10		滥用市场支配地位	汽车零配件案（2014）	涉及企业众多，且涵盖了汽车行业的上下游产业链

（续表）

序号	类别	案由	名称	备注
11	垄断协议、滥用市场支配地位、滥用行政权力排除限制竞争方面的反垄断执法案件（价格垄断行为除外）（主管部门：国家工商总局）	滥用市场支配地位	微软案（2014）	尚在调查中，涉及《反垄断法》中的搭售问题。
12		滥用行政权力排除、限制竞争	GPS案（2011）	"行政垄断"案。
13		滥用市场支配地位	广东惠州大亚湾溢源净水有限公司涉嫌滥用市场支配地位案（2013）	工商部门的执法案件不像发改委的影响那么大，处罚力度相对也有限。至今尚未有针对特大企业的处罚案件。正在调查中的微软案可能就是其已披露的最大案件。
14		横向垄断协议（分割市场）	内蒙古自治区赤峰中心城区烟花爆竹批发企业实施垄断行为案（2014）	
15		滥用市场支配地位	内蒙古自治区烟草公司赤峰市公司涉嫌滥用市场支配地位案（2014）	
16	垄断民事纠纷案件（受理：中级以上人民法院）	滥用市场支配地位	奇虎360公司与腾讯公司垄断纠纷（2011—2013）	该案是至今为止影响最大的垄断民事纠纷，进行了SSNIP测试界定相关市场，原告诉讼请求全部被驳回。
17		纵向垄断协议（限制最低转售价格）	北京锐邦涌和科贸有限公司诉强生（上海）医疗器材有限公司等纵向垄断协议纠纷（2010—2012）	一审驳回了原告全部诉请，二审部分支持了原告诉请，是少数几个原告胜诉的垄断民事纠纷。
18		滥用市场支配地位	华为公司诉美国IDC公司垄断纠纷案（2013）	知识产权领域的垄断民事纠纷，该案涉及"标准必要专利"问题，是少数几个原告胜诉的垄断民事纠纷。
19		横向垄断协议	深圳有害生物防治协会案（2012）	本应是原告较容易取得胜诉的横向垄断协议纠纷，但原告诉请也全部被驳回。
20		滥用市场支配地位	唐山人人诉百度案（2009）	较早的垄断民事纠纷。

说明：除人民法院受理的垄断民事纠纷案件以外，以上每个序号下所涵盖的可能并不仅是一件案件，而是反垄断执法机构在同一时间集中处理的性质相同或类似的一批案件，如茅台、五粮液案就是两个案件。

近年来，随着政府再次重视竞争政策的变化，立法机关开始着手修改《反垄断法》和《反不正当竞争法》。根据国务院反垄断委员会的工作计划，本着促进竞争和创新的宗旨，国家发改委在 2015 年 12 月底颁布《关于滥用知识产权的反垄断指南》（征求意见稿），主要针对滥用知识产权排除和限制竞争的行为规定了具体的判断标准和处理方法。在 2016 年 3 月下旬，国家发改委又颁布《关于汽车业的反垄断指南》（征求意见稿），使得《反垄断法》的具体化程度和实施的效力有了进一步提升。

4. 中国（上海）自由贸易区的制度创新

在上海设立首个自贸区是中国加快市场化步骤的重大举措。中国（上海）自贸区的根本宗旨体现在"负面清单"之中，明确了行政干预权的边界，提出了"法不禁止即可为"的经济自由原则，对竞争政策的进一步推行具有重要意义，称之为划时代的标志亦不为过。在自贸区进行制度创新，对外可以高举自由贸易的大旗抵制贸易保护主义的逆流、防止 TPP（跨太平洋伙伴关系协定）等新机制把中国排挤在国际经济新秩序之外、为中国加入 TPP 做准备，对内则可以进一步刺激经济发展和推动产业结构转型，以开放倒逼国内体制改革，减少行政干预、建立自由而健全的国内产业资本市场、并稳健推动金融国际化。

不言而喻，金融制度改革是上海自贸区的重中之重。已经出台的举措是允许试行人民币资本项目可兑换，鼓励跨境融资自由化以及境外股权投资，并且支持有条件的投资者设立境外股权投资的母基金。这意味着自贸区可以初步形成离岸金融市场的条件，对境内外的中小型企业和民营企业都具有较大的吸引力，并且会促进依托中国制造业优势的跨境金融服务活动。至于汇率自由化乃至金融市场国际化等涉及结构变动的试验，面临着深刻的两难困境：没有不受羁绊的流动性就没有真正意义上的金融制度创新，而一旦容许充分的流动性就势必超出自贸区的 28.78 平方公里的面积，使创新举措立刻覆盖全国，很难对金融风险进行有效的控制。因此，如何对金融改革的风险性进行分析、测算、预警就是迫在眉睫的任务。但从长远来看，能够兼顾金融的自由化、国际化以及风险防范的制度条件是良好的法律秩序。具有全球影响力的国际金融中心，例如伦敦、纽约、中国香港、新加坡的国际金融中心都出现在非常强调法治和程序公正原则，特别是具有判例法传统的社会环境里，恐怕绝非偶然。

另外，要借助自贸区在上海推动国际金融中心建设，就必须吸引大型的跨国公司把资金结算据点或者说商业运行枢纽、而不是行政总部搬进自贸区。要达到这样的目的，只有两个因素可以构成诱因。一个是税收优惠，另一个就是健全的法律制度。由于自贸区在设立之际就宣布没有政策洼地，不提供税收优惠，所以影响跨国公司对资金结算中心重新选址的动机只能是、至少主要是法律制度上的吸引力。只要自贸区仍然沿袭现行法律体系和司法制度，就不会显著提高规则执行方面的效率和公正，也就没有相对于其他地方的比较优势。在这个意义上，就自贸区制度创新而言，目前最重要的还不是微观层面的金融工程技术或者资本市场的基础设施，甚至也不是放弃行政审批权限那样的市场化举措，而是法治的形成，特别是基于司法独立原则的审判制度的重构。

虽然在全国范围内还不可能彻底刷新法律体系，但在自贸区这个有限的空间里应该是可行的。如果说整体的司法体制改革需要 15 年甚至更长的时间，但在自贸区应该立即着手，并大幅度缩短进展的时间表。也就是说，中国有必要也有可能在上海自贸区范围，根据建设国际金融中心的需要树立一整套崭新的法律制度，并在成功运行之后推广到全国。因而我们可以把自贸区理解为改革进行制度创新顶层设计的"法律特区"。在这个法律特区之内，可以通过委托立法权制定先进的金融法规乃至民商事规则体系、设立独立而公正的司法制度、使行政执法机制更加合理和统一、建立和健全行政程序，并组建政府律师队伍。有了这样的制度优势，自贸区才能真正达到预期的目标，吸引跨国公司把资金结算中心转移到上海，推动服务业发展，进而在全球进行生产要素的重新配置。

特别值得关注的是，在上海自贸区试图建立新的反垄断工作机制。《中国（上海）自由贸易试验区条例》（2014 年 7 月 25 日通过，8 月 1 日施行）第五条规定"充分激发市场主体活力，法律、法规、规章未禁止的事项，鼓励公民、法人和其他组织在自贸试验区积极开展改革创新活动"。这可以理解为新时代的竞争政策宣言，着重点在于扩大自由。这个条例第三十八条规定"涉及区内企业的经营者集中，达到国务院规定的申报标准的，经营者应当事先申报，未申报的不得实施集中。对垄断协议、滥用市场支配地位以及滥用行政权力排除、限制竞争等行为，依法开展调查和执法"。意图是清楚的，就是要在自贸试验区建立统一的、强有力的反垄断工作机制，着重点在于保障公平。紧接着，从 2014 年 10 月 15 日起还施行了《中国（上海）自由贸易试验区反价格垄断工作办法》。

三、《反垄断法》的执行

1. 反垄断执法机构的权力

由于长期以来，产业政策的制定和执行是各级政府的首要工作，竞争法能否得到贯彻主要取决于部门之间的力量对比关系的调整。在这个意义上，《反垄断法》的执行机构究竟如何定位、能够享有多大的权力是至关重要的。现行《反垄断法》所规定的执法机构在调查阶段的主要权限包括：进入被调查的经营者的营业场所或者其他有关场所进行检查；询问被调查的经营者、利害关系人或者其他有关单位或者个人，要求其说明有关情况；查阅、复制被调查的经营者、利害关系人或者其他有关单位或者个人的有关单证、协议、会计账簿、业务函电、电子数据等文件、资料；查封、扣押相关证据；查询经营者的银行账户等。这些调查程序的启动，既可以依据任何单位或个人的举报，也可以由执法机构依职权主动进行。被调查人如果不配合，可以采取各种制裁措施乃至追究刑事责任。从法律形式上看，反垄断执法机构的权力不可谓不大，但在操作过程中各方博弈的结果往往是产业政策压倒竞争政策，垄断现象实际上比比皆是。

2. 反垄断的民事诉讼

反垄断的民事诉讼可以直接向人民法院提起，而不需要以行政执法程序为前置条件。当然也可以在反垄断执法机构认定构成垄断行为的处理决定发生法律效力后向人民法院提起民事诉讼。诉讼对象不限于中国境内经济活动中的垄断行为，在中国境外发生但对中国境内市场竞争产生排除或限制之类影响的行为也包括在内。迄今为止竞争政策的执行主要采取行政处理方式，但法院的作用也在逐步增大。近年根据《反垄断法》审理的几个重大案件，对经济运行机制产生了良好影响。

3. 对商业贿赂的惩罚

中国在 2011 年 2 月 25 日修改《刑法》时把在境外对公职人员的行贿列入犯罪的范围之内。刑法及其他一些法律都规定了商业贿赂罪，特别值得注意的是有关的司法解释。例如《关于办理商业贿赂刑事案件适用法律若干问题的意见》（2008 年 11 月 20 日颁布，以下简称《意见》）对于商业贿赂犯罪的主体、商业贿赂犯罪的种类、商业贿赂中"财物"的范围等问题进行了进一步明确，并就商业贿赂犯罪行为的查处做出了更具操作性的规定。

在中国，商业贿赂犯罪并非《刑法》明确规定的某一特定罪名，而是对商业往来中发生的所有贿赂犯罪的统称。根据这个司法解释，商业贿赂犯罪涉及刑法规定的以下八种罪名：（1）非国家工作人员受贿罪（《刑法》第一百六十三条）；（2）对非国家工作人员行贿罪（《刑法》第一百六十四条）；（3）受贿罪（《刑法》第三百八十五条）；（4）单位受贿罪（《刑法》第三百八十七条）；（5）行贿罪（《刑法》第三百八十九条）；（6）对单位行贿罪（《刑法》第三百九十一条）；（7）介绍贿赂罪（《刑法》

第三百九十二条）；（8）单位行贿罪（《刑法》第三百九十三条）过去存在的认识误区是，认为商业贿赂犯罪仅指《刑法》第一百六十三条和一百六十四条规定的非国家工作人员受贿罪和对非国家工作人员行贿罪。《意见》对此予以澄清，明确商业贿赂犯罪涉及《刑法》所规定的全部八种贿赂犯罪。

根据这个司法解释，商业贿赂中的财物除现金和实物外，还包括可以用金钱计算数额的财产性利益，例如提供进修、培训以及参加学术会议的费用，提供房屋装修的费用，提供含有金额的会员卡、代币卡（券）、礼券，提供旅游费用（包括交通、就餐、娱乐等费用），提供接待、招待或者其他方面的利益等。但是，在中国办理商业贿赂犯罪案件，对于贿赂与馈赠是区别对待的，并不绝对禁止馈赠。两者之间的区别主要结合以下因素进行全面分析、综合判断：发生财物往来的背景，如双方是否存在亲友关系及历史上交往的情形和程度；往来财物的价值大小；财物往来的缘由、时机和方式，提供财物方对于接受方有无职务上的请托；接受方是否利用职务上的便利为提供方谋取利益。

四、国务院《关于促进市场公平竞争维护市场正常秩序的若干意见》

1. 进一步强调竞争政策的背景和原则

十八届三中全会关于全面深化改革的决定提出了关于使市场在资源配置中起决定性作用的重大命题，国务院据此在［2014］20号公文中确立了经济结构调整的如下指导思想："着力解决市场体系不完善、政府干预过多和监管不到位问题，坚持放管并重，实行宽进严管，激发市场主体活力，平等保护各类市场主体合法权益，维护公平竞争的市场秩序，促进经济社会持续健康发展。"在这里，特别强调的原则是简政放权、降低市场的准入门槛：法不禁止的，市场主体即可为；法未授权的，政府部门不能为，并大幅度减少行政审批事项，加强事中事后监管。为了打破地区封锁和行业垄断，国务院要求发改委牵头对各级政府和部门涉及市场准入、经营行为规范的法规、规章和规定进行全面清理，废除妨碍全国统一市场和公平竞争的规定和做法，纠正违反法律法规实行优惠政策招商的行为，纠正违反法律法规对外地产品或者服务设定歧视性准入条件及收费项目、规定歧视性价格及购买指定的产品、服务等行为，对公用事业和重要公共基础设施领域实行特许经营等方式，引入竞争机制，放开自然垄断行业竞争性业务。

2. 加大惩处垄断行为和不正当竞争行为的力度

国发〔2014〕20号文要求各执法机构依照《反垄断法》、《反不正当竞争法》、《价格法》的有关规定，严肃查处损害竞争、损害消费者权益以及妨碍创新和技术进步的垄断协议、滥用市场支配地位行为；加强对经营者集中反垄断的审查，有效防范通过并购获取垄断地位并损害市场竞争的行为；改革自然垄断行业监管办法，强化垄断环节监管。还要严厉查处仿冒名牌、虚假宣传、价格欺诈、商业贿赂、违法有奖销售、商业诋毁、销售无合法进口证明商品等不正当竞争行为，依法保护各类知识产权，鼓励技术创新，打击侵犯知识产权和制售假冒伪劣商品的行为。

3. 解决多头多层执法的问题

特别值得重视的是，国发〔2014〕20号文要求整合规范市场监管执法主体，推进城市管理、文化等领域跨部门、跨行业综合执法，相对集中执法权。市场监管部门直接承担执法职责，原则上不另设具有独立法人资格的执法队伍。一个部门设有多支执法队伍的，业务相近的应当整合为一支队伍；不同部门下设的职责任务相近或相似的执法队伍，逐步整合为一支队伍。清理取消没有法律法规依据、违反机构编制管理规定的执法队伍。

与此同时，国务院还力图消除多层重复执法。强调对反垄断、商品进出口、外资国家安全审查等关系全国统一市场规则和管理的事项，实行中央政府统一监管。对食品安全、商贸服务等实行分级管理的事项，要厘清不同层级政府及其部门的监管职责，原则上实行属地管理，由市县政府负责监管。要加强食品药品、安全生产、环境保护、劳动保障、海域海岛等重点领域基层执法力量。加快县级政府市场监管体制改革，探索综合设置市场监管机构，原则上不另设执法队伍。

对于不同领域、不同层级的反垄断执法，国发〔2014〕20号文要求加强协调与合作，制定部门间监管执法信息共享标准，建立健全跨部门、跨区域执法协作联动机制。还要做好市场监管执法与司法的衔接工作，完善案件移送标准和程序，细化并严格执行执法协作相关规定，并且建立市场监管部门、公安机关、检察机关间的案情通报机制。

五、十八届四中全会的法治路线与竞争政策

1. 从公共经营的角度重新认识政府

2014年10月召开的十八届四中全会的核心主题是国家治理体系和治理能力的现

代化。"国家治理"这一表述来自"企业治理"概念，包含公共经营的含义。实际上，国家治理的现代化，在相当程度上也可以理解为中国试图借助企业经营的方式和方法，不断加强政府的成本—效益意识以及在结构和功能方面的合理性，从而提高行政组织和活动的效率，并通过游戏规则的制定和执行来达成效率与公平之间的平衡，改善干群关系。换句话说，这意味着在行政服务方面要或多或少导入某种竞争机制，只是应该把目标从单纯的 GDP 增长转换成社会正义和善治的实现。

从十八届三中全会决定明确宣布市场在资源配置中发挥决定性作用，到四中全会决定布局国家治理现代化，全面推行依宪执政、依法治国的路线，如果仔细研究全面深化改革的顶层设计的内容细节及其相互关系，我们可以发现一种不同于传统官僚机构的、力争像公司那样富有效率和竞争力的行政改革蓝图浮现在眼前。如果把政府活动理解为公共物品，过去的行政法学只强调生产计划，而现在更强调售后服务、次品召回以及产品责任追究。从治理机制上看，在行政部门分事行权、分岗设权、分级授权的基础上，推行定期轮岗和综合治理，并且试图实现任务责任与财政责任的统合。在政府内部加强了集权化程度，推进综合执法就是一例；但是，在政府外部却更多地采用分权化的、强调共识的协调关系。

在这里，特别值得重视的是把法治建设成效作为衡量各级政府工作成果的重要内容，纳入绩效考核指标体系，把守法精神和执法效率作为决定人事任命的要素，从而在行政部门之间、地方政府之间以及领导干部之间形成围绕合规经营、依法治理的竞争机制。这意味着对行政权力提出了新的要求：必须放弃暗箱操作的习惯，学会在公开的程序中对各种政策和举措进行周密的正义计算，提高各级政府的成本意识和服务意识。

2. 新一轮市场友好型立法的作业

习近平总书记关于十八届四中全会决定的说明还对今后立法工作的目标进行了明确的界定，就是要在全国形成统一开放、竞争有序的市场秩序，并实现国家法治统一。为了确立和维护这种统一的治理结构，必须坚持党的领导、坚持宪法的最高效力。正是以这样强有力的整合机制为前提条件，才有可能"加强市场法律制度建设，编纂民法典……促进商品和要素自由流动、公平交易、平等使用"。决定还特别强调了"反对垄断，促进合理竞争，维护公平竞争的市场秩序"的重要意义。可以说，这意味着新一轮的市场友好型立法作业已经蓄势待发，并且会拉动"代表立法"和"协商立法"这样的制度变迁。

众所周知，当今我国立法体制的特征是政府主导、部门利益博弈，行政法规和行政规章也过于庞大，因而无法真正体现"以规范和约束公权力为重点"的现代法治原则。四中全会决定推出的主要对策是"健全有立法权的人大主导立法工作的体制"，"完善公众参与政府立法机制"，增强规范制定程序中的民主元素。通过"增加人大代表列席常委会会议人数"、"向下级人大征询立法意见机制"、"健全法律法规规章起草征求人大代表意见制度"、"建立基层立法联系点制度"等一系列举措，实际上有可能在立法程序中建构一条民意的绿色通道。

特别值得关注的是，决定"依法赋予设区的市以地方立法权"，适当拓展了地方自治的空间。与此同时，决定还要求"更多发挥人大代表参与起草和修改法律的作用"。在这里，我们可以发现立法制度改革的两个非常重要的新契机：（1）从政府立法到人民代表立法。立法程序主要由民意代表提案权启动，充分体现了人民主权的逻辑，法律规范的正当化理由将因而变得更强有力。（2）在地方立法权进一步扩大的背景下，人民代表积极行使提案权会给地方政治生态带来清新的变化：促进局部的法律试验和制度变迁，增加国家治理结构的弹性和选择空间，也有利于鼓励各个地方围绕法治进行竞争。

还有一点非常有趣的变化，就是四中全会决定提出了"开展立法协商"的口号，要求在健全立法机关与社会公众之间沟通机制的政治脉络里，"充分发挥政协委员、民主党派、工商联、无党派人士、人民团体、社会组织在立法协商中的作用，探索建立有关国家机关、社会团体、专家学者等对立法中涉及的重大利益调整论证咨询机制"。这意味着需要在协商民主的框架里，建立一个关于立法的论坛，来调整重大利益、协调不同群体之间的权利义务关系。不难想象，这样的重大利益调整势必涉及税赋、财政、预决算以及央地关系，当然也包括产业政策与竞争政策之间的复杂纠缠。如果立法协商的概念的确包含这样的博弈过程，那么就不妨大胆预言全国政协将很有可能获得事实上的"半个立法权"。立法协商，也许就是逐步加强政协在立法方面功能的一个重要信号。

3. 政府不作为倾向对市场竞争的利弊

当代中国尽管存在集中力量办大事的组织优势，成果也很显著，但从有限资源的最大限度动员和运用的角度来看，实际上行政的效率性未必很突出。首先，各级行政机构的权限不清楚，所以资源投放的范围和程度也是伸缩自如的，这种投放行为的主观任意性很容易造成浪费或者懈怠。其次，政府的权力是无限的，可以调配的资源也似乎是无限的，所以政绩与成本之间的比例很容易失调，甚至出现所谓"内卷化"效应，导致社会财富流失到私人金库里或者不断自我消耗。反腐败运动所揭示的惊心动魄的事例其实已经证明，中国既存的行政模式并非效率本位，而是以单纯的权力本位为特征。另外，行政官员的行为方式也不存在明显的"专业化指向"，更突出的倒是"圈子化指向"。

在圈子化的状况下，决定主体互相勾连在一起，活动过程很不透明，基于独任制的问责压力很难产生。为了提高效率，中国在改革开放时期采取的对策是促进部门之间、地方政府之间围绕政绩（主要表现为GDP增长）进行竞争，并把比赛结果与仕途晋升以及实惠扩大相挂钩。"党管干部"、"稳定压倒一切"等原则，使得各级干部和社会有了比较确定的行为预期，可以进行框架性预测，因而政绩竞争机制得以持续发挥作用。总之，在过去35年间形成了决策权相对分散、人事权高度集中的态势，并出现了利益驱动型的政治格局，充满能动性。其代价则是普遍的、结构性的腐败。

在铁拳反腐背景下推进的行政改革，理所当然地要克服行政官员过度恣意的能动性，强调规则和责任，甚至对行政裁量进行一些矫枉过正的规制。例如，针对圈子化导致的部门利益至上和地方利益至上的偏颇，有必要适当加强顶层的决断权（但也要警惕权力过度集中化的决策危险）。又例如，针对行政干预过度的偏颇，有必要大幅度减少审批事项，压缩权力清单，加强司法规则的作用。十八届四中全会决定强调法治原则的宗旨，正是要通过流程透明、信息公开、责任追究、绩效考核等一系列改革设计限制行政裁量，从治本的层面解决结构性腐败蔓延的问题。这样做的结果，会趋近"有限政府"、"无为而治"的理念，有利于市场竞争机制的发育和壮大。

但是，我们必须清醒地认识到，市场经济的好坏取决于非市场性制度基础，取决于政府提供公共服务的质量。中国的行政固然存在严重的公平问题，同时也存在严重的效率问题。因此，不能简单地提出公平高于效率的主张，而应该把效率与公平密切联系在一起。特别是要防止这样的结局：领导干部为了回避责任风险而不作为，行政机关也因为怕被人指控而变得墨守成规、死气沉沉。十八届四中全会决定强调行政机关"要坚持法定职责必须为"，"勇于负责、敢于担当"，"坚决克服懒政、怠政"，可以说也是有鉴于此。总之，行政部门不可能没有裁量权。没有裁量，就可能失去灵机应变的弹性和优化选择。没有裁量，也就会没有作为，没有效率。关键的问题在于怎样才能通过对裁量的适当制约，在效率与公正之间达成某种适当的平衡关系，并使之制度化、规范化、程序化。

六、关于竞争法律体制的重构

1. 既有《反垄断法》执行机构缺乏权威性和统一性

如前所述，现行《反垄断法》的执行采取了"两层三足鼎立"的制度设计。设立国务院反垄断委员会的意图是加强竞争政策实施的权威性，对多头化的执法机构之间的关系进行协调，提高规范的实效。但是，从实践的效果来看，国务院反垄断委员会的职能侧重于宏观政策的拟定，并无实权。《反垄断法》的执行主要有赖于国家发展改革委员会、商务部、国家工商总局这三个强势部门自行其是，而这三个部门一直是产业政策的主要担纲者，在处理具体问题时存在着角色冲突。因此，竞争政策实际上缺乏强有力的专门执行主体。

从国务院〔2014〕20 号公文的内容也可以看出，执法权不集中、执法队伍不统一、跨部门跨行业的综合执法难以实现的问题非常严重。与此同时，不同层级政府和部门之间的权限关系没有厘清，导致多层重复执法的现象，提高了制度成本、增加了管辖权冲突。多层重复执法的格局，为规避法律提供了后门暗道，也很容易导致互相推诿、谁都不负责任的事态。要切实改变执法不力、执法混乱的现状，仅靠信息共享、执法联动机制是不够的，应该根据十八届三中、四中全会决定的精神重新进行顶层设计，改变"两层三足鼎立"的局面，形成一个高度集中化的、强有力的竞争政策的议行合一体制。

2. 成立"国家竞争力委员会"的初步构想

为此，我们建议设置一个直接对中央全面深化改革领导小组负责的跨部门、跨行业、跨区域的常设机构"国家竞争力委员会"，并让国务院反垄断委员会成为它的执行机构，享有实权。"国家竞争力委员会"是通过中共中央政治局会议和全国人大常委会的决定而特别任命的权威机构，不妨高配副总理以上级别的高官主持工作。其目的非常明确，就是专门负责在经济体制改革和产业结构调整中加强竞争政策的企划和实施，为人口红利消减之后的中国可持续发展和技术创新探索出符合国情、行之有效的新机制、新模式，进而加强中国在全球化时代的国际竞争力。这个委员会的定位和职责至少必须与过去的体改委、发改委旗鼓相当，应该也有可能超越包括国资委在内的其他经济主管部门以及地方政府的局部利益，并能真正统筹国内竞争政策和国际竞争政策，形成强有力的协调机制。

鉴于竞争政策与财税政策以及知识产权政策之间存在密切的关系，国家竞争力委员会的功能不应该仅仅局限于《反垄断法》的宣传、修改以及实施，同时还要站在加强国家整体竞争力和全球竞争力的立场上始终参与税制（包括征税权和发债权配置）、财政（包括政府一般预算和特殊预算、国有资本经营预算等制度）、金融（包括互联网金融以及金融机构破产处理）、知识产权保护（包括科技创新、自主知识产权战略以及技术国际转让）、社会保障（包括把 IPO 企业股份中的国有持股按照适当比例转入社会保障基金账户）等重大政策的决定。为此，国家竞争力委员会可以成为中央各部委、地方各级政府围绕竞争政策及其他重大利益关系进行协商和谈判的主要平台，在这里达成的共识将成为相关法案起草的基础。在这里，国家竞争力委员会的试金石和最关键的工作可以明确为解决国有企业怎样逐步从竞争性行业顺利撤退的问题。

至于《反垄断法》的执行，不妨继续维持国家发展改革委员会、商务部、国家工商总局三足鼎立的框架，由国务院反垄断委员会负责协调并处理行政复议案件，并且加强其统筹执行的实权；但是，涉及竞争政策的国内外重大纠纷不妨再增加一个终审环节，国家竞争力委员会有权做出最后裁决。或者把国务院反垄断委员会改造成专门的、集中化的《反垄断法》执行机构，统管三个部门的各种执法队伍，彻底终止迄今为止的多头执法局面，而让国家竞争力委员会有权受理对执法的复议申请并做出终审裁决。

如果这样大幅度的结构调整有困难，也不妨在现有框架中进一步加强国务院反垄断委员会的功能，特别是借助国家发改委来加强其政策协调能力和执行能力。为了有效推动制度改革，应该在国务院反垄断委员会与中央全面深化改革领导小组之间形成决策直通车的机制。

3.《反垄断法》的修改作业以及应急对策

根据十八届三中、四中全会决定的精神，有必要对现行《反垄断法》进行实质性修改，重新调整产业政策与竞争政策以及相关法规群之间的关系，改进对垄断以及寡占的规制方式。不言而喻，立法提案的研究和起草作业应该由新设立的"国家竞争力委员会"或者既有的国务院反垄断委员会来主导。可以考虑到反垄断法的意义提升到"经济宪法"的高度，强调竞争的自由和公平作为企业以及公民基本权利的现代法治理念，必要时可以让竞争政策入宪，提出相应的宪法修正案。另外，这次《反垄断法》修改的核心议题还应包括如何把《反垄断法》适用到电力、电信、煤气、铁道、航空、金融等具有天然垄断性的公益事业、具有网络外部性的行业技术标准以及能否把"基本设施学说（essential facility doctrine）"作为立法指导思想等方面的内容。

由于《反垄断法》的修改兹事体大，涉及既有的经济体制机制，也牵扯各部门、地方各级政府的职能和利益，必须从长计议，容不得草率从事。但另一方面，全面深化改革决定的实施以及经济发展新机制的形成是有时间表的，不得不加快关键性举措出台的进度。在这样的情况下，国家竞争力委员会有必要尽早拟订关于中国中长期竞争政策的指导意见，并通过单行法规的形式有计划、有步骤地及时颁布有关规范。涉及全局性的重大问题和紧迫问题，不妨由国家竞争力委员会或者国务院反垄断委员会提交中央全面深化改革领导小组直接做出决定。

在《反垄断法》的执行方面，为了加强规范的效力，不妨适当提高行政罚款的计算比率，并通过行政罚款分别坦白或告发的先后而减免的制度设计（例如在国务院反垄断委员会启动调查之前最早提供自己参与的价格卡特尔合谋有关信息的企业免予行政罚款，对第二顺位提供信息的企业的行政罚款可以减半，对第三顺位提供信息的企业的行政罚款可以减少1/3）来制造合谋企业之间的猜忌，使价格卡特尔等不易发现的不正当竞争行为能及时被发现，加强在竞争政策方面的企业合规性。另外，还应该进一步加强法院审理相关案件的功能。为了促进合法权益受到侵犯的企业和公民积极提起民事诉讼，不妨对一部分侵权责任案件适用两倍或三倍赔偿的制度，以增强由私人通过请求加倍赔偿的诉讼来推动《反垄断法》执行的诱因。

4. 健全的竞争法制必须在市场自由与社会公平之间达成适当均衡

中国传统的市场经济不乏某种"被放任的自由"，政府没有为市场提供必要的非市场性基础，即确保竞争公平的制度条件。在历史上，公平是通过共同体内部特殊的人际关系和互助机制来实现的，因此形成了"道德经济"的思想和结构，但却会妨碍竞争自由。现代竞争法制，应该兼顾竞争的自由与公正，从目前中国的现实来看，如何实现和保障公正的问题更为突出。为此，司法制度改革成为推行竞争政策的一个必要的前提条件。

自2014年起，司法体制改革成为中央全面深化改革领导小组的重点议题，已经颁布了二十几个相关的规范文件。从一系列举措来看，当局对目前中国司法实践的具体状态和问题抱有清醒的认识，顶层设计的内容大都比较到位，当然也不乏隐忧。2016年的中心任务是全面推动司法责任制、员额制等四项改革，在此基础上建立以审判为中心的诉讼系统——这意味着司法体制改革的攻坚和收官。因此，如何预防功亏一篑的风险就成为极其关键的问题。

概而论之，司法目的主要包括合法权利的保障、纠纷的解决以及对市场经济活动进行事后的监管，从而确保竞争的自由与公平。以审判为中心的诉讼系统的基本特征是重视个案、充分听取对立双方的主张、根据法律和证据进行判断。因此，司法体制改革的顶层设计必须把以下四个元素作为基准。

（1）司法公正。这是最根本的要求，否则就无从达到司法目的。为了实现司法公正，就要适当限制司法人员进行裁量的权限，防止决定的主观任意化。因而需要强调正当程序的要件与严密的推理、论证以及法律解释。但在当下中国，临机应变的思维方式仍然占主导地位，所以实现司法公正的根本对策就是建立和加强司法责任制。

（2）司法权威。当今中国的最大问题是司法缺乏权威。要从根本上解决这个问题，必须对国家权力结构进行改造。但是，权力结构的重组有制度成本，会耗费时间。所以当前司法体制改革的策略是侧重提高审判的质量水准，通过司法的专业化、精密化来树立司法的权威性。于是员额制就成为一项重要举措。

（3）司法效率。在法定审理期限内及时提供制度上的救济，当事人的合法权益就会得到更好的保障，正义就会更充分地实现。从20世纪90年代后期开始，案件流程管理制度就是提高司法效率的主要方法。法院内部的职权分离、功能分化、人员分类，目的也是提高业务处理的效率。近年来电子信息技术和大数据应用于审判，大幅度提高了诉讼程序运作的效率。

（4）司法便民。主要做法是适当降低形式性要求、简化程序、利用院外多元解纷机制。我们还有一个值得关注和高度评价的对策是应用互联网搭建诉讼服务平台。例如上海三级法院联动，整合电话、短信、微信、微博、网络在线等多种沟通方式，对外提供"一门式"诉讼服务，赢得国内外好评。

从这些年各地司法体制改革的实践经验来看，在司法效率和司法便民方面下的功夫都比较大，效果也比较明显。但在司法公正和司法权威方面还有很多有待改进的地方，所以2016年深化司法体制改革的重点就是责任制和员额制。因而有必要具体考察这两项改革举措。这里仅仅从保障司法公正的角度来考察一下司法责任制。

关于司法责任制，当局主要提出了两个基本命题：一是"让审理者裁判，让裁判者负责"。这个命题的实质是以责任制倒逼独任制——使得审判主体明晰化，从而可以进行司法问责。二是"把放权与监督结合起来"。由于司法体制改革的方向是赋予法官更大的独立性和自主性，为了防止滥用裁量权的事态，必须加强责任制。为了防止落入传统承包责任制的窠臼，司法责任制必须符合司法规律。什么叫司法规律？法官居中判断、司法程序对案件做最终了结、所有审判都必须在严格守法和严格论证的基础上进行，这些就是司法规律的基本特征。因此，符合司法规律的责任制必须以审判为中心、以抗辩为抓手。

在这个意义上，司法责任制改革与以审判为中心的诉讼制度改革是密切相连的。

最重要的举措是明确"两个清单",即法官的责任清单与两造当事人的抗辩清单,以便具体限制裁量权限,并通过判决书中记录法官少数意见和反对意见等方式加强对抗性辩论和推理的成分,使司法问责能落实到人。要推行司法责任制,必须抓好"两个关键",一个是允许甚至鼓励律师对审判活动进行技术挑剔,另一个是推动判例评析和研究以及法律解释体制的改革。在"去行政化"的改革之后,对法官裁量权的纵向的、行政性的监督有所弱化,需要通过律师较真的方式进行横向的、专业性的监督,为此还必须加强审判过程中的法律解释和法律推理环节。公开判决理由并促进相关研讨,则可以防止熟人社会中律师的专业化监督失灵的问题,使得司法决定受到各方面的监督以及历史的监督。在某种意义上也可以说,这两个清单就是市场自由与社会公平之间达成适当均衡的重要调节器。

中国式的垄断：条条、块块与国有企业

刘小玄

导　言

　　自从 1978 年改革开放以来，中国经济最根本的变化是伴随着市场经济的引入，出现了令人瞩目的飞跃发展，市场的放开和竞争的激励，释放了压抑多年的增长潜力，迸发出强大的市场经济的生命力。由此可见，没有市场竞争，没有竞争引发的无数创新，包括发现新市场、开发新产品、建立新企业、形成新商业模式等，就没有中国发展的奇迹。可以说，市场竞争是中国经济起飞的引擎。

　　然而，从一个高度垄断的计划经济，转变为一个多元化竞争的市场经济，并不那么容易。中国经济的转型面临着漫长的过程，市场逐步地放开，管制垄断也是极缓慢地退出，形成了有管制的市场经济，或者半市场半垄断管制的混合经济。其中，市场力量与垄断力量，正在反复博弈，形成矛盾不断的阵痛。究竟怎样才能找到两者的平衡，怎样才能从这种阵痛中走出来，怎样让竞争更好地发挥促进经济发展的作用？这是我们需要研究的问题，为此，我们首先要弄清楚中国经济的这种有管制的市场经济的现状究竟怎样，哪些领域是垄断的，哪些领域是管制的，哪些领域是开放竞争的，这些行业及其中的企业各有什么基本特征，是什么原因形成了这样的垄断管制和竞争的格局，这些都是本文重点考察的内容。

　　一般来讲，垄断是指在一行业或部门的独家专营，消费者或交易对象没有选择权。因此，垄断需要有法定授权，通常只是在特定的行业对于特定的部门机构才有这种特权，否则必然会损害另一方的利益。竞争市场的交易双方由于具有多个参与者，彼此之间可以相互选择，因而市场本身就存在相互制约和制衡，无须过多地政府干预。管制或者规制则是介于垄断与竞争之间的范畴，也就是说，在这个范围内，经常同时存在着垄断与竞争，这两方面的边界模糊不清，因而弱势方的利益极易受到强势方的侵蚀，所以需要有政府或相关权力机构进行管制或规制，以便保护合理的竞争均衡。不过，事实上，中国的管制并非为了保护消费者或弱势群体的利益，或许政府的主要目标是为了更快地促进经济增长，或者其他。

中国市场的典型特征就是存在大量的管制或规制区域，这是计划垄断经济部分放开之后的结果。这里似乎是一片灰色地带，竞争受到管制的束缚，难以充分发挥作用，管制似乎无处不在，它与竞争经常共生共存，但又相互排斥。那么中国究竟存在多大范围的这种混合地带，它们的典型特征是什么？如何识别这些规制或管制产业？它们主要是通过何种方式或途径来实现政府管制的？

本文将通过相关的事实和数据来描述中国的市场结构现状，通过一系列典型的政府相关政策，通过相对应的企业层面的微观数据分析，来发现和证实垄断或管制的存在，发现这种垄断或管制形成的产业特征、企业特征和市场特征。由于可得到数据的限制，我们对于政府规制产业的考察重点放在工业部门。

为了弥补数据分析的不足，我们还考察了一些地区垄断和行业垄断的案例，试图使整个分析更加丰富。案例研究的重点是对于垄断行为的描述，包括各种行为主体及其相互作用的效果。

第一章　行业垄断

一、通过行政授权专营和核准制来实现行业垄断

中国政府直接通过法律授权进行垄断专营的部门或行业主要有铁路交通、邮政、电网、水生产处理及水网、稀有金属开采、采盐业、烟草等。除了法律授权外，政府通过政策法规表明的明确支持的行业垄断主要包括：石油和天然气开采、金属矿产、军工、电信、电力、民航和航运，金融等。以下我们首先从国民经济的整体出发，来考察这类具有授权经营性质的垄断行业的分布状况。

表9　在全部 GDP 中三次产业及其第三产业内部的基本结构

	2004	2008	2012	2014
占 GDP 比重		占 GDP 比重	占 GDP 比重	占 GDP 比重
第一产业	13.0%	10.3%	9.5%	9.2%

（续表）

	2004	2008	2012	2014
第二产业	45.8%	46.8%	45.0%	42.7%
其中：工业	40.5%	41.0%	38.3%	35.9%
第三产业	41.2%	41.8%	44.6%	48.1%
其中：交运仓储邮政	5.8%	5.2%	4.4%	4.5%
金融	4.1%	5.8%	6.6%	7.3%
房地产	4.5%	4.7%	5.9%	6.0%
电信及信息传输等	2.65%	2.5%	2.21%	2.3%

资料来源：国家统计局网站《中国统计年鉴 2015》

注 1：本表的 GDP 比重均为各部门的增加值占总体 GDP 的比重，直接来源于统计年鉴。本表重点考察具有垄断性质的部门结构，故未列入第三产业中的批发零售和住宿餐饮等行业。

注 2：交运仓储邮政为大类部门，其数据来源于统计年鉴，其中包括所有涉及交通的行业，即铁路航空和公路交通运输。在这个大类部门中，铁路、航空、仓储和邮政属于垄断部门，但是缺乏直接的详细分类数据。这些部门的份额大约占该大类部门的 30%—40%。

注 3：信息传输等为大类部门，其主要部分由电信等信息传输业组成，约占 60%，它们是具有较高垄断性质的部门，其余还包括计算机服务和软件服务，其垄断性并不强。现有数据只能提供到大类部门的层次。

表 9 反映了第三产业中垄断部门的大致分布，虽然很难得到其中的分类部门的直接数据。政府授权和明确支持的垄断部门包括铁路航空、邮政、金融和电信等，这些行业基本上是通过国家授权的机构部门直接管理，例如铁道部、邮政局、中储棉、中储粮之类的机构，[①] 或者是通过国有资本绝对控制的公司法人，例如中国电信、中国移动、中国银行、中国工商银行等，中国国际航空等公司来实行控制。

此外，房地产业虽然看起来并未存在政府授权经营式的垄断，但是，房地产业的上游，土地资源的经营开发却是由政府完全垄断，即主要由地方政府在各自的势力范围内实行独家垄断。由于房屋权和土地权往往是难以分割的，结果这种垄断效应波及房地产业，导致该行业出现大量的土地垄断的溢出效应。因此，在这个意义上，房地产业也具有很大程度的垄断行业的特征。

那么，在第一和第二产业中，如何识别哪些可能的垄断部门呢？

通常我们可以从进入壁垒来考察和识别垄断，在国家发改委的官方网站上，我们可以发现，政府对于市场准入的行业与项目有着详细的规定。绝大多数企业，无论是

---

① 铁道部于 2013 年改为中国铁路总公司，邮政系统也在 2007 年改造为中国邮政集团，不过这些公司化的改造仅仅是刚刚换了外壳，其运作都处于起步阶段，政府行政控制仍然是主导力量。

自有资金还是

　　企业自筹资金的投资，只要想进入这些行业，都需要经过限制准入的审核，只有通过了才能立项，才能投资开工，进入市场。这些投资受规制的行业按照它们的重要性程度，政府分别给予不同程度的控制，最常见的行业规制表现为"核准制"，这个核准制投资项目的目录涵盖了农林水利、能源、交通运输、信息产业、各种重要原材料行业、机械制造、轻工、高新技术产业、城建和各类社会事业（学校医院等文化事业），可以在很大程度上体现出中央政府设置的各种行业进入壁垒。在这些进入壁垒中，包括一些涉及自然垄断或者某些稀缺经济资源的行业，例如水利、电网、原油天然气、铁路、电信等部门，但多数行业的进入壁垒似乎并不与此相关。

　　由于新投资通常是判断市场新进入的一个基本标准，我们可以看到，许多产业都是由政府通过投资批准制度来管制的。这个审批清单如表10所列。

表10　行业进入壁垒：中央政府核准的投资项目目录（2004/2013）

行业	2004年国家级核准项目	2013年国家级核准项目与2004年比较	2013年核准、审查或备案的相关部门
农林水利	涉及跨地区项目，例如水库等	基本同2004年	国务院投资主管部门核准
发电和电网	较大规模的电力电网项目	基本同2004年	国务院投资主管部门核准，部分项目下放至地方政府
煤炭	国家规划矿区内的煤炭开发项目	国家规划矿区内新增年生产能力120万吨以上项目，禁止新建中小煤矿	国务院行业主管部门核准
原油	年产100万吨及以上的新油田开发	新开发项目由具有石油开采权的企业自行决定	国务院行业主管部门备案
天然气	年产20亿立方米及以上新气田开发	新开发项目由具有石油开采权的企业自行决定	国务院行业主管部门备案
炼油（石化）	新建炼油及扩建一次炼油项目、新建乙烯及改扩建新增能力超过年产20万吨乙烯项目	基本同2004年	国务院投资主管部门核准

（续表）

行业	2004 年国家级核准项目	2013 年国家级核准项目与 2004 年比较	2013 年核准、审查或备案的相关部门
铁道、公路、桥梁、水运、航空	涉及跨地区或较大规模项目	基本同 2004 年	国务院投资主管部门核准
电信、邮政	全部项目	基本同 2004 年	国务院投资主管部门核准
汽车（整车）	新增汽车和发动机项目	同 2004 年	省政府主管部门报国家发改委审查
钢铁	储量 5000 万吨及以上规模的铁矿开发项目和新增生产能力的炼铁、炼钢、轧钢项目	同 2004 年	国务院投资主管部门核准
有色金属	新增电解铝项目、新建氧化铝项目和总投资 5 亿元及以上的矿山开发	基本同 2004 年	国务院投资主管部门核准
稀土	矿山开发、冶炼分离和总投资 1 亿元及以上稀土深加工项目	矿山开发	国务院行业主管部门核准，冶炼分离和稀土深加工项目下放至省级政府核准
化工原料	新建 PTA、PX、MDI、TDI 项目，以及 PTA、PX 改造能力超过年产 10 万吨的项目	新建 PX、MDI 项目，以及年产超 50 万吨或 100 万吨的项目	国务院投资主管部门或行业主管部门核准
燃料乙醇/聚酯	未指定项目规模	下放	由国家发改委核准下放至省级核准
化肥	年产 50 万吨及以上钾矿肥项目	下放	由国家发改委核准下放至省级核准
船舶	新建 10 万吨级以上造船设施（船台、船坞）和民用船舶中、低速柴油机生产项目	新建 10 万吨级以上造船设施（船台、船坞）	国务院投资主管部门核准

（续表）

行业	2004 年国家级核准项目	2013 年国家级核准项目与 2004 年比较	2013 年核准、审查或备案的相关部门
纸浆	年产 10 万吨及以上纸浆项目	下放	由国家发改委核准下放至省级核准
城市轨道交通	城市轨道交通车辆、信号系统和牵引传动控制系统	下放	由国家发改委下放至省级政府按国家规划核准
烟草、盐	全部项目	基本同 2004 年	国务院行业主管部门核准

资料来源："国务院关于投资体制改革的决定"国发［2004］20 号，http：//www.gov.cn/gongbao/content/2004/content_62883.htm；

"国务院关于发布政府核准的投资项目目录（2013 年本）的通知"国发〔2013〕47 号 http：//www.hlj.gov.cn/wjfg/system/2014/03/14/010638198.shtml

注1：由于缺乏相应数据，本表不含民用航空航天项目、高新技术项目、城市水务、文教卫体等社会事业项目以及外商和境外投资项目的核准。

注2：企业投资建设本目录内的项目，须按照规定报送核准。本目录外的项目，则实行备案管理。

表 10 主要体现的是由国家发改委控制的行业名录，这仅是企业进入的第一道壁垒，其后还存在若干其他壁垒，例如国土资源、环境保护、城乡规划、行业管理等部门以及金融机构。根据不同行业，这些后续的壁垒各有不同要求，但是每个壁垒对于企业进入都至关重要。所有这些共同组成层层叠叠的进入壁垒体系，形成手续繁杂、审批过程冗长、高成本的进入门槛。

上述项目须核准审查的依据主要包括：法律法规和国家制定的发展规划、产业政策、总量控制目标、技术政策、准入标准、用地政策、环保政策、信贷政策等。对于钢铁、电解铝、水泥、平板玻璃、船舶等产能严重过剩行业的项目，国务院有关部门和地方政府则要按照国务院关于化解产能严重过剩的指导意见，严格控制新增产能。

那么，政府通过这种审核批准的方式形成的行业壁垒，究竟会造成怎样的行业垄断结果呢？在这种壁垒下主要是由哪些企业形成了垄断性质的市场势力？

二、行业壁垒形成国有企业垄断

国家发改委 2004 年发布了审核投资项目的行业，紧接着 2006 年，国资委发布文件，宣布国有经济应对关系国家安全和国民经济命脉的重要行业和关键领域保持绝对控制力，包括军工、电网电力、石油石化、电信、煤炭、民航、航运等七大行业。其中，对于军工、石油和天然气等重要资源以及电网、电信等基础设施领域的中央企业，国有资本应保持独资或绝对控股；对以上领域的重要子企业和民航、航运等领域的中央企业，国有资本保持绝对控股。

此外，国有经济对基础性和支柱产业领域的重要骨干企业需保持较强控制力，包括装备制造、汽车、电子信息、建筑、钢铁、有色金属、化工、勘察设计、科技等行业。其中，机械装备、汽车、电子信息、建筑、钢铁、有色金属行业的中央企业要成为重要骨干企业和行业排头兵企业，国有资本在其中要保持绝对控股或有条件的相对控股。根据国资委 2006 年公布的《指导意见》[①]，未来几年中国将推进国有资本向以上行业和领域集中。

上述政府通过政策法规明确表明需要保持国有绝对控制和相对控制的部门，具体包括哪些具体行业？根据现有可得的工业数据，我们对于工业部门中所有的 4 位数产业作了大致的测算，计算了这些行业的国有控股比重，从中选择了高于 30% 的国有资本控股比重的行业，列表如下，考察政府控制经济的市场力量的意图是否通过国有控股的方式表现出来。

表 11　采掘产业的国有控股比重（2008 年和 2012 年）

四位数产业　名称	行业代码	2008 年		2012 年	
		总资本份额	销售收入份额	总资本份额	销售收入份额
烟煤无烟煤开采	610	0.7734	0.6307	0.7333	0.6618
褐煤的开采洗选	620	0.4973	0.2912	0.3859	0.3013
石油和天然气开采	710	0.9695	0.9747	0.9434	0.9264
油气开采相关服务	790	0.9401	0.9492	0.8915	0.8681
铁矿采选	810	0.3726	0.1844	0.4958	0.1879
其他黑色金属矿采选	890	0.4716	0.3256	0.3516	0.2244
铜矿采选	911	0.5789	0.4828	0.5604	0.3666
铅锌矿采选	912	0.3930	0.3016	0.3251	0.2303
锡矿采选	914	0.3604	0.2639	0.3848	0.5600
铝矿采选	916	0.7084	0.5169	0.3325	0.2590
化学矿采选	1020	0.4349	0.3538	0.3572	0.2031

---

① 新华网北京，2006 年 12 月 18 日。

（续表）

四位数产业　名称	行业代码	2008 年		2012 年	
		总资本份额	销售收入份额	总资本份额	销售收入份额
采盐	1030	0.6107	0.4469	0.6865	0.4581
石棉、云母矿采选	1091	0.7267	0.5284	0.1836	0.1870
平均		0.6029	0.4808	0.5101	0.4180

资料来源：国家统计局"全部工业规模以上企业数据库 2008 年和 2012 年"

注 1：总资本份额是根据该行业国有控股企业的资本占该行业总资本的比例计算得到，总产值份额与销售收入份额也是根据该行业国有控股企业的相应份额计算得到。选取的标准是按照总资本份额在 30% 以上的行业，但国有企业的销售份额往往会低于 30%。

注 2：2008 年的统计口径与 2012 年有所不同，前者是年收入 500 万以上的企业，后者是年收入 2000 万以上企业，因此对两者的可比性略有影响。不过经过检查，两者之间，尤其是在较大规模企业为主体的行业，对计算结果并无什么影响。

注 3：本表不包括稀有金属、稀土和贵金属等特殊行业，因此国有控股比例可能有所低估。

采掘业涉及工业的上游资源，其中煤炭、石油和金属矿产都属于国家要控制的资源部门，盐业也一直都是政府授权专营的部门。表 11 列出了采掘业的国有控股比重超过 30% 以上的 4 位数行业。在以上这些行业中，石油几乎是全部为国有控股，其次是煤炭，再次则是铜矿铝矿等。这些与发改委确定的需要核准审查的项目完全一致。至于采盐业，自古以来，盐业就属于政府专营垄断的部门。在古代，盐税是政府稳定的收入来源，这个惯例几乎一直被历届政府所沿袭，现任政府也不例外。

从 2008 年与 2012 年的比较来看，在选择的 13 个采掘行业中，有 3 个产业的国有控股比重上升，但其中的 2 个产业的销售收入份额并未有相应上升，这表明了资本扩张并非来源于市场扩张。另外有 4 个产业的国有控股比重下降较明显，均在 10 个百分点以上，相应地，它们的销售收入份额也有明显下降，有的行业的市场份额下降甚至超过了资本份额的下降，这说明市场竞争的影响效果。不过其余 6 个产业的国有控股比重大都略微下降或持平，没有明显变化。

表 12　烟、酒和盐加工的国有控股比重（2008 年和 2012 年）

四位数产业　名称	行业代码	2008 年		2012 年	
		总资本份额	销售收入份额	总资本份额	销售收入份额
盐加工	1493	0.7139	0.6144	0.4786	0.4687
酒精制造	1510	0.2065	0.1669	0.3663	0.1985
白酒制造	1521	0.5289	0.4294	0.4910	0.3794

（续表）

四位数产业　名称	行业代码	2008 年		2012 年	
		总资本份额	销售收入份额	总资本份额	销售收入份额
啤酒制造	1522	0.3182	0.2773	0.3693	0.3030
黄酒制造	1523	0.3984	0.3415	0.4839	0.2397
葡萄酒	1524	0.3657	0.3048	0.3416	0.3766
烟叶复烤	1610	0.9553	0.9643	0.9946	0.9765
卷烟制造	1620	0.9979	0.9978	0.9981	0.9982
其他烟草制品	1690	0.4846	0.5386	0.5172	0.6394、
平均		0.5522	0.5150	0.5601	0.5089

资料来源：国家统计局"全部工业规模以上企业数据库 2008 年和 2012 年"

注：计算方法同表 11。

　　烟草和盐加工业一直是政府授权垄断专营的部门，由于它的高额利润收入，是政府财政的重要收入来源。酒业也是如此，尤其是白酒和黄酒，这两种酒都是中国传统的酒业，有一定的传统品牌效应，其需求较为刚性，一直具有较高的稳定收入，同时也没有较高的技术含量和创新，没有竞争压力，因此在这些行业，只要通过国有控股的销售专营渠道，就能持续保持较大的市场份额。这类行业之所以保持较高的国有控股比重，完全在于其较高的稳定收入的原因。在表 12 的 9 个行业中，盐加工产业的总资本份额显著下降了，白酒和葡萄酒以及卷烟略有下降或保持不变，但是酒精、啤酒、黄酒和烟叶复烤行业的国有资本份额却显著上升。

　　对于石油加工行业，国家将其列为必须绝对控股的部门，可以看到，其国有控股份额相当高。化工行业，则为国家需要保持较强控制力的部门。由于化工行业中的 4位数产业数量很多，其中，国有控股比重在 30% 以上的部门如表 13 所示，主要包括几种重要的化学原料和化肥、化纤类型。这些行业大体上也与发改委的准入项目是一致的。

表 13　石油加工和化工行业的国有控股比重（2008 年和 2012 年）

四位数产业　名称	行业代码	2008 年		2012 年	
		总资本份额	销售收入份额	总资本份额	销售收入份额
原油加工	2511	0.8497	0.8651	0.7572	0.7765

（续表）

四位数产业　名称	行业代码	2008 年		2012 年	
		总资本份额	销售收入份额	总资本份额	销售收入份额
人造原油生产	2512	0.0073	0.0073	0.7162	0.3650
无机碱制造	2612	0.6760	0.6282	0.6570	0.5328
有机化学原料	2614	0.5035	0.4280	0.3910	0.3332
其他基础化学原料	2619	0.3299	0.2189	0.2632	0.2011
氮肥制造	2621	0.6520	0.4915	0.6354	0.5599
磷肥制造	2622	0.7129	0.5162	0.7745	0.5680
钾肥制造	2623	0.6967	0.5542	0.7165	0.5578
复混肥料制造	2624	0.4227	0.3188	0.2871	0.2127
其他肥料制造	2629	0.4732	0.1029	0.4257	0.0310
合成纤维	2653	0.4860	0.4191	0.2855	0.3087
炸药及火工产品	2664	＊＊＊	＊＊＊	0.4658	0.3239
人造纤维	2812	0.5862	0.5557	＊＊＊	＊＊＊
锦纶纤维制造	2821	0.3122	0.2003	0.0550	0.0370
腈纶纤维制造	2823	0.7043	0.5748	0.0602	0.0085
维纶纤维制造	2824	0.9215	0.8686	0.9162	0.8986
平均		0.5596	0.4500	0.4938	0.3810

资料来源：国家统计局"全部工业规模以上企业数据库 2008 年和 2012 年"

注：＊＊＊表示该行业的数值缺失。计算方法同表 11。

不过从 2008—2012 年来看，表 13 中的各行业的国有控股份额多数都有不同程度的降低，那些显著降低的部门主要集中在民用消费领域，包括化纤、部分化学原料和化肥行业，但是在人造原油行业，国有控股在 2008 年不到 1%，后来国有资本似乎是大举进入这个行业，到 2012 年上升到 71%。

表 14　钢铁、金属冶炼和水泥建材的国有控股比重（2008 年和 2012 年）

四位数产业　名称	行业代码	2008 年		2012 年	
		总资本份额	销售收入份额	总资本份额	销售收入份额
水泥制造	3111	0.3522	0.2743	0.3834	0.2993
轻质建筑材料	3124	0.3630	0.1344	0.3191	0.1180
玻璃纤维及制品	3147	0.3058	0.1375	0.3140	0.1332
云母制品制造	3162	＊＊＊	＊＊＊	0.5912	0.3760
炼铁	3210	0.3345	0.2347	0.5500	0.4240
炼钢	3220	0.6822	0.5216	0.6425	0.5069
钢压延加工	3230	0.6182	0.4647	0.5291	0.3613
铜冶炼	3311	0.7641	0.6238	0.7842	0.7229
铅锌冶炼	3312	0.4462	0.3630	0.5050	0.3777
镍钴冶炼	3313	＊＊＊	＊＊＊	0.8501	0.8222
锡冶炼	3314	0.8252	0.5841	0.8745	0.7302
铝冶炼	3316	0.5326	0.5086	0.5550	0.5353
钨钼冶炼	3331	＊＊＊	＊＊＊	0.7651	0.5496
有色金属合金制造	3340	0.3210	0.1756	0.2858	0.1298
平均		0.5041	0.3657	0.5678	0.4347

资料来源：国家统计局"全部工业规模以上企业数据库 2008 年和 2012 年"
注：＊＊＊表示该行业的数值缺失。计算方法同表 11。

　　钢铁、金属冶炼是国家强调要保持较强控制力的支柱产业和基础产业的部门。钢铁历来被认为是经济发展的重要标志，也是政府认定的一个重要战略部门，因此国有控股比重达到 50%—70%。各种有色金属的冶炼加工是与其开采紧密相连的，也是政府须控制的战略物资部门。在这些行业中，尽管国家控制力度较大，但是竞争仍然导致一些行业的国有控股份额略有下降，不过仍有不少行业的国有份额上升，其中最为显著的是炼铁业，上升了 20 多个百分点。

　　水泥等行业与建筑业密切相关，在 2006 年经济上升时期，被列为需要保持较强控制能力的部门。尽管该行业的竞争激烈，但 2006 年之后，由于政府的产业政策重心的变化，水泥等建材产品被国资委列为需要控制的重要产业，但在国家确定的进入审核项目中并不包括水泥，实际上它们是作为省级审核的重要对象，因而也具有较高的国企比重。因此，从 2008 年—2012 年，水泥行业的国有控股比重上升了 3 个百分点。

表 15　通用设备和专用设备国有控股比重（2008 年和 2012 年）

四位数产业　名称	行业代码	2008 年		2012 年	
		总资本份额	销售收入份额	总资本份额	销售收入份额
锅炉及辅助设备	3511	0.5455	0.4237	0.3611	0.1941
内燃机及配件	3512	0.5844	0.4566	0.4131	0.2939
汽轮机及辅机	3513	0.8611	0.7588	0.8246	0.7505
金属切削机床	3521	0.5570	0.4427	0.4342	0.2940
起重运输设备	3530	0.4148	0.3162	0.2672	0.2473
风机风扇制造	3571	0.4846	0.2876	0.5190	0.3089
采矿采石设备	3611	0.5646	0.3780	0.5439	0.3300
石油钻采专用设备	3612	0.4290	0.3764	0.3425	0.2729
建筑工程用机械	3613	0.3055	0.2742	0.3138	0.2136
冶金专用设备	3615	0.7605	0.6641	0.6962	0.4235
炼油化工生产专用设备	3621	0.3308	0.2194	0.2394	0.1220
食品饮料烟草专用设备	3631	0.3218	0.2291	0.3295	0.1789
印刷专用设备	3642	0.3036	0.1669	0.2127	0.0829
玻璃陶瓷搪瓷专用设备	3646	0.1898	0.1159	0.4047	0.2270
航空航天及其专用设备	3669	＊＊＊	＊＊＊	0.7573	0.7234
拖拉机	3671	0.5386	0.4201	0.3971	0.3323
农林牧渔业机械及修理	3679	0.4897	0.5494	0.3028	0.1121
实验室及医用消毒设备	3683	0.4156	0.2268	0.5740	0.3855
地质勘查专用设备	3692	0.7223	0.5847	0.5368	0.5114
邮政专用机械及器材	3693	0.6858	0.3490	0.2551	0.0767
平均		0.5003	0.3810	0.4363	0.3040

资料来源：国家统计局"全部工业规模以上企业数据库 2008 年和 2012 年"
注：计算方法同表 11。

通用设备和专用设备属于机械行业，这应当是一个高度竞争的加工工业部门，并不在国家发改委的审核项目内。然而，在这个领域，国有控股比重也相当高。其原因在于，一方面，这个行业是传统国有部门，大量的国有资本沉淀其中难以退出，因而所占有的市场份额依旧保持。另一方面更重要的是，其中很多装备的供给对象都是属于国有垄断部门，例如矿山、石油、冶金、化工、发电等，都需要向装备制造企业采购。因此，垄断产业的连带效应可以通过业务纽带传递到非垄断产业，结果在后者就表现为较高程度的国有控股比重。对这种产业之间的紧密关联，国资委也十分清楚，根据国资委 2006 年的文件，这些装备制造业也是政府需要保持较强控制力的支柱产业。

然而，该行业的高度竞争性，导致低效益的国企正在缓慢退出，表明市场力量仍然在起着一定作用，从 2008—2012，机械部门的多数行业的国有控股份额都不同程度地降低，只有 5 个行业的国有控股份额有所上升。

表16 交通运输、通信设备和仪表、电子设备行业的国有控股比例（2008 年和 2012 年）

四位数产业 名称	行业代码	2008 年		2012 年	
		总资本份额	销售收入份额	总资本份额	销售收入份额
铁路机车车辆及动车组	3711	0.8740	0.9290	0.8649	0.9310
工矿有轨专用车辆制造	3712	0.4869	0.3014	0.2070	0.0915
铁路机车车辆配件制造	3713	0.4002	0.3608	0.3782	0.2576
铁路专用设备及器材	3714	0.5818	0.5106	0.5578	0.4127
铁路设备制造及设备修理	3719	0.8747	0.8439	0.8755	0.7817
汽车整车制造	3721	0.7709	0.7745	0.7427	0.7595
改装汽车制造	3722	0.3573	0.2844	0.3282	0.2063
金属船舶制造	3751	0.5725	0.4587	0.5302	0.3638
船用配套设备制造	3754	0.3898	0.2526	0.3842	0.2791
船舶修理及拆船	3755	0.7593	0.6849	0.6437	0.4797
航标器材及其他浮动装置	3759	0.8301	0.7961	0.8609	0.7549
飞机制造及修理	3761	＊＊＊	＊＊＊	0.8909	0.6919
航天器制造	3762	＊＊＊	＊＊＊	0.9942	0.9830
其他交通运输设备制造	3799	0.0389	0.0172	0.5054	0.2463
发电机及发电机组制造	3911	0.4217	0.2601	0.3893	0.2256
家用空气调节器制造	3952	0.2979	0.2287	0.3426	0.2715
通信传输设备制造	4011	0.4974	0.2483	0.3961	0.2000
通信交换设备制造	4012	0.4215	0.2278	0.3531	0.2829
广播电视及发射设备	4031	0.3614	0.3588	0.2538	0.1815
电子真空器件制造	4051	0.4923	0.3449	0.6011	0.1226

（续表）

四位数产业　名称	行业代码	2008 年		2012 年	
		总资本份额	销售收入份额	总资本份额	销售收入份额
家用影视设备制造	4071	0.4247	0.3374	0.4161	0.2912
工业自动控制系统装置	4111	0.3090	0.2247	0.2248	0.1474
试验机制造	4115	0.3894	0.1415	0.0922	0.0682
导航气象及海洋专用仪器	4123	0.6900	0.3431	0.4407	0.2405
地质勘探和地震专用仪器	4125	0.5755	0.4178	0.4635	0.3415
核子及核辐射测量仪器	4127	＊＊＊	＊＊＊	0.8839	0.4575
光学仪器制造	4141	0.3772	0.1480	0.3258	0.2195
电影机械制造	4151	0.4711	0.3769	0.0655	0.0227
平均		0.5066	0.3949	0.5005	0.3683

资料来源：国家统计局"全部工业规模以上企业数据库 2008 年和 2012 年"

注：＊＊＊表示该行业的数值缺失。计算方法同表 11。

　　铁路运输设备是与铁路垄断专营密不可分的，这里实际上是一个产业的自上而下的垄断链条。铁路是完全垄断，铁路机车是接近 90％ 的国有控股，铁路设备器材则是接近 60％ 左右的国有控股比重，铁路机车配件则是 40％ 左右的国有控股份额。总体来看，从 2008—2012 期间，这种变化不大，只是铁路器材和配件的国有控股份额有所下降。

　　汽车制造是一个高度专业化分工的产业链，大量的汽车零部件和配件都是在专业化工厂生产，然后由整车企业分别采购之后，组装加工成为整车出售。中国的汽车制造的核心部件主要有外资企业生产，大量的非核心零部件则由地方企业或民营企业生产，整车制造企业往往是有政府特许经营权的，因而处在垄断地位。由表 16 可见，汽车整车制造部门的国有控股比重高达 74％—77％，这被政府认为是支柱产业，需要保持强力控制的部门。只要整车制造在国有控股的垄断之下，那么汽车的产业链实际上都受它的控制。因此，国家发改委的审核目录中，汽车的重要性超过了其他所有行业，属于需要专门独立审查控制的对象。

　　船舶制造是属于航运方面的部门，航运作为政府需要绝对控制的部门，肯定也会涉及与航运密切相关的船舶制造。通信设备也是如此，既然电信是政府需要保持绝对控制的部门，那么与此相关的通信设备的制造，也就会必然保持很高的国有比重，这是产业链性质所决定的连带垄断效应。

从变化趋势来看，除了航空航天之类的特殊行业之外，在国家高度重视的铁路和汽车行业中，国有控股基本保持稳定，而其余大多数行业的国有控股份额都在不同程度地明显下降。

电力部门是政府明确表示要绝对控股的行业，尤其是电网，国家控股比重达到99%以上。发电部门的国家控股比重也在80%以上。至于水务和燃气部门，都是属于公用部门，关系到老百姓的生活必需品的要求，政府对此进行控制也是其基本的责任和义务。

表 17　电力燃气及水务部门的国有控股比重（2008 年和 2012 年）

四位数产业　名称	行业代码	2008 年		2012 年	
		总资本份额	销售收入份额	总资本份额	销售收入份额
火力发电	4411	0.8115	0.7924	0.8099	0.8152
水力发电	4412	0.8473	0.7968	0.8579	0.8286
核力发电	4413	1.0000	1.0000	1.0000	1.0000
其他能源发电	4419	0.6664	0.5242	0.7890	0.6254
电力供应	4420	0.9938	0.9938	0.9971	0.9959
热力生产和供应	4430	0.6842	0.5565	0.6730	0.5684
燃气生产和供应业	4500	0.5716	0.5023	0.5742	0.5234
自来水的生产和供应	4610	0.8153	0.7409	0.8760	0.8157
污水处理及其再生利用	4620	0.7001	0.4852	0.6627	0.4804
其他水的处理和利用	4690	0.7915	0.4183	0.0447	0.0286
平均		0.7882	0.6810	0.7285	0.6682

资料来源：国家统计局"全部工业规模以上企业数据库 2008 年和 2012 年"
注：计算方法同表 11。

表 17 涉及的这个领域是最为稳定的，国有控股份额基本没有什么大的变化，只有水力发电、其他能源发电和自来水行业的国有控股比重有所上升，其变化伴随着市场份额的相应上升。然而，在污水和其他水处理这两个行业，国有资本退出的趋势明显。

从以上考察的各行业的国有控股比重可以看到，实际上，那些国有控股比重较高的行业，正是发改委设置审批核准进入壁垒的垄断行业，或者是与直接垄断业密切相关的部门。通过这些直接和间接进入壁垒，国有企业保持了它们在这些行业的控制力量，阻止了其他可能更有竞争力的企业的进入，从而实现了政府要确保实现其行业控制力的意图。

　　总之，国资委通过政策法规明确表明需要保持控制力的国有控股的行业类型，具体包括如下：装备制造、汽车、建筑、钢铁、有色金属、石化、化工、电子信息、煤矿开采、水泥、船舶、电解铝、稀土、医药等。我们测定的国有控股的行业多半与上述产业一致，另外一些诸如电解铝、医药产业，虽然由于这些产业的国有控股比重不太高，不在上述列表中，但仍有数家国有控股的大型企业在该行业中保持着较高市场份额，具有龙头企业的领导地位。

　　从上述这些行业的变化趋势来看，国有资本的控股份额有升，有降，也有不变。由于市场竞争力的作用，即使存在一定的市场壁垒，但是仍然不同程度地导致国有资本的退出，同时也存在国有资本部分进入或扩张的现象。国有资本扩张或不变的状况表明垄断管制力量对于市场竞争力量抵制的结果，这点可以从不少国有资本扩张并未伴随着相应的市场扩张的现象看到，还可以明显地从政府向国有企业倾斜的产业政策或审批设置制度方面看到。由于政府设置壁垒的保护作用，很多国有企业在效益明显低下，甚至亏损严重的情形下，仍然能保持市场地位不变。[1] 相对于正常市场发挥作用的范围和程度，各种壁垒的保护作用导致这种退出效果非常微弱。

三、总结：行业垄断管制的基本特征和形成原因

　　以上我们从国民经济总体出发，大致考察了各个产业的垄断管制状况，在第一产业中，垄断涉及跨地区的一些大项目，例如三峡水利、南水北调工程、水库建设等，由政府授权进行投资经营。在第三产业中，比较明显的垄断行业集中在交通运输（主要是铁路航运等）、仓储邮政、金融、房地产和电信。大体来看，第一产业和第三产业的垄断管制，都是有一定的自然垄断基础或信息不对称基础的，尽管这种状态还是有很大的改进空间。

　　第二产业的主体是工业，这个领域绝大部分都应是可竞争市场覆盖的范围，然而也正是这一领域，计划的控制力虽然逐步退出，但仍留下很大部分处于某种半管制半市场的中间地带，因而也是我们重点考察的领域。根据以上的行业控制壁垒，以国家统计局口径的全部工业行业的目录为基础，可以总结得到各个行业的放开或管制状态如下：

---

[1]　参阅刘小玄和吴靖烨"资源配置，垄断力量与制造业的市场壁垒"，载《改革》2015 年第 6 期。

表 18　全部工业的 2 位数代码产业的性质及其规制状态

代码	产业名称	产业性质及其规制状态
06	煤炭开采和洗选业	按规模大小由不同层级政府规制　属于国民经济命脉行业
07	石油和天然气开采业	由央企代表国家垄断，部分中小油田由地方国企代表地方政府垄断，属于国民经济命脉或国家安全行业
08	黑色金属矿采选业	按规模大小由不同层级政府规制
09	有色金属矿采选业	按规模大小由不同层级政府规制，新增电解铝项目和新建氧化铝项目管制部分属于国家安全行业
10	非金属矿采选业	其中：化学矿、采盐和石棉云母矿由政府规制，其余市场基本放开
11	其他采矿业	市场基本放开
13	农副食品加工业	市场基本放开，涉及食品安全和食品质量的部分实行规制
14	食品制造业	市场基本放开，涉及食品安全和食品质量的部分实行规制
15	饮料制造业	市场基本放开，部分酒类实行国企垄断专营涉及食品安全和食品质量的部分实行规制
16	烟草制品业	完全政府垄断专营
17	纺织业市场	基本放开
18	纺织服装、鞋、帽制造业	市场放开
19	皮革、毛皮、羽毛（绒）及其制品业	市场放开
20	木材加工及木、竹、藤、棕、草制品业	市场放开
21	家具制造业	市场放开
22	造纸及纸制品业	市场基本放开　纸浆业由地方政府管制
23	印刷业和记录媒介的复制	市场基本放开　涉及政府出版报刊或教材的部分实行专营和规制
24	文教体育用品制造业	市场基本放开
25	石油加工、炼焦及核燃料加工业	其中：原油加工和核燃料的部分实行规制　属于国家安全或国民经济命脉行业

（续表）

代码	产业名称	产业性质及其规制状态
26	化学原料及化学制品制造业	大约1/4的行业（4位数代码行业）实行规制　属于支柱产业
27	医药制造业	涉及药品质量和安全的部分实行规制　部分属于产业政策支持提高集中度的行业
28	化学纤维制造业	大约一半行业（4位数代码行业）为国有控股企业所控制
29	橡胶制品业	市场基本放开
30	塑料制品业	市场基本放开
31	非金属矿物制品业	其中：水泥和部分建材由地方政府规制，属于产业政策支持提高集中度的行业
32	黑色金属冶炼及压延加工业	按规模大小由不同层级政府规制　属于支柱行业
33	有色金属冶炼及压延加工业	大部分行业由不同层级政府规制　属于支柱行业
34	金属制品业	市场基本放开
35	通用设备制造业	通过产业政策和国有龙头企业实现行业控制或规制　属于支柱行业
36	专用设备制造业	为重化或垄断部门提供装备的行业由国有大型企业实现行业规制　支柱行业
37	交通运输设备制造业	其中：铁路机车、汽车、船舶等行业由中央或地方政府实行规制　属于国家安全、国民经济命脉或支柱行业
39	电气机械及器材制造业	市场基本放开
40	通信设备、计算机及其他电子设备制造业	其中：通信设备、广播电视设备由政府规制，其余放开　属于支柱行业或高新技术行业
41	仪器仪表及文化、办公用机械制造业	涉及气象海洋地质勘探等设备有部分行业规制，其余市场放开
42	工艺品及其他制造业	市场基本放开
43	废弃资源和废旧材料回收加工业	市场基本放开

（续表）

代码	产业名称	产业性质及其规制状态
44	电力、热力的生产和供应业	其中：电、热供应全部由政府规制，自然垄断行业发电按照规模由各层级政府规制
45	燃气生产和供应业	全部由政府规制，自然垄断行业
46	水的生产和供应业	全部由地方政府规制，自然垄断行业

资料来源：http：//www. gov. cn/gongbao/content/2004/content_ 62883. htm；

　　　　http：//www. hlj. gov. cn/wjfg/system/2014/03/14/010638198. shtml

注：由于并不存在官方对此的系统表述，本表根据改革以来的信息观察及其形成的一般规则总结得到。

从工业的全部500多个4位数产业来看，上述国有控股比重较高的行业大约占1/5。这些产业都是具有产业链控制力、网络控制力或上游资源控制力的关键部门，其影响力和溢出效应可以覆盖更大得多的范围。至于那些为重化工业提供装备的支柱产业，为经济快速扩张提供基础设施的基础性产业，它们大都是依附垄断产业或政府部门的需求的。

上述国有控股比重相当高的工业产业，归纳一下，主要表现为以下几个特征：

第一，政府控制产业链的高端，其表现为或控制上游资源，例如石油、煤炭等，或者表现为控制专业化分工的核心部门，例如汽车整车制造。通过这样的上中下游产业链的控制，实际上政府就控制了更多产业，通过看似不多的一两个关键核心产业，进而控制了整个大产业的命门。

第二，政府控制重化工业和装备制造业，作为整个国民经济的支柱产业或基础产业。例如钢铁，作为支柱产业，又如装备制造和化工，作为基础产业。这些产业都是传统制造业中的重要产业，也是国企的传统市场份额的持续。

第三，作为具有自然垄断或管线网络产业的延续，例如铁路机车、航运船舶、电讯设备、电网和发电、水务部门之类的产业，由于与完全国有垄断的上游或下游部门的密切关联，也因而保持了国有控股的特征。

第四，某些处于快速上升时期或出现产能过剩的产业，政府觉得有必要实行加强或控制其投资规模的产业政策，例如煤炭、水泥及建筑产业，这类原本国有资本已经部分或大部分退出的行业，随着经济进入景气上升阶段，政府产业政策试图通过加强国有控制的力度，以便获得上升时期带来的更多利益份额，同时试图实现控制产能过剩的目标政策。

第五，具有稳定的丰厚收入回报的产业，例如盐、烟、酒类，由于路径依赖和高额回报率，使政府不愿放弃或从中退出，宁可保持现状。因此，那些具有较高利税率，收入来源稳定，不需要经常创新，市场竞争压力小，消费者需求刚性的部门特征，也表明了某种行业垄断。

上述这些国有控股的 4 位数行业，与国资委要求国有资本保持控制力的七大行业或九大行业基本上是一致的，与国家发改委设置的审批核准的产业名录也有较高的一致性。因此，在发改委和国资委主导下，其他的金融部门、国土资源等部门积极配合，共同建立了国有控股的产品市场与要素市场的全方位垄断管制的经济体系。

总之，行业垄断管制的形成是通过政府设立的行业审批核准的进入壁垒，通过政府对国有控股企业的各种优惠政策的强力支持，来控制行业的上游资源（例如石油、煤炭、化工等），或控制产业链的终端（例如供电或汽车整车制造），控制高利税的行业（例如烟酒和盐业），控制那些为垄断专营部门提供装备的资本密集型的重工业（由于具有稳定的产品销售优势和资本优势），结果形成目前以国有企业为主导控制权的行业布局。

行业垄断的组织特征表现为，主要由央企代表国家行使垄断权，具有政府授权和免于竞争的豁免权。实行垄断的行业通常存在几家大型国企，划分各自的势力范围，对该行业进行控制。行业垄断通常具有一定的自然垄断性质，例如网络性质（铁路、邮政、电信之类），公用事业性质（供水供电等），或具有较稀缺资源性质（战略性考虑），或者政府对于资本密集型行业、易于通过行政力量来设置进入壁垒的行业，从而可以掌控上游资源或下游市场的行业实行控制。

行业垄断管制不仅与那些较宏观层面的产业政策相关，也与某些具体的产业政策细则密切相关，后者表现为各种优惠补贴政策，对高新技术企业投资或产品的直接财政补贴，对亏损国企的免息贷款补贴，对招商引资的土地优惠补贴，对宏观经济刺激的投资补贴，诸如此类扭曲要素市场价格的产业政策，是导致不公平竞争或行业垄断的重要原因。在这个意义上，行业垄断管制往往是政府推行其产业政策的产物。

第二章　地方垄断

1980 年实行的财政"分灶吃饭"和 1994 年推行的以划分税种为基础的分税制财政体制，实行财政包干和各种地方税设置后，财政状况的好坏直接关系到地方的经济利益。在地区 GDP 竞争以及各种利益驱使下，各级政府选择保护的对象具有普遍规律。较高的行业增加值和利润率为政府提供税收保障，在地区经济发展中具有基础性地位的产业，能够拉动 GDP 快速增长的产业，往往都是地方政府需要保护的对象。

行政性分权实行领导干部行政任命制，经济增长速度等地方经济发展的相关指标成为考核干部政绩的主要标准。同时，本地区财政收支的状况，直接与本地政府管理者的经济收入相关。这种本地企业效益与财政收入高低的关联性，使政府往往过度关心企业发展和绩效。结果导致一些地方领导采取强化资源配置本地化和保护本地市场等有悖于市场经济规律的行政性措施，来促进本地区的经济发展和增加本地区的利益。

体制转轨中，司法体制的不完善也是导致地区封锁和行业垄断的重要原因。地方法院由于在人事和财政等方面依附于地方政府，法院难以依照法律规定独立行使审判权，地方政府对司法的干涉，导致地方保护主义难以遏制。

总之，公权力过度参与资源的配置成为地方垄断的主要原因，导致地方政府以行政区划为市场分割的边界，片面追求行政辖区利益。

一、地方的市场进入壁垒：审批、核准和备案制度

对于企业进入市场，地方政府设置了三种壁垒：备案制、核准制与审批制，分别对应于不同类资金来源的企业和投资项目。其中，审批制是最严格的，主要对应于资金来源于政府的投资项目；核准制则对应于某些特定行业的投资项目（不包括外资）；备案制相对较为宽松，它不是按照行业标准，而是对应于全部行业，按照投资规模设置不同的控制等级。通过这三种不同的进入壁垒，地方政府基本上可以控制所有企业的投资和扩张。

一般来说，地方政府的审核制是以中央政府投资项目目录为依据，在此基础上，在本省地域范围内进行重新界定，例如水利、矿山、公路、桥梁之类；除了这些公共或公用事业部门之外，另一些则按照规模来区分控制的等级，例如较大规模的投资项目由省发改委来审核，较小的则由地市审核或备案，更小的则由县区审核。

我们选择广东省作为主要依据，并适当参照山东等地的政策法规，来考察哪些可能成为市场进入壁垒的政策或制度。以下列出了这些由审批体系形成的进入壁垒概况。

表19　地方政府设置的进入壁垒：备案制、核准制和审批制

审批主体 ＼ 项目类型	非政府性资金，包括国民经济的全部行业，实施"备案制"	非政府性资金，《政府核准的投资项目目录》内的领域实施"核准制"	使用政府资金的企业投资项目实施"审批制"
省级发改委	总投资 2 亿元及以上的基本建设投资项目	省内农业水利、公路、桥梁、水运，以及省内铁道、城市轨道，供水、部分输气输油管网、部分发电和电网，其他投资项目目录见下表	省级财政资金来源的项目
市级发改部门	总投资 3000 万元（含）至 2 亿元（不含）的基本建设投资项目	除法定由国家及省级发改委审批之外的核准项目	市级财政资金来源的项目
县（市、区）发改部门	总投资 3000 万元（不含）以下的基本建设投资项目		县（市、区）级财政资金项目
规制的审查依据	是否符合产业政策、行业准入标准、其他法律法规等	是否符合国家法律法规、经济社会规划、行业规划、产业政策、行业准入标准、土地利用总体规划、宏观调控政策、经济安全、生态环境和公众利益等	
规制的惩罚条款	对备案失败的项目，城市规划、国土资源、环境保护、建设管理、质量监督、安全生产监管、资源管理等部门不得办理相关手续，违者追究相应的行政和法律责任	对核准失败的项目，国土资源、环境保护、城市规划、质量监督、证券监管、外汇管理、安全生产监管、水资源管理、海关等部门不得办理相关手续，金融机构不得发放贷款，违者追究相应的行政和法律责任	

资料来源："国家发展改革委关于实行企业投资项目备案制指导意见的通知"，发改投资［2004］2656 号，2004 年 11 月 25 日；广东省人民政府："广东省企业投资项目备案办法"，2005 年 12 月 6 日；广东省政府核准的投资项目目录（2004 年本）http：//www. zetdz. gov. cn/detail. asp？ id＝343

注：本表适用于所有企业（除了外资）；备案制项目分级采用广东省标准，核准制项目按照国家标准。

备案制涉及全部行业，只是按照投资的规模等级进行控制。备案看起来似乎很简单，但是这种审核也是有依据的，如若不符合产业政策、城市规划、环保要求、安全卫生、消防标准等要求，则不能通过备案，因而也不能进入。在核准制之外的绝大多数企业，都要受到备案制的控制，因此成为最广泛存在的一般性的进入壁垒。

审批制涉及使用政府财政资金，因而审查比较严格。但是其所占比重较小，并不涉及绝大多数民企。核准制是地方政府控制市场准入的重要环节，通过对于各种项目的详细审查，来决定企业是否可以进入。地方政府以中央政府发布的核准行业目录为基础，并按中央政府要求，确定各级地方政府的审核范围。表20 给出了地方政府负责的规制项目的详情。

表20　地方政府核准（或备案）的投资准入项目一览

项目名称	项目内容	项目核准（或同时备案）
煤炭	新增年生产能力120万吨以下 禁止新建中小煤矿	省发改委核准
炼油（石化）	年产20万吨以下乙烯项目	省发改委核准
房地产	总建筑面积50万平方米以上 总建筑面积10万平方米至 50万平方米项目 总建筑面积10万平方米以下	省发改委核准 地级发改委核准 县（市）级发改委核准
汽车（整车）	现有汽车企业扩产 新增汽车和发动机项目	省发改委核准并报送国家发改委备案 省政府主管部门报国家发改委审查
汽车（零部件和摩托车）	摩托车及其发动机汽车和摩托车零部件	地级以上政府投资主管部门核准，报省政府发改委备案
铁矿	储量5000万吨以下规模的铁矿开发项目	省发改委核准
有色金属	5亿元以下的矿山开发	省发改委核准
稀土	稀土深加工项目	省发改委核准
化工原料和燃料乙醇	年产50万吨或100万吨以下的项目	省发改委核准
化肥	钾矿肥、磷矿肥项目	省发改委核准
船舶	新建10万吨级以下造船设施（船台、船坞）	省发改委核准
纸浆	年产3.4－10万吨纸浆项目 3.4万吨以下不批准	省发改委核准
水泥	所有新建扩建项目	省发改委核准
糖	1500吨及以上项目，以下不批准	省发改委核准

　　资料来源：国务院关于发布政府核准的投资项目目录（2013年本）的通知，国发［2014］47号；广东省政府核准的投资项目目录（2004年本）http：//www. zetdz. gov. cn/detail. asp？id＝343；山东省人民政府关于发布政府核准的投资项目目录（山东省2013年本）的通知，鲁政发［2013］32号；《汽车产业发展政策》，国家发改委2004年8号令 http：//www. gov. cn/gongbao/content/2005/content_ 63336. htm

　　注：本表主要涉及工业和房地产业，不包括公用部门和服务业。

　　与中央政府审核项目比较，地方政府设置市场进入壁垒的行业更多。除了中央要求的审核项目外，地方审核的行业还增加了房地产、纸浆、糖和水泥这几个行业，此外，近两年来，中央也下放了几个行业到省级政府，例如化肥、燃料乙醇等。此外，由于审核的规模起点低于中央政府，地方政府往往还控制了那些中央政府不再审批的、规模相对较小的企业投资项目。

二、统计描述

地区垄断往往难以度量，各种地方的法规多如牛毛，无法用一个统一的标准度量。我们只能根据经验作一些大致的假设，高利税的部门能提供较多的财政收入，这必然是政府需要保护的领域。此外，按照政府的导向性政策，地方政府也更偏好通过国企来控制经济，地方政府经常通过行政权力，借助市场进入限制、土地和金融倾斜等保护手段，来维持与其有着血缘关系的低效率国有企业的市场。

从地区的行为动机来看，落后地区在市场竞争中，无法通过市场地位获取更多的机会，只有通过行政性干预，获取更多的资源，或通过设置限制条件，防止资源向区域外流失，或阻止外地企业的产品进入本地市场。

一些地区为了实现 GDP 最大化，依靠投资来拉动，不惜以高成本为代价，来吸引投资，或者保护本地的产业，以及想方设法上各种项目，因为民企经常要考虑自负盈亏的经济效益，地方政府不太可能完全依靠民企投资来满足其最大化目标，他们往往更需要借助于国企之手，来推动经济快速发展。

因此，我们主要从较高的利税率和国有化程度，以及地区的发达程度，来考察地区垄断的程度和分布状况。相关研究（白重恩等，2004）也发现在利税率较高以及国有化程度较高的产业，地方保护更严重。

由于各地区的自然禀赋资源的差异，我们不考虑采掘业的情况，也不考虑公用事业部门（例如水、电、热力燃气）的情况，因为后者通常需要按地区来进行配置，是属于"自然的"地方保护企业。

表 21　各地区的国有控股企业的总产值比重（制造业，2008 年）

省份	地区代码	国有控股企业的总产值占该地区总产值的比重	该地区的全部规模以上企业数
甘肃	62	0.7398	1390
新疆	65	0.6608	1380

（续表）

省份	地区代码	国有控股企业的总产值占该地区总产值的比重	该地区的全部规模以上企业数
陕西	61	0.5604	2955
云南	53	0.5539	2238
青海	63	0.5448	357
贵州	52	0.5102	1589
黑龙江	23	0.4913	3568
吉林	22	0.4409	4462
山西	14	0.4025	2309
湖北	42	0.3932	10635
北京	11	0.3845	6634
重庆	50	0.3711	5081
辽宁	21	0.3505	18462
安徽	34	0.3497	10106
西藏	54	0.3335	55
上海	31	0.3285	17747
湖南	43	0.3244	9256
宁夏	64	0.3242	681
海南	46	0.3160	435
广西	45	0.3149	4546
天津	12	0.3142	7405
内蒙古	15	0.3021	2734
江西	36	0.2717	6037
四川	51	0.2480	11080
河北	13	0.2135	10548
河南	41	0.1692	16418
山东	37	0.1415	40136
广东	44	0.1161	49928
福建	35	0.0842	15483
江苏	32	0.0751	62849
浙江	33	0.0748	57676

资料来源：根据国家统计局 2008 年规模以上企业数据库计算

注：国有控股包括绝对控股和相对控股，其中也包括法人控股中的国有法人控股。

　　表 21 是按照国有控股比重的高低排序的，可以看出，越是偏远落后的地区，例如西部或西南部的六个省，其国有控股企业的总产值比重就越高。东北部的国有比重高与其历史有关，也与其改革发展的滞后有关，中部地区大多数则处在中间状态，而经济发达的江浙地区和广东福建，其国有比重最低，表明改革发展较快，并非需要完全依赖国有资本来推动经济增长。

　　2003 年 3 月国务院发展研究中心组织全国各地相关部门，对地方保护和市场分割状况进行了问卷调查。该项调查活动采用的问卷涉及内容如下：企业市场营销及竞争能力状况、企业经营环境评价、贸易障碍评价、限制产品进入市场的方式、限制生产或销售机构进入的方式、本地产业的竞争能力等。课题组从调查中获得对各省经营环境的相对评价得分，然后计算出各省地方保护的相对程度指数（参见表 22）。地方保护程度指数值越大，表示保护程度越强。

表 22　各省地方保护程度与人均 GDP（2003 年）

地区	地方保护程度指数	人均 GDP
宁夏	66.5	0.735
山西	64.9	0.817
西藏	63.5	0.755
青海	63.4	0.8
海南	62.3	0.914
云南	62	0.622
江西	61.9	0.734
重庆	61.9	0.792
陕西	61.8	0.712
北京	61.7	3.523
黑龙江	60.8	1.276
甘肃	60.7	0.552
广西	60.4	0.656
天津	60.1	2.915
河南	60.1	0.832
辽宁	59.3	1.567
内蒙古	59	0.986
安徽	58.8	0.709

（续表）

地区	地方保护程度指数	人均 GDP
四川	58.6	0.705
贵州	58.4	0.396
湖南	58.2	0.83
上海	58.1	5.133
河北	57.8	1.155
广东	57	1.891
湖北	57	0.99
福建	56.8	1.646
新疆	56.6	1.066
吉林	56.3	1.026
江苏	55.3	1.737
山东	54.3	1.501
浙江	53.4	2.214
全国平均	59.8	1.000

资料来源：余东华"地方保护能够提高区域产业竞争力吗"，《产业经济研究》2008 年 3 月

按照表 22 中的地方保护指数排序，在最高 66.5 至最低 53.4 之间，按分值间隔大致等分出三个区间，可得到区间为 53—57，57—62，和 62—66.5，地方保护最低程度的区间包括浙江、山东、江苏、吉林、广东等地，最高区间包括宁夏、山西、青海、云南等地，其余的则居中间。因此可以证实，越是不发达地区，地方保护程度越强，而较发达地区，则地方保护越弱。从人均 GDP 水平来看，也似乎是 GDP 越落后的地区，地方保护程度越高，但北京、上海、天津这三大城市是例外，其地方保护程度处于中间状态，但人均 GDP 显著高于其他任何城市。

相类似的研究还有山东大学关于地区行政垄断程度指数的测定与编制[1]，其发布的垄断指数是通过一系列的调查和问卷数据搜集，再经过复合方法计算出来。以最新的 2006 年指数为例，北京、天津、上海、江苏、浙江和广东的行政垄断指数都超过了50%，表明即使在这些发达地区，行政垄断趋势仍然十分强烈。山东大学的这个研究结果与表 22 提供的地方保护程度指数十分相似。

表 21 和表 22 相比较来看，地方保护程度与国有企业比重有着很大的一致性，其

---

[1] 参见于良春和余东华："中国地区性行政垄断程度的测度研究"，《经济研究》2009 年第 2 期。

间的相关性似乎十分明显。由此可见，在较落后的地区，国有企业比重更高，地方保护倾向也更强烈，而发达地区正好相反。由此可见，地区垄断（本文主要涉及的是省级地区）也在很大程度上是通过国企来实现的。

地方垄断的另一特征是保护或追逐那些利税较高的本地产业，例如烟、酒、汽车之类，主要是通过控制这些产品的需求市场，限制外地同类产品进入本地。根据现有数据，我们主要对卷烟、白酒和汽车整车制造进行考察。

表23　卷烟和白酒产业在各地区的国有控股比重（总产值，2008年）

卷烟	地区代码	国有控股企业总产值比重	该地区卷烟企业数	白酒	地区代码	国有控股企业总产值比重	该地区的白酒企业数
北京	11	1	1	天津	12	0.9706	6
天津	12	1	1	北京	11	0.9694	5
河北	13	1	4	山西	14	0.9042	12
山西	14	1	1	贵州	52	0.7809	52
内蒙古	15	1	2	新疆	65	0.7552	9
吉林	22	1	3	四川	51	0.6230	253
上海	31	1	2	陕西	61	0.6192	19
江苏	32	1	3	江苏	32	0.4345	102
浙江	33	1	3	重庆	50	0.3578	24
福建	35	1	2	安徽	34	0.3484	72
江西	36	1	1	上海	31	0.3010	2
湖北	42	1	2	河北	13	0.2976	58
湖南	43	1	1	甘肃	62	0.1816	22
广东	44	1	3	山东	37	0.1142	187
广西	45	1	3	江西	36	0.0844	19
海南	46	1	1	河南	41	0.0759	131
重庆	50	1	2	湖北	42	0.0375	56
贵州	52	1	1	内蒙	15	0.0346	58
陕西	61	1	2	广东	44	0.0166	26
甘肃	62	1	2	辽宁	21	0.0000	74
新疆	65	1	1	吉林	22	0.0000	74
河南	41	0.9981	2	黑龙江	23	0.0000	51

（续表）

卷烟	地区代码	国有控股企业总产值比重	该地区卷烟企业数	白酒	地区代码	国有控股企业总产值比重	该地区的白酒企业数
辽宁	21	0.9965	3	浙江	33	0.0000	12
云南	53	0.9965	7	福建	35	0.0000	14
四川	51	0.9958	4	湖南	43	0.0000	37
山东	37	0.9951	5	广西	45	0.0000	10
安徽	34	0.9907	5	云南	53	0.0000	14
黑龙江	23	0.9334	2	青海	63	0.0000	3
				宁夏	64	0.0000	7

资料来源：根据国家统计局规模以上企业数据库计算

注：本表列出的地区顺序是按照国有控股企业的总产值比重从大到小的排序。

可以看到，在烟草类产业，全部由国企控股，大体上是按照各地区来平均分配的，一般一个省1—3家卷烟企业，一些人口大省略多一些，烟草产业具有品牌效应的以及生产基地效应的，例如云南的烟草企业也较多些。总体上看，这是"利益均沾"，平均分配，将其作为一种给予地方利益激励的方式来进行配置。白酒产业也类似，具有各地区利益分配的特点，只不过品牌效应更明显一些。

汽车整车产业具有很高的利税率，也是规模经济特别明显的行业。因此，国家对此具有严格的准入限制。尽管如此，各地政府为了追逐其中的利益，纷纷想方设法地上汽车项目。中央政府不批准整车项目，地方政府就采取各种钓鱼方式，与中央政府讨价还价，或者绕开直接审批，采取迂回方式上马。因此，除了那些计划经济时代确定的汽车基地的几个地区外，几乎每个省都上马了生产汽车整车的项目，而且除了少数例外，基本上都是国有控股的企业才能进入这个领域。

表24 汽车整车产业在各地区的国有控股比重（总产值，2008年）

省份	代码	国有控股企业总产值比重	企业数
山西	14	1.0000	1
海南	46	1.0000	1
黑龙江	23	0.9979	4
上海	31	0.9971	6
江西	36	0.9958	6
安徽	34	0.9941	13

（续表）

省份	代码	国有控股企业总产值比重	企业数
天津	12	0.9938	8
新疆	65	0.9892	2
吉林	22	0.9756	13
北京	11	0.9614	11
河南	41	0.9406	7
湖南	43	0.8620	12
内蒙古	15	0.8616	6
福建	35	0.8283	12
重庆	50	0.8197	15
山东	37	0.7444	37
广西	45	0.7417	8
陕西	61	0.6863	4
四川	51	0.6863	20
广东	44	0.6286	23
辽宁	21	0.6248	23
湖北	42	0.5534	25
云南	53	0.5284	5
江苏	32	0.4514	31
河北	13	0.2938	11
浙江	33	0.0295	58
贵州	52	0.0000	2
甘肃	62	0.0000	4
平均/加总		0.7209	368

注：这里的汽车整车包括轿车、载重车、客车和微型汽车。

　　汽车成为政府重点保护的产业，是因为此类行业的发展关乎本地其他产业以及就业，对于地区的 GDP 增长有很大带动效应。然而，中国的整车生产企业虽然产销量很大，但产业资源分散在各个地区，明显缺乏必要的规模经济的资源配置，因而影响了全行业的竞争力。这与汽车行业面对区域市场的强势垄断，排斥市场机制的竞争不无关系。有些地方的汽车企业效益低下，甚至只能依靠补贴才能存活。

　　一些高利税的行业，由于是中央政府通过央企直接控制，例如石油、电信等，地方政府很难进入。但是，对于一些可能具有较高收益预期的行业，各地政府则不惜代价争相上马，进行保护式的竞争。结果，这种地方人为保护性的市场分割，导致大量的产能过剩和资源浪费，造成系统性的产业结构扭曲和资源配置效率低下。由于数据的限制，我们无法通过统计描述来表现全国各地区的垄断状况，因此，以下我们将通过一些行为特征和相应案例来进行描述。

三、行为特征

地方政府或所属部门，利用行政权力干涉市场，操纵市场，设置市场障碍，破坏市场机制，限制外地企业参与公平竞争的行为，我们统称为地方垄断。这些排斥竞争的垄断行为和手段繁多，我们大致归纳了几个方面的特征如下：

1. 设置壁垒，阻挠或限制外地商品或服务进入本地市场

（1）抬高外地产品和服务进入本地的"门槛"。对外地产品或服务提出比本地产品或服务更高的技术要求，或以重复检验、重复认证等技术措施，增加外地产品进入本地市场的成本，限制外地产品或服务进入本地市场。

（2）限制本地商业机构销售外地某些产品。有的地方采取专门针对外地产品或服务的专营、专卖、许可等手段，甚至不准本地商业机构经销外地的某些产品，一经发现，轻则没收，重则罚款，甚至吊销营业执照。

（3）直接设置关卡堵截外地产品进入本地市场。一些地方政府在道路、车站、港口、航空港或本行政区域边界设置关卡，以查扣等手段阻碍外地产品进入本地。

（4）有些地方政府以食品安全为名，对外设置较高准入门槛，阻挠外地销售的食品进入本地。例如，2012年11月20日，双汇公司的鲜肉销售业务员遭江西永修县屠宰大队暴力殴打，地方政府为保护该县的一家屠宰企业，和企业联手抵制双汇鲜肉进入永修市场，使用野蛮执法手段阻挠外地企业的合法经营。[①]

2. 对本地和外地产品实行歧视待遇

利用优惠性政策促销本地产品，利用限制性政策排斥外地产品的进入。以质检、收费等为名排斥外地生产的产品，即以差别待遇方式实施行政垄断行为。在地区封锁方面，地方政府、政府部门之间，为了各自的利益诉求，滥用行政权力，通过限定经营和使用、设置关卡、收费、价格歧视、另立标准、擅自设立前置许可、限制招投标、

---

① 资料来源于《国际商报》，2013年12月5日。

投资歧视等行为。

增加歧视性项目管制。对外地商品或服务的进入规定歧视性价格，或者实行歧视性收费标准，以削弱外地商品在本地的竞争力。有的地方对外地生产的轿车进入本地市场实行不同标准的入籍费（牌照费），会使消费者为同样的商品付出更高的价格。地区封锁不仅会使本地消费者购买外地产品产生很高成本，甚至出现买不到或无法上本地牌照的问题。

又例如，辽宁的傅先生最近想买一辆新车，反复比较后分别前往当地和附近城市的两家 4S 店询价，结果，同一款车，附近城市的价格比他所在的城市低了将近 8500 元。不过，他又了解到，在其他城市购买的汽车不能领取本市牌照。[①]

例如，1999 年《法制日报》报道了湖北与上海的汽车大战。按照湖北省有关部门的规定，凡在湖北境内购买一辆桑塔纳轿车，需要增交 7 万元"特困企业解困资金"。而上海规定，在上海购买桑塔纳轿车，只需交纳牌照费 2 万元，其余国产轿车均须交纳 8 万元牌照费。这种行为采用了歧视待遇的方式，变相强制他人购买本地商品，限制外地经营者的正常经营活动，限制外地商品进入本地市场。[②]

3. 限定本地需求的市场范围

限定或变相限定本地企业、单位或个人只能经营、购买、使用本地产品或者只能接受本地企业、其他经济组织或个人提供的服务。政府限定交易、强制购买的最显著特点，是政府左右市场主体的交易意愿，使市场主体丧失了经营的自由和竞争的自由。一些地方政府为了维护其局部利益，以行政命令或下发文件的形式，用强制手段扶持本地企业和产品，其中比较突出的产品主要有：烟、酒、药品、水泥、煤炭、汽车等；比较突出的领域主要有：建筑、保险、医疗等。

一些卫生防疫部门利用颁发卫生许可证的权力，强制要求经营者购买其指定的消毒柜或消毒液；公安消防部门限定用户购买其指定的消防器材；城市建设管理部门规定路牌广告只能由某家广告公司制作发布等。还有药品检测，这是各地最容易提出的技术标准，尽管有招投标，但如果药卖到外地，价格并非直接竞争因素。

一些地方政府直接发文[③]鼓励并支持购买本地产品，通过或明或暗的方式，或技术壁垒方式，保护地方产业，阻止购买外地产品。

---

① 资料来源：《国际商报》，2013 年 09 月 05 日。

② 资料来源：http：//article. chinalawinfo. com/Article_ Detail. asp？ArticleID ＝30839。

③ 以下有关政府发文的信息来源于：《21 世纪经济报道》，2009 年 2 月 17 日。

例如，湖北省政府出台文件，直接要求"各级政府采购在不违背国家有关法规的前提下，同等条件下要优先购买省产钢材、汽车、建材、烟酒、家电等地产品"，将本地烟酒搬上优先采购层面。

根据湘政发〔2009〕1号文显示，"要将省产乘用车纳入政府采购范围，鼓励社会团体、企业和居民采购省产乘用车和商务车。政府机关、事业单位和国有控股企业办公及公务活动，应积极采购和使用本省产品。省内重点工程所需要的材料设备，企业生产所需原材料等，医院所需药品等，应积极采购符合要求的本省产品"。又如陕西省要求"增加对省内企业生产药品的采购，扩大省产药品在农村市场的份额"。

4. 强制联合，限制竞争

主要表现为：强制本地区、本部门的企业组建企业集团；强制本地区、本部门的企业进行合并、兼并、联营等；强制本地区、本部门的企业组建行政性公司；强制联合定价；强制联合拒销、拒购；强制企业停止竞争，以协议方式划定生产、销售数量或范围等。

例如，湖南省平江县作为长石的主要产地，拥有众多的生产厂家。为了防止竞相压价，平江县政府出面组织了长石粉集团有限公司，对外统一经营和定价。①

5. 行政手段直接干预行政执法和司法工作

一些地方政府从保护本地经济利益出发，对行政执法机关和司法机关的正常执法行为进行粗暴干预，导致一些地方假冒伪劣商品猖獗、走私贩私现象严重、偷税漏税问题突出，这都与地方政府的纵容与支持有直接关系。

（1）阻挠、干涉行政执法机关对经济违法行为的查处工作。一些地方政府为保护地方骨干企业和外商投资企业，规定不经地方政府领导或其指定部门的批准，行政执法部门不得进入企业检查执法，履行法定职责。例如重庆市某区一家从事制鞋业的外商投资企业，多年来大量生产假冒"耐克"鞋等多种伪劣产品，但当地政府为了突出"政绩"，将该企业列为重点保护企业，执法人员未经批准不得涉足该厂检查，致使其违法行为一直得不到查处，该企业生产的假冒伪劣产品大量流向上海、广州等地，最后被外地工商、海关部门查处。②

（2）对经济违法行为迁就姑息，致使行政执法难以到位。例如，重庆市某区一家重点纺织骨干企业，为了追求暴利，大量生产假冒摩托车，违法所得近30万元。当工

---

① 资料来源：http://article.chinalawinfo.com/Article_Detail.asp?ArticleID=30839。

② 资料来源：http://baike.baidu.com/view/876.htm?fr=aladdin。

商行政管理机关对此案进行查处时，当地有关领导打招呼，要求大事化小、从轻处罚，使本应移交司法部门追究法人犯罪责任的案件最后只能行政处罚，象征性地"表示"一下。①

（3）扭曲司法公正，保护本地企业的违法行为。个别地方政府甚至把本地的检察机关、审判机关当作保护地方经济利益的工具，严重扭曲了司法机关的公正性。一些外地的执法机关经过千辛万苦查实企业经济犯罪行为后，当地政府马上就以保护"利税大户"、"经济能人"为由，通过本地的司法机关将外地行政执法机关拒之门外。有的地方审判机关随意行使管辖权，对当地经济利益有利就予以立案和受理，而对本地当事人不利的案件不是推诿拒绝就是设置障碍，千方百计阻止执法。

总之，以上的这些地区垄断行为都不同程度妨碍了市场机制有效配置资源作用的发挥，也妨碍了法律、法规的实施，破坏了法治统一，侵害了企业经营者的合法权益，也对消费者的合法权益造成损害。

第三章　案例：地方资源垄断权及争夺

一、山西煤矿的强制并购②

地方竞争能够促使各地政府具有积极发展经济的动机，然而，由于地方政府具有的权力，使这种追逐利益最大化的行为经常不受市场制约，因而竞争会演变为垄断。尤其在那些资源大省，市场制约对于拥有国有资源所有权的地方政府是完全无效的，它们追求利益最大化的行为走向资源垄断也是必然结果。

地方资源大省的行政垄断特征是，让代表地方利益的国企来控制本地资源，通过兼并或挤出民企，尤其是外地的民企。这样通过垄断本地资源，可以控制资源市场供给，因而能更容易地获取垄断利益。在这种情形下，地方政府无须通过市场竞争的无形之手，而只要通过垄断的有形之手，就能够获得最大化利益。

地方资源的垄断能够直接快速地获取高额利润，在这种利益动机的驱使下，地方

---

① 资料来源：http://baike.baidu.com/view/876.htm? fr=aladdin。
② 本节资料来源："山西煤矿国有化 温州炒煤团'万人签名'反对未果"，2009 年 11 月 11 日，浙江在线新闻网站；"500 亿浙资泪别山西煤矿"，http://www.sina.com.cn，2009 年 10 月 27 日，《浙商》；"山西煤矿国进民退 500 亿浙资如何退出"，http://www.sina.com.cn，2009 年 11 月 01 日，中国网。

政府往往滥用行政权力和市场力量，不惜违约，撕毁合同，对以前已经放开的部分资源市场，强行收回或重组。他们往往采取强制性的指定并购，单方强制定价，强买强卖，甚至动用公检法等力量来抓捕或迫害不服从的当事人。这种直接动用权力来干预市场，介入市场经济的行为，是一些地方资源大省实行垄断的典型行为特征。

山西煤矿兼并的政策依据

2009 年山西对煤炭行业的兼并重组是根据国务院 2005 年和 2006 年的相关文件制定，其中，对于中小型煤矿的政策，文件提出"鼓励大型煤炭企业兼并改造中小型煤矿，鼓励资源储量可靠的中小型煤矿，通过资产重组实行联合改造"。与此配套的山西政府 23 号文件则提出，"通过大型煤矿企业兼并重组中、小煤矿，形成大型煤矿企业为主的办矿体制。到 2010 年底，矿井个数控制在 1500 座以内"。据此文件，山西省将国家行政引导鼓励政策改为地方行政命令强制，将所有中小型煤矿都合并到山西地方国有（少数本地民营）大型煤矿集团，不顾现有煤矿布局的区域差异和投资来源的广泛性以及投资途径的合法性。

对于合理的煤矿生产规模，国务院文件要求"推进煤矿的整顿关闭，整合后矿井规模不低于 30 万吨/年，新建矿井规模原则上不低于 60 万吨/年"。而山西政府 10 号文提出，"到 2010 年底，全省矿井数量控制目标由原来的 1500 座调整为 1000 座，兼并重组整合后煤企规模原则上不低于 300 万吨/年，矿井生产规模原则上不低于 90 万吨/年"。山西文件规定的煤矿生产规模，在短时间内大大超过了国务院批准的山西省在 2006 年确定的合理规模，这就使得一大批外来投资者面临"被国有化"的命运。

山西政府 23 号、10 号文件不仅违背国务院文件精神，还涉嫌违反《宪法》、《物权法》、《合同法》、《煤炭法》、《矿产资源法》、《公司法》等法律。据介绍，现有浙江民营资本投资的中小煤矿中，有相当数量是外来投资者在 2006 年山西煤炭资源有偿使用改革过程中，根据相关规章和合法手续取得的，不存在可以被国家强制征收征用的事实依据。山西以行政手段强行推进兼并重组，干涉并侵害了煤老板的合法权益。山西有关文件还规定，兼并的主体要经省政府的确认，这是山西创设的一种"行政许可"，根据《立法法》规定，省政府无权创设行政许可。因此，对兼并主体的强制限定也是违法的。

强制收购与政府定价：大批浙商出局

在这次兼并重组整合之前，山西共有煤矿 2840 座，这也意味着将压减 2/3 以上。

如果单井规模不低于 90 万吨，浙商投资的煤矿基本要被整合或关掉。浙商在山西投资的煤矿可能有四五百家之多，其单井规模多在 40 万吨以下。以温州为例，投资晋煤的浙商中温州人约占 90%，他们拥有大约 600 座私营煤矿，大约超过 2000 亿元的温州资本深陷山西。

山西省 119 个县市区中，有 90 多个县市区产煤，产煤的地方均有浙商投资的煤矿。浙商投资最初是在 2000 年左右，由于大环境的关系，山西的不少煤矿几乎瘫痪，煤矿工人一两年拿不到工资。在他们处于困境的时候，很多浙商投资山西煤矿，这样的投资是高风险的。据不完全统计，浙商在山西投资煤矿企业约 450 多家、煤矿 500 多座，投资总额在 500—1000 亿元，占投资山西煤矿民间投资的约 1/6。不少煤老板背后是来自老家的几十名甚至几百名亲戚朋友一起筹集的资金。

山西省对被兼并煤矿的资源资产不经过评估，而由政府自行确定一个补偿比例。大体上是按照这些煤矿主原来实际缴纳价款的 1.5 倍或者 2 倍给予赔偿。作为兼并主体的 7 大国有重点企业以及其他地方国有、本地民营企业集团并没有相关协商确定补偿价款的权限，被兼并企业更没有定价的话语权和自主权。

2007 年，某温州人前往山西，投资 2.28 亿经营起一个 30 万吨规模的煤矿。这个煤矿被列入兼并重组整合的名单，而且被指定了兼并方。结果，收购价格被相关部门一刀切，评估为 6500 多万元，他的损失超过 2 亿元。此外，受伤的民营资本不仅是浙商。义桂煤业老板是当地人，他投资的义桂煤矿规模为 30 万吨，2006 年曾有人想收购这个煤矿，评估价值 6 亿多元，而列入兼并重组评估价只有 4000 万元。

与此同时，山西一些大集团、大公司跑马圈矿，但收购资金尚无着落。这样的缺乏资金的强制并购，若没有政府力挺和银行贷款的支持，是不可能实现的。

这次煤矿企业兼并重组的结果，山西省 1000 多处煤矿中，国有控股大集团 550 多个，地方国有控股矿山 280 个，非国有矿山不到 190 个，[①] 外地投资者基本上全部出局。

二、强制收购陕北油田 [②]

陕北地区地质特殊，大规模开采的方案似乎毫无用武之地。20 世纪 80 年代末，

---

① 资料来源：《经济参考报》，2010 年 07 月 05 日。
② 资料来源：http://baike.baidu.com/link? url = eekO6GhhjRMuNKDEJpYkF81tJZJ_ zLBP0r18bzhfWtcC3iGA5 jWwfKTJttBZYRwo9AAtMjfMt7oYegrVF9VEba。

中国石油天然气公司（以下简称"中石油"）陆续把当地油田资源交给地方，于是陕北各县相继成立国营钻采公司投入开发。然而，陕北地方各县钻采公司大都严重亏损。眼看这些拥有采油授权的公司举步维艰，一些县政府出台招商引资的优惠政策，吸引外地投资商以与钻采公司联营的方式进入陕北开采石油。

在"谁投资谁受益"的诱惑下，全国各地投资者纷至沓来。地方政府给投资者办理了可以直接从事石油开采的营业执照和相关手续，投资者与县政府签订合同书，合作年限8年、10年、15年不等。灵活、独立的民间开采进展迅速。

然而，1999年12月，国家经贸委和国土资源部联合发布1239号文件，文件强调，必须停止民间投资商参与石油开采活动，要求陕西省政府会同中石油集团，协调将民营油井通过收购、兼并、资产入股等办法，并入陕西省延长石油工业集团，实行统一管理，最终争取整体进入中国石油天然气集团公司。

地方政府与中石油的矛盾

1239号文件的下发，固然有部分原因为民间采油初始阶段出现的混乱，但该文件的出台，更多是因民企产生的巨大效益，让中石油对陕北这块先前并不看好的"低渗透油田"产生"觊觎之心"。民企参与油井开发不到10年，陕北石油年产量增长到600万吨，是1990年地方国营开采时的15倍，石油开发收入占地方财政收入的80%，6年增长了50倍，农民的人均年收入从1040元，上升到17000元。

随着1999年油价高涨，特别是当中石油勘探发现陕甘宁盆地油气储藏量为190亿吨，陕北将成为仅次于大庆、胜利油田的第三大油气生产区后，整顿演变成了"陕北地方政府和中石油争夺民营油井的争夺战"。

2002年8月，陕西省政府向国家经贸委提交报告，反对中石油介入，提议以陕西省政府管辖的延长油矿为主整合陕北石油资源，组建区域性股份石油企业集团。几乎同时，中石油也向国家经贸委上书，指责陕北地方石油乱开滥采，主要是由于陕北各市、县政府违法行为造成。中石油强烈建议将陕西15个县的钻采公司全部剥离出来，归中石油所有。

双方矛盾尖锐，谁也不肯让步。陕北地区比较贫穷，政府财政压力巨大，自然不愿拱手让出油田资源。

地方政府强制收购民营油田[①]

在 2003 年之前，中石油和陕北地方政府都在全力争取中央的支持。但到 2003 年初，事态发生微妙的变化。中石油在继续向陕西省施压的同时，其下属长庆局开始单独与一些民营石油企业谈判收购。眼见中石油"率先动手"，陕西方面也紧急行动起来。省政府石油整顿办公室下发指令，要求榆林市政府于 2003 年 5 月前彻底收回所有民营油井，陕西省 2 市 15 县政府的强行"收井"行动由此开始。陕西省政府想抢在中石油之前，把民间投资的油井收归地方政府所有。

陕西省政府发出"收井"信号后，榆林市政府紧接着下发文件，要求各产油县政府"先接管后清算，一步到位，将原投资者彻底退出"。为保证在期限内彻底收回油井，各级政府纷纷采取了强硬手段，突然强行收回油田，2000 多民营油井顷刻间挂上县钻采公司的牌子，几十亿元民营资产变成"国有"。

与此同时，陕北油区 1000 多家民企、6 万多名涉油业主的抗争相应升级。2003 年 3 月到 7 月，上千民营石油投资者数十次来到省、市、县政府请愿，并到西安、北京上访。

陕西省政府被迫放弃原来"坚持无偿收回原则"，变为"给予适当补偿"，补偿由政府单方估价，而且强逼业主领取补偿。投资者们称，此后的清算过程，也是以政府单方面定价为准，远远低于各个投资者的计算价格。投资者们声称，政府支付的回购款，只相当于他们实际投资的 20%。

靖边县某镇最大涉油业主之一的高喜军因不服强行接管被通缉抓捕，交纳 3000 元后，才获取保候审。他有 8 个油井，仅得到 40 多万元补偿，实际上单是油井设备，则至少可卖 200 多万元。

1998 年靖边县钻采公司资产只有 500 万元，负债 2800 万元，销售收入几乎为零。然而在收井当年即实现销售收入 7 亿元，2004 年增长到 9 亿元。到 2006 年，靖边采油厂实现销售收入 12.9 亿元，上缴税费 5.25 亿元，实现利润 1.51 亿元。

结 局[②]

2005 年，陕西省政府所属的中国第四大石油公司陕西延长石油（集团）有限责任

---

① 资料来源：《凤凰周刊》，2005 年第 25 期，总第 194 期。

② 资料来源：《经济观察报》：http://www.eeo.com.cn/eeo/jjgcb/2007/06/18/70896.shtml。

公司正式成立。延安、榆林两市14个县（区）钻采公司完成整体移交，延长集团由此拥有了22个采油厂。延长集团成立后的股权比例是延长石油集团代表陕西省政府控股油田股份的51%，延安市和榆林市各占44%和5%。

截至2006年底，延长石油集团公司总资产600亿元，职工6万余人，当年生产原油926.6万吨，加工原油970万吨，实现销售收入403亿元，税金89亿元，利润76.7亿元，荣列2006年中国企业500强第100位，中国企业效益200佳企业第15位，中国企业纳税200佳第29位。

从2003年7月开始，当地出现了长时间的大规模群众上访。媒体显示，在收回油井、进行结算的过程中，以及针对投资者上访时，政府都使用了强制手段。一些投资者甚至被戴着手铐脚镣在兑付油井款的公证书上按下了手印，投资者一度与政府派来回收油井的人员发生了暴力冲突。2005年5月底，共有3名油老板，3名涉油农民，甚至代理打官司的律师本人，都被刑事拘留，另有两名油老板在逃亡之中。

这起事件涉及陕西15个县的上千名"油老板"和6万农民，他们曾经拥有5500余口油井，据称价值70亿元以上。在经历了四年的纠纷、对抗冲突之后，民营投资者放弃了状告省市县三级政府和要回油井的打算，转而通过沟通和协调来寻求合理的经济补偿；而榆林市和陕西省政府也开始淡化案件的政治色彩，开始和投资者谈补偿问题了。然而，面对政府的强势和油田已被强行收走的既成事实，显而易见，弱势群体是没有什么能力可以获得合理补偿的。

市场经济的多元化为民企打开了机会，但是它们败在了行业垄断和地方垄断两大势力的打压下。地方垄断必然要借助国企，而不可能借助民企，才有可能与代表中央政府的央企相抗衡，争得自身的独立利益。

三、各地区封锁市场的竞争：电动车案例 [①]

为推动新能源汽车的发展，2009年以来，财政部、科技部等部委出台新能源汽车推广补贴政策，规定对纯电动车补贴最高达6万元/辆，混合动力汽车最高补贴达5万元/辆。补贴政策激发了企业和地方政府的投资热潮，却也导致行业低水平重复建设的

---

① 《美国汽车新闻—中国》作者：杨坚，2014年02月14日。http：//www.cnautonews.com/xnyqc/201402/t20140214_287134.htm。《凤凰科技》作者：王鹏，2014年04月10日。http：//tech.ifeng.com/it/detail_2014_04/10/35656956_0.shtml。

副作用。比如在电动汽车相关的锂电池动力系统等领域，短时间内就涌现出八九百家新企业，产能严重超出市场需求。2010年政府开始在5大城市推广电动车的补贴政策，要求这些城市推出相应的地方性补贴政策。在政府支持的鼓励下，多数汽车制造商也开始引入电动车。

根据中国汽车协会提供的数据，2013年全国电动车的销量为14604辆，插电式混合动力车的销量为3038辆。销量少的一重要原因是，在新能源汽车补贴政策中，地方政府往往倾向于将补贴对象限定在本地生产的新能源汽车产品，增加外地车企获得补贴资金的难度。根据现行政策，购买新能源车的消费者必须通过所在城市政府申请补贴款，这就使地方政府能够决定谁能获得中央政府和地方政府的补贴。

目前北京共有7款纯电动车获得国家和地方补贴资格，上海也有7款纯电动车获得国家和地方补贴资助。但是，比亚迪油电混合汽车一直未能纳入北京市政府新能源汽车的政策范畴，主要原因就是北汽还没有推出油电混合汽车。然而在上海，该车已经纳入上海新能源汽车补贴范畴。结果，上海对比亚迪的开放性政策已经使其销量显著上升。

截至2014年4月，深圳在运营的比亚迪电动大巴K9差不多已经有3000辆，纯电动出租车E6也达到800辆，此外还包括近500辆E6纯电动公务车和私家车，如果不是地方保护，比亚迪很难在深圳在如此短时间内做到如此规模。虽然在深圳享受政府优待，但在其他城市，比亚迪却遭遇到了地方保护主义的封杀。其他城市的补贴只面向当地的电动车制造商。例如，江淮汽车是唯一可享受芜湖市电动车补贴的公司。时下向国内及全球市场推广的愿望都极为强烈的比亚迪，遇到的尴尬处境是，其电动汽车业务开拓国内市场要远比开拓海外市场更难。近3个月来，比亚迪的电动汽车就已经在荷兰、乌拉圭等地进行示范运营，4月份还在美国加利福尼亚州建立了首个海外全资大巴工厂。

山东沂星[①]是一家2009年底才正式转型生产纯电动客车的企业，过去3年累计销量达400辆左右，大部分订单来自包括临沂、济南、青岛在内的山东省地方政府。沂星的第一批订单是在市政府安排下，来自临沂市公交集团。以沂星12米的纯电动公交车为例，2010年一辆车的价格约为130万元，是普通汽油车的近3倍。山东省政府和临沂市政府对沂星支持力度很大，两级政府对每辆客车的补贴合计达到100万元。

在新能源汽车领域，目前，企业要实现盈利仍是非常艰难的事。正是中央和地方两级政府补贴，使部分企业生产新能源汽车仍有利可图。目前国内示范运营的城市中，

---

① 财新《新世纪》，2013年第1期。

近一半城市明确发文指令采购本地整车企业产品，还有的城市甚至要求本地采购动力电池等零部件，客观上造成市场分割现象，产生了区域壁垒，严重制约了技术成熟度高、产业化能力强的汽车企业和产品的发展。

新能源汽车目前是有上百家厂在做动力系统，数年来，中央政府提供了大额补贴，以帮助国内汽车公司开发出有竞争力的电动车，但其补贴政策反而使各个城市各自为政，造成重复建设和资源浪费。原因在于，虽然从整体来看，政府支持力度很大，但从每个企业来说支持的力度还不够，由于各地都喜欢支持本地企业，补贴没法形成合力。真正有实力的企业，也无法在全国市场形成竞争力。

政策建议①

电动汽车发展初期，离不开地方保护，当地政府会尽可能地给出优厚政策来扶持本地企业的发展。但是，如果考虑到以后的国家能源安全以及环境保护，把电动汽车上升到国家战略层面，那么就应该考虑，是否在这一领域逐渐放开地方保护，让有能力的企业在全国范围内得到充分竞争，从而通过竞争来培育出几家具备全球竞争力的本土企业，而不是让电动汽车品牌被地方保护主义所扼杀。

第四章　电力行业垄断案例

一、发展历史

1995 年电力短缺现象突出，计划经济时代由电力部"独家办电"的垄断体制弊端日益显露。政府开始实行放开市场，允许多家办电和外商投资电力项目，电力市场形成多元化投资主体，对电力发展起到重要推动作用。1997 年 1 月，国家电力公司成立。当时的改革目标是，通过公司改制，实现政企分开，打破垄断，引入竞争，建立规范的电力市场。1998 年 8 月，国家电力公司推出以"政企分开，省为实体"和"厂网分开，竞价上网"的改革方略，并开始在六个省市先行试点。

进入 2000 年以后，出现了电力供给过剩的现象，表现为新建的二滩水电站刚建成

---

① "地方保护不破，电动车国家战略难立"，http://blog.163.com/yu_jian_liang/blog/static/7206758120136 14112921889/? qiche。

即严重亏损，引起极大关注。2000 年 6 月，国务院三峡建设委员会第九次会议召开，指出"省为实体"在当前电力供过于求的新形势下，必须改革。2002 年 3 月，国务院正式批准了《电力体制改革方案》（即：国务院 5 号文件）。这一文件确定以政企分开、厂网分开、主辅分离、输配分开、竞价上网为主要任务，构建政府监管下的政企分开、公平竞争、开放有序的电力市场体系。同时，组建国家电监会，行使电力监管职能。

同年 12 月 29 日，原国家电力公司拆分重组，11 家新公司宣告成立，即 2 家电网公司和 5 家电力公司。电网环节分别设立国家电网公司和中国南方电网公司，国家电网公司下设华北、东北、华东、华中和西北 5 个区域电网公司，各区域内的省级电力公司改组为区域电网公司的分公司或子公司。此外，5 大发电集团公司如同电网公司那样，通过其纵向或横向的子公司，几乎覆盖了全中国的市场，其在各区域电力市场中的份额大体上不超过 20%。

电力行业的改革经历了从计划时期的部门独家垄断，放开到省级电力公司多家经营，然后又将权力上收的发展过程，最后由中央政府直接授权的电网公司和发电公司来行使垄断经营。1998—2002 年，电力市场放开后的短短几年内，各省级电力公司形成了竞争势态，导致电力过剩的现象。于是，2002 年之后，电力市场又重新回归中央政府授权垄断的局面。

此后的十多年来，电力体制改革没有任何进展，电监会无法做事，形同虚设。于是，在 2013 年政府机构改革中，国家电监会被撤销，并入国家能源局。电力行业监管从政监分离，转为政监合一模式，这意味着监管机构既是政策制定者又是执行者。

二、体制特征

组织特征：目前的电力管理体制，是由过去的"政府垄断"变成了以企代政的超经济"企业垄断"，变成了纵向"条条代政"、横向"以企代政"、区间"划省为牢"的纵横向一体化垄断和区域垄断。在这种体制下，面对独立发电企业、地方独立配电公司和各行各业、千家万户，中央电力企业的输配电单位出现了"企业指挥地方政府"的现象。这种以企代政的垄断体制，在其独占的市场领域，取消了市场竞争，限制其他市场主体的进入。

核心特征：输配供一体化

十年来，电力体制只是实现了厂网分开，这种分开的结果形成了新的电网垄断格局，输电、配电和供电都由国家电网统一管理和垄断经营，电网作为单一购电方向发电厂买电，作为单一卖电方向终端用户售电。

电力垄断表现为，在联网或用网上，某些地区实行歧视政策，造成一些电厂上网困难，在某些地方或农村电网建设上排斥竞争者等。此外，在电网的操作上也是不透明的，造成大部分利润集中在电网上，使电厂还本付息困难，影响到整个电力工业的发展。

现在发多少电要批，建电厂要批，电卖给谁要批，以什么价格卖也要批。所有的电力资源配置都是计划行政之手在起作用。

国电与地电的矛盾：

地电，即区别于国家电网公司和国家电力公司的地方电力公司，目前主要包括蒙西电网、陕西地电、广西水利电业集团公司、四川水电投资经营集团有限公司、山西国际电力集团有限公司、新疆建设兵团等6家，合计经营13个地级市电网和近400个县级电网。

贫困地区的电力建设资金主要由地方政府和群众自筹。在所有权上实行"谁建、谁管、归谁所有"。在1998年以前，国家对农村电网建设改造长期没有正常的资金投入渠道，农村电网处于自我发展阶段。这样的政策形成了一批地方电力企业。

根据1998年的统计数字[1]，当时全国2400多个县，归中央国有、国家直接供电和管理的县有800多个；国家供电到县级电网后，再由地方电力公司趸售的有800多个；完全由地方电力公司自筹建设电厂电网的县也有800多家。也就是说，在当时全国有2/3的县有地电公司。2002年电力体制改革之前，广东、海南、西藏和内蒙古已形成了较有规模的地方电网。但是，随着电权上收，广东和海南都划入了南方电网、西藏由国家电网公司代管、内蒙古东部地区划入东北电网。经历了10年的电力体制整合之后，地方电力公司变得越来越少。

三、案例：国家与地方/民间争夺电力资源

案例1　山东魏桥[2]

民间自办电厂、自建电网，让当地企业和居民用上价格更低的电，这是山东省邹

---

① 《21世纪经济报道》，http：//www.21cbh.com/HTML/2012-5-8/wONDEzXzQyOTEwOQ.html。

② 资料来源：http：//tieba.baidu.com/p/1592476689。

平县魏桥镇趟出来的一条新路。但是，对于国家电网公司来说，山东省在其电网版图之内，这就成为一个巨大的挑战。如果这样的模式在山东甚至全国推广，则势必会影响国家电网的利益。

山东魏桥创业集团有限公司（下称"魏桥集团"）总资产 650 亿元，员工 16 万人，是一个多元化经营的特大型企业。与很多大型生产企业一样，魏桥集团也建有自备电厂，但不同的是魏桥集团的电厂不但为本集团旗下企业供电，同时也通过自建电网向其他企业供电。然而，在魏桥集团所在的邹平县，属于国家电网的供电区域，由于魏桥集团的平均电价水平要比国家电网低 1/3 以上，该区域的用户往往更愿意选择使用魏桥集团的供电。近年来，魏桥集团曾与国家电网下属山东电力公司发生过多次激烈的冲突和武斗，最大规模的一次武斗发生在 2009 年，地点在山东省惠民县李庄，冲突焦点就是魏桥集团欲将自己的电输往惠民县。由于山东政府的支持，魏桥集团模式不但得以继续存在，而且正在不断壮大。

案例 2　陕西地电①

1998 年以来，国家电网公司开始对地方电力进行整合，国电进入陕西只接收了 33 个效益较好的县级电力局，其他 66 个县电力局（包括榆林县），供电面积占全省辖区面积的 72%，但因属贫困地区，工厂少，没什么需求，就没被接收进来，陕西只好将它们组建成陕地电。② 当时这些地区经济落后，陕地电的供电用不完，只好被迫轮流停机，靠着地方政府支持，才艰难地挺了过来。后来，随着这些地区的经济发展，国电也进入该地区，形成两家平行共存的电网公司。由于陕西地电一直坚持拒绝"上划"到国家电网公司，此后陕西的电厂项目审批受阻，造成陕西当地的用电紧张，而在向国家电网公司申请增加供电的过程中也遇到了障碍，双方的矛盾日益加剧。

国电抢占地盘，靠自己的垄断优势，轻易地进入陕地电的供电区域。落户在当地的国家级和中央企业被抢占，但当地项目、省级项目还是留在陕地电。双方不断争夺工业优质客户。为保护自己的供电区域，国电和陕地电多次发生冲突。至今，陕西地电供电面积占全省辖区面积的 72%，然而其市场占有率却仅为 30%。

陕地电下属的榆林供电局，供电营业区覆盖全市 12 个县，电力需求持续猛增，然而，国电以各种借口，不给榆林供电局新增用户提供电源。国电在对榆林电网限负荷

---

① http：//bbs. gupzs. com/thread－134268－1－1. html；《时代周报》，http：//www. time－weekly. com/story/2012－05－10/124006. html。

② 陕西地电是隶属于陕西省政府的省属大型企业，包含 9 个市级分公司，66 个县级分公司。

的同时，曾将其网内电厂余下的负荷长距离输送往外地，加剧了地方缺电，形成了电力资源的浪费，造成的结果是，作为我国西电东输的主要电源地，榆林居然自己缺电严重。

于是，陕西地电与另一家地电公司，即内蒙古电力有限公司（下简称"蒙西电网"）合作，共建电网将蒙西的电引入陕西。但是，这条线路势必要跨过国家电网公司的线路，国家电网公司以安全为由，拒绝陕西地电建设该条线路，陕西地电则强行建设。陕地电榆林供电局的高压输电线路成了两大巨头公开对峙的战场，根据线路建设进度，这条输电线需要从国电榆林供电公司管理的高压输电线路下面穿越，最后完成两端的连接。2012年4月，这个穿越处成为双方对峙的地方，在此僵持不下，险些酿成一场"群殴"。最后地方政府不得不出动武警来解决这场危机。由于陕西政府的支持，陕地电榆林供电局在这番较量中获得全胜。它们强势地建立了输电网，填补了电力供求缺口，改善了网内电量不足的掣肘，同时也获得了价格更便宜的电力供应。以陕西地电与蒙西电网的合作项目为例：蒙西电网、陕西地电的实际电价比国家电网公司要低一半。

案例3 内蒙古窝电[①]

蒙西电网是除了国家电网和南方电网之外，唯一一家同时具有输电和供电资质的电力企业。作为国家能源基地，内蒙古的风能与煤炭资源均列全国第一，具有发电优势，素来是电价洼地。蒙西电网负责蒙西8个盟市的输配电业务，这8个盟市以外的区域属国家电网公司管辖。蒙西地区多余的电力要想送出去，必须经过国家电网所辖电网。目前，蒙西电网有两条外送通道，其中，内蒙古电力通过网对网（蒙西电网对华北电网）使进京电价比北京居民电价低1毛多。在内蒙古本地，蒙西电价4毛多，而蒙东的电价（使用国家电网）则要每度电8毛多。这是地方政府支持蒙西电网公司发展的主要原因。

由于外送通道不畅，在全国其他地方闹电荒的背景下，内蒙古放弃风力发电、限制火力发电的现象十分严重。由于火电企业发电受限，需要煤炭数量有限，不得不耗费大量运输能力把煤炭外运出去。尽管在蒙西，国家电网规划了两条特高压（电力外送）项目，却迟迟未见动工。在国务院只授权国网介入的特高压线路建设上，蒙西电网与国家电网项目合作进展迟缓。明明有很多地方缺电，明明内蒙古电企可以多发电赚钱，却无法实现。由于对外输电线路建设滞后，且需跨过国家电网区域，富余电力

---

① 《中国电力网》，http://www.chinapower.com.cn/newsarticle/1162/new1162721.asp，2012年7月。

外送一直进展不顺利。

然而，就在内蒙古本地电企有电无处卖，亏损严重的同时，同在内蒙古的大唐、华能等5家直供电厂，属于国网在蒙西的自备电厂，可通过独立通道直接向华北和东北电网输电，它们因为隶属国家电网而赚得盆满钵满。内蒙古电企指责国家电网"欲吞并蒙西电网不成，利用自己的垄断地位限制内蒙古电力上网，对内蒙古电力跨省外送消极怠工，造成电企大面积亏损"。

案例4　四川小水电①

四川省幅员辽阔，自然、经济条件差别大，城市、县镇、农村用电点多、面广、分散，要求不同，而水能资源遍布全省各地，特别是少数民族地区、边远地区和贫困地区中小水电资源丰富。目前中小水电资源开发程度仅为19%。这些农村水电和配套电网，解决了国家电力难以解决的广大山区或贫穷地区的用电需要。

四川可开发的中小水电资源遍布全省各地，主要集中在江河上游的山区，这些地区地域大、人口少、负荷分散，不太适宜大电网长距离输送供电，而农村水电具有分散开发、就地成网、就近供电与投资省、成本低、工期短、见效快的特点，特别是农村水电资源丰富的地区，农村水电有着突出的资源优势、区位优势和比较优势。

矛盾的一方是四川电网公司，隶属国家电网，另一方是四川的地方电力，主体是中小水电，即农村水电。国家电网利用手中掌握的农网改造资金和电能交换及其价格的支配权，强调代管、上划是农网改造的前提，不让代管、上划地方小电网，就不安排农网改造资金和解决供电缺口和优惠电价。国家电网强迫一些农村水电企业实行"厂、网分离"，结果地方电网被收走，留下小水电有水难以发电，发电难以自用，上网难以自主，面临生存危机。原来自发自供自用，现在限时限量限价上网，"三自"变"三限"；原来直接廉价送电服务用户，现在低价上网被转手加价送电卖给用户，"廉价"变"高价"；原来自发为主外购为辅，企业盈利，社会贡献率高，现在限自发增外购，发电收入大量减少，购电费用大量增加，企业出现亏损，影响县域经济发展，增加地方财政负担，"贡献"变"包袱"。一些地区的农村水电自供自管县电网被代管、上划后，农村到户电价不是下降而是上涨，结果比原来乡镇小水电的到户电价高1倍以上。

---

① http：//www.hbrc.com/rczx/shownews-2346575-14.html.

四、出路：促进竞争，界定合理自然垄断范围

以上几个案例反映出在中国电力体制中，国家和地方的尖锐矛盾。国家电网 倚仗其政府授权的垄断地位，认为所有的电网和电力配送都应由它们来经营管理。但是，由于地方电力资源的充分利用，可以更低成本的发电，更廉价的配送，它们自然不愿选择国家电网的高价格。这是矛盾的根源，也是矛盾持续不断、无法解决的原因。结果，国家垄断电力主体，与地方电力、民间电力等其他电力的不同投资主体或生产经营实体之间的经济利益矛盾日益突出。说到底，这是国家垄断者与地方企业或民企争夺电力资源的表现。

按照政府目前规定，110 千伏及以下配电电网主要由地方、群众出资建设，并直接面对用户，属配电公司设施。输电和配电具有不同的属性，为了提高两者的效率，做到公开、公正、公平及无歧视的竞争，输电公司不应直接经营和管理配电公司，更不应上划代管地方独立配电公司。我国农村电价在不少地方之所以居高不下，重要原因在于现行的垄断体制，未形成输配分开、竞争供电的机制。

地方水电企业都是自主经营、自负盈亏的法人实体和市场竞争主体，而且全国已有1000 余户骨干中小水电企业和大量小水电企业，实行了股份制和股份合作制改革，对他们的小电网强行上划代管，是营造高度垄断，是明显的倒退。这些地方强烈要求国家电业实行输配分开，给予这些地方小水电合理的生存空间和充分的选择权。

国家电网跟水电、新能源、西北风电之间都出现过类似问题，它们生产的电没办法通过电网输送出去，造成了非常大的浪费。这种情况一再发生，结果国家电网一手遮天，压制各种分散的供电主体。

从"条条"电力管理体制和"块块"的地方电力的矛盾来看，当前电力体制改革的核心之一应是输配分离，这就意味着要打破现有电网的垄断。然而，多年来，电网企业在辅业经营、输配电一体化方面已经越走越远，而且电力生产过程是连续的，发电、输电、变电、配电和用电在同一瞬间完成，容易形成电网的自然垄断。但是，即使是自然垄断，也是有其特定范围的，即在其范围内成本最低，但如果超出这些范围，其他发电供电者的成本更低，这种垄断就是不合理的。供电体系应当是一个开放的，面对所有的发电者都应是公平竞争的体系，低成本者的进入会使整个供电的总成本降低，而不是画地为牢，独霸行业，自成一体，强买强卖，形成封闭体系下的垄断寡头。

政策建议：

输配分离，培育多家购电主体。电网仅保留跨省间（特）高压输电网络，作为输电通道和电力交易的载体。输电网络是一个具有自然垄断特性的系统，国家对电网进行严格管制，确保收费的公共服务属性并能回收投资及得到合理回报；将配电环节从资产、财务和人事上从国家电网剥离出来，引入民间资本介入，允许配电公司和大用户直接从发电公司购买电力，在用户方面引入竞争。改变单一电力购买方的市场格局，培育多家市场购电主体，打破垂直一体化的垄断，从竞价上网到逐步开放输电网和配电网，将单一购买模式转向批发竞争和零售竞争。

地方电企通过电网竞价或电监渠道，对于国家电网的传输有发言权、投票权，那么国家电网一网遮天的情况就可以得到化解。以前国家电网跟水电、新能源、西北风电之间都出现过类似问题，它们生产的电没办法通过电网输送出去，造成非常大的浪费。这种不合理的情况只能通过利益的均衡和多元化竞争来打破。

近十年来，电网的改革越改越滞后，厂网分家后又出现倒退，国家电网不断向上下游延伸，垄断力量越来越强势，甚至把一些合理的地方小水电都挤压得没有生存空间。所以需要形成制衡的力量，需要更多的类似于魏桥电力、陕西地电或蒙西电网，以及四川小水电，通过它们的选择来表达自己的权益，此外还有其他的电厂、新能源公司，风电或太阳能公司等，让他们都具有充分的选择权来表达各自的意愿。通过竞价上网的方式，充分合理的配置电力资源。

第五章　水泥行业并购：中国建材案例[①]

一、基本概况

中国建材集团成立于 1984 年，2003 年成为国务院国资委直接监督管理的中央企

---

① 宋志平："中国建材包容性成长"，2011 年 03 月 06 日，英才（北京）；《经济观察报》2008 年 03 月 14 日，作者：刘伟勋报道；宋志平："经济中速增长下水泥等行业的机会和选择"，2013 年 08 月 04 日，《中国企业家》；"中国建材集团大肆兼并盈利不佳短债千亿"，2013 年 03 月 22 日，《中国建筑新闻网》；"宋志平谈经济升级背景下的大企业发展"，2013 年 09 月 10 日，《中国企业报》；"中国建材：整合式成长之路"，2012 年 11 月 29 日，http：//blog. sina. com. cn/s/blog_ 6b51c97501015af7. html；"央企 + 民企 = 竞争力"，2011 年 10 月 28 日，《天下浙商网》，http：//www. zjsr. com；中国建材股份有限公司港交所各年年报。

业。中国建材集团资产总额逾 3600 亿元，员工总数超过 18 万名，直接管理的全资、控股企业 17 家，控股上市公司 6 家，其中海外上市公司 2 家。

集团公司的核心是中国建材股份有限公司（以下简称"中国建材"，英文缩写 CNBM）于 2005 年 3 月成立，2006 年 3 月 23 日在香港联交所挂牌上市（股票代码：HK3323），募集资金 21 亿港元。上市以来，中国建材通过联合重组的方式，用七年多时间，先后并购了 337 家企业，水泥生产能力从 100 多万吨迅速增长为 2013 年（至上半年）的 3.8 亿吨，成为行业中最有影响力的龙头企业。现在，中国建材已构建起 45 个核心利润区，覆盖面包括南方六省一市（浙江、江苏、江西、安徽、湖南、广西、上海），西南地区（云贵川等），北方地区和中原地区，几乎波及大半个中国的水泥行业，涵盖这些地区的龙头企业，因而在一定程度上控制了这些地区的销售和定价权。

二、并购依据和过程

2006 年 10 月，国家发改委颁布的《水泥工业产业发展政策》强调，为进一步提高企业集中度，国家鼓励水泥工业通过资产重组等形式发展跨部门、跨地区的企业集团。政府的主要目标是，通过跨省收购将前十大水泥生产商的总体市场份额提升至 2015 年的 45% 以上。从产业政策制定者的角度来看，解决产能过剩问题只有靠大企业进行整合，可减少行业的资源损失，对银行的坏账、死账可以进行保全。同时由于大企业掌控市场，使得价格相对稳定，企业能获得较好的利润，进而回补银行贷款利息和收购溢价。为此需要限制新产能增量并推动行业整合，政府和相关管理部门相继出台了一系列法规和政策，以监控水泥业新进入的企业和产能增量，这将增强龙头水泥企业的市场地位和定价能力。

水泥属于典型的标准化无差异产品，存在运输半径，区域特征明显。虽然全国集中度较低，但部分区域集中度较高，容易出现区域性的季节性短缺，各地水泥价格主要受当地局部的供需影响。同时，水泥产品较高的同质性又使水泥行业的规模效益显著，成为较利于规模扩张的行业之一。借助这样的行业和区域特征，具有较大规模的企业可以通过控制局部市场，来实现控制市场供求，从而掌握一定程度的定价权。因此，龙头水泥企业可通过并购加速在全国范围内的扩张，它们将成为行业整合的最大受益者。中国建材则是作为这种扩张的典型代表，其规模扩张是最快的。

中国建材制定了"大水泥"发展战略，以"区域化"为策略，推进跨地区、跨所有制的大规模联合重组，快速成为区域内的领军企业。中国建材重组以来，水泥行业的集中度不断提升，行业前十强企业的市场占有率由 2005 年的 15.3% 增长到目前的 30% 左右。

中国建材集团急于将规模做大，不仅来自发改委的产业政策推动，也与国资委的重组政策不无关系。国资委多次表示，将对排名在行业前三之后的央企进行重组，建材行业的央企规模较小，它们急于扩大规模，以确保自己在未来的央企重组中占据有利地位。

三、重组的目标和动机

2007 年，在浙江 200 多家水泥企业中，缺乏具有强大市场导向作用的领军企业，激烈的市场竞争导致水泥市场价格持续下跌，一些地区水泥行业陷于全面亏损状态，当地政府、行业协会与水泥企业都有联合重组的急切呼声。与此同时，在湖南、江西、广西等省，水泥市场需求增长潜力大，资源条件优越，但新型的生产技术发展相对滞后，当地政府与水泥企业都想通过招商引资，吸引具有资金实力、具有管理与技术优势的大企业大集团参与重组。

央企的资源优势、政策优势、规模优势、资本优势、技术优势凸显出来。大家对央企比较认同。中国建材的吸引力主要在于央企的地位，产业政策支持，各级政府大力支持等。这个平台最大的好处之一就是融资能力强，民营企业如加入中国建材，因为良好的财力背景和担保能力，更容易取得贷款，而且还能取得银行下浮利率。

中国建材推行联合重组的目标模式：过去水泥行业基本是建立在市场短缺上，在供给不足的情况下，通常的盈利模型叫"量本利"，即随着产量的增加，可以减少单位成本里的固定费用，进而达到降低成本取得利润的效果。现在包括水泥产业在内，中国很多产业都出现了严重的产能过剩，产品大量积压，再进行产量增加不但不能摊低固定费用，还将增加变动成本。因此，应转变到"价本利"的发展模式，即在以销定产的大思路下，首先确保一个合理的产品价格，以此取得利润，而不是靠盲目增产。

因此，中国建材实践了新的成长方式和盈利模式，通过区域化战略，把水泥企业联合起来，而不去建新线，加增量；盈利模式不再着眼于量的增加，而是着眼于稳定价格，然后降低成本来取得效益。

重组后形成一个区域的计划资源配置体系：南方水泥、北方水泥、西南水泥、中联水泥这四大板块，各个板块中包括区域公司。以南方水泥为例，其先后吸引了浙江、上海、江苏、安徽、湖南、江西、广西等六省一市146家水泥企业加盟，形成了五大区域公司，整合成为具有区域市场话语权的联合舰队。尤其是南方水泥，要通过区域性联合重组，在中国经济最发达、市场化程度最高、水泥需求增长潜力最大的东部和中南经济区域形成市场领导地位。

在这几大板块中形成的各个区域公司，成为该区域的市场控制者。由于所占的区域市场份额较高，它们便具有了较强的市场力量，能够具有一定的定价权。这种定价权正是企业重组并购的目标之一，能够确保企业实现利润。说到底，通过重组并购进行规模扩张，就是为了在一定区域内实现控制市场供给，从而控制价格的目的。水泥行业的区域差异化特点，恰恰能满足在这种区域市场实现垄断的目标。

四、重组结构、并购优势和资金来源

中国建材作为重组方，对企业的选择主要基于对目标企业的价值评估，以利于组建后企业集团整体效应的提高。通过聘请专业的中介机构对目标企业进行审计、评估和调查，以企业的资产评估价值为基础确定收购的股权交易价格。对于重组企业，中国建材采取"七三原则"：中国建材收购70%股份，给民企创业者留30%的股份。"七三原则"既有利于中国建材用较低的成本进行整合，又能让被重组方易于接受。

中国建材在战略层面的区域平台公司做到了绝对控股。原因在于，如果外部投资股份占比太大，决策权就无法集中，难以确保执行力，例如当平台公司需要做出限产、停产决定时，矛盾可能会大量产生。

被收购企业的老板在股权上的利益不再直接与之前的公司关联，但是可以作为平台公司股东，因而需要顾全的是整个平台的利益。这正好符合平台公司对区域市场控制的需要，避免了同一区域市场不同子公司之间相互的利益冲突。

2006年3月，中国建材在香港上市，融资20多亿港元，此后中国建材迅速进行了三次增发配售，从资本市场共融资110亿港元。另一方面在金融市场上，中国建材发了10亿元长期债券，24亿元短期债，银行给了200多亿元综合授信贷款，这些资金有力地支持了中建材的联合重组，这是由于国家政策明确要求银行大力支持并购重组项目的贷款。总的来说，在资金方面，中国建材上市后，通过配股、发债、争取银行授信等手段，在短短几年内获得了超过300亿元的发展资金。

4万亿经济刺激的计划，确实对建材行业来说是及时雨、雪中炭，中国建材是第一个受益者，也是最大的受益者。集团为此成立大项目指挥部，要求各单位要抓大项目，抓大投标，抓大合同、大订单。[①] 这些大项目的优惠订单在很大程度上确保了中国建材的需求市场。相对来说，那些中小民企是不可能得到这些订单的。

　　企业重组的基本目标就是为了实现规模经济，为了更有效地占领市场，从而实现市场领导者的地位，掌控市场力量和市场价格的决定权。如果依靠自身利润的积累，实现内生式的扩张重组，往往是较长的实力竞争的过程，但是通过这种竞争，最终的市场力量掌控者才能是具有最强竞争力的企业。然而，如若不考虑实力，依靠拼资金的并购重组，实际上可能达不到合理竞争的结果。中国建材的并购特点正是在于，它不需要经过内生的发展和实力的竞争比拼，而是通过中央政府和地方政府的大力支持，就能获得源源不断的资金来源，实现高速的重组并购，从而掌控了大片的市场领域的控制权。

五、并购效应及风险

合并导致成本费用下降

　　中国建材并购案例表明，重组之后企业的成本费用显著下降，具体如下。[②]
　　管理成本有所下降：这是由于原先分散的企业合并为一个区域公司之后，减少了许多不必要的管理环节和采购销售环节，因而可以精简管理人员和营销人员，导致管理和营销费用的下降。
　　财务成本下降：通过集中融资和统一授信，加强银行账户管理、实行收支两条线、定时支付和支出账户限额管理等措施，例如浙江嘉兴实行集中资金管理后，对口融资银行由原来的 14 家归集至 2 家，银行账户从 62 个减少到 24 个，可大大节省财务费用。
　　采购成本下降：主要归之于集中招标采购的管理模式。例如在江西、浙江区域，对于煤炭采购形成每月集中招议标制，通过招议标发挥大集团规模优势，每吨煤炭价格可降低 20—30 元。这样可以大大节约煤炭采购成本，其他物资也采取这种集中采购方式，能够显著节约采购成本。

---

① 来源："中国建材不足两年并购 120 余家水泥企业"，慧聪建材网，2009 年 1 月 15 日
② 来源："水泥企业区域性大规模的重组整合"，http://www.cnbm.com.cn/wwwroot/c_000000290007/d_22145.html，2012 年 5 月 11 日。

区域定价权和市场控制权带来企业利润上升

以南方水泥为例，开展联合重组之前，浙江水泥产能已达 1.4 亿吨/年，市场水泥消费量约为 1 亿吨/年，企业有 30%的生产能力没有发挥。由于企业数量多、产能大，但平均规模有限，企业效益严重滑坡，部分企业陷入破产的边缘。

南方水泥大规模联合重组浙江水泥企业后，充分发挥在区域市场内的影响力，有效遏制了部分区域市场价格恶性竞争的局面。自 2009 年 8 月起，以南方水泥为龙头的区域内水泥企业，通过行业自律、节能限产，在周边省份水泥行业利润率下降的情况下，浙江市场水泥熟料的价格由原来的 180—190 元/吨逐步回升，到 2010 年 9 月恢复到 300 元/吨以上。据中建材负责人接受《经济观察报》采访时称，[①] 整合已初见成效，以浙江地区为例，中国建材建立了区域价格协调机制，响应浙江水泥协会的限产保价号召，实施了恢复性价格上升，使企业盈利有了明显增加。

可能存在的风险

中建材作为央企，其本身就有很大的市场力量优势，这些都是被并购企业愿意搭便车的原因。然而，优势的过度滥用可能就会成为劣势。

过度融资的趋势

一般民企很难从银行得到贷款，即使能贷到，其成本也显著高于央企。因此，考虑到这个好处，民企被并购之后，显然可能会大大降低融资成本。然而，正是由于太容易获得廉价资本，中建材则大规模负债。2011—2013 年，中国建材累计借款近 4 千亿，其中多数来自银行授信，而在这些数千亿的银行贷款中，有将近 92%属于无抵押贷款。"这种巨无霸型的企业和央企的身份，银行在放贷时，对债务水平的容忍度会高一些，公司还了银行钱以后，银行还会继续借钱给他们。"结果，中建材的资产负债率已由 2010 年的 75%攀升至 2013 年 6 月的 82.8%，而水泥业的平均负债率仅为 60%左右。除了银行贷款，中建材还不断发行债券，在 2007—2012 年发行的所有企业债、中期票据、短期和超短期融资券总额为 264 亿元，而仅 2013 年一年，就已发行超 300 亿元的短期融资债。由此可见，中建材面临的偿债压力相当巨大，相应的风险也在不断增加。

中国建材的资产已从 2008 年的 589 亿元膨胀到 2012 年三季度末的 2175 亿元。超

---

① 《经济观察报》电子版，http://www.eeo.com.cn/eeo/jjgcb/2008/04/21/97419.shtml，2008 年 4 月 19 日。

强的负债能力，支撑了中国建材资产规模的扩张。其同期负债由 468 亿元扩大到 1761 亿元，银行为中国建材的扩张提供了充足"弹药"，然而资产和负债规模的膨胀，却无法带来盈利的稳定增长。

正是由于这种融资优势地位，导致中建材大举借债，因而有可能出现过度负债的风险，这也是不少国企规模过度扩张的根源。在市场景气上行的阶段，依靠源源不断地借贷和债务可以维持发展过程，但是，一旦经济出现下行，出现不景气的时候，资金链就会断裂，中建材的庞大债务就会出现偿付危机。这时，如果是私企，就会出现破产危机，但是国企则会诉诸政府救援和补贴，这是历来如此的惯例和结果。

即使在经济景气阶段，由于银行源源不断输血，资金链得以维持，但是这种依靠庞大联合舰队的市场势力来获得市场控制力和价格决定权的方式，不是依靠企业内在实力和降低成本的竞争优势来获得市场份额，也会导致低效率的资源配置。

规模经济递减的可能性

中建材这种存量重组，并不涉及单个企业的产量效益递增的规模效率，而主要涉及统一采购、统一管理这类管理规模带来的递增效率。大企业在这方面具有较强的议价能力，因而能够以较优惠的价格采购成本，同时，对于许多中小企业的合并重组，可以减少不必要的管理环节，带来管理费用的节省。设想通过大企业规模的市场力量来压低原材料采购价格，同时提高产品销售价格，采取这种以强势对弱势、以大对小的市场交易，而非生产性潜力带来的效益递增是很有限的。

一般来说，企业的规模越大，管理层级就越多，可能涉及的管理成本就会随之递增，可能带来的委托代理成本和相互协调成本也会越大，这也是所有企业都没法持续不断扩张的边界，到了一定的临界点，企业就会停止扩张。

那么，中建材是否到了这个扩张的临界点呢？在市场经济的正常发展过程中，企业主要是根据自己的成本收益的均衡以及相应承受力来决定是否继续扩张。如果他们总是得到错误的信号，盲目的扩张就不可避免。中国建材这种"借钱、并购扩张、再借钱、再扩张"的模式已经受到质疑。这样扩张下去，其边界究竟在哪里？实际上，这种"先做大、再做强"路线的模式，已经有很多失败的先例。国企在政府强力支持下大量并购的结果，占据与其实力并不相称的市场份额，负盈不负亏是必然的。

因此，如何避免这种过度的规模扩张带来的负效应？尤其是在生产技术导致的规模经济效应不变的基础上，如何确保管理水平能够跟上，不出现管理成本递增？这是中建材面临的难题，也是中建材能否确保并购成功、发展业绩可持续的关键。

六、中国建材的并购重组行为是否涉嫌垄断？

集体停产限价早已是水泥行业公开的秘密。早在多年前，江浙地区率先发起行业自保战略，每年都要集体停产数次。随后，东北、河北、山东等地也先后掀起了集体停产限价风潮。2012年3月，辽宁省工商局根据《反垄断法》，对11家签署协议的水泥企业实施行政处罚。这也是全国水泥行业区域联盟首次因为集体限产保价被处罚，处罚金额高达1637万元，成为自《反垄断法》颁布以来，水泥行业垄断案中的典型。

然而，在2012年下半年，东北水泥企业仍然实行协同停产，这样操作果然奏效，2012年整个建材行业处于低迷状态，东北水泥行业却逆势上扬，价格始终维持在450—500元/吨的水平。为了进一步巩固战果，东北水泥企业决定从2012年12月1日开始，进行长达4个月的停产检修。2013年初，东北地区曝出"锁窑"事件，[1] 引起水泥行业内外媒体的强烈关注，同时再度引发了对于这种垄断行为的大讨论。[2]

2013年国家发改委派出30个工作组，赶赴各省市区严查水泥行业垄断。水泥行业巨头和大型水泥企业首当其冲，水泥价格联盟将成为调查的重点之一。最后，考虑到水泥行业产能过剩情况，2012年利润率较低，此次价格协同行为持续时间不长，发改委最终做出一定妥协，定性不属于垄断行为，但对涉及"锁窑"的东北、湖南地区部分企业，将处以一定罚款。[3]

发改委的这次反垄断调查的目标是协同限产保价，这对于多数涉及企业来说，无疑是触犯了垄断的红线。那么，对于中建材这样的巨型企业来说，其并购了几十甚至几百家企业，占据了很多区域市场的半壁或大半壁江山，形成了具有区域市场话语权的联合舰队。凭借大规模联合重组，把很多竞争对手变成了合作伙伴，把企业之间的竞争变为企业内部的协调，进行统一协同生产，统一销售保价，似乎并不涉嫌垄断。那么它们的行为与那些被罚款企业的协同限产保价的垄断行为有什么不同呢？

---

① 锁窑事件，是指三家东北水泥巨头企业（占整个东北水泥产能一半）推出了"三把锁"方案，即三家企业都在窑炉运行的中控室里上了三把锁，每个锁分别对应一个企业，只有三家企业负责人同时到场，才能开锁并重新启动生产。

② 海螺集团董事长郭文叁曾表示，国内水泥年产能不足20亿吨，根本达不到30亿吨。这透露出水泥并不过剩的信号，同时也表达了海螺水泥渴望市场竞争的诉求，从侧面表达了对此前行业内盛行的协同保价的反对。

③ "发改委棒打水泥行业垄断意外'烂尾'"，http：//www.cementren.com，2013年3月25日。

　　问题的关键在于，数个企业之间实行价格同盟，进行限产保价的行为是某种纯粹的设立市场壁垒行为，并不涉及生产效率的提高；而并购重组的企业行为，虽然可能涉及垄断，但也可能通过内部协调的整合方式，降低生产成本，促进技术进步，那么这种重组行为则是有益的，即使涉嫌垄断也是合理的、经济的垄断。但是，如果这种行为产生的效果是消极的，不能增加效率，反而增加风险和提高价格或成本，那么所涉嫌的垄断就是非经济的不合理垄断。所以，我们还需要进一步深入分析其垄断行为及其可能产生的效应。

　　那么，中国建材的并购效应如何？成本是否降低，效益是否提高？效益提高来源于降低成本还是来源于市场垄断力量，抑或两者的结合？

　　2006 年海螺水泥与中建材在淮海地区展开激烈竞争。亏损成为两家企业的常态。经过十多次谈判，中建材成功收购了徐州海螺万吨线，仅一年时间，原本亏损的两家企业都开始盈利，这是中建材第一次尝到了并购的甜头。在浙江的大规模并购也是如此，并购后的几年内，该地区的水泥价格不断提升，从而也带动了企业利润的大增。

　　2009 年，江西大型水泥集团在并购重组方面有了重大进展，兼并重组涉及整合水泥产能近 2000 万吨，水泥业集中度进一步提高，产能集中度达到 60%。与此同时，不仅江西省出现水泥价格大幅飙升，浙江、河南、安徽等区域水泥价格也都呈现大幅上涨的态势。区域水泥价格大幅上涨的一个背景是，近几年各个区域水泥企业纷纷开展兼并重组，水泥集中度大幅提高。

　　中建材自己也直言不讳，并购的目的就是要控制市场，确保定价权。然而，这种单纯依靠重组产生的市场垄断效应并不持久，毕竟中建材局部区域的市场垄断力量是有限的，在水泥市场的激烈竞争中，2012—2013 年，水泥价格大跌，加上企业重组的费用负担太重，财务成本上升，导致企业效益急剧下降。

　　与水泥行业内另一企业海螺水泥相比，中国建材的吨毛利平均要低 20 元。庞大的规模并不意味着强大的盈利能力，据中国建材 2013 年年报披露的业绩，营业收入高达 1177 亿元，同比大增 35%；而净利润为 57 亿元，仅增长了 3.3%。同期，水泥巨头海螺水泥 2013 年实现营业收入约为中国建材的一半，而净利润却接近中国建材的 2 倍。

　　总之，在中建材的业绩中，主要部分来源于协同保价导致的价格上涨，还有一部分来自于政府补贴，而融资成本和管理成本的减少，很大程度上可能被过度负债的沉重压力所抵消，或者可能被庞大的企业内部耗费的组织协调成本所拖累。从并购的成本优势来看，有一利就必有一弊，能否消除弊端，发扬优势，则需要相当高的管理协调能力。至于想依靠市场协同保价的方式来提高价格、保住利润的行为，则是游走在涉嫌垄断的边缘上。

第六章　总　结

一、条条垄断与块块垄断及其相互交织

中央政府直接授权控制的部门是完全垄断，其目标是控制国家层面的经济命脉或宏观发展战略。中央政府间接控制的领域则是通过大型企业集团公司来垄断，包括许多可竞争领域，例如发电、煤炭、汽车、钢铁、有色金属、化工原料、造船、建筑等。在这些领域，政府的目标是为了实现市场控制力，打造大型企业或龙头企业，以便控制这些市场的产能和价格，提升盈利能力。不过，在这些已部分放开的竞争市场，多元化主体的竞争导致央企试图通过兼并方式来垄断市场的行为，遇到相当的阻力，这些阻力主要来自地方政府支持的地方国企或民营企业。因此，在这样的市场领域，中央政府通过央企的垄断行为，与地方政府试图保护本地市场的行为，经常是交织在一起，相互冲突或相互补充的。

地方政府控制的块块垄断，主要是在本地资源的领域，例如较小规模的矿山、石油、房地产等，其余的绝大部分是在可竞争市场领域，例如钢铁、化肥、汽车、水泥等。地方政府的市场控制力往往局限在本地市场，能够提供的地方保护也是以本地市场为主。地方政府支持本地企业积极参与市场竞争的行为，也能够造就一些具有竞争力的企业。但总的来说，地方支持保护政策的多半结果是较差的，其导致许多地方企业的市场竞争力较弱，尤其是一些效益低下的地方国企，在保护政策下勉强维持生存，仍然保持自己的市场地盘。

条条与块块之争，从计划经济时代就开始了。现在，每当经济情况不太好时，中央就会采取放开政策，把一些控制权下放到省市，如果仍然不行，就再下放到地市县一级。那些放开比较彻底的市场，体现在较低层级上，例如地市县水平，行业中的绝大多数企业都民营化了。但是，仍有不少放开不彻底的行业，仍然保留很大部分的国企，由政府保持着控制权。对于这样一些行业，一旦经济好转，往往又出现权力上收。这时，就会出现地方政府与中央的集团公司的矛盾冲突局面，最后往往实现中央国有

企业和地方国有企业的利益妥协，而处在最底层的民企就会首先被挤出。山西煤矿和陕北油田就是这样的案例。

无论是中央的条条控制，还是地方的块块控制，它们都是为了争夺某种垄断权。这样的条条块块之间的反复折腾，都没走出垄断的轮回。只有彻底让政府从市场中独立出来，不要再充当市场竞争参与者，经济才可能做到公平竞争。

二、条条垄断和块块垄断的结果：产能不足和产能过剩

行业垄断与地区垄断都通过国企垄断表现出来，前者是以央企为主的条条垄断，后者是以地方国企为主的块块垄断。

条条垄断主要由中央企业集团公司来实行，其典型代表是电网、石油、电信、金融等，在这些行业，由于央企具有强大的控制力，严格把握着这些市场的进入，使之缺乏最必要的竞争，市场供给明显低于市场需求，供求缺口导致高额垄断利润成为必然趋势。因此，条条垄断的典型结果就是高额垄断利润。

块块垄断主要由地方政府控制或支持的地方国企来实行，其多数是在那些可竞争行业，因而面临着较激烈的竞争。由于地方政府对于这些企业的保护性支持，导致这类企业的过度投资，通常表现为恶性竞争。也就是说，地方垄断行为表现为对其企业的过度保护，即使亏损也不退出，结果产能过剩是突出表现和必然结果。

两种行为的表现结果完全不同，甚至截然相反，但是其本质都是垄断，都是一种政府对于其隶属企业的一种保护，使之免于竞争的行为。对于条条垄断来说，这种保护是通过设立市场进入壁垒来实现的，但对于块块垄断来说，设置进入壁垒不太容易，但给予各种优惠政策，例如财政补贴、订单保障、低息贷款、人才优惠、土地划拨优惠等，都能在很大程度上确保这些隶属地方政府的国企免于市场的公平竞争，因而能维持生存，而无须退出。

垄断利润来源于交易中的弱势方，最终来源于大多数社会民众。它不仅是社会福利的损失，也是社会公平的损失。大量的腐败主要根源于这样的垄断体制，近期屡见不鲜的腐败，最多的就是来源于这种垄断。从电力垄断案例中就能明显看到这一点。[①]

条条垄断经常表现为产能不足，因为只有这样它才能保持高额垄断利润。块块垄断较多表现为产能过剩，原因在于地方政府 GDP 最大化的利益目标。多年来一直强调

---

① "能源官员落马因由解密：搞电力审批的几乎被抓遍"，《上海证券报》，2014 年 7 月 30 日。

产业结构不合理需要调整，但总是无法奏效，原因就在于这种垄断体制。根源不除，产业结构畸形是没法消除的。

解决产能过剩的关键，首先要知道可能造成过剩的原因在哪里？按照竞争规则，通过公平合理竞争，优胜劣汰，产业就会实现供求均衡。但是如果持续出现产能过剩，这说明存在退出壁垒，该退的不退，依然盘踞在位，才导致过多产能无法消化。实际上，这种退出壁垒主要是由国企在地方政府保护下形成的。这种退出壁垒与进入壁垒的实质一样，是一种特殊形式的市场垄断。

三、各种政策之间的相互矛盾

产业政策的主要目标包括以下两点：1）产业结构调整，主要致力于解决产能过剩。2）淘汰落后产能，促进产业升级和技术进步。为了实现这些目标，政府的主要手段之一是兼并重组，做大做强，推行产业集团化，以便通过控制产业来实现上述目标；手段之二是给予补贴，促进企业采用新技术和推动产业的技术进步。

国资委的主要目标是，促进国企实现产值和利润的最大化，力争进入行业排名前三，以便成为该行业的领导企业，确保中央企业的市场优势地位。

在竞争方面似乎并无某种整体的统一目标，具体政策主要由国家工商局、商务部和发改委下属的反垄断局来分头实施。国家工商局及其各地的隶属机构最经常处理的是各种直接交易市场（农贸市场等）上的不公平竞争行为，例如欺行霸市、强买强卖、串谋涨价等。商务部主要涉及外商外资等涉外经济方面的不公平竞争行为的处理。发改委下属的反垄断局则直接面对各种垄断行为，对各种涉嫌垄断定价和兼并重组行为进行审查和处理。

产业结构的畸形或产能过剩是历年来产业政策调整的重点，但是始终解决不了，原因在于采用了政府干预的、违反竞争规则的方式去解决，结果是产能过剩越来越多，适得其反。

条条与块块的矛盾也是如此，采用一种垄断来取代另一种垄断的不良效果，其结果是恶性循环，愈演愈烈。这个怪圈需要用竞争来打破。

国资政策的目标实际上就是国有企业的目标，从央企到地方国企，均以实现国企的最大化利益为主要目标。然而，正是这样的目标，导致行业的高度垄断和高额利润，或导致国企的大量扩张，加剧了产能过剩。在这样的政策倾斜下，国企利益最大化的结果与市场竞争均衡的目标是完全不一致的，因此要么就是高额垄断利润，要么就是产能过剩总是无法实现竞争的均衡，关键就在于，缺少合理的竞争机制以及竞争行为。

例如，按照产业政策和国资委政策来讲，中建材的重组行为是合理的，能够降低产能过剩和节能减排，并增加企业利润。但是从竞争的角度来看，它却不是通过内生的市场竞争行为，而是通过政府之手，包括政策支持、行业组织协调、各类合作协议、融资优惠或财政直接补贴，间接或直接促成了这种提高集中率的并购重组。这种集中率的提高的目标在于，减少竞争，在区域内形成市场价格的控制力，提高重组企业的利润。但是，究竟什么是合理利润和价格，是否允许企业通过减少供给消除"恶性竞争"的方式提高价格？对于这些问题，不经过竞争是很难给出合理答案的。政府的产业政策缺乏必要的市场竞争为基础，以此确定的抑制竞争的政策，是与市场经济的基本竞争规则相悖的。

任何产业政策，倘若不是建立在市场经济公平竞争的合理性基础上，它是不可能成功的。

政府通常只讲目标，不讲手段，然而市场经济恰恰需要强调这个过程和手段的合理性，强调只有合理的手段和过程，才会有合理的结果。事实也证明，通过不合理手段，最终是无法实现合理目标的。

四、如何识别垄断：从市场的最基本特征出发

关于垄断行为，存在着五花八门，多种多样的手段和策略，因此在识别垄断方面，是十分棘手的，经常需要通过反复取证调查等方式，才能确定。然而，对于中国式的垄断，我们首先需要从一个整体的市场经济角度来观察和分析，而不是一开始就陷进大量的垄断行为的细节里，从而影响从整体上来观察和识别中国式的垄断。

由于中国的市场经济还处于未成熟时期，还存在着大量计划时代遗留的国企垄断产物，因此我们需要从市场经济的最基本特征来判定是否存在垄断，这就是看是否符合市场的基本法则，即是否存在进入壁垒，是否优胜劣汰。也就是说，如果持续存在着市场进入壁垒，而且这种壁垒是不合理的；如果持续存在排斥竞争，优不胜、劣不汰，那么就极可能存在垄断。

从我们以上的统计描述和案例中，可以明显观察到这些现象。在那些存在严格准入壁垒的行业，几乎全部为国企垄断的行业，例如石油、烟草等行业，存在着高额垄断利润，这是典型的由行业进入壁垒形成的完全排斥竞争的垄断，具有十分明显的垄断特征。

另一种垄断特征表现为，存在一定程度的竞争，但表现为不公平竞争，即优不胜、劣不汰。例如，在行业垄断的电力行业，存在着少数地方电力部门，尽管它们的成本明显低于国家电力，但是受到行业垄断的打压而难以生存发展。在电动车市场，质量较好的比亚迪电动车，由于受制于各个地方垄断市场的分割，而无法进入更多的市场获得发展。此外，对于大量可竞争行业的实证研究结果也表明，[①] 成本低的民营企业相较于高成本的国企，并不具有市场优势，受到政府保护的国企，即使其效率较低，也可以长期保持甚至不断扩大市场份额。

由此可见，中国的垄断来自计划时代的国企垄断，因而是一种具有系统偏向的体制特征，从这些基本特征出发，不难发现存在大量的垄断行为。然而，这些行为由于具有各种政策保护色彩，似乎具有了某种合法性，使得现有的反垄断法或相应政策不会触及它们，使得大量的国企能够"天然地"具有豁免于竞争的特权。例如，当民企或外企要实行兼并重组时，会受到政府反垄断机构的严格审查，而国企的重组兼并，不管其重组规模有多大，不仅可免予反垄断审查和查处，甚至还被各级政府大力鼓励和支持。这种明显的不公平竞争现象在目前非常普遍。

因此，识别中国式的垄断实际上并不难，只要我们以市场经济的核心——公平竞争机制为基准，就能较容易地看到大量与之相悖的、十分明显的垄断行为。

五、可竞争市场上豁免于竞争的国企行为特征[②]

区别于可竞争市场上的其他非国有企业，这类国有企业的特征大致如下：

（1）低效率国企，或零利润企业，主要依靠土地以及其他相关优惠政策维持生存，短期甚至需要依靠贷款发工资，或者通过重组兼并，或通过削减债务，来挽救企业，让盈利企业为那些可能破产的企业托底，导致这些国企永远不会有破产的市场压力；

（2）通过政治关联或集团内部关联交易，锁定需求市场，企业可以高于市场水平的价格销售产品，因而能够维持其高成本的生存持续发展；

（3）几乎所有的国企重组兼并扩张，都可以免于《反垄断法》的审查或批准，因为产业政策支持国企"做大做强"，因而国企的垄断行为具有合法性。不仅如此，政府各部门，包括银行等，都为国企的扩张兼并大开绿灯，使其可用大量贷款来进行兼并

---

① 参阅刘小玄和张蕊："可竞争市场上的进入壁垒"，《中国工业经济》，2004 年 3 月。

② 这里主要涉及可竞争市场，不包括那些全行业垄断的企业。

收购。在这种情形下，国企四处"攻城略地"，到处收购上游资源产业或那些易于垄断的企业，以便掌握市场控制权。

（4）国企上市门槛较民企低得多，普遍受到特别优待批准进入，因而可以得到资本市场的大量溢价优惠，成为国企上市圈钱的廉价的生财之道。在现有的上市公司中，国企的比重大大高于民企的比重。

（5）国企集团的迅速扩张和多元化发展，目标是为了控制更多的市场份额，通过这种方式操纵市场。同时还可通过这种集团的关联交易，转移内部利润，实现在职高消费和高福利。

（6）在涉及招标项目或公共工程之类的领域，通过设立各种有利于某些类型企业的进入门槛，例如资质、规模等，阻止其他企业进入竞争。由于国企与政府先天性的内在关联更多，与掌握招标权的政府官员具有更多人脉关系，以及相对较隐蔽的低风险，因而大部分受益者为国企，可以为其形成垄断势力范围创造条件。

上述各种类型的企业能够或多或少地豁免于市场竞争，原因不外乎几个：一是存在隐性补贴，其来自于资本市场、信贷市场、经理市场（部分劳动市场）、原材料市场的进入壁垒或障碍；二是存在政治关联或权贵联结关系，形成了独立于一般市场交易之外的内部交易圈子；三是设租寻租，形成权钱交易，排斥正当合理的市场竞争。四是，也是最重要的，中央政府（以国资委为代表）的产业政策鼓励国企做大做强（各省市国资委也大体遵照这样的产业政策），并以规模和利润增长率指标来考核国企业绩，目标就是一切，至于采用什么手段，则无人过问，也缺乏监管。因此，这样政策的后果是，滥用市场地位、滥用补贴、短期行为、不思创新、设租寻租等，导致资源配置效率恶化，产业结构畸形，社会福利损失。

总之，在中国，反垄断或公平竞争的最大问题，在于国有企业可以借助政府权力的管制，或体制内在的先天关联性优势，或政策赋予的优先发展地位，而免于市场公平竞争，这样的行为往往具有某种合法性外衣，因而较难识别，成为社会不公平发展和低效率的重要根源。

六、政策建议

竞争政策的执行虽然由三家负责，但都涉及十分具体的交易行为方面，而没有真正能够在较高的整体层面上全面系统地监督公平竞争的机构。因此，虽然中央已明确宣布要实行市场经济，但市场经济的最基本规则——公平竞争——却没有统一的高层部门来实行和监督。实行反垄断的这些机构各自为政，各管各的具体领域，无法制约以产业政策和国资政策为依据的更高层次的垄断行为。

竞争并不是与产业政策等其他政策平行的某种政策，虽然它有一些具体规则，但是在这些具体的规则之上，竞争应当是一套全面统一的系统。当存在各个政府机构各自为政，其政策之间相互打架、相互冲突的时候，恰恰表明我们缺乏这样的整体统一机制。尤其在从计划垄断模式到市场放开竞争的转变过程中，特别需要有一个能适应市场经济全面关联性的机制的设立，才不至于出现整体经济被条块分割的碎片化结果，才能把各项政策目标有机结合在其中并加以协调，排除各种与市场经济目标相悖的、以垄断利益最大化为目标的政府行为。

政府以往只注重实现目标的结果，不注重实现目标的过程，及其相应的发展模式。市场经济最重要的核心，就是要通过合理的竞争过程，才会产生有效率的资源配置结果。不注重过程，不通过竞争，是无法实现最优产业结构和资源配置的。因此，在中央层级上，对于全面公平竞争及其过程的监管和协调机构的建立是十分必要的。总体的经济政策需要建立在各部门各项政策的协调机制基础上，产业政策等各项政策都要以市场公平竞争为主要基础，来实行全面的配套。

具体来说，市场化改革的顺序，对于那些直接授权的垄断部门，例如铁路、邮局、电网、采盐、烟草、土地垄断（房地产）等，主要涉及中央层面的授权问题，如果放开，可能需要经过法律调整。对于已经实行政企分开的垄断部门，例如石油、金融、矿产、电信、电力、航空航运等，需要多方面达成改革共识，然后出台相应政策和法规，才有可能推动。从目前来看，在这方面的市场放开要求似乎不那么迫切，一步到位也不太可能，可能需要缓慢的、小步走的、边走边看、反复试点的自发渐进改革方式。

从改革的角度来看，破除地方政府的垄断行为，是目前较为可行的，并不需要涉及授权和国家大政策的调整。只要改变单纯GDP的考核方式，改变地方官员的利益激励机制。然而，地方竞争机制有其积极作用，的确可以推动经济发展，可以制衡中央政府的条条垄断，活跃经济多元化，通过竞争来促进资源有效配置。因此，如何保留其积极因素，消除其消极因素，需要在机制设计上好好考虑。

从可竞争市场入手，是一个立即可行的较好切入点，尤其是大多数的地方垄断市场都在此处，产能过剩的现象在这一领域也比较严重，迫切需要解决。如果能够在这个市场实行较彻底的公平竞争机制，从中实现产业政策长期以来难以达到的产业结构优化的目标，那么就给进一步放开其他领域的市场提供了很好的示范，也给全面推行竞争政策提供了积极的样板。

附　录

中国存在着一系列错综交织的产业范畴，经常可以看到的官方表述有：基础产业、战略产业、支柱产业、自然垄断产业等，然而从经济理论来看，通常把产业划分为两大类，即竞争产业和管制产业，那么上述这些产业究竟属于哪一类？由于中国的管制行业并没有一个官方的、较为一致的清晰定义，它们主要是通过政府及其主管部门的各种相关政策、计划和文件具体才能涉及，因此我们可以从政府的实际政策和相关文件中，考察一下上述这些产业中各包含哪些具体产业，考察一下究竟这些产业是否属于政府管制的产业。

通过发改委和国资委等政府部门发布的文件，我们可以总结出管制行业主要通过以下方式或表述来定义。

（1）通过要求投资审批或一定投资规模批准才能进入的行业，发改委通过这些限制或规则来控制进入市场的行业。那么发改委是否还控制这些行业的价格？并非所有这些需要投资审批的产业都服从于政府的价格管制，只是部分行业受到价格管制。对于具有一定竞争性的产业，政府更愿意通过控制市场进入，而不是控制价格，来实现其目标。因为通过市场进入的控制，价格也很容易被控制，尤其是在某些部门，一些大企业具有市场支配权，因而具有市场垄断权和价格主导权。因此政府鼓励和促进国企扩张的结果，可以实现这种市场主导支配权。

（2）国资委宣称的那些应当处于完全国有独资或国有控股的行业，具体如下。

自然垄断行业，它们被包括在发改委和国资委称为"战略性"和"支柱行业"的分类中。

2006年国资委指明的"战略性产业"，如下表：

表 25

编号	产业
1	国防
2	电力和电网
3	石油和石化产品
4	邮政和电信
5	煤炭
6	民航
7	船舶航运
8	铁路
9	烟草
10	盐

2006 年国资委指明的基础产业和支柱产业，在其中称为"骨干企业"和"龙头企业"的国企，国有资本应保持绝对控股或有条件的相对控股。具体涉及产业如下表：

表 26

编号	产业
11	设备制造
12	汽车
13	电子信息技术
14	建筑
15	钢铁
16	有色金属
17	化工
18	勘察设计
19	科技研究

新技术或战略性产业如下，其在各种政府经济计划列出的，例如第十二个五年计划。（这些产业不具有某个特定的统计代码，而是不同程度地分散在各个行业中，因而

难以给出一般统计口径的行业定义。)

表 27

编号	产业
20	节能和环境保护
21	新的信息技术
22	生物技术
23	高端设备制造
24	新能源
25	新能源汽车
26	新材料

由此可见，在上述 26 个部门中，如不考虑国防和上述新技术产业，从一般的产业统计标准来看，可以得到由产业政策和国资委政策包括的 18 个管制产业。

这些政府或国企发挥主导作用的产业通常被划分为如下类型：经济命脉、自然垄断、战略性和支柱、新技术。然而，政府对此的相关口径也在不同时期有所变化，强调的重点也有所不同，以下列出了这种主要的政策或决策的变化过程。

1999 年十五届四中全会关于国企改革和发展的主要决议提出：① 国有经济部门需要加以控制的包括三大领域：有关国家安全，自然垄断和提供重要公共品和公共服务的部门。同时，决议还提出，对在支柱产业和高技术产业内的重要骨干国有企业需要保持控制权。

这就是说，1999 年的国有控制行业是在国家安全、自然垄断、公共产品与服务这三大领域。另外，需要保持国有控制的企业（注意，不是行业）主要是在支柱产业和高新技术产业内。然而这里对于支柱产业和高新技术产业并未给出明确的定义或范围。

2004 年发改委要求投资审批的部门名单（参见刘小玄背景报告的表 10）

2006 年国资委划定的必须由国企主导行业的政策，即经济命脉和国家安全的战略性产业，共七个行业。其中战略性的关键部门是那些与国家安全和经济命脉相联系的

---

① 根据 1999 年十五届四中全会通过的文件《中共中央关于国有企业改革和发展若干重大问题的决定》，对于需要保持国有控制的行业表述如下："国有经济需要控制的行业和领域主要包括：涉及国家安全的行业，自然垄断的行业，提供重要公共产品和服务的行业"，对于需要保持国有控制的企业则包括"支柱产业和高新技术产业中的重要骨干企业"。

必须由国企绝对主导控制权。① 具体的七大行业为：国防、发电和电网、石油和石化制品、邮政和电信、煤炭、民航和船舶航运。

从以上这些产业可以看到，国家应保持控制力的范围从三个部门（即国家安全，自然垄断和公共产品）增加到七个（还不包括国家铁路；烟草业和盐业，这些不言而喻并一直由政府控制的产业），这七大行业并不完全属于上述三大领域，其中例如煤炭、石化制品、民航和航运，既不属于自然垄断和国家安全，也不属于公共服务的领域。

同年，国资委主任李荣融强调，国企要在基础和支柱产业保持主导，这些产业的央企是重要骨干企业和龙头企业，其中国有资本应保持绝对控股或有条件的相对控股。以上这些产业构成了"管制产业"，并形成了产业政策所涵盖的部门。结果，国有控制的范围又增加为九大产业（见表2）。

总之，从企业角度来看，国有经济对企业的控制范围明确为九大行业，也比原先扩大了不少，在支柱产业和高新技术产业的基础上又增加了基础产业，即使这个产业以前并不属于管制产业。政策还强调，对于这些行业的骨干企业，国有资本应当绝对控股或有条件的相对控股，相对原先的保持控制力有了更明确的控股条件的规定。

2009 年政府发布了十大产业振兴计划，作为应对金融危机的刺激经济方案，这是由发改委、工信部和其他相关部委起草的。这些产业包括钢铁、汽车、船舶、石化、纺织、轻工、有色金属、装备制造业、电子信息，以及物流业十个重点产业。虽然该计划并未全部要求国家资本控制或市场进入限制，但是该计划明确表示，设备制造、造船和电子信息属于战略产业，这是属于政府控制的领域。

主要的计划内容包括：一方面，控制总量、淘汰落后、兼并或联合重组、技术改造、优化布局，做大做强。发挥大集团的带动作用，培育具有国际竞争力的大型和特大型钢铁集团，扩大规模，提高集中度。

另一方面，政府预算支持基建投资，或者专项资金，来推动产业技术进步。例如在汽车行业 3 年内中央安排 100 亿元专项资金，重点支持企业技术创新、技术改造。

以上振兴计划的政策基本上都向国企倾斜，尤其是在鼓励支持做大做强和提高产

---

① 根据 2006 年 12 月国务院转发国资委《关于推进国有资本调整和国有企业重组的指导意见》，表明国有经济应对关系国家安全和国民经济命脉的重要行业和领域保持绝对控制力，包括军工、电网电力、电信，石油石化、煤炭、民航、航运等七大行业，国有资本应保持独资或绝对控股（国资委主要监管国有工业企业，因此不涉及金融、铁路、邮政等垄断行业）。同时，国有经济对基础性和支柱产业领域的重要骨干企业保持较强控制力，国有资本在其中保持绝对控股或有条件的相对控股。

业集中度方面，实际上都不同程度涉及垄断，在政府投资优惠和财政补贴方面，也涉及歧视民企的不公平竞争。

2012 年第十二个五年计划认定七个新兴技术或战略产业，明确提出要重点发展的七大新兴战略性行业如下：节能环保、新兴信息技术、生物、高端装备制造、新能源、新能源汽车和新材料。

2013 年工信部关于在关键产业和企业加速兼并重组的指导意见①，涉及九个关键产业（见表 2）中的国资委支持的骨干企业，要求国有控股主导。鼓励国企在这些产业提高产业集中度，提出了到 2015 年兼并重组的主要目标和重点任务。其中，钢铁行业的目标是 2015 年前十家钢铁企业集团产业集中度达到 60% 左右，汽车行业是前十家整车企业产业集中度达到 90%，形成 3—5 家具有核心竞争力的大型汽车企业集团。此外还有水泥等其他产业，都制定了较为具体的实现产业集中度的明确目标。

值得关注的是，上述这种旨在增加产业集中度的方式，主要是通过兼并重组来实现的。其涉及的九大行业，大都是国资委明确表示需要由国有资本保持较强控制的支柱产业。由此可见，国有企业将在其中承担最主要的控制职能，产业集中度的大幅提高也主要依靠国企的兼并来实现。

根据上述各个不同时期中央及政府部门的文件，可以得到以下四类产业作为具有垄断性质或管制行业的典型代表。

（1）战略性产业是一个十分宽泛的概念。尽管政府并未给出明确的范围，但是，国资委明确表示要控制的七大产业或九大产业，基本都是战略性产业。从十大产业振兴规划来看，明确提出装备制造、船舶制造、电子信息这几个产业为战略性产业，而"十二五"计划中也提出了七个战略性产业。概括起来看，实际上，战略性产业的内涵大致为，国家安全，国防建设，海洋开发，国民经济命脉，体现国家综合实力，关联度高，产业带动效应强，技术资金密集，高新技术，具有新增长点效应等，能够涉及较长远发展目标的产业。总之，由于这些标准本身的模糊性，且涵盖的范围太大，使得战略性产业这个范畴不具有明确的边界范围，而具有任意性和可变性。

（2）支柱性产业是一个更宽泛的概念。它通常包括：装备制造、汽车、电子信息、建筑、钢铁、有色金属、化工，后来的十大产业振兴计划里，还把纺织业也列为

---

① 2013 年 1 月 22 日，工信部网站挂出《关于加快推进重点行业企业兼并重组的指导意见》，由工信部、国家发改委、财政部等国务院促进企业兼并重组工作部暨协调小组 12 家成员单位联合印发。工信部负责牵头组织协调企业兼并重组工作。

传统支柱产业，把电子信息产业作为先导性支柱产业。

（3）基础性产业，没有明确定义，除了建筑（基础设施），勘探设计领域外，最近又把电子信息产业和物流产业纳入其中。由于后来的这两个产业都是新兴产业，大量的民营企业占据了很大的市场份额，呈现出蓬勃发展的势头，政府能够发挥的作用十分有限。但是在前两个行业中，政府的主导作用十分明显，大量的基础设施都是靠政府控股的公司来实现的，民企很难进入这个领域。

（4）自然垄断行业通常是约定俗成的，在铁路、供电、水务和天然气生产供应等领域，基本上都是政府授权国企完全控制的。不过自然垄断这个领域往往会被政府加以扩大化，通过一定的自然垄断环节把上下游的非自然垄断的产业链也囊括进来，例如发电，属于可竞争性质的，但经常与供电网络绑在一起，成为一体化的产业链；又如石化产业的产品和其上游资源的供应，也是如此。

后面的这些附表（A1—A7）列出了这些涉及管制的行业在国民经济中所占的份额。它有助于说明，这些服从于产业政策和市场准入限制的管制行业，具有多大的范围和规模，在这些行业范围内，市场竞争是受到较严格限制或管制的。

表 A.1　管制行业的产出/增加值占该行业总产出或加总 GDP 的比重（1997，2006，2008 and 2013）

单位：千万

代码	产业	1997 年增加值	占 GDP 比重	2006 年增加值	占 GDP 比重	2008 年增加值	占 GDP 比重	2013 年增加值	占 GDP 比重
06	煤炭采选	712.1	0.95%	3587.3	1.66%	7557.9	2.41%	15991.5	2.81%
07&25	石油开采和加工	2345.7	3.14%	8300.9	3.84%	14981.5	4.77%	21056.0	3.70%
16	烟草制品	823.2	1.10%	2379.7	1.10%	2965.0	0.94%	5772.3	1.01%
26	化学原料和化学制品	1189.9	1.59%	5398.8	2.50%	9124.3	2.91%	20909.3	3.68%
32	钢铁	1025.4	1.37%	7004.5	3.24%	12477.1	3.97%	20855.0	3.67%
33	有色金属冶炼和加工	311.3	0.42%	3198.0	1.48%	4970.9	1.58%	11193.0	1.97%
35&36	通用和专用设备制造	1340.2	1.79%	6095.6	2.82%	11452.1	3.65%	22564.6	3.97%

（续表）

代码	产业	1997年增加值	占GDP比重	2006年增加值	占GDP比重	2008年增加值	占GDP比重	2013年增加值	占GDP比重
37	交通运输设备和汽车	1005.9	1.35%	4933.4	2.28%	8229.6	2.62%	19274.3	3.43%
39&40	电子和信息技术设备	1722.0	2.30%	11702.3	5.41%	17734.4	5.65%	33975.1	5.97%
44	电力、热力生产和供应	1627.1	2.18%	6912.5	3.20%	10058.5	3.20%	18232.9	3.21%
45	燃气生产和供应	10.7	0.01%	191.7	0.09%	243.2	0.08%	631.8	0.11%
46	水的生产和供应	113.1	0.15%	315.1	0.15%	400.0	0.13%	659.2	0.12%
47－50	建筑	4621.6	5.8%	12408.6	5.7%	18743.2	5.9%	40807.3	6.9%
	第二产业加总	**16847.6**	**22.15%**	**72428.4**	**33.47%**	**118932**	**37.81%**	**231922**	**40.55%**
72	房地产	2921.1	3.7%	10370.5	4.79%	14738.7	4.69%	35987.6	6.1%
51－59	交通和邮政服务	4148.6	5.2%	12183.0	5.6%	16362.5	5.21%	26036.3	4.4%
68－71	金融	4176.1	5.3%	9951.4	4.6%	18312.9	5.8%	41190.5	7.0%
	服务业加总	**11245**	**14.55%**	**32504**	**15.03%**	**49414**	**15.71%**	**103214**	**17.90%**
	全部产业加总	**28093**	**36.7%**	**104933**	**48.5%**	**168346**	**53.52%**	**335136**	**58.45%**

资料来源：《中国统计年鉴》

注：本表包括了15个工业行业，4个建筑类的行业，1个房地产行业等，共计33个行业。表中的交通邮政分类中包括了铁路（代码51）、公路（52）、城市公共交通（53）、航运（54）、民航（55）、管道运输（56）、装卸（57）、仓储（58）、邮政（59）。由于没有这些具体行业的独立数据，只能笼统地归为一大类。建筑行业和金融行业各包括4个部门，也是只有大类行业数据，而无具体细分行业数据。在工业部门中，设备制造、化工、电子信息技术等属于部分规制行业，建筑部门、房地产部门、交通运输等部门也是如此。

本表既包括了服从于完全管制的垄断部门，例如烟草、石油、邮政等，也包括服从于部分管制的局部垄断行业，其中大部分行业属于部分管制。

本表未列入的管制行业还包括通信业，这是一个垄断产业，此外勘探设计和科技研究部门，同样也没有相应数据，因而未列入，因此总体比重会有所低估。

2008年以来，官方统计数据不再公布工业增加值的数据，故2008/2013的增加值是估计得到的，即用以前年份的增加值/营业收入乘以当年的营业收入。

建筑业和服务业各年都采用增加值的数据。

表 A．2：管制行业的产出或增加值占其所在产业以及第二产业或第三产业总产值的比重（1997 年，2006 年，2008 年和 2013 年）

单位：千万

	代码	产业	1997 年增加值	占 GDP 比重	2006 年增加值	占 GDP 比重	2008 年增加值	占 GDP 比重	2013 年增加值	占 GDP 比重
第二产业产出	06	煤炭采选	1406.8	1.85%	7461.2	2.10%	15315.2	2.72%	32404.7	2.73%
	07&25	石油开采和加工	4270.0	5.62%	22840.4	6.43%	33689.2	5.99%	52370.9	4.41%
	16	烟草制品	1281.3	1.69%	3174.3	0.89%	4259.7	0.76%	8292.7	0.70%
	26	化学原料和化学制品	4216.2	5.55%	20322.2	5.72%	33308.5	5.93%	76329.8	6.42%
	32	钢铁	3732.7	4.92%	25768.2	7.26%	45658.7	8.12%	76316.9	6.42%
	33	有色金属冶炼和加工	1340.8	1.77%	12847.9	3.62%	20666.9	3.68%	46536.3	3.92%
	35&36	通用和专用设备制造	4287.4	5.65%	21036.8	5.92%	37954.3	6.75%	74846.5	6.30%
	37	交通运输设备和汽车	3943.4	5.19%	20137.3	5.67%	32913.4	5.86%	77085.1	6.49%
	39&40	电子和信息技术设备	6711.6	8.84%	50703.9	14.28%	72552.9	12.91%	138244.5	11.63%
	44	电力、热力生产和供应	4595.4	6.05%	22222.5	6.26%	30245.3	5.38%	54825.0	4.61%
	45	燃气生产和供应	121.3	0.16%	880.9	0.25%	1592.1	0.28%	4136.8	0.35%
	46	水的生产和供应	258.2	0.34%	670.4	0.19%	880.8	0.16%	1451.4	0.12%
	47－50	建筑	12462.6	16.42%	41557.2	11.70%	62036.8	11.04%	159313.0	13.40%
		第二产业加总		64.05%		70.29%		69.58%		67.50%
第三产业的增加值	51－59	交通和邮政服务	4148.6	15.37%	12183.0	13.76%	16362.5	12.46%	27282.9	10.41%
	68－71	金融	3606.8	13.36%	8099.1	9.15%	14863.3	11.32%	33534.8	12.79%
	72	房地产	2921.1	10.82%	10370.5	11.71%	14738.7	11.22%	33294.8	12.70%
		第三产业加总		39.55%		34.62%		35.00%		35.89%

资料来源:《中国统计年鉴》

注:2006 年、2008 年和 2013 年的产出采用主营收入作为产出变量,1997 采用产品销售收入作为产出变量。

建筑业各年都采用总产出变量。

本表未列入的管制行业还包括通信业,这是一个较大的垄断产业,此外勘探设计和科技研究部门,同样也没有相应数据,因此在第三产业中,管制产业的总体比重会有所低估。

实际上,在中国,大量的管制行业正是通过国企的行业控制力或主导力量来实现政府目标的。政府相信,通过保持国有企业控制权才能实现其对于产业的主导权。通过表 A.3 可以明显看到国企在各个管制行业的主导地位。不过,即使在那些国企并不占据支配地位的行业,仍然存在着部分市场准入管制,例如化工、机械和电子信息技术部门等。

表 A.3　各管制行业的国有企业的市场份额（2013）

代码（新）	产业	SOE % of Industry Revenues
06	煤炭采选	58.80%
07	石油和天然气开采	87.72%
16	烟草制品	99.23%
25	石油加工	68.65%
26	化学制品	17.44%
31	钢铁	32.88%
32	有色金属加工	33.35%
34－35	设备制造	13.80%
36－37	运输设备制造	43.54%
36	汽车设备制造	44.59%
37	其他交通运输设备制造	39.70%
38－39	电子（信息技术）	8.49%
44	电力、热力生产和供应	93.12%
45	天然气生产和供应	48.95%
46	水生产和供应	69.16%
47－50 53－60	交通和邮政服务	N/A
63	电信	>80%
66－69	金融	>60%

资料来源:2015 年《中国统计年鉴》

注:采用销售收入的比重来测定市场份额。

交通、邮政、建筑部门的数据无法获得，通信和金融部门 2013 年的数据是粗略估计得到。

国家统计局在 2013 年采用了新的统计标准，将以前的交通运输设备部门（代码为 37）分解为两个部门，即汽车（代码 36）与其他交通运输设备（代码 37）。其他行业代码也略有调整，例如机械部门等。

由于缺乏第三产业等部门的相关数据，我们采用工业部门可得到的较完整数据，来进一步考察国企在其中的地位。表 A.4 提供了各个管制行业的国企在全部工业部门的资产份额及其变化；表 A.5 提供了这些行业中的国企在本行业的资产份额及各年变化；表 A.6 和 A.7 则分别提供了这些国企的销售收入和利润在本行业的份额及各年变化。

表 A.4　管制行业的国企资产占全部工业部门总资产的比重（1997、2006、2008、2013）

代码	产业	1997 年资产总值	占比	2006 年资金总值	占比	2008 年资产总值	占比	2013 年资产总值	占比
06	煤炭采选	3064.9	2.96%	9105.9	3.13%	14696.8	3.41%	34588.4	4.07%
07&25	石油石化	5558.9	5.37%	12962.6	4.45%	19961.5	4.63%	30818.8	3.62%
16	烟草	1601.6	1.55%	3494.3	1.20%	4389.8	1.02%	7899.1	0.93%
26	化学制品	4520.2	4.37%	7788.7	2.67%	9686.0	2.25%	17322.9	2.04%
32	钢铁	6485.3	6.27%	13815.5	4.74%	21011.3	4.87%	32206.3	3.79%
33	有色金属加工	1537.3	1.49%	4039.4	1.39%	6293.1	1.46%	13366.1	1.57%
35&36	设备制造	3958.2	3.83%	6598.2	2.27%	9888.7	2.29%	16925.0	1.99%
37	交通运输/汽车设备	4000.0	3.87%	11419.6	3.92%	16451.0	3.81%	34609.7	4.07%

（续表）

代码	产业	1997 年资产总值	占比	2006 年资金总值	占比	2008 年资产总值	占比	2013 年资产总值	占比
39&40	电子（信息技术）	2750.1	2.66%	5245.1	1.80%	7601.3	1.76%	15921.6	1.87%
44	电力、热力生产和供应	8598.4	8.31%	41178.0	14.14%	55742.6	12.92%	90207.1	10.60%
45	天然气生产和供应	394.7	0.38%	1042.2	0.36%	1261.4	0.29%	2976.1	0.35%
46	水生产和供应	922.0	0.89%	2735.9	0.94%	3514.1	0.81%	5955.8	0.70%
	合计	43391.6	41.95%	119425	41.01%	170497	39.52%	302797	35.60%

资料来源：《中国统计年鉴》

表 A.5　管制行业的国企资产占本行业部门总资产的比重（1997、2006、2008、2013）

代码	产业	1997 年资产总值	占比	2006 年资金总值	占比	2008 年资产总值	占比	2013 年资产总值	占比
06	煤炭采选	3064.9	89.21%	9105.9	82.26%	14696.8	75.53%	34588.4	71.28%
07&25	石油石化	5558.9	91.28%	12962.6	82.35%	19961.5	81.46%	30818.8	73.14%
16	烟草	1601.6	96.23%	3494.3	99.23%	4389.8	99.13%	7899.1	99.03%
26	化学制品	4520.2	62.01%	7788.7	42.13%	9686.0	35.14%	17322.9	29.06%
32	钢铁	6485.3	82.24%	13815.5	59.76%	21011.3	59.70%	32206.3	51.42%
33	有色金属加工	1537.3	69.71%	4039.4	47.17%	6293.1	44.53%	13366.1	41.95%

（续表）

代码	产业	1997年资产总值	占比	2006年资金总值	占比	2008年资产总值	占比	2013年资产总值	占比
35&36	设备制造	3958.2	52.07%	6598.2	34.06%	9888.7	29.97%	16925.0	26.15%
37	交通运输/机器设备	4000.0	61.26%	11419.6	58.24%	16451.0	52.82%	34609.7	51.80%
39&40	电子（信息技术）	2750.1	30.78%	5245.1	15.55%	7601.3	15.92%	15921.6	16.39%
44	电力、热力生产和供应	8598.4	75.45%	41178.0	88.64%	55742.6	89.56%	90207.1	90.34%
45	天然气生产和供应	394.7	92.65%	1042.2	71.11%	1261.4	57.29%	2976.1	56.66%
46	水生产和供应	922.0	86.51%	2735.9	76.07%	3514.1	79.97%	5955.8	81.43%

资料来源：《中国统计年鉴》

表 A.6 管制行业的国企销售收入占同行业销售收入的比重

代码	产业	1997年资产总值	占比	2006年资金总值	占比	2008年资产总值	占比	2013年资产总值	占比
06	煤炭采选	1066.9	75.84%	5041.3	67.57%	9279.1	60.59%	19053.9	58.80%
07&25	石油石化	3767.2	88.23%	19092.1	83.59%	27184.1	80.69%	38180.4	72.90%
16	烟草	1240.7	96.83%	3153.1	99.33%	4231.2	99.33%	8228.9	99.23%
26	化学制品	1993.9	47.29%	6151.4	30.27%	8017.0	24.07%	13314.9	17.44%
32	钢铁	2738.6	73.37%	11664.4	45.27%	20054.0	43.92%	25089.8	32.88%

（续表）

代码	产业	1997年资产总值	占比	2006年资金总值	占比	2008年资产总值	占比	2013年资产总值	占比
33	有色金属加工	734.6	54.79%	4426.2	34.45%	6507.4	31.49%	15520.5	33.35%
35&36	设备制造	1610.1	37.55%	4908.9	23.33%	7513.9	19.80%	10331.6	13.80%
37	交通运输/机器设备	1979.4	50.20%	10340.7	51.35%	15070.7	45.79%	33562.3	43.54%
39&40	电子（信息技术）	1370.1	20.41%	4452.1	8.78%	6317.3	8.71%	11738.7	8.49%
44	电力、热力生产和供应	3699.0	80.50%	20170.9	90.77%	27780.2	91.85%	51050.8	93.12%
45	天然气生产和供应	107.7	88.78%	519.5	58.97%	799.7	50.23%	2024.9	48.95%
46	水生产和供应	208.5	80.76%	476.6	71.09%	607.4	68.96%	1003.8	69.16%

资料来源：《中国统计年鉴》

表 A.7　管制行业的国企利润占同行业利润的比重（1997、2006、2008、2013）

代码	产业	1997年资产总值	占比	2006年资金总值	占比	2008年资产总值	占比	2013年资产总值	占比
06	煤炭采选	34.8	68.79%	396.4	57.41%	1352.0	57.57%	1197.7	50.54%
07&25	石油石化	222.0	81.96%	3224.3	96.54%	3149.9	87.54%	3406.2	82.28%
16	烟草	123.2	98.39%	463.8	99.58%	710.0	99.58%	1206.1	98.69%

（续表）

代码	产业	1997 年资产总值	占比	2006 年资金总值	占比	2008 年资产总值	占比	2013 年资产总值	占比
26	化学制品	- 6.3	–	282.7	24.83%	156.0	8.13%	133.8	3.25%
32	钢铁	16.0	62.74%	749.3	54.81%	329.6	20.95%	- 4.8	–
33	有色金属加工	- 4.1	–	452.8	51.60%	211.2	24.90%	83.9	5.80%
35&36	设备制造	- 31.8	–	241.5	18.35%	430.4	16.56%	461.9	9.21%
37	交通运输/机器设备	11.3	12.72%	474.4	47.31%	968.4	45.52%	2899.2	48.05%
39&40	电子（信息技术）	28.0	9.61%	114.6	5.79%	264.8	7.90%	553.8	8.19%
44	电力、热力生产和供应	176.7	61.86%	1467.9	86.89%	424.6	83.48%	3076.4	87.33%
45	天然气生产和供应	- 5.6	–	6.4	21.35%	34.3	27.37%	172.4	44.89%
46	水生产和供应	10.9	79.93%	- 4.1	–	- 0.8	–	52.3	45.40%

资料来源：《中国统计年鉴》

从理想到现实：六年的成就与不足

——从执业律师角度观察中国《反垄断法》的执法

宁宣凤[①]

引　言

自《中华人民共和国反垄断法》（以下称"《反垄断法》"）于 2008 年 8 月 1 日施行以来已经过去六个年头。在《反垄断法》生效之前，中国政府和公众在讨论《反垄断法》的起草和实施问题上历经十余年。毋庸置疑，在过去六年间，《反垄断法》的立法和执法均取得显著成就，得到了来自国内外的认可。

《反垄断法》对于中国的市场经济至关重要。它的重要性随着中国不断完善其法律体系和市场经济而凸显出来。作为参与《反垄断法》立法和提供《反垄断法》相关法律服务的最早的律所之一，我们很幸运能够见证这一法律体制的飞速发展，同时我们与之对应的法律实践也得以展开。在过去六年间，我们建立了提供全方位反垄断法律服务的大型专业团队，业务包括经营者集中审查、反垄断调查、诉讼和反垄断法律合规咨询服务。

这篇文章呈现了《反垄断法》的概况，并从执业律师的角度讨论其在中国法项下的成就和不足。

1. 中国反垄断法体系概览：《反垄断法》实施六周年回顾

1.1　《反垄断法》成就及发展趋势概览

2014 年中国《反垄断法》实施六周年。伴随着议论与争议，《反垄断法》已经逐

[①]　宁宣凤律师是金杜律师事务所北京总部的高级合伙人、反垄断及反不正当竞争组负责人。

渐生根，并为构建中国的经济版图和竞争地位做出贡献。

在过去的六年间（截至 2014 年 6 月 30 日），作为经营者集中的审查机关，商务部已经处理 800 多起案件，其中包括 23 起附条件批准的案件和两起不予批准的案件（即可口可乐收购汇源案，P3 联盟案）。商务部在提升执法水平方面取得长足进步，尤其是在制定简易程序和逐步建立成熟的合并救济制度方面。

当国家发展和改革委员会（以下称"发改委"）在 2011 年 11 月宣布对中国联通和中国电信在宽带接入市场滥用支配地位展开开创性调查时，开始建立其作为有力的反垄断执法机构的威望。之后不久，发改委对山东两家制药公司处以约 700 万人民币的罚款，惩处这两家公司滥用市场支配地位，以过高的定价出售制造某种畅销高血压药品的关键制造成分，这也已经构成实质性拒绝交易行为。在 2012 年和 2013 年，发改委均处理了一大批备受瞩目的案件。由两个反垄断执法部门和一个竞争政策部门组成的发改委在反垄断执法领域继续扮演着更加重要的角色。

国家工商总局直到 2011 年才公布了两起有关《反垄断法》的调查。一起是江苏连云港某贸易协会组织其混凝土制造商成员达成分割市场的协议，另一起是某地方政府滥用行政权力。两起案件均是由国家工商总局的地方部门处理，这是国家工商总局执法的一个显著特色。

自《反垄断法》2008 年施行以来，民事诉讼也呈现快速增长。截至 2012 年底，全国各级法院共受理 116 起反垄断民事诉讼案件，结案 102 件。我们相信在不久的将来，行政案件和民事诉讼案件的数量将会继续上升，《反垄断法》也会变得日益重要。

1.2　对《反垄断法》正文的评价

《反垄断法》是一部比较新的法律，刚施行六年。在《反垄断法》生效之前，有关的起草和讨论过程持续了十年，并且《反垄断法》在发布一年后才开始施行。其中有数个条款曾征求了公众的意见。例如，第七条就是最有争议的条款之一，即针对国有企业（以下称"国企"）的特殊对待。此外，还有更多条款需要进一步解释说明。由于通过对条文进行修改的完善方式可能会破坏法律的稳定性和自然发展，发布行政法规或司法解释作为指导更能作为实现相同目标的合适工具。

1.3　对《反垄断法》实施和执法机构的整体评价

在现有体系下，我国有三家执法机构（商务部、发改委和国家工商总局），和一个协调机构，即负责《反垄断法》实施的国务院反垄断委员会。然而，上述执法机构的职责和职权系统并未被清晰界定，因而常常导致执法没有效果。另外，在三家执法机构与产业主管部门之间也存在争议。

伴随着《反垄断法》实施后取得的快速发展，大量问题也涌现出来，包括（但不限于）缺乏有经验的工作人员、冗长的程序、缺乏透明度。这些在一部新法实施初期出现的问题都是可以理解的。然而，如果我们不做出努力进一步提升执法水平，《反垄断法》的效果会大打折扣，中国市场经济的发展也可能受到影响。

2. 经营者集中制度：成就与不足

2.1 对经营者集中制度及其不足的评价

2.2.1 经营者集中的法律制度

（1）《反垄断法》生效前的经营者集中制度

中国的经营者集中制度始于 2003 年，《关于外国投资者并购境内企业的规定》（2006 年颁布，以下称"十号令"或"《规定》"）规定了经营者集中审查程序的具体条款。当境外投资者合并或收购境内企业达到一定的营业额，或者增加该境外投资者控制的境内企业的数量或增加该境外投资者的市场份额时，该投资者应当将相关交易报送商务部和国家工商总局。该规则同样适用于完全境外交易。如果商务部和国家工商总局认为某外国投资者合并或收购境内企业可能导致过度集中，有碍公平竞争，或损害消费者的利益，商务部和国家工商总局将在收到被要求提交的所有文件之日起 90 日内，联合或经协商单独召集相关政府机关和其他利益团体参加听证会，来决定是否批准或否决该合并或收购。《规定》中关于经营者集中反垄断审查的内容在《反垄断法》生效后被取代。

尽管《规定》没有设定特定的法律后果或处罚，大量的外国投资者还是按照《规定》将他们的合并或收购事项进行了申报。据我们所知，商务部和国家工商总局从来没有在《规定》之下禁止任何已申报的交易，或附加任何救济手段。

（2）《反垄断法》下的经营者集中制度

（i）完全境外交易

《反垄断法》适用于发生在境内外的合并和收购。现在普遍认为，如果达到一定的营业额限度，完全发生在境外的交易同样需要经过商务部的经营者集中审查。

然而在《反垄断法》刚开始实施的两三年时间里，对《反垄断法》是否适用于所有的完全发生在境外的交易有一些质疑和争论。《反垄断法》第二条规定，决定司法管辖权的关键是该交易是否对中国市场造成排除、限制竞争的影响。其中一个争论是，如果某个离岸交易没有对中国产生明显的反竞争效果，它首先就不在《反垄断法》的管辖之内，因此也就没有必要进一步审查是否达到需要审查的营业额标准。这个争论是对第二条的误解。

《反垄断法》第二条所规制的涉及外国投资者交易如果发生在中国境外，仍然有可能按照《反垄断法》进行反垄断审查。如果其来自中国境内的营业额达到《反垄断法》规定的标准，这个交易会被认为具有潜在反竞争效果并需经商务部审查。商务部2016年年初公布了对不具有明显反竞争效果的交易施行的简易程序。如果某项交易符合要求，申报方可以申请适用简易程序（关于简易程序的详情，请参照下文2.1.2）。

（ii）中国境内交易

在《反垄断法》生效之前，不涉及外国企业的交易不需要经过商务部的反垄断审查。在外国企业抱怨这项待遇严苛的同时，国内企业将《反垄断法》视为交易的一项额外负担。

然而，很多境内企业（尤其是上市公司）已经向商务部提交了反垄断申报。中国证券监督管理委员会有时也会提醒相关公司关于反垄断申报的要求。

（iii）申报标准

《反垄断法》第二十条关于经营者集中提到了以下情形：（1）经营者合并；（2）经营者通过取得股权或者资产的方式取得对其他经营者的控制权；（3）经营者通过合同等方式取得对其他经营者的控制权或者能够对其他经营者施加决定性影响。在商务部做出决定之前，经营者不得实施集中。因此，中国对交易的审查很可能影响交易的整个进程。

《反垄断法》授权国务院制定营业额标准，并且国务院发布的《国务院关于经营者集中申报标准的规定》（以下称"《申报标准规定》"）进一步授权国务院有关部门制定适用于金融业的特殊规定。

根据《申报标准规定》第三条，非金融机构，达到以下标准之一的，应当向商务部进行申报：

（1）参与集中的所有经营者上一会计年度在全球范围内的营业额合计超过100亿元人民币，并且其中至少两个经营者上一会计年度在中国境内的营业额均超过4亿元人民币；

（2）参与集中的所有经营者上一会计年度在中国境内的营业额合计超过 20 亿元人民币，并且其中至少两个经营者上一会计年度在中国境内的营业额均超过 4 亿元人民币。

根据国务院多部门制定的《金融业经营者集中申报营业额计算办法》，金融机构，例如银行、保险公司、证券机构的申报标准为营业额的 10%。

与《关于外国投资者并购境内企业的规定》中关于营业额标准的内容相比，《反垄断法》及其实施细则中关于营业额标准的规定更易于执行。申报方在决定某交易是否须申报之前无须确定可能的市场并估计市场份额。

根据《反垄断法》，经营者集中只要达到国务院规定的申报标准的，经营者应当事先向国务院反垄断执法机构申报，未申报的不得实施集中。这一要求是要进行经营者集中的参与方需要特别注意的。

表 28　关于经营者集中的已生效规章及其他规范性文件

文件名	发布日期
《经营者集中反垄断审查办事指南》	2010 年 3 月 11 日重新发布
商务部经营者集中反垄断审查流程图	2010 年 3 月 22 日重新发布
《关于经营者集中申报的指导意见》	2009 年 1 月 5 日，2014 年 6 月 6 日修订
经营者集中申报表	2009 年 1 月 5 日发布，2012 年 6 月 6 日修改并于 2012 年 7 月 7 日起实行修改后的申报表
《关于经营者集中申报文件资料的指导意见》	2009 年 1 月 5 日
《金融业经营者集中申报营业额计算办法》	2009 年 7 月 15 日发布，2009 年 8 月 14 日实行
《经营者集中申报办法》	2009 年 11 月 21 日发布，2010 年 1 月 1 日起实行
《经营者集中审查办法》	2009 年 11 月 24 日发布，2010 年 1 月 1 日起实行
《关于实施经营者集中资产或业务剥离的暂行规定》	2010 年 7 月 5 日颁布并实行 2015 年 1 月 5 日废止

（续表）

文件名	发布日期
《关于评估经营者集中竞争影响的暂行规定》	2011 年 8 月 29 日颁布，2011 年 9 月 5 日实行
《未依法申报经营者集中调查处理暂行办法》	2011 年 12 月 30 日颁布，2012 年 2 月 1 日实行
《反垄断经营者集中申报表小软件使用说明》	2013 年 10 月 21 日
《关于经营者集中简易案件适用标准的暂行规定》	2014 年 2 月 11 日颁布 2014 年 2 月 12 日实行
《关于经营者集中简易案件申报的指导意见（试行）》	2014 年 4 月 18 日
《经营者集中简易案件反垄断审查申报表》	2014 年 4 月 18 日
《经营者集中简易案件公示表》	2014 年 4 月 18 日
《关于经营者集中附加限制性条件的规定（试行）》	2014 年 12 月 4 日颁布 2015 年 1 月 5 日实行

2.1.2 经营者集中制度的运作与实施

（1）当前实践

根据《反垄断法》第二十七条，商务部在审查经营者集中时应当考虑多种因素，包括市场份额、市场集中度，集中对市场准入、技术进步、消费者利益，以及对国民经济发展的影响。实践中，商务部采用征询第三方意见程序，确保批准许可集中之前已考虑到所有因素。

征集意见的过程开始于正式商务部接受申请之后。商务部的经办人员通过传真向其他有关政府部门（包括中央和地方政府部门）以及行业协会、相关竞争者、上游和下游企业等发布调查问卷等。

一般而言，政府部门的意见对商务部的决定最有影响力。商务部通常会征集发改委的意见，有时也会征集不同行业主管部门的意见，例如向工业和信息化部（以下称

"工信部"）征集有关传统与高科技产业申请的意见，向农业部征集有关农产品申请的意见。此外，针对涉及外商投资的申请，商务部通常会咨询相关外商投资审批部门，比如商务部外国投资管理司和/或地方外商投资审批机关。

商务部的审查时间和决定可能受到其他政府部门意见的影响。例如，在丸红/高鸿（2013）案中，商务部要求交易双方维持丸红公司大豆业务和高鸿公司大豆业务的分离与独立。商务部很可能咨询了国内大豆行业协会和农业部。考虑到商务部和农业部行政等级相同，商务部会倾向于尊重农业部的意见。

据称，征集意见过程是保密的，不涉及申报方或任何其他非被咨询的第三方。然而实践中，商务部所咨询的有关政府部门、行业协会和其他第三方可以向更广泛群体进一步征集意见。对交易有特殊利益的第三方也同样可以去商务部或者利益相关者处尝试影响其决定。

在技术部分，商务部会考虑聘用外部经济学者进行调查或经济分析。然而，作为商务部内部审查程序的一部分，外部经济学者的分析不向申报方提供。申报方不能审查外部经济学者的报告并直接对其提出质疑。

（2）新发展及未来趋势

2016年年初，商务部发布了简易审查程序的特别规定，它通过缩短审查时间使申报方受益。简易程序是对公众关于当前审查程序耗时太长问题的回应。虽然没有明确的书面规定，但在新程序之下，商务部可以选择不经过意见征集程序，并且在一个月之内完成审查。但是，在实践中，常规程序一般会在30天以上，且商务部对于简易程序的适用有很大的自由裁量权。鉴于简易程序的规定是比较新的规定，商务部经常会明确简易程序的认定标准等具体规定。①

虽然现有的规则存在一定的模糊性和不确定性（例如有关申请的撤回或重新提交），但简易程序有助于降低各利益相关方及其关联第三方对于审查所施加的影响。每一项简易审查的基本信息均在商务部官网上予以公示，公示期为10天。公示期内，任何人均可提出异议或补充性意见。然而，与常规意见征询程序相比，第三方在公示期内对审查程序产生的影响较小。一般而言，一旦商务部初步认定案件为简易案件，在改变该初步认定上会比较谨慎。如果任何第三方想要对决定提出异议，应当提供

---

①　为了明确简易案件认定标准的有关问题，商务部于2014年10月8日修改了《关于经营者集中简易案件申报的指导意见（试行）》附件二简易案件公示表及注解。根据本次更新，如果交易属于从对于合营企业的共同控制转变为由其中一个单独控制且该单独控制方和合营企业属于同一相关市场，就适用标准来看，必须同时满足该单独控制方和合营公司所占市场份额之和小于15%的条件，才可以适用简易程序。

证据证明自身主张。尽管如此，许多案件仍然适用包含意见征询程序的常规审查程序。

2014年12月4日，商务部颁布《关于经营者集中附加限制性条件的规定（试行）》（以下简称"规定"），为经营者集中附加限制性条件提供了新规定。该规定在2015年1月5日生效，《关于实施经营者集中资产或业务剥离的暂行规定》将同时废止。

2.1.3 不足之处

（1）营业额计算的不确定性

依据《反垄断法》的规定，一项交易必须申报的标准有两项：属于经营者集中；达到一定的营业额。然而，这两项标准都有不明确之处。

如上所述，营业额标准考虑了参与集中的所有经营者在全球范围内或中国境内的总营业额，以及参与集中的各经营者在中国境内的单独营业额。

（i）哪些营业额应当包括在内

作为一般规则，《经营者集中申报办法》（以下称"《申报办法》"）第六条规定，参与集中的单个经营者的营业额应当包括与该经营者有控制关系的所有关联企业的营业额。集团内部的营业额不包括在内。

被共同控制的企业的营业额不在有控制关系的股东之间进行分割，而是应该包括在任何一个对其有控制关系的股东的营业额中，但是此营业额只计算一次。

此处存在两点未解决的问题：第一，关联企业之间控制关系的认定不明确。商务部关于关联企业内含的相关规定借鉴自欧盟，但是商务部并未表明在认定关联企业之间的"控制"关系时是否会采用与欧盟模式相同的标准。在许多案件中，这一未解决问题没有实质性影响，因为即使将控制关系不明的关联企业排除在外，当事方的营业额也远远超过申报标准。但是，对一些当事方，尤其是对于在很多公司中拥有少数股东权益的私募基金而言，在决定是否在中国需要进行经营者集中申报时，如何认定具有控制关系的关联企业则至关重要。

（ii）如何计算中国境内的营业额

《申报办法》第五条规定，就申报标准而言，"在中国境内"是指购买经营者提供产品或服务的买方所在地在中国境内。实践中，如何认定买方位于中国境内存在许多问题。例如买方指直接买方还是最终买方；买方是否必须是支付或消费货物或服务的一方；向中国的转售是否应当计算在内；以及从中国向其他国家的转售是否应当排除。

（iii）会计年度

《申报办法》第五条规定，营业额包括相关经营者上一会计年度内销售产品和提供服务所获得的收入。但是，未明确规定"上一会计年度"是指签署日期的上一年还是交割日期的上一年。

商务部正在考虑以签字日期作为基准，但是尚未发布相关成文规定或指南。以签字日期为准是一个合理的选择，如果签字日期上一年的营业额没有达到申报标准，交易方可以不经过申报完成交易，而没有必要担心结算日期的上一年度营业额是否将会达到申报标准。

（iv）税金扣除

现行规定（即《申报办法》第五条）允许经营者从营业额中扣除相关税金及其附加费用。然而，关于何种税金或费用是可扣除的，并没有明确的列举或解释。商务部发布的《经营者集中申报暂行办法（征求意见稿）》规定，企业所得税和允许扣抵的增值税不能从营业额中扣除。但《暂行办法》从未生效，并且被《申报办法》取代，而《申报办法》不包含此项规定。

然而，一般来说，在中国可扣除的相关税金可能包括：营业税（在中国境内提供应税劳务、转让资产或销售不动产的单位和个人为营业税的纳税人）、消费税、城市维护建设税、资源税等。对外国企业而言，其能否在各自司法辖区扣除相同税收尚不清楚。另外，在中国，普遍认为相关附加费用可能指教育附加费，征收该费用的目的在于提高全中国的教育质量。

（2）认定"控制"的不确定性

控制权的取得是商务部审查中的一个关键性标准。根据《反垄断法》第二十条，经营者集中是指下列情形：经营者合并；经营者通过取得股权或者资产的方式取得对其他经营者的控制权；经营者通过合同等方式取得对其他经营者的控制权或者能够对其他经营者施加决定性影响。

商务部 2014 年 6 月 6 日发布的《关于经营者集中申报的指导意见》（以下称"《指导意见》"）首次就"控制权"这一概念做出了一些细致性的规定。根据《指导意见》，控制权包括共同控制权和单独控制权，控制权既可以由经营者直接取得，也可以通过其已经控制的经营者间接取得。这一界定与欧盟的界定非常类似。判断经营者是否通过交易取得其他经营者的控制权或者能够对其他经营者施加决定性影响，通常考虑包括但不限于下列因素：交易的目的和未来的计划；交易前后其他经营者的股权结构及其变化；其他经营者股东大会的表决事项及其表决机制，以及其历史出席率和表决情况；其他经营者董事会或监事会的组成及其表决机制；其他经营者高级管理人员的任免等；其他经营者股东、董事之间的关系，是否存在委托行使投票权、一致行动人等；该经营者与其他经营者是否存在重大商业关系、合作协议等。

然而，《指导意见》规定做出经营者是否具有控制权或决定性影响的决定时要依据大量的法律和事实因素。这就实际给予了商务部很高程度的自由裁量权。因此，《反垄断法》下"控制权"一词的概念可能比其在《公司法》中的概念具有更广泛的含义。[①]鉴于商务部所拥有的宽泛的自由裁量权，对于参与集中的经营者来说，他们可能很难去判断一个交易究竟是否应该申报。在正式申报前，参与集中的经营者可以向商务部申请商谈，借此征求主管部门的意见。但是，商务部在商谈中总是采取更为严格的标准。在实践中，任何可以对其他经营者的日常经营活动或者战略性业务进行控制或者施加决定性影响的小股东都可能会被认定为取得了《反垄断法》意义下的控制权。此外，不同种类的否决权，如对超过一定数额的交易的否决权和对并购的否决权，都会被商务部认为是具有控制权的因素。

2.2 经营者集中制度实施及其不足

2.2.1 实施现状介绍

（1）案件统计数据和涉及的行业

在过去六年中，商务部结案 800 余起，其中包括 23 例附条件的案件和 2 例被驳回案件（即可口可乐收购汇源案和 P3 联盟案）。

根据国家统计局的《国民经济行业分类》（GB/T 4754 – 2011），23 个附条件的案例中涉及 5 个行业类别，包括制造业，电力、热力、燃气及水的生产和供应，信息传输，软件和信息服务业，批发零售业，采矿业。

横向集中通常被认为更易引起竞争问题。所以与其他司法辖区的执法机构类似，商务部密切关注横向集中。在 23 例附条件批准的案件中，15 例涉及横向集中，1 例同时涉及横向和纵向关系。只有 5 例案件涉及纵向关系，其他 3 例涉及相邻关系。

[①] 《公司法》第二百一十六条，本法下列用语的含义：（二）控股股东，是指其出资额占有限责任公司资本总额百分之五十以上或者其持有的股份占股份有限公司股本总额百分之五十以上的股东；出资额或者持有股份的比例虽然不足百分之五十，但依其出资额或者持有的股份所享有的表决权已足以对股东会、股东大会的决议产生重大影响的股东。（三）实际控制人，是指虽不是公司的股东，但通过投资关系、协议或者其他安排，能够实际支配公司行为的人。

表 29 附条件批准案件涉及的行业和集中的类型

行业	子行业	案件	集中类型
制造业	酒精、饮料和精制茶加工	英博集团公司收购 AB 公司（2008）	横向
	化学原料及化学品制造业	乌拉尔开放型股份公司吸收合并谢尔维尼特开放型股份公司（2011）	横向
		日本三菱丽阳公司收购璐彩特国际公司（2009）	横向＋纵向
		汉高香港与天德化工组建合营企业（2012）	纵向
	医药制造业	诺华股份公司收购爱尔康公司（2010）	横向
		美国辉瑞公司收购美国惠氏公司（2009）	横向
		赛默飞世尔科技公司收购立菲技术公司（2014）	横向
	专用设备制造业	佩内洛普有限责任公司收购萨维奥纺织机械股份有限公司（2011）	横向
		美国百特国际有限公司收购瑞典金宝公司（2013）	横向
		联发科技股份有限公司吸收合并开曼晨星半导体公司（2013）	横向
		默克公司收购安智电子材料公司（2014）	相邻
	汽车制造	美国通用汽车公司收购美国德尔福公司（2009）	纵向
	电气机械及器材制造业	松下公司收购三洋公司（2009）	横向
	计算机、通信设备和其他电子设备制造业	希捷科技公司收购三星电子有限公司硬盘驱动器业务（2011）	横向
		西部数据收购日立存储（2012）	横向
	铁路、船舶、航空器等其他运输设备制造业	联合技术收购古德里奇（2012）	横向
电力、热力、燃气和水的生产与供应业	燃气的生产和供应业	通用电气（中国）有限公司与中国神华煤制油化工有限公司设立合营企业（2011）	相邻

（续表）

行业	子行业	案件	集中类型
信息传输、计算机服务和软件业	电信、广播电视和卫星传输服务	谷歌收购摩托罗拉移动（2012）①	纵向
		微软收购诺基亚设备和服务业务（2014）	纵向
	软件和信息技术服务	安谋公司、捷德公司和金雅拓公司组建合营企业（2012）	纵向
批发和零售业	零售业	沃尔玛公司收购纽海控股33.6%股权（2012）	相邻
	批发业	丸红公司收购高鸿公司100%股权（2013）	横向
采矿业	有色金属	嘉能可国际公司收购斯特拉塔公司（2013）	横向

注：被禁止的可口可乐收购汇源案（2009）是一个涉及酒、饮料和精制茶制造业的相邻集中。P3联盟案（2014）是一个由地中海航运、达飞和马士基拟设立的长期运营船舶共享协议，马士基航运是一个涉及运输的横向集中。

（2）集中审查的竞争分析

根据我们对商务部决定的观察和经验，商务部以市场份额作为集中审查的着手点。任何一个导致最终市场份额超过30%的交易通常都会涉及进一步审查。

和欧盟以及美国的做法相同，商务部会对交易可能在横向、纵向和相邻的相关市场内可能对竞争造成的影响进行评估。

为了对产业和产品有更深的了解，商务部会咨询其他相关政府机关，包括中央的和地方的政府机关，以及行业协会、竞争者和上下游企业等。此外，对一些重要案件，商务部还可能雇用外部经济学家进行调查或者经济分析。在审查过程中，商务部会对申请方提出额外问题。许多问题是在意见征询程序中产生的。

（3）与其他司法辖区反垄断机构的国际合作

据公开资料显示，中国从2004年开始，先后与欧盟委员会、英国公平贸易办公室、美国联邦贸易委员会、美国司法部以及韩国公平贸易委员会等国际竞争机构建立了合作关系。

在审查过程中，但商务部可能会询问当事人提供给其他司法辖区的信息。另外，

---

① 在2015年第2号公告中，因联想收购了谷歌持有的摩托罗拉移动100%的股权，商务部解除了谷歌"在安卓平台方面以非歧视的方式对待所有原始设备制造商"的义务。这是商务部首次批准解除合并项目的救济义务。商务部在审查后认为在摩托罗拉/联想交易完成后，谷歌将不再生产智能移动设备，但保留摩托罗拉移动的通信技术专利。基于上述事实，商务部决定同意谷歌关于解除其中一项义务的申请，但保留另一项继续遵守现有的公平、合理和非歧视（FRAND）的义务。

商务部也会考虑其他司法辖区对同一交易施加的救济措施。

尽管欧盟和美国的反垄断机构的决定会被商务部用作参考，但商务部渐渐开始发展出自己的一套方法，并与其他外国同类机构形成区分。例如，商务部是唯一对全球交易实施附加限制性条件的反垄断机构，如通用汽车/德尔福案（2009）、希捷/三星案（2011）、谷歌/摩托罗拉案（2012）和丸红/高鸿案（2013）等。在其他交易中，如西部数据/日立案（2012）和嘉能可/斯特拉塔案（2013），商务部也施加了与其他司法辖区不同的条件。

2.2.2 实质性缺陷

（1）审查过程中使用相对过时的分析工具

商务部在集中审查过程中采用了多种市场调查工具，包括书面磋商、会议、听证会、实地调查、委托调查、与相关当事人面对面沟通、电话访谈、问卷调查等。

商务部审查程序中使用的经济分析工具的范围是有限的。据我们所知，商务部只在几个附条件的案件中使用了经济分析工具或者有外部经济学家的参与。请见表30。

表30 商务部审查程序中使用的经济分析工具

案件	经济分析工具
希捷科技公司收购三星电子有限公司硬盘驱动器业务（2011）	外部聘请/独立经济机构
汉高香港与天德化工组建合营企业（2012）	赫希曼指数（HHI）
联合技术收购古德里奇（2012）	赫希曼指数（HHI）
西部数据收购日立存储（2012）	外部聘请/独立经济机构
联发科技股份有限公司吸收合并开曼晨星半导体公司（2013）	赫希曼指数（HHI）和外部聘请/独立经济机构
赛默飞世尔科技公司收购立菲技术公司（2014）	赫希曼指数（HHI）、描述性价格上涨实验、利润边际—赫希曼指数（HHI）和外部聘请/独立经济机构

（2）非竞争因素对集中审查的影响

虽然《反垄断法》要求评估集中对竞争造成的影响，但它也允许反垄断监管机构考虑除了消费者利益之外的因素，例如国家安全或者其他被认为与国家经济发展相关的因素。

根据《反垄断法》第二十七条，商务部在集中审查中会考虑很多因素，包括市场份额、市场集中程度、对市场准入和技术进步的影响、消费者福利以及对国民经济发展的影响。实践中，商务部通过意见征求程序确保在批准集中前已经考虑所有因素。

审查的时间安排以及商务部的决定还可能受到其他政府机关意见的影响。如，在丸红/高鸿案（2013）中，交易双方被要求"分别持有丸红大豆子公司和高鸿大豆子公司"。商务部就很可能咨询了国内大豆行业协会和农业部的意见。鉴于商务部和农业部属于同一行政层级，商务部会倾向于尊重农业部的意见。

2012年8月13日，商务部发布了附条件批准沃尔玛收购纽海控股有限公司（以下称"纽海控股"）33.6%股权的经营者集中反垄断申报。这次收购后，沃尔玛将拥有纽海控股的控股股权。商务部的决定允许沃尔玛获得一号店业务的控股股权，但是明确禁止沃尔玛控制一号店的增值电信业务，包括通过协议控制模式。该模式通过法律协议而非股权所有转移控制权。商务部的决定明确显示出其对交易方有可能通过协议控制模式规避中国对外商投资增值电信业务的限制的顾虑。

（3）商务部对国有企业的态度

国有企业不受《反垄断法》规制是误解。实践中，国有企业也需要向商务部提交集中申报。在商务部附条件批准的一例案件，即通用电气和神华设立合营企业案（2011）中，商务部对该合资企业施加了行为性条件。

关于国有企业在商务部的审查中是否享有特殊待遇的问题。《反垄断法》第七条规定，国有经济占控制地位的关系国民经济命脉和国家安全的行业以及依法实行专营专卖的行业，国家对其经营者的合法经营活动予以保护。《反垄断法》第七条暗示着如果国有企业从事的是一些重要行业，商务部须考虑经营者集中审查对国民经济的影响。但是并没有法律条文明确列举出可能适用第七条的重要产业。目前，我们还不知道有哪些涉及国有企业特殊案件，在存在一定的竞争关注问题的情况还被商务部无条件地批准通过。

2.2.3 程序性不足

（1）审查过程中的时间延迟和透明度缺失

受理前阶段（正式受理案件前的阶段，在此期间商务部可以提出补充问题）已经延长到平均四周到六周，有时甚至持续几个月。交易双方可能要回答两套或多套补充问题，才会被商务部认为申报完整，并开始为期30天的第一阶段审查。

一旦商务部就申报立案，便进入正式审查程序。审查可能包括三个阶段，分别持续30天、90天和60天。由于其人手短缺或程序的限制，商务部经常将一个案件推进到下一阶段。有些案件在交易尚未呈现显著的竞争影响时就进入了第二阶段。在欧盟，只有在欧盟委员会对交易持有严重质疑时，案件才会进入第二阶段的审查；在美国，只有在得出此次交易可能造成竞争问题的初步结论时，执法人员才会建议"再次提交"（second request）。

导致时间延迟的一个重要原因是商务部人员紧缺。商务部只有大约三十个官员，其中只有一半人审查申报。另一个导致延迟的原因是意见征询程序。对大多数案件来说，30 天并不足以使商务部获得所有内部审批并从其他部委，如发改委、工信部和国家工商总局等机关收到反馈，而这些部委的反馈按照惯例都会被要求作为集中审查程序评价的一部分提交。

近来，商务部采用了简易审查程序。简易程序是对公众认为现有审查程序耗时过长的回应。尽管没有书面明确规定，而在新的程序下，商务部可以选择不经过意见征询程序并且在一个月内完成审查，而普通程序的时间一般远远长于 30 天。

（2）经营者集中救济制度的缺陷

尽管《反垄断法》在很大程度上受到欧盟经验的影响，商务部已逐渐发展出自己的一套方法并与其外国相应机构进行区分。例如，商务部是唯一对全球交易附加限制性条件的反垄断执法机构，如通用汽车/德尔福案（2009）、希捷/三星案（2011）、谷歌/摩托罗拉案（2012）和丸红/高鸿案（2013）。在其他交易中，如西部数据/日立案（2012）和嘉能可/斯特拉塔案（2013），商务部也附加了与其他司法辖区不同的条件。

商务部在适用结构性条件时是非常谨慎的，因为该条件通常会强制剥夺当事人的财产和业务。商务部如此谨慎则是旨在尽可能维持交易的初始结构。

与其他司法辖区相比，商务部采取了一种更易接受的方式来进行救济。23 起附条件结案的案件中大部分都涉及要求集中协议附带行为性条件。其中一些行为性条件也常常被外国的反垄断执法机构适用，比如开放承诺、不歧视条款、终止排他性合同和过渡性援助义务。另一方面，有的条件则较为少见，例如供货和服务标准的承诺、禁止市场扩张、分别持有和禁止特定市场行为。

与结构性救济相比，行为救济需要更多行政资源来监督救济的实施。实施行为救济的时间会持续 2—10 年，甚至更久。在如此长的期间内，往往可能会产生一些问题和争议。目前，在中国尚没有解决申报方和第三方争议的适用规则。商务部是否会在当前的集中审查机制中引入仲裁规则（与欧盟相似）尚不清楚。

3. 行政执法：成就与不足

3.1　对行政执法制度的评价

3.1.1　行政执法制度的法律机制

中国的反垄断执法权属于三大行政机关共同行使：商务部、发改委和国家工商总局。发改委和国家工商总局都负责反垄断行为的行政执法；但是，这两个机关各自有不同的职能。发改委负责对与价格相关的垄断协议、滥用市场支配地位和行政垄断行为进行监督；国家工商总局则负责监督与价格不相关的垄断行为。

发改委作为宏观经济政策的规划者，历来被委以执行《价格法》的任务。现在的价格监督和反垄断局是在以前的价格监督局基础上建成的。因此在执法初期，发改委经常混合适用《价格法》和《反垄断法》是可以理解的。而工商行政管理总局在执行《反不正当竞争法》上则具有充足经验。尽管如此，这两个部门都公布了关于执行《反垄断法》的详细规定。从 2008 年至今，两个部门已经颁布了以下涵盖反垄断执法职能的实体性和程序性方面的规定：

表 31　规制垄断行为和价格行为的法律框架

发布机构		名称	生效日期
全国人大常委会		《反不正当竞争法》	1993 年 12 月 01 日
		《价格法》	1998 年 05 月 01 日
		《反垄断法》	2008 年 08 月 01 日
国家发改委	垄断行为	《反价格垄断规定》	2011 年 02 月 01 日
		《反价格垄断行政执法程序规定》	2011 年 02 月 01 日
	价格行为	《价格违法行为行政处罚规定》	2010 年 12 月 04 日
		《规范价格行政处罚权的若干规定》	2014 年 07 月 01 日
国家工商总局		《工商行政管理机关制止滥用行政权力排除、限制竞争行为程序规定》	2009 年 07 月 01 日
		《工商行政管理机关查处垄断协议、滥用市场支配地位案件程序规定》	2009 年 07 月 01 日
		《工商行政管理机关制止滥用行政权力排除、限制竞争行为的规定》	2011 年 02 月 01 日
		《工商行政管理机关禁止滥用市场支配地位行为的规定》	2011 年 02 月 01 日
		《工商行政管理机关禁止垄断协议行为的规定》	2011 年 02 月 01 日
商务部		《未依法申报经营者集中调查处理暂行办法》	2012 年 02 月 01 日
最高人民法院		《关于审理因垄断行为引发的民事纠纷案件应用法律若干问题的规定》	2012 年 06 月 01 日

3.1.2 行政执法制度的运作和实现

与商务部集中式的经营者集中监管制度相比，发改委和国家工商总局都将权力下放至其省级部门。发改委的授权是一般授权。而国家工商总局对关于卡特尔和滥用市场支配地位的行为监督进行个案授权，对关于行政垄断行为的监督的授权则属于一般授权。地方机关对《价格法》和《反不正当竞争法》都很熟悉，且随着其逐渐加强《反垄断法》的执法专业性，反垄断调查已经成为它们执法工作的常规部分。

2011 年 11 月，发改委宣布对中国联通和中国电信在宽带接入市场涉嫌滥用其市场支配地位展开调查，正是这一开创性的调查建立了发改委作为一个有力的反垄断执法机构的威望。之后不久，发改委对山东两家制药公司处以 700 万元人民币的罚款。因为，这两家公司以不合理的过高的定价出售制造某种畅销高血压药品的关键制造成分，构成了拒绝交易行为的滥用市场支配的违法行为。在 2012 年和 2013 年，发改委处理了一大批关注度很高的案件。拥有两个反垄断执法部门和一个竞争政策部门的发改委在反垄断执法领域扮演着越来越重要的角色。

国家工商总局直到 2011 年才公布了两起有关《反垄断法》的调查。一起是江苏连云港某行业协会组织其混凝土制造商成员达成分割市场的协议，另一起是某地方政府滥用行政权力。两起案件均由国家工商总局的地方部门处理，这是国家工商总局执法的一个显著特色。

3.2　行政执法的现状和不足

3.2.1　当前实施现状的介绍

截至 2013 年 7 月 29 日，国家工商总局总共已调查 24 起案件，包括 23 起由国家工商总局授权的省级工商局调查的案件，以及 1 起由国家工商总局调查的案件。在这 24 起案件中，12 起省级案件做出了行政惩罚的决定。接受调查的行业包括二手汽车、水泥、保险、旅行中介、砖块、建筑审查、天然气和包装材料。调查针对垄断协议和滥用市场支配地位行为展开。对于国家工商行政管理总局的调查，一个值得注意的趋势是，很多案件会涉及行业协会。

截至 2012 年底，发改委总共调查 49 起涉及价格的案件，其中 20 起调查做出了行政处罚的决定。这些案件涉及的行业包括医药、造纸、液晶显示屏、水泥、保险、船运代理和酒。2013 年间，调查数量显著上升，一些行业的生产经营者，例如酒业、奶粉、液晶显示屏等行业，均受到处罚。值得注意的是，发改委的执法重点特别针对卡特尔和固定转售价格行为。

3.2.2 实体层面的不足

（1）国家工商总局和发改委执法权的分工

如前所述，国家工商总局和发改委具有部分重叠的权力和职能。发改委的职责是管理与价格相关的垄断行为，国家工商总局的职责是管理与价格不相关的垄断行为。具体来讲，发改委的权力包括行为规制，比如对横向垄断协议中固定商品价格、纵向垄断协议中固定转售价格、滥用市场支配地位以不公平的高价销售商品或者以不公平的低价购买商品、无正当理由的掠夺性定价等行为的监督管理。同时，国家工商总局的权力规制以下行为，例如限制生产数量或分割市场的垄断协议、通过拒绝交易滥用支配地位或无正当理由的区别对待等行为的规范。

尽管理论上发改委和国家工商总局的权力是区分开来的，但在实践中却会引起混淆，导致权力的重叠，特别是与价格相关和与价格无关的行为通常会出现在同一案件中。在这种情况下，具体哪一个权力主体可以发起调查尚不明确。虽然发改委和国家工商总局可以通过内部协商来划分在调查上的权力，但该过程导致的较大的不确定性仍会引发对其法律基础和公正性的质疑。再者，由于这两个执法主体在《反垄断法》的执行中可能会采取不同标准，经营者通常会产生混淆，这使得《反垄断法》执行的稳定性和连贯性受到损害。

（2）垄断行为中竞争分析标准的缺失

理论上来说，竞争分析在《反垄断法》执行中应被加以强调。国家工商总局和发改委目前发布的决定通常只公布事实和处罚，并未为其处罚决定提供充分的竞争分析支持。

2013 年 8 月 7 日，发改委发布了对合生元等 6 家乳粉生产企业参与固定转售价格的奶粉经营者的处罚决定。发改委表示经营者的固定转售价格行为违反了《反垄断法》第十四条的规定，决定共处以约 6.7 亿人民币的罚金。然而，该决定并未提及关于固定转售价格行为究竟应遵从本身违法原则还是合理性原则。国家工商总局在 2013 年 7 月 26 日发布了 12 起反垄断案件的决定。在这些决定中，只有主要事实和调查证据的方法随其行政处罚决定一同公布。例如，在对江西泰和液化石油气企业的决定中，垄断协议的反竞争效果并未被提及。

（3）《反垄断法》第十五条适用上的不足

《反垄断法》第十五条对涉及第十三条和第十四条规定的部分协议规定了豁免。这些能够得到豁免的协议包括为改进技术、研究开发新产品所达成的协议，为提高产品质量、降低成本、增进效率、统一产品规格、标准或者实行专业化分工所达成的协议，为提高中小经营者经营效率，增强中小经营者竞争力所达成的协议，为实现社会公共利益所达成的协议，以及因经济不景气为缓解销售量严重下降或者生产明显过剩所达成的协议等。在深圳市惠尔讯科技有限公司诉深圳市有害生物防治协会垄断纠纷一案中，广东省高院判定深圳市有害生物防治协会与其会员签署的《自律公约》符合第十五条第一项第四款，即：经营者能够证明所达成的协议属于为实现节约能源、保护环境、救灾救助等社会公共利益的，不适用本法第十三条、第十四条的规定。广东省高院判定提供除"四害"消杀服务涉及大量的有毒有害药物，无论是消杀的过程中药物的使用，还是消杀的效果都涉及人民群众的生命健康安全，对使用消杀服务的企业员工、周边居民的身体具有重大影响，因此《自律公约》符合第十五条第一项第四款。但是，目前发改委和国家工商总局公布的行政执法决定中还没有公布适用第十五条的决定。因此，三大反垄断行政执法机关对于适用该豁免的情况仍然有待澄清。

（4）宽大政策的不足

《反垄断法》第四十六条规定了宽大政策的基本规定。根据此条，经营者主动向反垄断执法机构报告达成垄断协议的有关情况并提供重要证据的，反垄断执法机构可以酌情减轻或者免除对该经营者的处罚。在《反垄断法》的基础上，发改委《反价格垄断行政执法程序规定》做出了有关宽大政策的规定，国家工商总局发布了《工商行政管理机关查处垄断协议、滥用市场支配地位案件程序规定》。

由于《反垄断法》相关规定具有一定的笼统性以及发改委和国家工商总局规定的不一致性，宽大政策的适用存在高度不确定性。首先，在当前存在的多个问题中，最具争议性的一个是宽大政策可否适用于固定转售价格行为。在当前立法制度下，宽大政策的适用范围不够明确。根据《反垄断法》第四十六条，纵向垄断协议并未被排除在宽大政策的适用范围之外，在实践中，发改委也不止一次在固定转售价格上适用宽大政策。其次，国家工商总局认为对垄断协议的组织者不适用宽大政策，而发改委没有此规定。再者，根据发改委签发的执法条例，第一个报告者可以被免除处罚；第二个报告者可以给予不少于50%的减轻处罚；随后的报告者可以给予不多于50%的减轻处罚。然而，国家工商总局并未提供此类标准。这些不一致影响了《反垄断法》执行的统一性。综上所述，尽管有了当前的规定，宽大政策具体的适用条件、处理的范围、程序及其他配套规则仍不够具体，需要一套统一的高层立法来完善。

（5）调查中非竞争性因素的影响

截至目前，针对国有企业发起的调查十分有限。在2011年，发改委对中国联通和中国电信的宽带接口发起调查。然而，在两家公司承诺采取改正措施后，调查即被中止。同样地，国家工商总局也很少参与针对国有企业的调查。

根据《反垄断法》第七条，政府应当保护国有经济控制的产业和与国家安全相关的产业。应当注意的是，将此条理解为国有企业不在《反垄断法》的调整范围内是不正确的。实际上，在制定《反垄断法》时，针对是否应删除这一条有过激烈的讨论。理论上来说，应当从两个方面理解。一方面，政府应当保护与国家安全相关的特定产业并监督它们的运营。另一方面，这些特定产业的国有企业有义务依照法律进行运营并且不应当通过滥用市场支配地位损害消费者利益。同时，考虑到这一条的存在确实对规范行政垄断形成阻碍，因此这一条最好能被删除。否则也至少应当明确并列举"与国家安全相关的产业"的定义和范围。诸如"等"和"其他产业"的表述太过模糊。

发改委的官员已经表示，航空、电信通信、医药、汽车和日用品将会是下一阶段的执法重点。《反垄断法》的执法工作预计将重点在垄断行为比较严重的产业展开，例如天然气、电信通信产业等，以保障该类市场的有效竞争。在前述领域，国有企业扮演主要角色。因此，包括调查在内的《反垄断法》的执法工作必须同等地适用于国有企业和其他企业。

（6）单一经济组织概念的缺失

现行法律中没有针对"单一经济组织"概念的专门规定。这就意味着母公司和子公司的关系认定上具有一定的不确定性。尤其是母公司和子公司之间的协议究竟应认定为两个经营者之间的垄断协议，还是应该将两公司视为一个经营者具有一定的不确定性。在发改委公布的最近一个调查决定中明确提到本次调查的公司之间为相互独立的，相互之间没有关联关系，不属于同一经济组织。发改委的决定中特别提到"你单位与浙江当地其他财产保险公司不存在任何关联关系，彼此独立，相互间的意思联络及合意不属于同一经济组织内部的经营决策"。据此，发改委认定其为独立的经营者之间的卡特尔行为，违反《反垄断法》。发改委的决定似乎表明如果各方属于同一经济组织，那么他们之间的相关协议就不违反《反垄断法》。尽管如此，发改委的这一决定对中国其他反垄断执法机关（如工商总局）和法院不一定具有约束力。因此，单一经济组织概念的适用还有待于在立法层面进一步澄清。

3.2.3. 程序层面的不足

（1）调查中缺乏透明度

反垄断调查的透明度已长期受到质疑。比如在奶粉案中，关于给予明治、贝因美和惠氏宽大处理而处罚其他企业的决定就是如此。并且透明度缺失可能会影响宽大政策的适用。由于给予每一个自愿报告者的宽大程度因报告顺序而不同，透明度的缺失同样会对执法公正性构成威胁。

（2）对被调查方利益缺乏保护

基于《反垄断法》和相关条例的模糊性，对被调查方利益的保护不足仍旧是一个问题。而且这一保护与透明度问题和宽大制度紧密相关。换句话说，对执法、透明度、听证程序以及被调查方和其代理人之间的保密信息的保护的明确规定将会是保护被调查方利益的基石。

（3）行政处罚数额的计算缺乏明确性

在一些案件中，计算行政处罚数额的适用标准并不明确。执法者在处罚决定中具有较大裁量权。以酒业案件举例，贵州茅台和五粮液在 2013 年因参与包括维持转售价格在内的与价格相关的垄断协议分别被处罚 2.47 亿元人民币（合 3980 万美元）和 2.02 亿元人民币（合 3260 万美元）。据称该处罚是以 "相关" 经营收入的 1% 计算的。通过与两家公司的财务报表相对照，前文提到的相关经营收入并非整个集团上一年的销售收入。这便是计算处罚数额过程中存在不确定性的一个表现。

在两个案件中，反垄断罚款的计算方法均引发争议。根据《反垄断法》第四十六条，经营者违反规定达成垄断协议的，反垄断执法机构有权处上一年度销售额百分之一以上百分之十以下的罚款。然而，没有哪一条规定了应该在什么样的基础上计算销售额。因此，到底是在什么基础上计算罚款，是集团营业额还是被调查公司营业额，是全球营业额还是中国营业额，是全部业务的营业额还是相关业务的营业额，这一点是不明确的。为了减少法律上的不确定性，尽快出台针对这一问题的司法解释会非常有帮助。

3.3 对行政垄断的行政执法的评价

3.3.1 对行政垄断的执法

2014 年，国家发改委根据举报，依法对河北省交通运输厅、物价局、财政厅违反《反垄断法》相关规定，对本省客运班车实行通行费优惠政策，滥用行政权力排除、限制相关市场竞争的案件进行了调查。这是首起针对省级政府部门的调查案件。调查发现，2013 年 10 月，河北省交通运输厅、物价局和财政厅联合下发《关于统一全省收费公路客运班车通行费车型分类标准的通知》（冀交公〔2013〕548 号），确定自 2013 年 12 月 1 日起，调整全省收费公路车辆通行费车型分类，并对本省客运班车实行通行费优惠政策。客运班车通过办理高速公路 ETC 卡或者月票，按照计费额的 50% 给予优惠。2013 年 10 月 30 日，交通运输厅下发《关于贯彻落实全省收费公路客运班车通行费车型分类标准有关事宜的通知》（冀交公〔2013〕574 号）进一步明确规定，优惠政策 "只适用于本省经道路运输管理机构批准，有固定运营线路的客运班线车辆"。据调查，通行费支出对经营者收益率影响较大。根据某运输公司测算的数据，高速公路通行费占其总收入的比重约为 10%—20%。河北省有关部门对本省客运班车实行通行费优惠政策，其实质是对本省客运班车经营者按照通行费额给予经济补偿，使河北省客运班车经营者的通行费成本大幅低于其他省份相关经营者，导致外省经营者处于不利的竞争地位。以天津至石家庄线路为例，天津公司单程需缴纳通行费 360 元，与之对开的河北省公司缴纳 180 元，单次差额 180 元。据天津一运输公司测算，仅这一线路天津公司比河北公司每年多支出 130 余万元。河北省有关部门的上述做法，损害了河北省客运班车经营者与外省同一线路经营者之间的公平竞争，违反了《反垄断法》第八条"行政机关和法律、法规授权的具有管理公共事务职能的组织不得滥用行政权力，排除、限制竞争"的规定，属于《反垄断法》第三十三条第（一）项所列"对外地商品设定歧视性收费项目、实行歧视性收费标准，或者规定歧视性价格"行为。国家发展改革委就相关问题与交通运输部进行了沟通确认，并已经依据《反垄断法》相关规定，向河北省人民政府办公厅发出执法建议函，建议其责令交通运输厅等有关部门改正相关行为，对在本省内定点定线运行的所有客运企业，在通行费上给予公平待遇。通过改正相关行为，有利于保证所有客运企业之间的公平竞争。① 在 2014 年 9 月 23 日，河北省交通运输厅、物价局、财政厅及时调整之前仅对本省客运班车实行通行费优惠政策的做法，联合下发《关于调整我省客运班车通行费优惠政策的通知》（冀交公〔2014〕407 号），明确规定自 2014 年 10 月 1 日起，省际客运班线中与河北省客运班车互营对开的外省（市、区）籍客运班车，享受与河北省客运班车同样的通行费优惠政策。在通行费上给予互营对开客运班车同等待遇，有利于恢复正常市场竞争秩序，保障相关经营者之间的公平竞争。②

《反垄断法》和相关条例并没有特别规定哪一个执法机构主管对行政垄断的执法。然而，国家工商总局在该领域的执法比较积极。2009 年 7 月 1 日，国家工商总局出台的《工商行政管理机关制止滥用行政权力排除、限制竞争行为程序规定》生效，它规定了国家工商总局和省级工商局规范此类行政权力滥用应当遵守的程序。2011 年 2 月 1 日，国家工商总局出台的《工商行政管理机关制止滥用行政权力排除、限制竞争行为的规定》生效。这一规定明确了《反垄断法》第五章"滥用行政权力排除、限制竞争"的违法行为。除此之外，广东省工商局在 2010 年处理了一起行政垄断相关案件，

---

① http：//www. sdpc. gov. cn/fzgggz/jgjdyfld/jjszhdt/201409/t20140926_ 626774. html.

② http：//www. sdpc. gov. cn/fzgggz/jgjdyfld/jjszhdt/201410/t20141030_ 635206. html.

这也是唯一的一起公开案件。

在 2011 年，三家全球卫星定位系统（GPS）的运营商联名向广东省工商局投诉，反映本省某市政府在强制推广汽车 GPS 工作中的行政行为涉嫌滥用行政权力排除、限制竞争。接到举报后，广东省工商局展开调查并发现以下事实：

> 该市政府召开了一次落实省政府加强道路交通安全管理，推广应用卫星定位汽车行驶记录仪的会议。该会议做出决议，指定新时空导航科技有限公司自行筹建的卫星定位汽车行驶监控平台为市级监控平台，要求该市其余几家 GPS 运营商必须将所属车辆的监控数据信息上传至新时空公司平台。该市物价局依据该会议纪要，又批复同意新时空公司对其他 GPS 运营商收取每台车每月不高于 30 元人民币的数据接入服务费。该政府又进一步采取措施保障这一要求的落实。

基于以上事实，广东省工商局认定该政府的行为是滥用其管理公共事务的行政权力排除、限制 GPS 市场的竞争。因此，广东省工商局认定该政府违反《反垄断法》，并正式向广东省政府提议"依法纠正某政府滥用其行政权力以消除、限制竞争的行为"的建议。

3.3.2　不足

（1）查明、调查行政垄断行为的难度

在中国反垄断体制下，行政垄断通常集中表现为行政管理机关的滥用行为。在实践中，我们很难界定行政管理机关合法权利的界限。尽管《反垄断法》和国家工商总局出台的相关条例列举了一些典型的滥用行为的种类，其中大多是关于通过对于其他地区经营者的歧视性待遇影响不同地区间商品流通的行为，但是该类列举并没有穷尽所有的滥用行政权力的行为。其他隐性的或在《反垄断法》施行之前已形成的所谓"惯例"的滥用行为，通常很难被查明。此外，根据《反垄断法》第五十一条，作为反垄断执法机构的国家工商总局和发改委不能直接对滥用行政权力的行为加以处罚。他们可以向有关上级机关提出依法处理的建议。更加具体来说，根据《工商行政管理机关制止滥用行政权力排除、限制竞争行为的规定》第六条，国家工商总局和省工商局可以就行为表现和后果向有关上级机关提出依法处理的建议，有关上级机关可以选择最终采纳或不采纳该意见。与其他私营实体做出的违反《反垄断法》的行为相比，在面对行政机关垄断行为时，反垄断执法机构的权力相当有限，它们甚至更像是提出建议的机构而非执法机构。

（2）缺乏对行政垄断的惩罚

如前所述，国家工商总局和发改委不能直接对行政权力机关滥用行政权力的行为施加处罚。它们只能向相关上级机关提出依法处理的建议。因此，滥用行政权力限制竞争的行为只能通过行政复议程序予以纠正。这一不足首先会使得反垄断执法机构不愿意展开调查从而不去纠正滥用行政权力的行为。其次，在某些案件中，相关上级机关甚至会包庇违法的行政机关，阻碍调查的进行，或者干脆拒绝接受建议。这会造成反垄断执法机构时间和精力的浪费。

4. 反垄断法民事诉讼：成就和不足

4.1 对《反垄断法》民事诉讼法律制度的评价

关于民事责任的规定可以参照《反垄断法》第五十条：经营者实施垄断行为，给他人造成损失的，依法承担民事责任。根据《反垄断法》，[①] 垄断行为包括：（一）经营者达成垄断协议；（二）经营者滥用市场支配地位；（三）具有或者可能具有排除、限制竞争效果的经营者集中。

因为反垄断诉讼被视为民事诉讼，法院可以适用《民法通则》《侵权责任法》《合同法》和其他相关条例审理纠纷。程序上来说，《民事诉讼法》)[②] 中的证据规则[③]和其他相关条例规范着反垄断民事诉讼的程序。

为了应对日益增长的反垄断民事诉讼，最高人民法院在 2012 年 5 月 3 日颁布了《反垄断法》司法解释——《最高人民法院关于审理因垄断行为引发的民事纠纷案件应用法律若干问题的规定》，用以指导审理《反垄断法》下引发的民事纠纷。这一司法解释为反垄断民事诉讼提供了宝贵的指导意见，在一定意义上是中国的反垄断民事诉讼案件不断增多的原因。这部司法解释一共十六条，包括适用范围、原告主体资格、管辖、举证责任分配、反垄断民事诉讼和反垄断行政执法的关系、法律责任、诉讼时效等的规定。尽管有很多具有争议性的问题还有待解决，但这部司法解释为中国反垄断司法审查奠定了坚实基础，填补了《反垄断法》及其在民事诉讼中的执法之间的空缺。

4.2 反垄断民事诉讼执行情况介绍

自从 2008 年颁布《反垄断法》以来，民事诉讼急速增长。根据最高人民法院知识

---

① 详见《反垄断法》第三条。

② 《中华人民共和国民事诉讼法》，2012 年修正，主席令第 59 号，发布日期 2012 年 8 月 31 日。

③ 《最高人民法院关于民事诉讼证据的若干规定》，法释【2001】33 号，自 2002 年 4 月 1 日起施行。

产权审判庭法官朱理提供的信息，截至 2012 年底，全国法院共受理 116 起反垄断民事诉讼案件，其中 102 起已经结案。2012 年全国法院受理案件数量显著上升，如表 32 所示：[①]

表 32　2008—2012 年全国法院受理及结果案件数量

	2008—2009 年	2010 年	2011 年	2012 年
受理	10	33	18	55
结案	6	23	24	49

大多数的案件涉及滥用支配地位，法院很少做出违反《反垄断法》的判决。然而，在越来越多的案件中，法官开始判决支持原告，并且判决被告因其反竞争行为而须支付原告赔偿金。这一发展很可能鼓励受反竞争行为侵害的当事人依据《反垄断法》提起诉讼。另外，与过去主要的民事诉讼是原告依赔偿为理由提起的诉讼不同，今天，更多的诉讼是公司原告提起的采用非常复杂的诉讼。

尽管反垄断执法机构进行了多起调查，原告提起诉讼也没有法律障碍，但相应的后续民事诉讼还没有发生。根据国家工商总局 2012 年 12 月发布的公告显示，总共 16 起卡特尔调查已经完结。与美国有很大不同的是，尽管中国对于卡特尔行政处罚的力度很大，但是并没有发生后续民事诉讼。一个可能的解释是，卡特尔作为一种垄断行为，尚未被公众充分了解。

纵向垄断协议，直至近期才成为民事诉讼的对象。在这方面的开创性案件是 2013 年 8 月，上海高级人民法院判决的锐邦诉强生公司案。这也是中国第一起由二审法院撤销一审法院判决，并支持原告的反垄断案件。[②]

2011 年 11 月 15 日，北京奇虎科技有限公司（以下简称"奇虎公司"）向广东省

---

① 朱理法官于 2013 年 5 月 31 日在北京举办的国际竞争政策和法律年度会议上披露了这些信息。

② 争议的当事各方是强生（上海）医疗器材有限公司、强生（中国）医疗器材有限公司（统称"强生"）和强生的其中一个经销商——锐邦涌和北京科贸有限公司（以下称"锐邦"）。锐邦公司作为强生公司医用缝线、吻合器等医疗器械产品的经销商，与强生公司已有 15 年的经销合作关系。根据经销合同，强生授权锐邦在北京的特定地区以不低于规定的最低转售价向医院出售其产品。但是，强生发现锐邦在未经授权的地区以低于最低转售价格的报价中标获得了经销权。结果强生扣押了锐邦的押金，并终止了其与一些医院的经销关系，最终完全停止供货。

2010 年，锐邦在上海市第一中级人民法院向强生提起诉讼。锐邦诉称，强生的行为构成了固定转售价格，违反了《反垄断法》第十四条第二款，并请求获得 1440 万元人民币的赔偿。2012 年 5 月 8 号，上海一中院判决锐邦败诉，认定原告并没有证明强生固定转售价格的行为限制或者排除了竞争。2013 年 8 月 1 号，上海市高级人民法院经过三轮听证（第一轮公开听证，后两轮则是非公开听证），最终撤销一审判决。上海市高级人民法院判决被上诉人强生向锐邦赔偿 53 万元人民币作为补偿，并在判决生效起十日内缴清赔偿。

高级人民法院提起诉讼，指控腾讯科技（深圳）有限公司、深圳市腾讯计算机系统有限公司（以下简称"腾讯公司"）滥用其在即时通信软件及服务相关市场的市场支配地位，排除、妨碍竞争。这一案件被媒体称为"互联网领域的反垄断第一案"。奇虎公司称：（1）腾讯公司滥用市场支配地位，要求用户在腾讯即时通信软件 QQ 和奇虎的软件之间做出选择；（2）腾讯公司将 QQ 安全软件（QQ 医生）与及时通信软件相捆绑，以升级 QQ 软件管家的名义安装 QQ 医生，构成捆绑销售。

在答辩中，腾讯公司称其在相关市场不具有市场支配地位，其行为不构成滥用市场支配地位：要求用户在 QQ 和 360 之间做出选择（即"二选一"）只是为了保护腾讯公司的名誉权免受奇虎公司的侵犯，保证 QQ 软件的正常运行不会受到 360 隐私保护器、扣扣保镖等非法插件的干扰，打包升级 QQ 软件的行为不构成捆绑销售。

2013 年 3 月 20 日，广东省高级人民法院认定腾讯公司在相关市场不具有市场支配地位，驳回了奇虎公司的所有请求。奇虎对一审判决不服，向最高人民法院提起上诉。2014 年 10 月 16 日，经过一年半的审理，最高人民法院做出终审判决，驳回奇虎公司的上诉，维持一审判决。持续四年的腾讯和奇虎大战终于落下来帷幕。

这是最高人民法院审理的第一起反垄断案件，最高人民法院在判决中详细阐述了《反垄断法》的基本原则，尤其是滥用市场支配地位的情形。本案案情复杂，而且互联网市场和免费在线软件也具有其复杂性，判决结果也引发了公众的激烈讨论，但最高人民法院在其中阐述的基本原则仍为今后的反垄断诉讼，尤其是滥用市场支配地位方面的诉讼提供了指引和规制。

我们相信最高人民法院的判决中有诸多可供学习之处，主要原因在于：最高院在判决中运用和演绎了不同的蕴含于中国《反垄断法》中也为世界主要法域所普遍接受的反垄断法经典原则；并且最高人民法院在现有的法规和司法解释基础上对于某些滥用市场支配地位诉讼案件的实务问题制定了更为细化的规则。同时，最高人民法院为了兼顾本案的行业特点，对互联网竞争模式和商业模式都进行了相对深入的反垄断分析，也可作为日后相关诉讼的指导。最后，判决对某些《反垄断法》原则和行业特点的探讨只是点到为止，我们期待法院和实务界能在未来的诉讼中将其逐渐厘清。

4.3　反垄断民事诉讼制度的缺陷：原告举证责任重

"谁主张，谁举证"是民事诉讼法中已经确立的原则。①因此，在反垄断民事诉讼

---

① 见《民事诉讼法》第六十四条。

中，举证的一般原则是原告承担举证责任，被告就其辩护和反诉提供证据。

最高人民法院关于《反垄断法》的司法解释规定，在某些案件中不一定要严格遵守举证责任的一般原则。

● 垄断协议索赔案件中举证责任的分配：根据最高法院的司法解释第七条规定，原告在横向、纵向垄断协议产生的反竞争效果的证明上承担不同的举证责任。《反垄断法》第十三条规定的横向垄断协议（如固定价格、限制产量、市场分割、限制新技术的取得和发展、联合抵制）被推定具有排除或者限制竞争的效果，除非被告能够证明其不具有排除或限制竞争的效果。[①]《反垄断法》第十四条规定的纵向垄断协议并不被推定具有排除或限制竞争的效果，原告必须证明①该垄断协议属于《反垄断法》第十四条禁止的协议；②协议具有反竞争的效果；③原告因该垄断行为受到损失。与横向垄断协议赔偿诉讼比起来，原告在纵向垄断协议赔偿诉讼中承担更重的举证责任。

● 滥用支配地位赔偿之诉中举证责任的分配：就举证责任而言，我们可以观察到在最高法院司法解释中，关于滥用支配地位诉讼举证责任的内容要多于垄断协议诉讼。最高法院司法解释的第八到十条专门从不同角度阐述了在滥用支配地位案件中的举证责任。

司法解释的第八条规定了当事人之间举证责任分配的基本框架：原告必须证明①被告在相关市场具有市场支配地位；②被诉的行为构成《反垄断法》第十七条规定的滥用；被告以其行为具有正当性为由进行抗辩的，应当承担举证责任。尽管最高人民法院的规定没有明确指出原告必须证明反竞争效果的存在，但可以认为，《反垄断法》的第六条和一些相关案件中（如360诉腾讯案）确立了如下规则，即为了证明某些行为是滥用，原告必须证明此行为具有反竞争的效果。最高人民法院规定的第九条、第十条表明了最高人民法院希望减轻原告证明被告支配地位的举证责任负担的意图。第九条是对公用企业的特殊规定。根据第九条，人民法院可以根据市场结构和竞争的具体情况，认定被告在相关市场内具有支配地位，但有相反证据足以推翻的除外。第十条规定原告可以以被告对外发布的信息作为证明其具有市场支配地位的证据，但有相反证据足以推翻的除外。尽管涉及滥用市场支配地位的案件很多，但因为原告过重的举证责任，胜诉的概率并不高。最近的360诉腾讯案就表明，即使在被告公布的公共信息证实了其市场支配地位的情况下，原告证明其市场支配地位仍具有一定的困难。

[①]　最高法司法解释的第七条规定，被诉垄断行为属于《反垄断法》第十三条第一款第（一）项至第（五）项规定的滥用市场支配地位的，被告应对该协议不具有限制竞争的效果承担举证。

4.4　行政执法与民事诉讼之间的协调

（1）行政机关与法院之间的界限和联系不明确

《反垄断法》确立了行政执法与民事诉讼的平行执法体系。然而，《反垄断法》并未要求行政执法决定是反垄断民事诉讼的前置条件。《最高人民法院关于审理因垄断行为引发的民事纠纷案件应用法律若干问题的规定》进一步明确了反垄断民事诉讼并不以行政执法决定为前提。因此，当反垄断行政执法与反垄断民事诉讼同时进行时，相关法律法规并未提供具体的规定。如果有人向行政机关举报涉嫌垄断行为，同时提起民事诉讼，行政机关以及法院应当如何处理？当交易满足门槛要求时，反垄断执法机构以及法院均应当受理，还是应当等待某一机关做出决定，或让先受理的机构继续进行，而另一机构中止其程序？

最高人民法院司法解释的第二条规定："原告直接向人民法院提起民事诉讼，或者在反垄断执法机构认定构成垄断行为的处理决定发生法律效力后向人民法院提起民事诉讼，并符合法律规定的其他受理条件的，人民法院应当受理。"该条可以理解为，即使行政机关尚未做出有效行政决定，人民法院仍有权受理案件。然而，当行政与民事诉讼同时进行（无论哪个程序先行），其中一个程序是否应当中止到另一个程序终结？

对于上述问题，现行《反垄断法》及相关法规并没有给出具体指导。实践中也从未涉及该问题。《最高人民法院关于审理因垄断行为引发的民事纠纷案件应用法律若干问题的规定（征求意见稿）》第十六条规定："人民法院在行政机关调查垄断行为过程中，依据案情认为恰当时，可以中止审理。"但是最终生效的《最高人民法院关于审理因垄断行为引发的民事纠纷案件应用法律若干问题的规定》并未包含上述条款。对此，我们的理解是，当行政执法与民事诉讼两个程序同时启动或紧随另一程序启动时，反垄断执法机构以及人民法院均有权继续调查与审理该案件。

特别是当两个程序同时启动时，反垄断执法机构与人民法院做出的决定有可能存在差异。为了防止此类情况，反垄断执法机构以及人民法院应当制定相关规定或者在实践中确立具体的规则。例如，在特殊情况下，人民法院可以根据《中华人民共和国民事诉讼法》第一百五十条的兜底条款中止诉讼，等待反垄断执法机构的决定。[①]

[①]　根据《民事诉讼法》第一百五十条，有下列情形之一的，中止诉讼：（一）一方当事人死亡，需要等待继承人表明是否参加诉讼的；（二）一方当事人丧失诉讼行为能力，尚未确定法定代理人的；（三）作为一方当事人的法人或者其他组织终止，尚未确定权利义务承受人的；（四）一方当事人因不可抗拒的事由，不能参加诉讼的；（五）本案必须以另一案的审理结果为依据，而另一案尚未审结的；（六）其他应当中止诉讼的情形。中止诉讼的原因消除后，恢复诉讼。

（2）反垄断民事诉讼中原告的举证责任与行政调查中的认定标准的不连贯

当原告同时诉诸行政救济和民事救济时，正在进行的行政程序可能影响后续民事诉讼的诉讼时效。

最高法院的司法解释第十六条规定："原告向反垄断执法机构举报被诉垄断行为的，诉讼时效从其举报之日起中断。反垄断执法机构决定不立案、撤销案件或者决定终止调查的，诉讼时效期间从原告知道或者应当知道不立案、撤销案件或者终止调查之日起重新计算。反垄断执法机构调查后认定构成垄断行为的，诉讼时效期间从原告知道或者应当知道反垄断执法机构认定构成垄断行为的处理决定发生法律效力之日起重新计算。"

虽然上述条款在表述上是明确的，但是实践中定义"知道或者应当知道"存在困难。[①]例如，根据规定，诉讼时效从原告知道或者应当知道反垄断执法机构认定构成垄断行为的处理决定发生法律效力之日起计算。然而实践中，除了《反垄断法》第三十条规定了商务部应当将禁止经营者集中的决定或者对经营者集中附加限制性条件的决定及时向社会公布以外，其他反垄断执法机构没有必须公布行政决定的义务。如果新闻媒体对发改委及国家工商总局的决定进行了报道，但是部门本身并未发布，是否构成"知道或者应当知道"？另外，当没有任何人对涉嫌垄断的行为进行举报，或者没有反垄断执法机构发起调查时，反垄断民事诉讼案件的诉讼时效如何计算，仍待解决。

据我们所知，在以往的反垄断民事诉讼中，诉讼时效尚未构成争议点。然而，随着反垄断民事诉讼的进一步多元化，诉讼时效的起算日期、中止及重新计算都可能会成为法院审理中争议的焦点问题。

（3）反垄断民事诉讼中原告的举证责任以及行政调查中的认定标准

在当前的司法实践中，鉴于反垄断民事诉讼的复杂性，原告在寻求诉讼救济时须承担沉重的举证责任。同时，由于证据调查程序的不完善，加上可用的信息及数据有限，原告在取证以及举证方面都存在困难。因此，原告在反垄断民事诉讼案件的主张很少获得法院的支持。

为了解决上述问题，《最高人民法院关于审理因垄断行为引发的民事纠纷案件应用法律若干问题的规定》在《民事诉讼法》"谁主张，谁举证"的基础上做出了重大突破。《最高人民法院关于审理因垄断行为引发的民事纠纷案件应用法律若干问题的规

[①]《中华人民共和国民法通则》第一百三十七条规定，诉讼时效期间从知道或者应当知道权利被侵害时起计算。

定》根据垄断行为的类型规定了相应的举证责任。具体而言，对于《反垄断法》第十三条禁止的横向垄断协议，由于法律推定具有限制或者排除竞争的效果，被告负有举证责任证明该协议并不具有反竞争效果。这称为举证责任倒置。然而，纵向的垄断协议仍然适用一般的举证责任规则。这是因为在人民法院看来，纵向垄断协议的反竞争效果不明确，因此原告必须证明纵向协议具有限制或者排除竞争的效果。①除此以外，品牌之前的竞争不够激烈时，才会出现竞争相关问题。

在锐邦诉强生一案中，上海市高级人民法院确认了一审法院（上海市第一中级人民法院）中的两个观点：首先，纵向垄断协议的违法性需要以限制或者排除竞争效果为前提；其次，原告必须证明维持最低转售价格协议具有限制以及排除竞争的效果。在决定维持转售价格是否具有限制以及排除竞争的效果时，上海市高级人民法院在其判决中要求考虑下列因素：①相关市场中的竞争是否充分；②被告是否具备强有力的市场地位；③被告维持转售价格的动机；④维持转售价格的竞争效果，包括促进竞争和反竞争的效果。

然而，另一个学派认为，《反垄断法》第十四条下的维持转售价格具有不证自明的反竞争效果。《反垄断法》第十三条下的五种横向垄断协议以及前述协议并没有差异。因此，原告不应该负有证明反竞争效果的举证责任，而被告应负有证明反竞争效果并不存在的举证责任。换言之，举证责任倒置应适用于第十三条以及第十四条下的横向协议以及纵向协议。

这个观点似乎与反垄断执法机构的观点一致。在近期反垄断执法机构对于维持转售价格的行政决定中，虽然发改委的部分官员曾经表示维持转售价格应当依据合理原则进行分析，但与强生案不同的是，公布的行政决定在未进行详细论述时，似乎已经认定维持转售价格的行为具有推定的反竞争效果。②因此，许多人认为发改委将维持转售价格视作本身违法，并认为没有必要进一步分析维持转售价格是否构成具有反垄断效果的纵向垄断协议。

如果人民法院以及反垄断执法机构针对同一行为适用不同的认定标准和分析方式，可能让企业以及消费者产生困惑。这种情况下，被调查企业应当遵守较为严格的合规

---

① 孔祥俊，《最高人民法院知识产权司法解释理解与适用》，中国法律出版社，2012年，第268—270页。

② 在茅台、五粮液案调查中，贵州省物价局以及四川省发改委发布公告，批评两家企业限制以及排除竞争，损害消费者利益。在婴儿奶粉一案的公告中，发改委指出婴儿奶粉企业违法维持商品高价，严重限制以及排除了品牌之间的竞争，降低了不同婴儿奶粉企业间的竞争，限制了市场的平等竞争，损害了消费者的利益。然而，在上述两个案件中，发改委在其公布的行政决定以及调查中，均未提供进一步的竞争分析。

要求，从而避免行政处罚。被调查企业以及消费者在发起民事诉讼时，应当谨慎评估自身是否满足举证责任的要求。

（4）在反垄断调查后续民事诉讼中所收集证据的地位

在反垄断民事诉讼中，一方可以向人民法院申请调取证据。[①]然而，对于宽大政策的申请人[②]或者成功申请中止调查的申请人[③]对于其在申请宽大处理或者中止调查时提供的证据是否可以申请保密以及是否不适用于后续法律程序的问题还有待观察。上述问题涉及《反垄断法》执法中的政策平衡。一方面，如果宽大政策和中止调查程序中获得的证据不能适用于反垄断民事诉讼，那么原告将无法从其他渠道取得相应证据；另一方面，宽大程序以及中止调查程序旨在鼓励涉案企业及早停止违法行为，减少负面影响，增加行政执法效率，并且节省行政资源。然而，如果人民法院可以轻易取得中止程序以及宽大程序中获取的证据，当事方申请中止程序以及宽大程序的动机将大为减弱，从而在一定程度上影响反垄断执法机构的行政执法。

此外，在反垄断的后续诉讼中，[④]对于反垄断执法机构已经做出的事实以及法律结论，法院是否能够直接使用并免除原告的举证责任？《最高人民法院关于审理因垄断行为引发的民事纠纷案件应用法律若干问题的规定（征求意见稿）》涉及上述问题。征求意见稿第二稿第十一条规定，对于反垄断执法机构做出决定时认定的事实，原告不需要证明，除非被告有足够证据推翻该事实认定。另外，人民法院不可以根据经营者为了中止调查对反垄断执法机构做出的承诺，认定其实施了垄断行为。可是，该条款没能写入《最高人民法院关于审理因垄断行为引发的民事纠纷案件应用法律若干问题的规定》的最终版本。

有关上述问题的意见并不统一。部分观点认为，法院应当认可反垄断执法机构的决定，不再要求原告证明行政执法机构已经认定的事实。这是因为：首先，被调查的

---

① 《民事诉讼法》第六十四条第二款规定，当事人及其诉讼代理人因客观原因不能自行收集的证据，或者人民法院认为审理案件需要的证据，人民法院应当调查收集。

② 《反垄断法》第四十五条规定，对反垄断执法机构调查的涉嫌垄断行为，被调查的经营者承诺在反垄断执法机构认可的期限内采取具体措施消除该行为后果的，反垄断执法机构可以决定中止调查。中止调查的决定应当载明被调查的经营者承诺的具体内容。

③ 宽大程序的申请即向反垄断执法机构承认违法行为，以期减轻处罚或者免于处罚。《反垄断法》第四十六条第二款规定，经营者主动向反垄断执法机构报告达成垄断协议的有关情况并提供重要证据的，反垄断执法机构可以酌情减轻或者免除对该经营者的处罚。

④ 后续诉讼是指在行政执法机构认定构成垄断行为并做出处罚后，因同一垄断行为受到损害，寻求损害赔偿的受害人提起的反垄断民事诉讼。

经营者如果对行政决定存在异议，有权申请行政复议或提起行政诉讼；其次，该规定可以节省行政资源，并保护反垄断执法机构的权威。[①]但同时，有人认为行政决定依据行政程序做出，对于法院判决不应具有约束力。虽然存在上述争议，反垄断执法机构做出的决定仍然对后续诉讼具有很强的影响。根据《最高法院关于民事诉讼证据的若干规定》第七十七条，国家机关、社会团体依职权制作的公文书证的证明力一般大于其他书证。因此，如果反垄断执法机构通过行政决定认定被调查经营者实施了垄断行为，与其他公文书证相比，人民法院更可能倾向于沿用行政决定做出的结论。

虽然反垄断执法机构已经完成了若干反垄断调查，目前仍未有后续诉讼。因此，行政机关对于民事诉讼具有怎样的影响力，仍待观察。

5. 对改善反垄断立法和执法机制的建议

5.1 改善反垄断立法机制的建议

《反垄断法》正式实施仅有六年，还是一部较新的法律。考虑到如果通过修订法律的方式完善法律可能会损害法律的稳定性，以指南的形式制定行政性规定或解释是实现上述目标的更为适宜的方式。

5.1.1 修订《反垄断法》用语的建议

（1）应对第七条有关放松国企管制的误解做出解释

第七条第一款规定，国有经济占控制地位的关系国民经济命脉和国家安全的行业以及依法实行专营专卖的行业，国家对其经营者的合法经营活动予以保护。与此同时，国家对经营者的经营行为及其商品和服务的价格依法实施监管和调控，维护消费者利益，促进技术进步。另外，第二款规定前款规定行业的经营者应当依法经营，诚实守信，严格自律，接受社会公众的监督，不得利用其控制地位或者专营专卖地位损害消费者利益。

现实中，据我们所知，本条第一款确立了对国有企业和从事特定行业或排他性经营业务的经营者的立法保护，该条款造成公众对于国有企业不受《反垄断法》规制的印象。然而，该观念有失偏颇。事实上，根据第七条第一款的第二部分，执法机构有义务对包括国企在内的该类经营者通过调控价格的方式来保护和鼓励特定行业的发展，

---

① 黄尧，"浅析反垄断民事诉讼中执法机关与司法机关的协调"，《法学论丛》，第461期。

并且根据第七条第二款该类经营者有义务依法经营并且不得滥用其控制地位或专营专卖地位。

针对这一问题，必须对第七条的含义加以解释。执法机构应当明确有关企业仍受《反垄断法》规制。此外，第七条第一款中"国家安全"的含义过于广泛，同样需要通过司法解释或行政性规定缩小其范围。上述措施可以促进公众对《反垄断法》的理解。

（2）应当明确第十一条中行业协会的责任

根据《反垄断法》第十一条，行业协会应当加强行业自律，引导本行业的经营者依法竞争，维护市场竞争秩序。在过去六年中，行业协会经常与经营者一起实施垄断行为。但是，这些协会不能被认定为"经营者"，而现行法律体系下，对违法行为承担责任的主体仅限于经营者。

建议在第十一条中明确行业协会的责任，或者将承担责任的主体"经营者"的概念重新界定。这些可以通过制定司法解释或发布行政性规定来完成。

（3）应当明确垄断协议的适用标准

就横向垄断协议而言，不同国家虽然态度不同，但是就本身违法原则是普遍适用的。而在执法活动中，经常产生有关纵向垄断协议的争议。截至目前，发改委和最高法院在审查纵向垄断协议的过程中适用了不同的标准。考虑到这一情况，《反垄断法》应当明确适用标准以避免分歧。

不同于横向垄断协议，纵向协议的各参与方的目的多为合法地提高经营效率。现行规定过于严格，执法机构应当在供应链的上游供应商和下游零售商联合的问题上允许更多的灵活性。因此，应当将合理性原则确立为审查纵向协议时适用的原则。

5.1.2　改善反垄断立法体系的建议

除明确《反垄断法》的用语外，改善反垄断立法体系对构建法律体系很有必要。考虑到三大执法机构的职权划分和其目前的立法状况，下文分别针对经营者集中、行政执法和反垄断诉讼提出建议。

针对经营者集中，商务部已经发布了对此前《经营者集中申报的指导意见》的修订版，以及简易案件相关规定。考虑到该立法发展，建议：首先，计算营业额时，一些问题需要进一步明确，例如扣除税金的方法、计算期间的认定，就中国境内营业额的更加具体的规定。其次，对于控制权的认定，颁布更加具体的指导意见。

就行政调查而言，营业额的计算存在同样的问题。此外，需要调整宽大政策。例如，应当明确宽大程序如何执行、纵向垄断协议是否适用宽大政策、经营者应当向谁报告、宽大的程度等。

反垄断诉讼中最重要的是要明确举证责任。考虑到原告取证的困难，法律应当规定减轻原告的举证责任。

5.2 改善执法的建议

反垄断执法中存在的主要问题包括分析工具落后、特定概念（例如支配地位、合理原因和非竞争因素的影响）界定不明。与此同时，程序上的透明、公开、公正一直受到质疑。基于上述对执法现状的分析，本文从实体和程序层面提出对于反垄断执法的建议。

5.2.1 对改善《反垄断法》执法中实体方面的建议

在现行体制下，有三大执法机构和一个协调机关，即反垄断委员会，负责反垄断执法。但是，这些执法机构的职责和权限并未清晰界定，导致一些效率问题。此外，三大机构皆为国务院部门，这意味着国务院的行政权力可能会妨碍反垄断执法。因此，建立统一的执法机构是必需的。不断完善的民事诉讼体系也会促进反垄断执法的完善。

除了三大执法机构之间的关系外，类似的问题也存在于反垄断执法机构与相应的行业监管部门之间。由于《反垄断法》授权了三大执法机构监管包括通信、保险、银行等行业在内的垄断行为，三大执法机构和行业主管部门之间也存在一些冲突。实践中，如何对于这些特殊行业中的垄断行为进行反垄断执法需要在立法中予以明确。

考虑到《反垄断法》及其执法工作的复杂性和对专业知识较高的要求，执法人员应当具备一定的经济和法律知识。目前，执法人员在执法过程中所用的分析工具较为落后。执法人员应当依据相关标准进行严格选拔，并且应当保证人员构成的适当比例（每个执法人员负责的案件数比率也应当维持在合理水平）。

特定的执法领域也存在一些问题。就经营者集中而言，在做出附条件的决定后，商务部很难监管所附条件被遵守的情况，尤其是考虑到商务部比较倾向于适用行为性救济。因此，商务部应当在执法过程中完善经营者集中的救济制度。就调查而言，很多问题尚不确定。例如，纵向垄断协议应当适用本身违法原则还是合理原则，哪些原因可以被认定为滥用市场支配地位的"合理理由"，行政垄断应当如何处罚等。所有问题都需要更加明确的立法指导做出进一步解释。

5.2.2 在程序层面改善执法的建议

对于很多在中国需要受到经营者集中审查的交易而言，经营者集中审查过程的漫长阻碍了该类交易的进行。我们认为这是执法机构人员短缺所致。在行政调查执法中，国家工商总局和发改委可以授权地方政府机关配合执法，相反，经营者集中仅由商务部进行审查。考虑这一情况，商务部的阵容有待扩大。

透明度仍是一个严重问题，该问题导致行政执法过程中执法的不确定性和对被调查者保护的不充分。为了解决这一问题，首先，应当建立适用统一法律规定的统一的执法机构。国家工商总局和发改委之间的分权已经导致立法冲突和执法人员针对特定问题的态度不够明确。其次，执法机构应当发布指南，明确规定在执法中已经发现的问题。再次，应当完善集体豁免规定和宽大政策，以确保集体豁免规定和宽大政策可以依据公开的标准执行，从而满足公开和透明的要求。

5.3　协调非竞争因素和反垄断执法的建议

《反垄断法》本身就包含着对非竞争因素的考虑。《反垄断法》第一条规定："为了预防和制止垄断行为，保护市场公平竞争，提高经济运行效率，维护消费者利益和社会公共利益，促进社会主义市场经济健康发展，制定本法。"该条规定说明《反垄断法》的立法目标是多元化的。从"维护社会公共利益"和"促进社会主义市场经济健康发展"等目标中，可以解读出对诸如行业政策等非竞争因素的考量。

此外，《反垄断法》第二十七条规定，在审查经营者集中的过程中，商务部应当考虑多种因素。这些因素不仅包括与竞争有关的因素，例如参与集中的经营者的市场份额和对市场的控制，还应包括对非竞争因素的考虑，如"经营者集中对国民经济发展的影响"。

自20世纪80年代实行改革开放以来，中国经历了从计划经济到社会主义市场经济的转变。目前，中国经济仍处于转型时期，市场经济仍未完全成熟。一方面，中国需要鼓励竞争，建立活跃的、高效的、更加开放的社会主义市场经济；另一方面，由于中国在2001年加入WTO，国内各行业面临来自国外企业的竞争，这就需要在产业政策的指导下调整产业结构，提高经济效益。《反垄断法》正是在这一背景下颁布的。

2008年全球金融危机期间，中国经济发展受阻，而《反垄断法》恰在同一时间正式生效。为了减轻金融危机给中国经济带来的影响，发改委和工信部连同国务院的其他相关部委，制定了《十个重点产业调整与振兴规划》，包括钢铁、汽车、船舶、石化、纺织、轻工、有色金属、装备制造业、电子信息以及物流业。与此同时，中国"十二五"规划鼓励"汽车、钢铁、水泥、机械制造、铝、稀土、电子信息、医药"等行业兼并重组以提高产业集中度。

为协调非竞争因素和反垄断执法，下列方式可以实现改善：在立法过程中，立法机构应当尝试更加清晰地区别竞争政策和行业政策。很多国家和司法辖区优先考虑竞争政策，使市场可以自主运行。此外，可以针对有关国民经济和国家安全的产业适用集体豁免规定。无论如何，在经济转型期，对中国产业政策的理解亦将有助于确定反垄断执法过程中可能发生的问题。

创新和竞争政策

威拉德·汤姆[①]

本文简要描述了创新和竞争之间的关系。这个主题对竞争政策至关重要，因为人们广泛认为创新对经济福利的贡献远远超过了静态配置效率。[②] 关于这个主题的经济文献汗牛充栋，给人们的印象是这个领域里仍有不少未知和不确定的内容。而造成这种情况的原因正是学术研究的本质：研究者未能发表成果，所以换种方式来重新描述显而易见或者众所周知的研究成果，借此获得终身教职和声望。事实上，人们在这个领域里探索了很多有意思的前沿问题。

显然，最显而易见和众所周知的关系是，要激励公司或个人投资于创新，创新投资的预期收益必须超过未投资创新时的预期收益（即从维持现状中获得的利润）——这也是最具现实意义的一个关系。[③] 从这个事实可以得出两个推论：（1）发明者必须能够从成功的发明创造中获得极有竞争力的利润，而且（2）绝不能允许市场参与者从垄断行为、串通舞弊或反竞争性合并等策略中获得极有竞争力的利润。这类策略使他们不开展创新或不采取其他措施就能胜过竞争对手并获利。

然而，要将这些简单的原则付诸实施困难重重且错综复杂。表面上具有排他性或勾结性的做法事实上可能是合法行为，因为它们要么加剧了当前的竞争，使人们受到

---

① 本文作者是 Morgan, Lewis & Bockius LLP 律所的合伙人。本文只反映作者的个人观点，而不是 Morgan, Lewis & Bockius LLP 律所或其客户的观点。本文仅提供一般性信息，不应视为对任何具体问题的法律意见。

② 美国第七巡回上诉法庭的 Frank Easterbrook 法官观察到："如果反垄断政策将价格压低 5%，但其代价是创新每年降低生产成本的速度减少 1%，那么这无异于一场灾难。从长远来看，持续的复合变化率会降低静态损失"。Frank H. Easterbrook, *Ignorance and Antitrust*, in Antitrust, Innovation, And Competitiveness 119, 122 – 23 (Thomas M. Jorde & David J. Teece eds., 1992)。

③ "前沿"问题包括努力量化市场结构和创新之间的关系。作者将在本文第一部分探讨这个问题，但只是简要涉及。除了难以从实证证据获得确切的结论以外，它的各种答案对政策制定者的现实意义不大。

更多压力来开展创新，以逃避竞争；要么保护创新者免受其他人行为的影响，以免创新者未来无法从创新中获得公平的回报。由于反垄断机构很容易犯错，所以它们在进行执法决策时必须慎之又慎，否则造成的破坏可能会超出带来的益处。

除了竞争政策可能对创新激励造成影响以外，其他政府政策也可能影响到创新激励及创新能力。因此，本文还探讨了两类政策的影响：一类是在特殊行业鼓励创新的产业政策；另一类是其他没有将创新作为具体目标的政府政策。

本文分为六节。首先，它根据广泛的研究文献探讨了到底是支离破碎的市场结构还是垄断性较强的社会更利于创新。从这种宽泛的角度来说，现有文献大多没有定论，不过采取更精细的方法能得出更加有用的教训。其次，本文探讨了一个更加有价值，或者说更容易回答的问题，即竞争性流程和合理的竞争政策对于鼓励创新所发挥的作用（以及反之，误入歧途的竞争政策如何破坏创新）。第三，本文探讨了知识产权和竞争政策之间的关系。第四，本文考虑了如何管理和缓解重大创新可能引发的混乱。第五，本文探究了产业政策及其他政府政策造成的影响。最后，作者总结并提供了一些结论性意见。

一、市场结构和创新

我们可以从熊彼特的著作中找到人们最早对市场结构和竞争关系的探索。熊彼特认为垄断鼓励创新，因为除了其他因素以外，垄断者独占创新价值的能力更强①。换句话说，如果创新者面对着竞争，那么可以使他获得收益的生产单位较少，因此从创新中获得的收益也较少。与此相反，如果不存在任何竞争对手，或者市场的准入门槛极高，那么垄断者可以从自己的发明创造中获取所有相关收益。几十年前，肯尼恩·阿罗（Kenneth Arrow）教授（后来他获得了诺贝尔经济学奖）证明在合理的条件下，垄断者受到的创新激励不及竞争性市场中的公司所受到的激励，因为如果垄断者推出新型产品或更卓越的产品，那么只会蚕食自己的市场——即从已经攫取垄断利润的产品那里抢夺销量——然而在竞争性市场中，创新者会制造出原本不存在的销量。② 在此之后的相关理论著作表明，只要改变假设条件，那么前面提到的这两种结果都会发生改

---

① Joseph A. Schumpeter, Capitalism, Socialism, and Democracy 81 – 106 （1942）.

② Kenneth J. Arrow, *Economic Welfare and the Allocation of Resources for Innovation*, in Essays in the Theory of Risk – Bearing 144 （1971）.

变，而且关于这个主题的实证证据混淆不清，难以解读。① 最近的文献表明，市场竞争性和创新强度之间存在倒 U 型关系——特别是菲利普·阿吉翁（Phillippe Aghion at al,）等人于 2005 年发表的那篇颇有影响力的文章。② 这些研究似乎表明，一个产业远离自由竞争时，研发活动会提升；当该产业接近垄断时，研发活动会再次下降。不过，并非近期的所有研究都认同这种关系。譬如，2010 年荷兰经济政策研究所所做的分析并没有在其使用的特定数据库（及其使用的关于竞争和创新强度的特定指数）里发现支持这种倒 U 型关系的证据，而是发现竞争加剧和创新提升之间普遍存在着线性关系。③

然而，研究这个主题的学者在更精细的层面上提出不少很有意思且有价值的意见。这些分析都始于一个基本命题，即要让人们投资于创新，那么创新投资的预期利润必须超过未进行创新投资的预期利润（即安于现状时获得的利润）。正如这个研究领域里处于领先地位的学者——伯克利加州大学的理查德·吉尔伯特（Richard J. Gilbert）教授强调的那样：

> 创新激励是公司投资于研发时可获得的额外利润……如果导致市场高度集中的因素也会使其他人难以通过模仿发明创造来获利，那么在创新后高度集中的产品市场……会使创新活动得到回报。第二种经济力量是被创新消灭了的利润。如果利用传统技术可获得极高的利润——就像创新出现前高度集中的产品市场那样，那么公司受到的创新激励（即从创新中获得的利润增长）可能会很小。④

吉尔伯特教授随后展示了多种因素（如保护创新的知识产权的本质等）与市场结

---

① Wesley M. Cohen & Richard C. Levin, *Empirical Studies of Innovation and Market Structure*, in Handbook of Industrial Organization 1059（Richard Schmalensee & Robert D. Willig eds. , 1989）（surveying literature）; Jonathan B. Baker, *Fringe Firms and Incentives to Innovate*, 63 Antitrust L. J. 621, 639 - 41（1995）（same）; Richard J. Gilbert & Steven C. Sunshine, *Incorporating Dynamic Efficiency Concerns in Merger Analysis: The Use of Innovation Markets*, 63 Antitrust L. J. 569, 579 - 80（1995）（same）; 1 Federal Trade Commission Staff Report, Competition Policy in the New High - Tech, Global Marketplace Ch. 6, 10 - 12（May 1996）[hereinafter Hearings Report], https: //www. ftc. gov/system/files/documents/reports/ anticipating - 21st - century - competition - policy - new - high - tech - global - marketplace/gc_ v1. pdf（same）.

② Philippe Aghion et. al. , *Competition and Innovation: An Inverted - U Relationship*, 120 Quarterly J. Econ. 701（2005）, http: //web. stanford. edu/ ~ nbloom/PevertedU. pdf.

③ CPB Netherlands Bureau for Economic Policy Analysis（荷兰经济政策研究所）, *The relation between competition and innovation: Empirical results and implementation into WorldScan*, CPB Memorandum No. 242（March 2010）, http: //www. cpb. nl/en/publication/relation - between - competition - and - innovation - empirical - results - and - implementation - worldsc。

④ Richard J. Gilbert, *Competition and Innovation*, 1 ABA Section of Antitrust Law, Issues in Competition Law and Policy 577, 583 - 84（2008）.

构之间的互动决定了创新激励接近社会最优水平的程度。譬如，市场结构对产品创新和流程创新的影响可能全然不同。尽管在一定程度上，人们可以通过保密的方式来保护流程创新，但缺少法律保护时，新产品进入市场后往往都会被模仿复制。与此相反，即使流程创新获得了专利，公司也会因为难以察觉侵权和难以实施自己的权益而无法保护专利。因此，公司往往会转而依赖保密手段，尽管这种保密行为无法保护自主发明创造，而且只有在盗窃行为可以被发现和法律体系能够有效行使商业机密所有者的权益时才有利于抵制盗窃。

当公司通过保密手段保护流程创新时，创新者的收益仅限于自身生产借此节约的成本。如果创新者所占的市场份额较小，而且所节约的成本不足以使其扩大市场份额，那么创新者的收益可能会很小。在这种情况下，要想对创新者受到的激励进行分析可能会非常复杂，而且取决于多种因素。①

相应地，对于阿罗教授（Arrow）提出的"竞争性市场中的公司创新激励更强"这个结论，人们可以想象最能体现这个结论的情景是新产品受到强有力的专利保护。正如吉尔伯特教授假设流程创新受到强大的专用权保护时（即，专用权甚至能保护它免受自主发明创造的冲击）所观察到的结果：

> 如果没有出现创新，那么在市场上占据垄断地位的公司会获得利润流。垄断者可以通过创新提高自己的利润；然而，它损失了老旧技术产生的利润，或者说被瓜分了老旧技术的部分利润，只能得益于创新带来的新增利润……从定义上来说，在竞争行业里，除了投资的正常收益以外，公司没有之前遗留下来的利润流可被瓜分。如果竞争性公司从创新中获得的收益和垄断者获得的收益相同，那么它的差额收益会更高，因为它没有垄断利润可被创新所取代。相对于竞争性企业来说，垄断者在创新前已有的利润流降低了其从创新中获得的净回报。因此，阿罗得出的结论是，垄断者投资于研发的激励低于竞争性公司。②

然而，事实证明即使要将阿罗的研究结果运用于产品创新也相当复杂，因为产品市场差异很大，对垄断者和竞争性公司的激励都产生了影响。③

---

① Richard J. Gilbert, *Competition and Innovation*, 1 ABA Section of Antitrust Law, Issues in Competition Law and Policy 577, (2008), at 586 – 88.

② 同上 *Id*, at 588 – 89。

③ 同上 *Id*, at 589。新产品可以帮助垄断者更有效地进行差别定价，从而获得更多收益。而且"当公司通过提供差异化产品进行竞争时，即使竞争性公司也可以获得确定的收益。因此竞争性公司也可能面对替代效应，从而降低其开发新产品的激励——虽然它们受到的替代效应比垄断者受到的效应小得多"。

其他对市场结构和创新之间的关系造成影响的因素包括：

- 创新是否具有颠覆性——即这种突破性创新将现有产品都淘汰出局。
- 垄断者是否受到激励来投资研发，从而在潜在的竞争者开展创新之前先发制人。
- 是否有多种多样的研发途径来提升创新数量或加快创新速度。
- 如果处于受保护的垄断地位的管理者没有因为市场纪律的驱动而必须领先于竞争者，那么他会有多懒散。①

提到相关实证证据，尽管正规的统计分析很有意思，但并无定论②，不过更加精细的研究得出了其他结果。哈佛大学商学院的迈克尔·波特（Michael E. Porter）教授采用个案研究的方法仔细观察了 10 个国家里 100 余个成功产业或产业集群的发展途径。他得出的结论是，除了别的因素以外，促使它们取得成功的一个重要因素是激烈的本地竞争（并不仅仅是公司的数量，还有强迫公司开展创新以生存下来的竞争强度）。③

同样，在美国联邦贸易委员会（FTC）1995 年的全球竞争听证会上④，众多商界证人观察到竞争是推动本公司开展创新的重要激励因素。3M 公司的一位代表特别强调说，市场压力促使 3M 公司提升了自己的创新率目标。⑤ 惠普公司的 CEO 观察到，竞争迫使惠普持续投资于技术。⑥ 其他证人也表示在汽车、钢铁、金融服务和日用百货等领域里，竞争和创新的关系与此相似。⑦

二、竞争政策和创新

一旦竞争执法者认识到政府制定或落实竞争政策时面对的实际问题并不是哪种市场结构有利于创新，而是积极推行完善的竞争政策是否会鼓励竞争，如何鼓励竞争，

---

① Richard J. Gilbert, *Competition and Innovation*, 1 ABA Section of Antitrust Law, Issues in Competition Law and Policy 577,（2008），at 589 – 93.

② Note 6, *supra*.

③ Michael E. Porter, The Competitive Advantage of Nations（1990）。关于这些研究及其结果的简要总结请见 Michael E. Porter, *The Competitive Advantage of Nations*, Harvard Business Review, https：/hbr. org/1990/03/the – competitive – advantage – of – nations。

④ FTC Global and Innovation – Based Competition Hearings（1995）.

⑤ *Global Competition Hearings*, Transcript at 206（testimony of Dr. William Coyne, Vice President, Research and Development, 3M Corp.）（cited in Hearings Report, *supra* note 6, ch. 6, p. 15）.

⑥ *Global Competition Hearings*, Transcript at 206（testimony of Lewis E. Platt, Chairman, President and CEO, Hewlett – Packard Co.）（cited in Hearings Report, *supra* note 6, ch. 6, p. 15）.

⑦ Hearings Report, *supra* note 6, ch. 6, p. 14 nn. 66 & 67.

或者说反之，糟糕的竞争政策是否会阻碍竞争，如何阻碍竞争，那么他们会从中学到很多有益的教训。

作者在本节探讨了市场参与者的反竞争行为如何阻碍创新，所以为什么积极推行竞争法至关重要。作者还探索了竞争法的执法误入歧途时如何对创新造成障碍，因此为什么负责竞争的机构必须在落实自己的目标时慎之又慎。

我们首先从前文提到的吉尔伯特教授和其他教授的观点入手，即要激励人们投资于创新，那么投资的预期利润必须超过维持现状的预期利润。这个命题的前后两部分都很重要。在等式的左侧，必须使成功的创新者获得的利润超过资本的正常收益。正如美国最高法院观察到的那样：

> 拥有垄断权及随之制定的垄断价格本身不仅不违法，而且是自由市场体系的重要元素。（至少在短期内）采用垄断价格首先会吸引"商业智慧"——它诱导商家承担起风险以产生创新和经济增长。[1]

在等式的右侧，在不开展创新的情况下获得垄断利润的能力会拖累创新。我们还将以四个重大问题为背景来探讨这些议题。这四个问题聚焦了全球的反垄断政策及执行情况：主导性公司的行为，贸易限制协议，合并、滥用政府权力来限制竞争。

1. 主导性公司的行为

为了便于分析，我们先确定主导性公司的市场支配力在多大程度上有助于该公司在创新完成后独占创新的价值——我们随后会再讨论这个议题。如果只研究开展任何创新之前，市场支配力对现状的影响，那么就像阿罗指出的那样，如果开展创新只会瓜分垄断者现有的利润流，那么这会大幅削弱他们开展创新的激励。相应地，如果能够创造或维系市场支配力的行为不会提高垄断者独占未来创新收益的能力，那么也会削弱他们的创新激励。

除了对激励造成影响以外，垄断还会对企业文化造成负面影响，并使它对未来的市场变化不堪一击。垄断地位阻碍公司有效开展创新的一个范例是普通纸复印机的先驱——施乐公司。正如戴维·卡思斯（David Kearns）描述的那样，施乐公司的 CEO 表示在 1982 年至 1990 年间：

---

[1] *Verizon Communications Inc. v. Law Offices of Curtis V. Trinko, LLP*, 540 U. S. 398（2004）.

使施乐公司兴旺发达的垄断环境鼓励了内部竞争，但没有促进外部竞争。我们根据老款施乐复印机的规格来衡量新款施乐机型的质量。如果其他公司生产的机器性能更优异，那么这些规格不足为道。我们还需要适应全新的预算制定方式。在（竞争降临，施乐公司面对事实幡然醒悟）之前，预算领域先研究当年的支出情况，然后再加上一些大家协商出的改进因素和用来抵消通胀的部分（通常占到5%或10%），很快就出来了第二年的预算。[1]

因此，他观察到，"我们和客户失去了接触，成本基准大错特错，而且产品不够好"。[2]

此外，这种垄断会抑制创新的上游、下游以及互补性产品。相关案例是AT&T公司分拆前雄霸电话服务业时，光缆的发展经历。康宁玻璃公司发明了光纤电缆后，试图在20世纪70年代初卖给AT&T公司。康宁公司一位高层官员在最近的证词中表明，当时AT&T公司的反应并不热心，因为引进光纤会淘汰其庞大的铜线电缆网。

当时，AT&T公司拥有全美最多的电话线。它称自己的电话系统需要三十年的时间才能准备好采用光纤。而且到了这个时候，AT&T公司计划自己制造电缆。不管怎样，这是一种垂直一体化垄断……最终在1982年（AT&T公司分拆）后出现了商业突破。MIC（AT&T的竞争者之一）承担风险，下单预订了十万公里新一代光纤——单模光纤。我们接下了MCI的订单，建造起大型工厂并且开启了技术革命。[3]

正如前文已经指出，使政策制定者和落实者执行任务时困难重重的原因在于，人们无法在攻击垄断或垄断价格本身的同时，不破坏创新受到的大多数激励。[4] 如果潜在创新者认为，一旦他通过坚韧不拔的努力工作[5]和对发明活动的大幅投资占据垄断地

---

① David T. Kearns & David A. Nadler, Prophets In The Dark at 63, 67 (1992).

② 同上 Id. at 68。

③ 康宁公司部门副主席及公共政策主管 Timothy J. Regan 在国会司法委员会所做的证词（1995年5月9日）。

④ 从理论上来说，人们可以想象另外一种奖励体系，如政府奖赏。在实践中，政府不可能掌握充足的信息来准确评估创新的价值，也不可能在信息提供或决策的各个时间点保护这种体系免受腐败的破坏。请参见本文第二节第四部分的讨论。

⑤ Porter（同前注15）洋洋洒洒地描述了创新时需要开展的工作。他写道："除了极个别例外，创新要付出极不寻常的努力。成功采用新型竞争方式或者改善竞争方式的公司都不屈不挠地坚持了自己的创新方法，而且往往面对着重重障碍。"同上 Id. at 49。"高阶优势通常来源于持续并且累计投资于实体设施和具备专业性且往往有风险的学习、研发或市场营销。"同上 Id. at 50。"极少有公司能维持其地位的原因在于对任何成功的机构来说，改变总是极其痛苦而艰辛。"同上 Id. at 52。

位，政府就会介入并夺走他们通过垄断地位获取的果实，那么他们的创新激励将直线下降。同样，无论是否真的会没收垄断财产，只要开展创新的相关进程存在巨大风险，创新激励也会大幅降低。

相应地，绝大多数司法管辖区的反垄断政策在不断发展，只是程度各异。这些政策在避免采用"核心设施理论"等理念（特别是在这个理论的发源地美国）。① 与此相反，反垄断法及其执行关注的往往是以不当手段获取②或维持主导地位的行为。这些行动（通常被称作"排他行为"）往往为竞争对手或潜在竞争对手进入市场或扩大市场份额的能力人为设置障碍。③ 搭售、独家经营和捆绑折扣及忠诚折扣等相关做法属于排他行为的一类——尽管人们往往也认为它们是有利于竞争的正当行为（这个问题留待后文讨论），因此执法者需要谨慎对待这类行为。④

以不当方式维持主导地位的一个案例是微软公司。⑤ 它一直通过"市场准入的应用壁垒"来维系自己在操作系统上的垄断地位。市场准入的应用壁垒所指的现象是，由于大量应用在微软操作系统上运行，所以绝大多数计算机用户忠实地使用微软操作系统，同时应用开发商也因为微软系统的海量用户而倾向于开发在微软操作系统上运行的软件。Netscape 浏览器的出现威胁了微软的强大地位。它迅速占领个人计算机，不仅能在基于微软的计算机上运行，而且在使用其他操作系统的电脑上也可以运行。Netscape 浏览器造成的威胁来源于一个事实：Netscape 不仅自身迅速普及，而且曝光了应用编程界面，这意味着应用开发商可以使自己编写的程序与这些界面互动，从而在所有计算机上运行，而不管计算机使用什么操作系统。作为回应，微软引进了 Internet Explorer 浏览器（这个行为本身是合法的），并且采取了其他措施，与个人计算机生产商和互联网服务提供商达成一定安排，使 Internet Explorer 在桌面上的地位优于 Netscape。它自己还在软件设计中使 Internet Explorer 成为操作系统中不可分割的一部分

---

① *Compare MCI Communications Corp. v AT&T*, 708 F. 2d 1081 (7th Cir.)，*cert. denied*，464 U. S. 891 (1983) *with Trinko*，*supra* n. 20.

② 根据欧洲法律，获取主导性地位并不违反《欧盟条约》第 102 条，公司可能违反法律规定的是"滥用主导地位"。相应地，欧洲法律的执法重点在于通过排他行为来维持或提升主导性。

③ 请参见 Thomas G. Krattenmaker & Steven C. Salop, *Anticompetitive Exclusion*：*Raising Rivals' Costs to Achieve Power over Price*, 96 Yale L. J. 209 (1986)。

④ 请参见 Willard K. Tom, David A. Balto & Neil W. Averitt, *Anticompetitive Aspects of Market – Share Discounts and Other Incentives to Exclusive Dealing*, 67 Antitrust L. J. 615, 636 – 38 (2000)；Willard K. Tom & Joshua A. Newberg, *Antitrust And Intellectual Property*：*From Separate Spheres To Unified Field*, 66 Antitrust L. J. 167 (1997)。

⑤ *United States v. Microsoft*, 253 F. 3d 34 (D. C. Cir. 2000) (en banc).

——虽然这种不可分割性对用户没有任何好处。最终微软摧毁了 Netscape 的普及性，从而消除了 Netscape 成为应用平台的威胁。Netscape 原本会清除操作系统市场准入的应用壁垒，但这个威胁就此烟消云散。华盛顿（特区）巡回上诉法院就此进行了满庭听审，所有法官一致认为微软的行为属于垄断行为。

不过独家销售和搭售也会促进竞争。人们通常利用独家销售来确保预期投资获取足够收益，并且避免竞争者利用这种投资搭便车。① 搭售可以合理地利用商家在知识产权领域里的特殊力量。创造知识产权的固定成本很高，如昂贵的研究设施、宝贵的科研和设计时间、支持众多徒劳的研究项目以期取得重大成功而付出的成本。然而，它的实际边际成本为零，因为只要出现一个想法，那么几乎不需任何成本就可以复制和使用这个想法。高昂的固定成本和几近于零的边际成本意味着，向珍视这个发明的用户收取较高的价格可以提高产出且相当高效。这方面的原型范例是普通纸复印机。大型办公室每天可用它复印上千份文件，小办公室或家庭一周只复印寥寥几份。施乐公司的前 CEO 称，对所有用户采用统一定价"对许多用量较小的客户来说价格过高，而对用量较大的客户来说又过低，施乐无法从中获得理想的回报"。② 在这个案例中，施乐公司利用一个设备来记录复印的数量从而向用户按份收费，解决了这个问题。不过在其他情况下，要采取有利于竞争的差别定价，最实用的办法是搭售。③

在固定成本较高和边际成本较低的市场，利用搭售进行差别定价的合理性隶属于更广泛的"独占性"合理性——作者在前文承诺会再回到这个问题上。最近这个领域里最有趣的研究工作是由美国大学乔纳森·巴克（Jonathan Baker）教授完成的。他在即将发表的文章中强调了三个与"独占性"合理性有关的有趣问题。

首先，主导性公司的排他行为会提升还是降低竞争对手的研发投资？其次，假设这种行为降低了竞争者的研发投资，那么这会提升还是降低主导性公司的投资？第三，假设它提高了主导性公司的投资，那么总投资会上升还是下降？消费者福利会增加还是减少？④

---

① Howard P. Marvel, *Exclusive Dealing*, 25 J. L. & Econ. 1 (1982).

② Kearns, *supra* note 21, at 34.

③ Tom & Newberg, *supra* note 29, at 211–12.

④ Jonathan B. Baker, *Evaluating Appropriability Defenses for the Exclusionary Conduct of Dominant Firms in Innovative Industries*, (draft of Nov. 11, 2014, at 5), Antitrust L. J. (forthcoming), http://papers.ssrn.com/sol3/papers.cfm?abstract_id=2523203.

他特别指出，迄今为止关于第三个问题的绝大多数经济文献表明，排他行为通常不会提升创新激励——即使它提升了主导性公司独占创新收益的能力亦是如此。[①] 他的文章重点关注了第二个问题。依据"竞争对手的创新工作可能会提升主导性公司的投资激励，而不是抵消对独占性的影响"这个事实，这篇文章提出了其他观点质疑了为主导性公司独占性辩护的理由。[②]

我们从所有这些问题中学到的教训是，竞争执法对创新极为重要，但也极其复杂和困难，且高度依赖市场的特定事实和分析。然而，值得重申的是，这些案例都聚焦了排他行为——这些行为缺乏充足的合理性时会严重阻碍对手的竞争能力。在竞争执法的过程中，如果执法者只是因为一方居于主导地位且拥有更强的议价能力，或人们认为它的定价过高，就偏向于另外一方，那么只会削弱主导方开展更激烈的竞争以确保自身主导地位或提高自身议价能力的激励，结果阻碍了创新。

2. 贸易限制协议

公司要想不开展创新或通过其他方式胜过竞争者就获得超级竞争性利润，一个简单方法是和竞争对手达成固定价格协议。这是一个典型的反竞争手法，被全球各国竞争法所声讨，而且会受到重罚。在有些国家，商家甚至会因此锒铛入狱。旨在划分经营地域或客户群体或限制产出的协议效果与此相似，因此会招致同样的处罚。

执法者必须对这种行为和其他表面上看起来非常相似，但事实上迥然不同的行为进行区分。能够潜在促进竞争的两大类限制包括垂直限制和附带限制。

垂直限制出现在并非竞争关系的公司之间——尽管它们可能在其他方面存在竞争关系，但在所销售的特定产品或服务方面并非竞争对手。这方面的例子包括制造商和经销商、投入品供应商和下游生产商，或者许可证颁发者和许可证持有者。现在我们认识到，同类例子还包括计算机和周边设备等互补产品的生产者。[③] 人们广泛认识到垂直的非价格限制（如排他性分销权、地域和客户限制等）都能产生推动竞争的效果，提高水平竞争者与缔约方竞争者之间的竞争。[④] 当然，这种竞争提升后，人们开展创新

---

① 同上 *Id.* at 5 – 6。

② 同上 *Id.* at 6 – 21。

③ William Baxter 教授和 Daniel Kessler 建议从反垄断的用语中取消"水平"和"垂直"这两个术语。他们更倾向于使用"替代"和"互补"。William F. Baxter & Daniel P. Kessler, *Toward a Consistent Theory of the Welfare Analysis of Agreements*, 47 Stan. L. Rev. 615, 619 – 21 (1995)。

④ 如，请参见，1 ABA Section of Antitrust Law, Antitrust Law Developments 154 – 72 (7th ed. 2012)。

的压力也随之加剧——这正是作者在全文所探讨的内容。

执法者对于垂直价格约束问题没有达成太多共识。美国花了近百年时间才使最高法院的想法从 1911 年的 Dr. Miles 案①（最高法院裁决这种约束本身是非法的）转变至 2007 年 Leegin 案的决定②（最高法院裁决应该在合理原则下考虑这种限制）。然而，目前研究竞争的经济学家广泛认为这类限制往往也有利于竞争，其潜在益处包括避免销售点服务搭便车③、质量认证④、管理需求不确定性⑤、激励零售商囤积产品等。⑥

在垂直限制方面，另外一个使人们感到困惑和困难的问题是鉴别哪些关系属于垂直关系，哪些关系属于水平关系（如在竞争者之间）。这在知识产权问题上体现得尤为明显。假设一个制造商授权其他制造商生产某种新产品，但自己仍在生产这种产品。那么从表面上看起来，它们是竞争者，但如果后者拿到的许可证只能用于制造这一种产品，且是从许可证颁发者那里获得的许可，那么许可证颁发者对许可证持有者的限制没有消除真正的竞争，譬如地域限制、用户限制或使用领域限制。为此，美国的反垄断机构于 1995 年发布了《知识产权许可反垄断指南》。该指南称"反垄断机构通常认为，如果在缺少许可证的相关市场上，许可证颁发者和许可证持有者之间，或许可证持有者之间，原本存在事实或潜在的竞争关系，那么他们之间的关系是水平关系"。⑦ 错误地谴责许可证颁发者和许可证持有者之间实际存在的垂直限制，会降低知识产权许可颁发的效率，减少创新的回报以及消费者从这种创新中获得的益处。

附带限制是合法交易的辅助，是使交易促进竞争的必要条件。最早期的一个范例是公司买卖。显然，对于公司所有人来说，公司能卖出去是件好事。对规模非常小的企业来说（或许是独资经营），公司业主可能会日渐衰老，预计自己经营企业的时间不会太久。或者新的公司业主处于更有利的地位来开发新产品并扩张业务覆盖地域。但如果新的公司业主买到的东西包括公司花费数年累积的口碑，那么先前的业主将公司

① *Dr. Miles Medical Co. v. John D. Park and Sons*, 220 U. S. 373 (1911).

② *Leegin Creative Leather Products, Inc. v. PSKS, Inc.*, 551 U. S. 877 (2007).

③ Lester G. Telser, *Why Should Manufacturers Want Fair Trade?*, 3 J. L. & Econ. 86 (1960).

④ Howard P. Marvel & Stephen McCafferty, *Resale Price Maintenance and Quality Certification*, 15 Rand J. Econ. 346 (1984).

⑤ Howard P. Marvel, *The Resale Price Maintenance Controversy: Beyond the Conventional Wisdom*, 63 Antitrust L. J. 59 (1994).

⑥ Pauline M. Ippolito & Thomas R. Overstreet, Jr., Resale Price Maintenance: An Economic Study of the FTC's Case Against the Coming Glass Works, Federal Trade Commission (January 1994).

⑦ U. S. Department of Justice and Federal Trade Commission Antitrust Guidelines for the Licensing of Intellectual Property § 3.3 (1995), http://www.justice.gov/atr/public/guidelines/0558.pdf (emphasis added).

卖出后再进入市场，直接与新的公司业主形成竞争关系时，那么公司口碑的价值就荡然无存。因此，人们认为这些看起来对竞争造成硬性限制的东西是合法的——即先前的业主不会参与竞争的协议，特别是在特定地域或在特定时期不参与竞争的协议。我们可以用同样的方式来解释为何竞争者组建合资企业时，他们之间的限制具有合理性——譬如，合资企业的任何一方都无法独力高效地开展特定研发项目。需要再次说明的是，人们极难区分合理的附带约束和以此为挡箭牌的托词，需要进行非常认真的分析①，但这种工作至关重要。如果合资公司无法设置合理的限制来阻止其中一方损害整个合资公司的利益，那么就不应该成立这个公司，而且社会会因此损失合资企业原本可以带来的益处，其中也包括创新。

3. 合并

近年来，合并给创新带来的潜在影响日益成为美国反垄断机构的工作重心。② 合并会对创新造成负面影响，它要么削弱了公司为领先竞争对手而开展创新的激励，③ 要么关闭了合并公司原本在追寻的一条或更多研究道路。④ 如果在特定领域里，具备创新专业能力的公司相对较少，那么合并造成的影响尤为重要。2010 年美国司法部（DOJ）/联邦贸易委员会（FTC）联合发布的《合并指南》中详细描述了对这两个问题的担忧，并指出了了解哪些企业具有创新能力的重要性。

> 竞争往往会刺激公司开展创新。司法部和联邦贸易委员会会考虑合并是否会诱导合并公司将创新水平压低至未出现合并时普遍存在的创新水平之下，从而减少创新竞争。在这种情况下，创新受到压抑可表现为以下形式：继续推进现行产品开发工作的激励减少；或开发新产品的激励减少。

---

① 如请参见 *In re Polygram Holding*, 136 F. T. C. 310 (2003), *aff'd*, 416 F. 3d 29 (D. C. Cir. 2005)。

② Gilbert, *supra* note 9, at 578 – 79.

③ 如，请参见 Complaint, *United States v. General Motors Corp.*, Civ. No. 93 – 530 (D. Del., filed Nov. 16, 1993)（尽管合并方中的一方在美国不被视为重要的竞争对手，但在欧洲，两家公司之间的激烈竞争为跨越式创新提供了强有力的激励，使美国消费者从中受益）。

④ 如，请参见 Complaint, *United States v. Lockheed Martin Corp.* (D. D. C. Mar. 23, 1998), http://www.justice.gov/atr/cases/f212600/212680.htm。当时的首席经济学家和一位同事后来在著作的一章中就这个案例中最有意思的部分做了如下解释，"这个问题并不是三家飞机制造商合并成两家飞机制造商是否会降低创新强度。现有的出版文献并没有就此得出清晰的结论，特别是在大部分研发支出是由美国国防部提供的情况下。与此相反，问题在于自主创新者的数量会减少到一个"。Daniel L. Rubinfeld and John Hoven, *Innovation And Antitrust Enforcement*, Dynamic Competition and Public Policy: Technology, Innovation, and Antitrust Issues (J. Ellig ed., 2001)。

如果合并公司中至少有一方致力于引进新产品，从另外一方那里攫取大量收益，那么上述第一个影响最有可能出现。其次，如果合并公司中至少有一方有能力在未来开发新产品，从合并公司的另一方那里攫取大量收益，那么所产生的影响持续时间更长。因此，司法部和联邦贸易委员会还考虑了对少数在具体方向成功开展创新实力最强的公司而言，其中两家公司合并时是否会减少创新竞争。

司法部和联邦贸易委员会评估了合并公司的一方成功开展创新后能在多大程度上获取另外一方的销量，以及合并后公司受到的创新激励会在多大程度上低于未进行合并时普遍存在的激励水平。①

然而，该指南还强调了合并可能也会促进创新：

司法部和联邦贸易委员会还考虑了合并是否会将合并双方的互补能力结合起来，从而促成原本不会出现的创新（如果不是因为合并或相关原因，它们的互补能力原本无法结合起来）。②

除了将合并双方的互补能力结合起来产生效益以外，合并还可能提升研发效率或有助于实现独占性：

司法部和联邦贸易委员会评估合并对创新的影响时，会考虑合并公司是否具备更加有效地开展研发的能力。这种效益可能会大力推动创新，但不会影响短期定价。司法部和联邦贸易委员会还会考虑合并公司从创新效益中独占更多收益的能力。③

吉尔伯特教授更加详细地介绍了合并有助于独占性的机制之一：

知识产权不具有排他性时，在支离破碎的产业里，各公司的研发投资可能会很小，与其相对较小的产出相匹配，而且通过研发投资所降低的成本也很少。合并可以通过提高公司产出来增加对流程研发的投资激励，使产业成本降低幅度更大。④

---

① U. S. Department of Justice and Federal Trade Commission, Horizontal Merger Guidelines § 6.4 (2010), http://www. justice. gov/atr/public/guidelines/hmg – 2010. html.

② 同上 *Id*。

③ 同上 *Id*. § 10。

④ Gilbert, *supra* note 9, at 598.

吉尔伯特教授提到的"非排他性知识产权"指的是表现为商业机密等形式的知识产权。这种知识产权并不能防范自主发明创造，而且难以进行相应的执法，因为原告必须证明被告使用的想法是从自己这里偷走的，而不是被告自主发明的。就专利而言，如果专利所有人有能力发放许可，那么这通常意味着他的收益不局限于自己独占发明创造的价值后自身的产出，而是也可以获取其他同行利用专利降低生产成本所获得的价值，且无须进行合并。

我们从以上再次学到的教训是，执法机构必须谨慎地辨别自己的合并政策，因为过度执法会过犹不及。

4. 滥用政府权力

贯穿本文的一个主题是潜在创新出现之前，市场垄断者通过垄断不劳而获的利润降低了人们开展创新的竞争压力。这方面最显而易见的例子是为一己之私滥用政府权力，以攫取不劳而获的垄断利润。几个世纪以来，西方国家一直在努力解决这个问题。在16世纪末和17世纪初女王伊丽莎白一世和国王詹姆斯一世统治时期，英国王室授予的专卖权引起了巨大的争议和动荡。有学者称，"国会行使了反对王室专卖权的权力，最终使其权力在仅仅几十年后爆发的英国内战和1688年的光荣革命中达到巅峰"。① 与此本质相似但更寻常的例子目前在全球各地比比皆是，从滥用政府合同②到利用地方医院管理机构来进行合并以实现垄断。③

（1）问题的源泉

委托—代理问题

委托—代理问题可定义为委托人和代理人利益不尽相同时，代理人的行为不一定完全符合委托人的利益诉求。这个问题可能出现在多种背景下：

> 譬如，律师理应尽量实现客户利益最大化；管理者理应尽量实现股东利益最大化；员工理应为雇主工作；政治人物理应代表他们的选民，等等。

委托人和代理人受到的激励不完全匹配且他们的利益发生冲突时会出现代理

---

① Steven G. Calabresi and Larissa Price, *Monopolies and the Constitution: A History of Crony Capitalism*, text following n. 75 (2012), http://scholarlycommons.law.northwestern.edu/cgi/viewcontent.cgi? article = 1213 &context = faculty-workingpapers.

② *E. g.*, *Earmark Puts $17,000 Pans on Army Craft*, N. Y. Times, May 18, 2012, http://www.nytimes.com/2012/05/19/us/politics/behind – armys – 17000 – drip – pan – harold – rogerss – earmark. html? _ r = 0.

③ *FTC v. Phoebe Putney Health System, Inc.*, 133 S. Ct. 1003 (2013).

问题。因此，代理人倾向于实现自身的利益，而不是委托人的利益……譬如，代理人努力完成委托人委派的任务时承担了所有成本，但通常不会获得其努力带来的全部效益。这会激励代理人为任务投入的精力少于为实现自身利益时投入的精力。[1]

在滥用政府权力的背景下，委托—代理问题最明显的例子是腐败。握有实权的政府官员会因为受到贿赂而给他人好处。这造成很多负面影响，如破坏政府的合法性。但在本文所讨论的背景下，它产生的一个重要影响是，如果人们通过行贿这种投资方式攫取的预期收益高于投资创新获得的收益，那么创新会因此遭到破坏。[2]

保护主义

当政府的某个部门采取行动，使自己的成员从中获益，但行动的成本由更广泛的社会成员来承担，那么就出现了委托—代理问题的一种变体。这种情况会出现在国家之间，而且人们为贸易协定投入了大量精力以克服这种问题。不过它也可能出现在较小的政府机构里。在美国，这种问题的一个导火索是"州行为原则"。根据这个原则，政府或私人行为体依据本州明令颁布的政策采取了限制竞争的行为，且这些行为得到本州的积极监督时，他们将被联邦反垄断法所豁免。州行为原则起源于 1943 年的 *Parker v. Brown* 案（ 317 U. S. 341）。这个案子以联邦制的概念为依据——即，既然美国各州都是主权实体，那么法院不应该怪罪国会在有意限制各州的主权，除非国会清晰地表达出这种意图。不过这个决定对经济造成的影响使它饱受诟病，包括负责反垄断执法的政府机构。联邦贸易委员会的州行为特别工作组在 2003 年 9 月的评估报告中特别强调说：

> 州行为原则未能解释各州间的溢出效应造成的效率损失以及政治流程失灵。当一个州强行采取这种限制竞争的监管体制时，引发的溢出效应（也被称作"负

---

[1] ft. com/lexicon, *Definition of principal/agent problem*, http: //lexicon. ft. com/Term? term = principal%2Fagent - problem.

[2] 需要强调的是确保获得政府优惠待遇的能力会对创新等式的两侧都造成影响。尽管公司产品低劣或价格偏高，但公司仍然能够确保获得政府的优惠待遇，那么这会同时降低竞争对手从创新中获得的收益。事实上，如果所有公司都积极争取这种政府支持，那么最终结果将是社会蒙受无谓损失，就连享受了政府优惠待遇的公司也不会获得太多回报。无论是表现为贿赂、游说、花时间培养政府关系还是其他形式，寻求政府优待的行为（经济学家将其称为"寻租行为"）动用了资源。这种竞争性寻租行为消耗的资源可能会相当可观。参见 Anne O. Krueger, *The Political Economy of the Rent - Seeking Society*, 64 Am. Econ. Rev. 291 – 303 (1974), https: // www. aeaweb. org/aer/top20 /64. 3. 291 –303. pdf。

外部性"）是其他州的公民为之承担的成本。事实上，法院制定州行为原则时在很大程度上忽略了这些问题，这仍然是一个相当严峻的问题。

我们无须脱离 Parker 案就能找到最佳案例。Parker 案涉及用来监管葡萄干生产的加州农业营销项目。它建立了一个机制，在加州内部按比例分配葡萄干生产，从而限制销量，提升价格。美国消费的所有葡萄干基本都是在加州生产的，加州的葡萄干产量有90%—95%运出了本州。因此，葡萄干价格上升带来的利益由加州集中享有，但成本全部溢出到其他州。[①]

信息不足还是缺少深谋远虑

有时，政府行为阻碍竞争和创新，并不是因为背离整个国家会使政府行为体或政府机构受益，而是仅仅因为它们信息不足，处理和分析信息的能力不够或缺少深谋远虑。让我们回到女王伊丽莎白一世和国王詹姆斯一世的例子上。看起来王室出售专卖权主要是因为需要收入。[②] 这或许满足了王室的短期利益，但从长期来看，它不仅损害了经济，而且撒下了动荡不安的种子 。[③]

人们会认为这是委托—代理问题的一个例子，即王室要提高收入的利益所在与整个国家的需求不符。但如果为了便于讨论，假设专制王室的利益并未背离整个国家的利益，[④] 那么或许对这种情况更好的解读是，短期的权宜之计战胜了难以识别的长期利益。

不管怎样，政府监管在无意中损害竞争、创新及社会利益的事例比比皆是。一组广为人知的例子是在美国的部分行业里曾经相当广泛的价格监管体系和准入体系。此类监管曾经覆盖了航空客运，航空货运，铁路运输，货车运输，天然气生产、运输和配送，发电和电力传输、配电，石油管道，电信，医院及其他市场。这些监管多半已经缩小规模或被取消，特别是在20世纪70年代开始的监管改革浪潮中，不过尚有不少残余。

1962 年至 1989 年出现了数百项关于经济监管影响的学术研究，自那之后也有不少相关研究。人们认真回顾了 1989 年前的此类研究后得出以下结论："几乎不可能对

---

① Office of Policy Planning, Federal Trade Commission, Report Of The State Action Task Force at 40（September 2003）, https：//www. ftc. gov/sites/default/files/documents/reports /report – state – action – task – force – recommendations – clarify – and – reaffirm – original – purposes – state – action/stateactionreport_ 0. pdf.

② 参见 See Calabresi, *supra* note 54, text at nn. 20, 50。

③ 同上 *Id.*, text at nn. 20 – 76。

④ "朕即国家"，在可能是虚构的法国国王路易十四的名言里，http：//en. wikiquote. org/wiki/Louis_ XIV_ of_ France。

经济监管造成的影响归纳出一个简单的主张……"① 不过研究者们认为其中出现了一些共同主题。

他们强调说，在某些产业，"似乎引进价格和准入监管是为了保护现有参与者免受竞争的影响"。②然而，在很多相关案例中，为了吸引客户而展开的非价格竞争或不得不与其他人分享利润等造成的成本使人们的预期利润烟消云散。此外，监管常常使受监管公司适应新产品和新竞争者等环境变化时磕磕绊绊。"监管的不可改变性会把保护主义转变成扼杀，就像铁路业所经历的那样。"③ 在其他产业，为了保护消费者免受突然提价的影响而进行的价格监管造成短缺和质量恶化。④

人们开展了各种工作来评估监管成本。有位学者估算监管每年使机票费用、货车运输成本和铁路成本降低 350 亿美元。⑤ 另外一个学者则认为在 1968 年至 1985 年，对天然气开采业的监管给美国造成的成本超过了 1600 亿美元。⑥

几乎没有研究评估了经济监管对创新的具体影响，特别是缺乏有说服力的计量经济学研究。然而，有一些证据表明与未受监管的加拿大铁路相比，美国的铁路监管延迟了新技术的引进，阻碍了铁路系统的生产率增长。对医院的监管阻碍了 CT 扫描技术的快速普及。⑦

监管俘获理论⑧在对以下情景的解读中取得了长足的进步，如受监管企业事实上受益于监管的情景，或受监管企业成为监管的预期受益者的情景。在这些理论中，受

---

① Paul L. Joskow and Nancy L. Rose, *The Effects of Economic Regulation*, 2 Handbook of Industrial Organization 1449, 1496 (Richard Schmalensee & Robert D. Willig, ed. 1989), http：//economics. mit. edu/ files/4316.

② 同上 *Id*。

③ 同上 *Id*。

④ 同上 *Id*. at 1496 – 97。

⑤ Robert W. Crandall, *Extending Deregulation*：*Make the U. S. Economy More Efficient*, at 3, http：// www. brookings. edu/ ~ /media/ research/ files/ papers/ 2007/2/28useconomics – crandall – opp08/ pb_ deregulation_ crandall. pdf.

⑥ Paul W. MacAvoy, The Natural Gas Market：Sixty Years of Regulation and Deregulation (2000) .

⑦ Joskow and Rose, *supra note* 63, at 1483.

⑧ 获得诺贝尔经济学奖的经济学家 George Stigler 在 1971 年发表的经典文章中阐述了"监管俘获"理论的核心观点："作为一种规则，产业主要是出于自身利益采取监管措施，并且设计和推行监管"。George J Stigler, *The Theory of Economic Regulation*, 2 Bell Journal of Economics and Management Science 3 (1971)。人们用多种方式使用"监管俘获"这个术语。正如加州大学伯克利分校的 Ernesto Dal Bó 教授描述的那样："根据广义解读，监管俘获是一个流程，特殊利益集团通过这个流程以各种形式影响国家干预。国家干预可以涵盖多个领域，如制定税收、选择对外政策或货币政策或制定影响研发的立法。根据其狭义解读，监管俘获专指受监管的垄断者最终操纵国家机构的流程，而这些国家机构原本应该控制垄断者。" Dal Bó, *Regulatory Capture*：*A Review*, 2 Oxford Review of Economic Policy 203 (2006)。

监管公司要么利用了委托—代理问题（通过各种形式的腐败）①，要么利用自己的信息优势使监管者感到困惑。② 以美国经济监管为例，约斯科（Joskow）和罗斯（Rose）总结说那些模式过于简单。③ 本文的探讨表明这些问题相当复杂。

（2）解决办法

在美国，反垄断机构没有权力直接阻止联邦政府限制或者扭曲竞争的行为。然而，他们大量参与"竞争倡导"工作——即在国会、行政部门甚至监管机构倡导有利于竞争的政策。有时他们会以"参加人"的身份参与 监管机构的诉讼。④ 绝大多数美国联邦经济监管机制将"监管机构斟酌其决策对竞争的影响"这一要求融入自己的"公共利益标准"。⑤ 那么从这个角度来看，美国反垄断机构与中国对等机构在《反垄断法》第三十二条至三十七条中体现出的立足点非常相似。根据《反垄断法》第五十一条，中国机构可以调查行政机关涉嫌滥用行政权力的行为，并且向有关上级机关提出依法处理的建议。同样，美国政府也支持反垄断机构的立场和向法院提出上诉的行动。然而，监管俘获的模式表明，向法院上诉可能是一个更加有效地遏制行政权力滥用的机制，因为行政机关和其上级机关的互动相当频繁，因此与独立法院相比，上级机关更加不愿对下级的行为持反对意见。

反垄断机构还就州政府和地方政府对竞争的限制发起了竞争倡导。然而，它们可以更进一步，因为（正如上文强调）州政府和地方政府对竞争的限制行为遵循了本州明确颁布的政策并且受到本州的积极监督时，这些行为不受相关反垄断法规的限制。联邦贸易委员会始终在积极鼓励法院澄清并限制州行为原则的界限。在过去两年里，它们在两个案子中成功地使最高法院驳回被告援引州行为原则的请求。⑥

在其他司法管辖区，竞争机构有更宽泛的权力来攻击政府扭曲竞争的行为。在欧盟，欧洲委员会有权阻止成员国采纳有利于本国公司的保护主义措施以扭曲竞争。⑦ 在

---

① Dal Bó, *supra* note 70, at 204 – 11.

② 同上 *Id.* at 211 – 12。

③ Joskow and Rose, *supra* note 63, at 1497.

④ "参加人"地位通常使参加人有权就不利的决定上诉。由于司法部代表美国参与法院诉讼，因此这种案例通常都有特殊的抬头"美国 v. 联邦通讯委员会"652 F. 2d 72（D. C. Cir. 1980）。

⑤ 请参见如 *United States v. Radio Corporation of America*, 358 U. S. C. 334, 351（1959）["在特定情况下，联邦通讯委员会认为反垄断考量本身就可以满足法定标准（公共利益标准）"]。

⑥ *FTC v. Phoebe Putney Health Sys.*, 133 S. Ct. 1003（2013）; *North Carolina State Board of Dental Examiners v. FTC*, No. 13 – 534（Feb. 25, 2015）, http://www. supremecourt. gov/opinions/14pdf/13 – 534_ 19m2. pdf.

⑦ 欧洲委员会的网站上可以找到对国家援助的本质以及欧洲委员会挑战这个问题的权力的描述。http://ec. europa. eu/competition/state_ aid/overview/index_ en. html。

很多国家，竞争机构有权审查不利于竞争的立法，甚至使其作废。^①

三、知识产权和竞争政策

正如本文开始强调得那样，创新经济的关键构件是创新者从自己的创新活动中获利的能力。他们获得相关利润的关键障碍是创新会被模仿。因此，所有发达经济体都有知识产权机制，在特定条件下或在有限的时间里利用政府权力来阻止这种模仿行为。

然而，人们的困惑经常来源于知识产权法的目标和竞争法的目标之间显而易见的紧张关系。从表面上来看，人们往往认为竞争政策的目的在于打破垄断，而知识产权法（特别是专利法）的目的是赋予垄断权，从而使发明者获得回报。绝大多数同时颁布知识产权法和竞争法的司法行政区都存在这种困惑。显然这种情况在美国已经持续了数十年之久。^②

当前，美国和绝大多数发达国家对这个问题的理解是，知识产权法和竞争法的目标之间不存在内在冲突。在美国，这种理解体现在两个联邦竞争执法机构发布的一系列执行指南上。^③ 正如下文所述：

> 知识产权法和反垄断法的共同目标是推动创新，提升消费者福利。知识产权法通过为新产品和有价值的产品、效率更高的流程以及原创作品的创造者建立可执行的产权，从而激励创新及其传播和商业化。没有知识产权时，模仿者会更快地利用创造者和投资者的工作，而不支付任何费用。创新被迅速模仿将降低创新的商业价值，削弱投资激励，最终损害消费者的利益。反垄断法阻止了某些可能会破坏现有或新的服务消费者的方式并阻碍竞争的行为，以推动创新和消费者福利。^④

---

① 请参见，如 *Consorzio Industrie Fiammiferi v. Authorità Garante della Concorrenza e del Mercato*，Case C‐198/01 ECR I‐8055（ECJ 2003）（意大利竞争管理局收到德国火柴生产商的投诉后，可以使有利于意大利火柴生产商并且限制火柴进口的意大利法律作废）；OECD Reviews of Regulatory Reform：INDONESIA，§ 1.1（2012）（商业竞争监督委员会可能会通过多种机制对立法提案提出建议），http://www.oecd.org/indonesia/ chap%203%20 ‐%20competition%20law%20and%20policy.pdf。

② 请参见 *generally* Willard K. Tom & Joshua Newberg，*Antitrust and Intellectual Property*：*From Separate Spheres to Unified Field*，66 Antitrust L. J. 167（1997）。

③ U. S. Department of Justice & Federal Trade Commission，Antitrust Guidelines for the Licensing of Intellectual Property（April 6, 1995），*available at* https://www.ftc.gov/sites/default/files/attachments/competition‐policy‐guidance/0558.pdf.

④ 同上 *Id.* § 1.0（footnote omitted）。

时至今日，美国的相关机构仍在遵守这个原则。譬如，司法部反垄断局局长在最近发表的演讲中称：

> 如果专利持有人没有行为不当，没有不恰当地利用自己有所上升的市场支配力，而是合法地使用了专利权，那么竞争执法者需要退出。否则，我们就是在不公平地对待合法创新。如果公司知道他们可以轻而易举地使用竞争者的专利或其他知识产权，那么它们就没有太多激励像创新者那样从事高风险且费用不菲的研究工作。同样，创新公司继续从事创新的激励也会下降。[①]

因此，和竞争法的其他领域一样，不仅要用竞争执法者执行过的有益案例来评判他们，而且要用它规避了的有害案例来评判他们。

四、应对颠覆式创新

毫无疑问，重大创新可能具有颠覆性。它们使大公司竞相倒闭，整个产业完全消失。[②] 由此对政府造成的一个危险是，受到重大创新冲击的公司苦苦哀求政府，使政府抵挡不住而尽力管控创新的颠覆性。[③] 在反垄断方面，《罗宾逊—帕特曼法》（Robinson - Patman Act）的通过使美国发现这个问题的端倪。1936 年美国政府应小零售商的要求通过这项法令，当时小零售商感到超市和连锁店的崛起威胁到了他们。人们对此达成的广泛共识是，这个法令造成的最终经济后果相当负面。[④]

总的来说，国家创建强大的社会安全网、提供充足的再培训机遇，并且鼓励充满活力的经济吸收社会变迁释放出来的资源时，可以更有效地缓解创新的颠覆性。

---

① Assistant Attorney General William Baer, *Reflections on the Role of Competition Agencies When Patents Become Essential: Remarks at the 19th Annual International Bar Association Competition Conference* (September 11, 2015)，这个演讲主要谈及标准必要专利的所有者从事这种"不当行为"的情况。这个话题持续受到热议。如请参见，Douglas H. Ginsburg, Taylor M. Owings & Joshua D. Wright, *Enjoining Injunctions: The Case Against Antitrust Liability for Standard Essential Patent Holders Who Seek Injunctions*, The Antitrust Source (Oct. 2014), available at http://papers.ssrn.com/sol3/papers.cfm?abstract_id=2515949。然而，人们没有辩论是否要避免谴责专利所有者合法使用专利权。

② 请参见 See generally Clayton M. Christiansen, The Innovator's Dilemma (1997)。

③ 我们可以从这个角度来解读为何在大萧条爆发初期，罗斯福政府试图以帮助企业组成企业联盟的方式来阻止价格下跌。请参见 See generally Ellis W. Hawley, The New Deal and the Problem of Monopoly: A Study in Economic Ambivalence (1966)。

④ 参见 Deborah A. Garza et al., Antitrust Modernization Commission: Report and Recommenda - tions Ch IV. A. (Apr. 2007)。

五、产业政策与创新

政府在创造创新经济中发挥了什么作用？要回答这个问题有多种途径，但我们只讨论其中的两种。第一个途径是政府选择一些特定行业——政府认为这些行业将成为具有创新性且值得大力投资的高科技产业。这个模式通常被称作"产业政策"。另外一个途径是政府努力为创新创造条件，但并不挑选赢家和输家。这类有利于创新的条件包括完善的竞争政策，从而为创新提供适宜激励的力度——本文在前面已花大篇幅探讨了这个问题。其他条件包括政府通过以下活动提高创新激励和创新能力的工作，如建立可靠和可信赖的法制体系，以推进有效的合同签订工作[1]和适宜的投资环境；改善教育、环境质量和基础设施，外部性使私营部门难以对这些领域开展必要投资（因为这种投资的收益会被整个国家所摄取）。[2]

目前的确已经出现一些政府将资本引入具体行业、部门和公司的成功案例。但正如勒纳教授强调得那样，"各种政府干预行为都有数十甚至成百上千的失败案例，它们花费了巨额公共支出但没有取得任何成果"。[3]

造成这种失败的主要原因与我们探讨滥用政府权力时涉及的问题一样，即：监管俘获（无论是腐败还是保护主义措施造成的监管俘获）；所需信息和分析本身的复杂性，即使最优秀的政府也没有能力解决这个问题。勒纳教授描述了法国政府在过去几十年里鼓励高科技创业的灾难性经历。政府不仅为此消耗了数十亿美元，而且很可能因为允许效率低下的大官僚机构收购新企业而阻碍了创新。看起来造成这种挫败的部分原因是政府的能力，部分原因是在现有大型工厂中保护就业岗位的政治压力，不过还有一部分原因是掌握政治权力的参与者（如电话公司和公共大学）从补贴中获得大多数好处的能力。[4]

政府将资源引入具体部门时极易犯一种错误，即倾向于追逐热门部门。迪拜极其成功地将自身转变成交通和金融中心。邻国政府看到这种成就后也试图效仿迪拜投资于机场、金融中心和高科技集群，以复制迪拜的成功。勒纳教授观察到：

---

① 请参见 Josh Lerner, Boulevard of Broken Dreams, Ch. 5（2009）以了解相关讨论，即适宜可靠的合同法如何对创业成功产生影响。

② 参见 See Porter, *supra* note 15, at 620 – 21, 626 – 38。

③ Lerner, *supra* note 86, Ch. 1.

④ 同上 Id., Ch. 4。

已经有太多经济分析表明这些产业具有强烈的网络效应。网络的初始建造者凭借其在网络中的主导地位占据强大的竞争地位，且难以被撼动。然而，邻国政府没有甄别和利用尚未开发的市场机遇……而是过于频繁地效仿适用于迪拜的措施，无论成功复制这些措施的概率有多小。①

在美国也可以找到类似的例子：

有一份研究确认在美国的 50 个州里，有 49 个州推出了旨在推动生物科技产业发展的重大项目，希望能建立起生物科技活动的集群。事实上，只有几个州具备成功建立起这种集群的科技资源和配套基础设施（如精通生物科技专利法和融资的律师），因此绝大多数相关资金都打了水漂。②

正如波特教授强调得那样：

为了培育经济发展，人们倾向于将国家的产业基地划分为以下类别：高科技产业和低科技产业、朝阳产业和夕阳产业、成长性产业和成熟产业、制造业和服务业、劳动力（或资本）密集型产业和知识密集型产业。

这个思路经不起仔细推敲。

绝大多数产业都是高科技产业或知识密集型产业，或将成为这些产业……一国的成熟产业是其他国家的成长性产业，如果它的本国公司充满活力。

政府政策必须打造一个环境，使任何拥有创新性和高生产率的产业都能蓬勃发展。③

总的来说，尽管完善的竞争政策、可靠和可信赖的法制体系、教育、基础设施和环境质量等方面的措施难以执行，面对重重挑战，但与传统产业政策相比，这些措施更容易成功，成功的可能性也更大。然而，也有一些政府成功开展定向投资的孤立案例。在绝大多数情况下，这种案例通常出现在以下环境中：国家或地区拥有现成的产业基础设施（如制造能力、技术工艺知识和技术工人），可以在产业变革中提供新兴的需求，而私营部门缺少资源和充足的能力来额外开展必要但充满风险的投资，将这些资产转化成可实际提供需求的产业（特别是这种投资的回报将由整个部门分享，而不

---

① 同上 *Id.*, Ch. 1。
② 同上 *Id.*, Ch. 6（footnote omitted）。
③ Porter, *supra* note 15, at 624.

仅仅是承担风险的公司）。[1] 这方面的一个成功案例是以色列将外国风险投资机构的投资专长和联络网引进以色列。以色列在工程技术方面取得了巨大成功，但往往无法推销自己的产品或为进一步开发产品募集资金。外国风险资本带来了一个必要但缺失的要素。[2] 在以上所有案例中，政府的作用似乎都是找到对国家和地方而言拥有最多成功要素的行业，但其中缺少一个核心因素——由于存在经济学家所说的"集体行为问题"，所以很难提供这个要素。这个核心因素是众多经济参与者将共享利益，如果缺少政府干预，就很难协调这些经济参与者。

六、结语

在市场结构和创新的关系方面，存在着很多有趣且悬而未决的问题，学者不可能很快给这些问题找到准确的答案。然而毫无疑问的是，完善的竞争政策对创新受到的激励至关重要，而糟糕的竞争政策会严重阻碍创新。完善的竞争政策的一个核心元素是认识到竞争执法不应该夺走公司通过创新或其他方式胜过竞争者时应得的回报。正如勒尼德·汉德（Learned Hand）法官在"美国 v 美国铝业公司"一案中陈述的那样，[3]"成功的竞争者受到鞭策而开展竞争。他们在竞争中胜出时绝不能遭到攻击"。这个教训一而再，再而三地出现在竞争法的执法过程中，无论在滥用主导地位、合谋协议还是合并等的执法过程中都是如此。

竞争执法者还在应对市场参与者为了一己之私滥用政府权力的倾向上发挥了重要作用。在某些情况下，竞争执法者可以直接采取措施来抑制这种行为，但即使在它不能这么做的领域里，它也可以为支持促进竞争的措施发挥重要作用。

另外一个显而易见的问题是，竞争和创新具有颠覆性。在这层意义上，那些在竞争和创新方面不太成功的参与者会丧失之前拥有的优势地位，而且会寻求政府援助来抵制变革的力量。然而，我们从历史中学到的教训是，向这种乞求让步的政府最终将损害整体经济。它可以通过建立强大的安全网，提供再培训项目，推动经济增长，为变革导致的失业人群提供新机遇，来更有效地缓解创新的颠覆影响。

政府应该对自身推行产业政策的方式慎之又慎。从宽泛的角度来说，产业政策涉

---

① 参见，如 Lerner, *supra* note 86, ch. 6。

② 同上 *Id.* ch. 7。

③ 148 F. 2d 416, 430 (2d. Cir. 1945).

及旨在支持经济增长的特殊政府活动，如有效的法律体系、教育和基础设施。这类政策对创新经济至关重要。但对特定产业和部门的投资不仅容易造成巨额损失，而且会招致腐败，使监管俘获大行其道。因此，尽管传统的产业政策具有一定作用，但从直接投资或选择关键性产业这个狭义角度来说，在有限和特殊的情况下，集体行为问题或其他市场失灵导致私营部门难以在没有政府参与的情况下开展适宜的投资。这种情况比较少见。更常见的是政府未能抵挡住进行干预的诱惑而犯下错误。总的来说，尽管合理的竞争政策难以执行，但它们必然会让国家走上通向现代创新型经济的道路。

项目团队成员名单

1. 项目高级顾问

中方：

陈清泰，曾担任国家经贸委副主任，国务院发展研究中心副主任。

彭森，全国人大财经委员会副主任委员，中国经济体制改革研究会会长；曾担任国家发改委副主任，国家经济体制改革委员会秘书长

吴敬琏，国务院发展研究中心高级研究员，中欧商学院、中国社科院研究生院和北京大学教授；曾担任国务院经济改革方案办公室副主任，第九届、第十届全国政协常委，国家信息化专家咨询委员会委员。

外方：

林重庚（Edwin Lim），中国经济研究与顾问项目主任；曾担任世界银行局长，首任世界银行驻中国代表，中国国际金融公司创始执行董事。

迈克尔·斯宾塞（Michael Spence），诺贝尔经济学奖得主，纽约大学斯特恩商学院经济学教授；曾担任斯坦福大学商学院院长，哈佛大学教授、经济系主任和文理学院院长

阿德里安·伍德（Adrian Wood），牛津大学国际发展学退休教授；曾担任英国国际发展部首席经济学家，牛津大学国际发展学教授，世界银行高级经济学家，剑桥大学经济学讲师。

2. 项目组成员及其为本项目准备的背景论文

马克·科拉迪（Marco Corradi），意大利律师，伦敦市纠纷解决委员会（ADR Chambers）认证调解员；欧洲公司治理研究所（European Corporate Governance Institute）学术委员，ARBIT 会员，巴黎仲裁学会特使；曾担任欧盟法院职员。

詹姆斯·福尔曼－佩克（James Foreman－Peck），威尔士经济与发展研究所主任及经济学教授；曾担任英国财政部经济顾问，牛津大学圣安东尼学院院士、经济史学讲师，赫尔大型经济史学教授，英国内政部顾问，英国贸易与工业/商业创新和技能部顾问。

黄勇，北京外经贸大学（UIBE）法学院法学教授，北京外经贸大学竞争法研究中心主任，国务院反垄断委员会专家咨询委员会委员。

季卫东，上海交通大学法学院院长，凯原讲席教授

威廉·科瓦西奇（William Kovacic），美国乔治·华盛顿大学全球竞争法律和政策教授；曾担任美国联邦贸易委员会主席和委员。

林至人（Cyril Lin），北京凯恩克劳斯经济研究基金会理事和执行主任；曾担任英国牛津大学经济学讲师，圣安东尼学院院士，牛津大学现代中国研究中心主任。

刘小玄（Liu Xiaoxuan），中国社科院经济研究所高级研究员。

德里克·莫里斯爵士（Sir Derek Morris），曾担任英国牛津大学产业经济学教授，奥利尔学院院长和英国竞争委员会（今英国竞争及市场管理局的一部分）前任主席。

苏珊·宁（Susan Ning），北京金杜律师事务所国际贸易、反垄断与竞争团队高级合伙人和负责人

维拉德·汤姆（Willard Tom），Morgan, Lewis and Bockius 律师事务所合伙人；曾担任美国联邦贸易委员会竞争局副局长，美国司法部反垄断局局长顾问，美国司法部与联邦贸易委员会《关于知识产权授权的反垄断指导意见》（*Antitrust Guidelines for the Licensing of Intellectual Property*）的主要撰稿人之一。